中国人事科学研究院
·学术文库·

人力资源市场信息监测

逻辑、技术与策略

黄梅 著

中国社会科学出版社

图书在版编目（CIP）数据

人力资源市场信息监测：逻辑、技术与策略／黄梅著.—北京：中国社会科学出版社，2020.10
ISBN 978 – 7 – 5203 – 7405 – 7

Ⅰ.①人…　Ⅱ.①黄…　Ⅲ.①信息技术—应用—劳动力市场—市场监管—研究—中国　Ⅳ.①F249.212 – 39

中国版本图书馆 CIP 数据核字（2020）第 197568 号

出 版 人	赵剑英
责任编辑	孔继萍
责任校对	闫　萃
责任印制	郝美娜

出　　版	中国社会科学出版社
社　　址	北京鼓楼西大街甲 158 号
邮　　编	100720
网　　址	http://www.csspw.cn
发 行 部	010 – 84083685
门 市 部	010 – 84029450
经　　销	新华书店及其他书店
印　　刷	北京君升印刷有限公司
装　　订	廊坊市广阳区广增装订厂
版　　次	2020 年 10 月第 1 版
印　　次	2020 年 10 月第 1 次印刷
开　　本	710×1000　1/16
印　　张	25.5
插　　页	2
字　　数	412 千字
定　　价	148.00 元

凡购买中国社会科学出版社图书，如有质量问题请与本社营销中心联系调换
电话：010 – 84083683
版权所有　侵权必究

前　言

"建设高标准市场体系"是我国适应经济高质量发展新要求、推进经济治理体系和经济治理能力现代化的关键内容，也是加快推进要素市场体系建设的方向和重点。改革开放 40 多年来，我国要素市场方面仍受限于体制机制的障碍，成为完备市场体系建设的一个突出短板。2020 年 3 月 30 日，中共中央、国务院出台《中共中央　国务院关于构建更加完善的要素市场化配置体制机制的意见》，进一步明确完善要素市场化配置的基本要求。人力资源市场作为重要的要素市场，其配置效率的优化，必须破除束缚市场主体活力、阻碍市场和价值规律充分发挥作用的弊端，实现人力资源要素价格市场决定、流动自主有序、配置高效公平。在人类社会正在向以互联网、大数据、人工智能为代表的新信息时代转型进程中，信息便成为这一时代人力资源市场监测中的基础要素。本书正是基于我国建设完备的人力资源市场体系的目标取向，对人力资源市场信息监测体系构建的基础、逻辑、技术、策略和实践等展开的基础性探索。

第一，阐释人力资源市场信息监测的功能作用。信息作为各项管理和决策活动不可缺少的重要因素，是实现人力资源市场化配置的基础。一般而言，人力资源市场监测就是通过科学的方法收集、整理、分析、传递、应用人力资源市场相关信息的过程。但由于我国人力资源市场信息监测工作起步较晚，仍存在信息监测的客体尚不清晰、方法不够科学、能力有待提升等突出问题，亟须在理论和实践层面予以解决。为此，本书尝试从历史和发展的角度，阐述"互联网＋"背景下人力资源市场信息监测对国家治理现代化、政府部门宏观调控、劳动者高效有序就业、用人单位及时掌握市场供求、人力资源服务机构有效开展业务等的重要作用，从而形成基于信息监测来优化人力资源市场化配置的基本思路。

第二，探析人力资源市场信息监测的分析逻辑。人力资源市场信息监测是运用信息对人力资源市场进行观察、评价和分析的工具，可为人力资源市场信息的整合、开发和利用提供一条理论与实践的路径。鉴于目前在这一问题上仍缺乏系统和有说服力的研究，本书以国家治理理论和系统科学"老三论"作为主要的方法论基础，围绕人力资源市场信息监测体系的分析逻辑展开研究：一是从构成要素的视角提出人力资源市场信息监测体系的要素框架，涵盖信息分析体系与配套支撑体系"二要素"；二是从体系实施的视角提出人力资源市场信息监测体系运行框架，涵盖类型构成框架、主体构成框架与信息构成框架，如果说要素构成框架诠释的是"体系是什么"，那么类型构成框架则诠释"体系给谁用"，主体构成框架诠释"体系谁来管"，信息构成框架诠释"信息从哪来"；三是从信息分析的视角提出人力资源市场信息监测的逻辑分析框架，即人力资源市场"信息采集（输入）—信息处理（处理）—信息应用（输出）"的一般框架，为更全面地分析人力资源市场监测的信息逻辑奠定基础。

第三，研究人力资源市场信息监测的技术方法。信息分析体系是实现人力资源市场"信息采集（输入）—信息处理（处理）—信息应用（输出）"的全过程，成为人力资源市场信息监测的核心要素，直接影响着人力资源市场信息监测的效能。信息分析体系构建是一项复杂的系统工程，需要一定的技术手段予以支撑。本书基于信息分析体系研究的方法论基础、理论基础以及实践基础，重点就人力资源市场信息采集体系、人力资源市场指数分析体系以及人力资源市场信息应用体系等进行系统设计：一是提出"互联网+"背景下由统计信息采集体系、调查信息采集体系、行为信息采集体系和交互信息采集体系等构成的人力资源市场信息采集体系技术方案；二是提出由供给指数、需求指数、匹配指数、薪酬指数、流动指数和劳动关系指数构成的"六位一体"的人力资源市场指数分析体系；三是提出由评价分析体系、预测预警体系、政策建议体系和信息发布体系构成的人力资源市场信息应用体系。这在一定程度上可为人力资源市场信息分析体系建设提供方法论支撑。

第四，提出人力资源市场信息监测的保障策略。人力资源市场信息监测体系是一个复杂的大系统，要想发挥信息分析体系的核心功能，必须有赖于配套支撑体系。没有法规制度、组织体系、分析工具和平台载体等的保障，就没有人力资源市场信息监测工作的常态化。本书基于人力资源市场信息监测体系的总体框架，重点就人力资源市场信息监测的制度体系、组织体系、监督体系、人员保障体系、技术支撑体系和信息服务平台等配套支撑体系进行系统思考：如果说信息分析体系可看作人力资源市场信息监测体系的"血液"，那么制度体系、组织体系和监督体系可谓人力资源市场信息监测体系的"骨骼"，而人员保障体系与技术支撑体系则可看作人力资源市场信息监测体系的"肌肉"，信息服务平台则成为人力资源市场信息监测体系的"翅膀"，是进一步将人力资源市场信息服务产品和服务措施具体化的落地抓手，为进一步推进人力资源市场信息监测体系的建设和实施提供决策参考。

第五，探索人力资源市场信息监测的应用场景。理论源于实践，理论又指导实践，理论的生命力就在于解释并回答实践当中的问题。人力资源需求配置机制，尤其是人力资源市场分析指数研究与应用，是目前国内外关注的热点问题。指数已成为观察人力资源市场动态变化的风向标，同时也是国家治理、政府决策、企业用人、劳动者就业的重要参考。本书围绕人力资源市场指数构建，在加强基础理论研究的同时，对人力资源市场信息整合、数据挖掘、产品化等方面也做了一些探索：一是职业结构变迁视角下乡村人力资源需求配置机制研究；二是基于人力资源服务机构数据的人力资源市场指数试测；三是基于人才市场数据的人力资源市场指数设计思考；四是人力资源服务产业园视域下人力资源市场指数创新；五是基于职业大数据的人力资源市场指数应用探索。在一定程度上可为人力资源市场信息监测体系构建与优化提供现实路径。

围绕上述内容，全书共分六个部分，具体包括前言；基础篇：信息监测是人力资源市场建设的重要环节；逻辑篇：人力资源市场信息监测的分析框架；技术篇：人力资源市场信息监测的信息分析体系；策略篇：人力资源市场信息监测的配套支撑体系；实践篇：人力资源市场信息监测的应用探索。

目　　录

基础篇　信息监测是人力资源市场建设的重要环节

第一章　我国人力资源市场体系的运行基础 ………………………（5）
　第一节　人力资源市场相关概念界定 ………………………………（5）
　　一　人力资源市场 ……………………………………………………（5）
　　二　人力资源市场体系 ………………………………………………（7）
　　三　人力资源配置机制 ………………………………………………（8）
　第二节　人力资源市场体系运行的理论基础 ………………………（9）
　　一　国家治理现代化理论 ……………………………………………（9）
　　二　人力资源市场机制理论 ………………………………………（14）
　第三节　人力资源市场体系运行的制度基础 ………………………（16）
　　一　产权制度 ………………………………………………………（17）
　　二　要素市场制度 …………………………………………………（17）
　　三　市场准入负面清单制度 ………………………………………（18）
　　四　公平竞争审查制度 ……………………………………………（18）
　　五　城乡融合制度 …………………………………………………（19）
　　六　户籍制度 ………………………………………………………（19）
　　七　技术技能评价制度 ……………………………………………（19）

第二章　我国人力资源市场建设的发展脉络 ………………………（21）
　第一节　我国人力资源配置机制的发展过程 ………………………（21）
　　一　计划经济时期（中华人民共和国成立初期至1977年）……（21）
　　二　计划经济与市场经济相结合时期（1978—1991年）………（22）

三　市场经济为主时期(1992年以来) …………………………… (23)
　第二节　我国人力资源市场的建设历程 ………………………………… (24)
　　一　起步探索期(1978—1991年) ……………………………… (24)
　　二　全面展开期(1992—2000年) ……………………………… (24)
　　三　改革创新期(2001—2006年) ……………………………… (25)
　　四　统筹推进期(2007—2012年) ……………………………… (25)
　　五　跨越式发展期(2013—2018年) …………………………… (26)
　　六　高标准建设期(2019年以来) ……………………………… (27)
　第三节　我国人力资源市场建设的成效与问题 ………………………… (27)
　　一　建设成效 ……………………………………………………… (28)
　　二　突出问题 ……………………………………………………… (30)

第三章　人力资源市场信息监测的内涵与地位 ……………………… (32)
　第一节　人力资源市场信息的内涵与作用 ……………………………… (32)
　　一　信息与信息能力 ……………………………………………… (32)
　　二　人力资源市场信息 …………………………………………… (34)
　　三　信息在人力资源市场体系建设中的重要地位 ……………… (36)
　第二节　人力资源市场信息监测的基本功用 …………………………… (39)
　　一　人力资源市场信息监测相关概念解析 ……………………… (39)
　　二　人力资源市场信息监测的功能定位 ………………………… (41)
　第三节　人力资源市场信息监测的实践与走势 ………………………… (46)
　　一　我国人力资源市场信息监测的实践探索 …………………… (46)
　　二　我国人力资源市场信息监测的问题分析 …………………… (49)
　　三　"互联网+人社"下人力资源市场信息监测新趋势 ………… (51)
　　四　影响人力资源信息监测的关键信息技术 …………………… (56)

逻辑篇　人力资源市场信息监测的分析框架

第四章　人力资源市场信息监测的研究基础 ………………………… (63)
　第一节　系统科学"老三论" ……………………………………………… (63)
　　一　系统论 ………………………………………………………… (63)

二　控制论 …………………………………………………（64）
　　三　信息论 …………………………………………………（64）
　第二节　国内国家数字治理宏观架构研究 …………………（65）
　　一　国家数字治理的宏观架构 ……………………………（65）
　　二　"互联网+"国家治理的分析框架 ……………………（66）
　　三　国家信息治理的分析框架 ……………………………（68）
　第三节　国外劳动力市场信息监测经验 ……………………（69）
　　一　美国劳动力市场信息治理机制 ………………………（69）
　　二　日本人力资源市场的监督体系 ………………………（73）
　　三　启示借鉴 ………………………………………………（75）

第五章　人力资源市场信息监测的逻辑框架 ………………（77）
　第一节　人力资源市场信息监测体系的总体框架 …………（77）
　　一　要素构成框架 …………………………………………（77）
　　二　类型构成框架 …………………………………………（79）
　　三　主体构成框架 …………………………………………（80）
　　四　信息构成框架 …………………………………………（82）
　第二节　人力资源市场信息监测的逻辑分析框架 …………（84）
　　一　系统信息分析的一般框架 ……………………………（84）
　　二　人力资源市场信息监测的分析框架 …………………（84）

技术篇　人力资源市场信息监测的信息分析体系

第六章　人力资源市场信息分析体系研究基础 ……………（93）
　第一节　理论基础 ……………………………………………（93）
　　一　服务质量理论 …………………………………………（93）
　　二　国际劳工组织劳动力市场测量体系研究 ……………（94）
　　三　国内劳动力市场监测体系研究 ………………………（96）
　　四　国外劳动力市场供需匹配研究 ………………………（98）
　　五　国内劳动力市场供需匹配研究 ………………………（100）
　第二节　实践基础 ……………………………………………（102）

一　国外部分国家政府劳动力调查实践 …………………… (102)
　　二　国外劳动力薪酬调查实践 ……………………………… (105)
　　三　国内劳动统计调查实践 ………………………………… (106)

第七章　人力资源市场信息采集体系设计 ……………………… (109)
第一节　采集指标体系设计 ………………………………… (109)
　　一　构建流程 ………………………………………………… (109)
　　二　指标构成 ………………………………………………… (112)
　　三　供给指标 ………………………………………………… (116)
　　四　需求指标 ………………………………………………… (117)
　　五　匹配指标 ………………………………………………… (118)
　　六　薪酬指标 ………………………………………………… (122)
　　七　流动指标 ………………………………………………… (123)
　　八　劳动关系指标 …………………………………………… (124)
第二节　信息采集体系设计 ………………………………… (125)
　　一　信息采集总体框架设计 ………………………………… (125)
　　二　统计信息采集体系设计 ………………………………… (127)
　　三　调查信息采集体系设计 ………………………………… (132)

第八章　人力资源市场指数分析体系设计 ……………………… (144)
第一节　人力资源市场指数构建的实践经验 ……………… (144)
　　一　美国劳工部雇佣指数 …………………………………… (144)
　　二　美国 ADP 雇佣指数 …………………………………… (146)
　　三　采购经理人指数（PMI） ……………………………… (146)
　　四　翰威特福利指数 ………………………………………… (146)
第二节　人力资源市场指数分析体系设计 ………………… (146)
　　一　基本含义 ………………………………………………… (146)
　　二　主要作用 ………………………………………………… (148)
　　三　基本功能 ………………………………………………… (149)
　　四　编制方法 ………………………………………………… (150)
　　五　编制步骤 ………………………………………………… (152)

  六 有效性检验 ………………………………………………………（156）

第九章 人力资源市场信息应用体系设计 ……………………………（157）
 第一节 评价分析体系设计 ……………………………………………（157）
  一 市场运行评价 ………………………………………………（157）
  二 主要矛盾评价 ………………………………………………（158）
  三 主体信心评价 ………………………………………………（161）
  四 供求走势与 GDP 增长趋势吻合度评价 ……………………（161）
 第二节 预测预警体系设计 ……………………………………………（162）
  一 预警指标选择 ………………………………………………（162）
  二 状态区域划分 ………………………………………………（163）
  三 指标临界点选择 ……………………………………………（163）
  四 单个指标评分计算 …………………………………………（163）
  五 综合评分及检查值计算 ……………………………………（163）
  六 景气灯号图表绘制 …………………………………………（164）
 第三节 政策建议体系设计 ……………………………………………（164）
  一 行业人力资源供给不足敦促实习基地建设 ………………（164）
  二 岗位需求不足推动职业技能提升行动运用 ………………（165）
  三 行业人力资源需求倍增加速培训政策调整 ………………（165）
  四 薪酬指数辅助政府出台工资指导价 ………………………（165）
 第四节 信息发布体系设计 ……………………………………………（165）
  一 提供类型多元化的信息服务产品 …………………………（166）
  二 提供周期多样化的信息服务产品 …………………………（166）
  三 搭建应用平台化的信息服务体系 …………………………（166）

策略篇 人力资源市场信息监测的配套支撑体系

第十章 人力资源市场信息监测的制度体系设计 ……………………（171）
 第一节 完善相关的法律法规 …………………………………………（171）
  一 出台有关国家信息治理的法律 ……………………………（171）
  二 贯彻《人力资源市场暂行条例》………………………………（171）

三　完善信息交换共享的法律法规 …………………………（172）
第二节　建立相关的制度体系 ……………………………………（172）
　　一　建立人力资源市场信息监测工作制度 …………………（172）
　　二　建立以职业分类为基础的人力资源市场信息
　　　　统计制度 ……………………………………………………（173）
　　三　建立人力资源市场信息共享与交换制度 ………………（173）
　　四　建立人力资源市场信息采集制度 ………………………（173）
　　五　建立人力资源市场信息发布制度 ………………………（174）
第三节　实施相关的公共政策 ……………………………………（174）
　　一　强化信息监测相关公共政策的顶层设计 ………………（174）
　　二　制定提升信息资源配置效率的公共政策体系 …………（175）
　　三　完善加大信息监测投入的经费保障政策 ………………（175）

第十一章　人力资源市场信息监测的组织体系设计 …………（176）
第一节　建立统筹协调的组织体系 ………………………………（176）
　　一　建立横向统筹协调的工作机制 …………………………（176）
　　二　完善上下统筹协调的工作机制 …………………………（177）
　　三　明确全国统筹联动的管理体系 …………………………（177）
第二节　准确定位政府部门的职能 ………………………………（177）
　　一　发挥政府作为信息监测体系建设谋划者的职能 ………（177）
　　二　发挥政府作为信息监测体系重要建设者的职能 ………（178）
　　三　发挥政府作为监测服务产品主要提供者的职能 ………（178）
第三节　汇聚多方参与的社会力量 ………………………………（178）
　　一　发挥信息监测相关部门的职能作用 ……………………（178）
　　二　培育发展人力资源服务行业协会组织 …………………（179）
　　三　调动用人主体参与信息监测的积极性 …………………（179）
第四节　重视公共服务机构的作用 ………………………………（179）
　　一　定期开展人力资源市场信息收集 ………………………（179）
　　二　面向社会免费提供信息服务产品 ………………………（180）
　　三　搭建人力资源信息公共服务平台 ………………………（180）
第五节　发挥第三方机构咨询功能 ………………………………（180）

一　探索第三方建设信息监测体系服务方式 …………… (180)
　　二　发挥高校和科研院所等智库的重要作用 …………… (181)

第十二章　人力资源市场信息监测的监督体系设计 ………… (182)
　第一节　发挥政府的主体监管作用 ……………………………… (182)
　　一　发挥人社部门主体监管职能 ………………………… (182)
　　二　形成市场信息监管长效机制 ………………………… (182)
　　三　强化市场信息监管标准体系 ………………………… (183)
　第二节　弘扬行业协会的自律监管 ……………………………… (183)
　　一　提升行业协会自律监管能力 ………………………… (183)
　　二　发挥行业协会自律监管作用 ………………………… (183)
　第三节　开展社会力量的他律监管 ……………………………… (184)
　　一　加强信用与诚信体系建设 …………………………… (184)
　　二　发挥社团组织和公民个人的作用 …………………… (184)
　　三　重视发挥舆论机构的作用 …………………………… (185)

第十三章　人力资源市场信息监测的人员保障体系设计 ……… (186)
　第一节　建立专业化的人才队伍 ………………………………… (186)
　　一　明确监测信息质量的主管部门 ……………………… (186)
　　二　加强专业化监测人才队伍建设 ……………………… (187)
　第二节　加强从业人员能力建设 ………………………………… (187)
　　一　提高理论政策水平和业务能力 ……………………… (187)
　　二　提升新一代信息技术应用能力 ……………………… (187)
　　三　提高专业技术资格认证含金量 ……………………… (188)
　第三节　提升从业人员数据思维 ………………………………… (188)
　　一　提升数据信息开放思维 ……………………………… (188)
　　二　提升数据信息整合思维 ……………………………… (189)
　　三　提升数据信息共享思维 ……………………………… (189)
　第四节　吸纳高级专业技术人才 ………………………………… (190)
　　一　吸纳高水平的社会治理人才 ………………………… (190)
　　二　吸纳现代信息技术应用人才 ………………………… (190)

三　吸纳专业化的市场分析人才 …………………………（191）

第十四章　人力资源市场信息监测的技术支撑体系设计 …………（192）
第一节　广泛应用大数据技术 …………………………………（192）
　　一　提升信息汇聚能力 …………………………………（192）
　　二　提升需求感知能力 …………………………………（192）
　　三　强化信息引导服务 …………………………………（193）
第二节　深度融合互联网技术 …………………………………（193）
　　一　大力发展线上服务 …………………………………（194）
　　二　积极做好主动服务 …………………………………（194）
　　三　高度重视引导服务 …………………………………（194）
第三节　有效利用人工智能技术 ………………………………（195）
　　一　拓展信息采集维度 …………………………………（195）
　　二　改进信息分析能力 …………………………………（195）
　　三　提升信息应用效能 …………………………………（196）

第十五章　人力资源市场信息监测的信息服务平台设计 …………（197）
第一节　搭建人力资源市场大数据应用平台 …………………（197）
　　一　搭建多部门集成融合的大数据应用平台 …………（197）
　　二　搭建多领域集成融合的大数据收集平台 …………（198）
　　三　搭建涵盖多种功能的大数据服务云平台 …………（198）
第二节　搭建人力资源市场信息录入网络平台 ………………（198）
　　一　开发人力资源市场数据录入网络平台 ……………（198）
　　二　应用网络调查等现代信息化技术手段 ……………（199）
　　三　优化人力资源市场信息采集内容体系 ……………（199）
第三节　搭建人力资源需求预测预警支撑平台 ………………（199）
　　一　建立中央和地方两级人力资源需求预测机制 ……（199）
　　二　加强数据汇集和资源共享技术支撑平台建设 ……（200）
　　三　推动人力资源需求预测方法创新和信息反馈 ……（200）
第四节　搭建人力资源服务工作信息化平台 …………………（200）
　　一　搭建开放式的知识学习平台 ………………………（201）

二　搭建人力资源公共培训平台 …………………………………（201）
三　搭建选育用留仿真模拟平台 …………………………………（201）

应用篇　人力资源市场信息监测的实践探索

第十六章　基于职业结构变迁视角的乡村人力资源需求配置机制研究 ……………………………………………（207）
第一节　乡村职业结构变迁的特征与走势 …………………………（207）
一　农村职业结构变迁的基本特征 ………………………………（208）
二　乡村振兴战略中农村职业结构变迁基本走势判断 …………（213）
第二节　人才资源配置在乡村职业结构跃迁中的作用 ……………（214）
一　实施乡村振兴战略所需人才类型界定 ………………………（215）
二　人才资源合理配置助推乡村职业结构跃迁 …………………（216）
第三节　乡村振兴战略中人力资源配置机制的构建 ………………（216）
一　市场配置机制 …………………………………………………（217）
二　政府引导机制 …………………………………………………（217）
三　城乡融合机制 …………………………………………………（218）
第四节　乡村振兴战略中人才资源合理配置的有效策略 …………（218）
一　优化城乡人力资源融合发展的体制环境 ……………………（219）
二　制定城乡人力资源融合发展的政策体系 ……………………（219）
三　实施乡村职业结构跃迁的制度安排 …………………………（219）
四　建立农村职业结构动态跟踪机制 ……………………………（220）
五　探索农村人力资源需求动态监测机制 ………………………（220）

第十七章　基于人力资源服务机构数据的人力资源市场指数试测 …………………………………………………（221）
第一节　指数结构简化与调整 ………………………………………（221）
一　指标体系简化 …………………………………………………（221）
二　指数构成调整 …………………………………………………（222）
三　指数基期确定 …………………………………………………（223）
第二节　指数的具体测算结果 ………………………………………（223）

一　需求指数以及二级指标需求结构的测算 ………… (223)
　　二　薪酬指数以及二级指标薪酬结构的测算 ………… (229)
　　三　流动指数以及二级指标流动结构和流动方向的测算 …… (234)
　第三节　2015年度指数分析报告(以上海地区为例) ……… (240)
　　一　人力资源需求指数 ………………………………… (240)
　　二　人力资源薪酬指数 ………………………………… (247)
　　三　人力资源流动指数 ………………………………… (250)

第十八章　基于人才市场数据的人力资源市场指数设计 ……… (254)
　第一节　指数简化与调整 ……………………………………… (254)
　　一　指标体系简化与权重的调整 ……………………… (254)
　　二　指数构成调整 ……………………………………… (255)
　　三　基期的确定 ………………………………………… (256)
　第二节　指数具体测算说明 …………………………………… (256)
　　一　结构匹配指标数据格式转化 ……………………… (257)
　　二　薪酬指标的计算过程 ……………………………… (258)
　　三　针对配置媒介不同,部分三级指标需下设四级指标 …… (259)
　　四　结构匹配指标下各三级指标对应各种不同匹配
　　　　条件的考虑 …………………………………………… (261)
　　五　对供给期望或需求期望数据中"无要求"栏目数列
　　　　的处理 ………………………………………………… (262)
　　六　对求职者求职意向为"3个"的处理方式 ………… (263)
　第三节　数据采集体系思考 …………………………………… (263)
　　一　热门专业的选取 …………………………………… (263)
　　二　问卷发放的形式 …………………………………… (264)
　　三　现场求职者信息的采集 …………………………… (264)

第十九章　基于人力资源服务产业园视域的人力资源市场
　　　　　　指数创新 ……………………………………………… (265)
　第一节　研究概述 ……………………………………………… (265)
　　一　研究意义 …………………………………………… (265)

二　概念界定 …………………………………………………（265）
　　三　指数特色 …………………………………………………（266）
第二节　指数体系设计 ……………………………………………（266）
　　一　指数构成 …………………………………………………（266）
　　二　层次体系 …………………………………………………（267）
第三节　采集体系设计 ……………………………………………（268）
　　一　总体设计 …………………………………………………（268）
　　二　采集周期 …………………………………………………（270）
第四节　政策体系设计 ……………………………………………（270）
　　一　加大对人力资源服务业务转型的政策保障 ……………（270）
　　二　加大对民营人力资源服务企业的关注力度 ……………（271）
　　三　加大对在全国地域开展业务服务机构的引进 …………（272）
　　四　加大对人力资源服务机构高端人才引进的扶持 ………（273）
　　五　加大对服务上海市重点工业行业的业务培育 …………（275）
　　六　加大对"一带一路"企业的人力资源服务供给 …………（275）
第五节　保障体系设计 ……………………………………………（277）
　　一　以凸显人力资源服务核心功能为导向 …………………（277）
　　二　以增强人力资源服务机构实力为目标 …………………（277）
　　三　以建立多层次指标体系为基础 …………………………（278）
　　四　以优化数据采集方法为手段 ……………………………（278）
　　五　以构建动态网络体系为重点 ……………………………（278）
　　六　以建立指数监测制度为核心 ……………………………（279）

第二十章　基于职业大数据的人力资源市场指数应用探索 ………（280）
　第一节　研究概述 …………………………………………………（280）
　第二节　职位标准化 ………………………………………………（281）
　　一　标准职业分类 ……………………………………………（281）
　　二　对应原则 …………………………………………………（284）
　　三　对应结果 …………………………………………………（284）
　第三节　人力资源市场需求指数体系构建 ………………………（287）
　　一　相关概念界定 ……………………………………………（287）

二　人力资源市场需求指数体系 …………………………………（288）
　　三　人力资源市场需求指数基期 …………………………………（290）
　　四　人力资源市场需求指数测算 …………………………………（291）
　第四节　人力资源市场需求指数测算结果 ……………………………（294）
　　一　需求总量指数 …………………………………………………（294）
　　二　需求结构指数 …………………………………………………（296）
　　三　承诺薪酬指数 …………………………………………………（316）

附表1　青岛英网职位大数据信息来源 ……………………………（333）

附表2　现有数据库和基于职业分类数据库的职位数量对比 ………（335）

附表3　现有数据库职位与国家标准的细类和小类对应结果 ………（337）

参考文献 ………………………………………………………………（380）

后　记 …………………………………………………………………（386）

中国人事科学研究院学术文库已出版书目 …………………………（388）

基础篇

信息监测是人力资源市场建设的重要环节

人力资源市场作为重要的要素市场，是社会主义市场经济的重要组成部分。随着我国政府职能转变以及行政管理体制和人事制度改革，人力资源市场不断规范发展，在人力资源的优化配置中发挥着决定性作用。党中央、国务院一向高度重视人力资源市场建设。党的十七大以来，我国人力资源市场建设进入更好地服务市场化就业和人力资源开发的新时期。党的十八届三中全会提出："加快完善现代市场体系，建设统一开放、竞争有序的市场体系，使市场在资源配置中起决定性作用和更好发挥政府作用。"十九届四中全会进一步强调："建设高标准市场体系"，这为加快推进我国人力资源市场建设指明了方向和重点。2020年3月30日，中共中央、国务院出台《中共中央 国务院关于构建更加完善的要素市场化配置体制机制的意见》，进一步明确完善要素市场化配置的基本要求。

当前，实现更加充分更高质量的就业是摆在党和国家突出位置的一项工作。更好地实施人才强国战略和创新驱动发展战略也迫切要求优化人力资源配置、不断提高人力资源开发与经济布局和社会发展需求的适应性和匹配度。但是受传统人事体制机制的制约，人力资源在地区之间、部门之间、产业之间以及行业之间的流动存在诸多障碍，市场在人力资源配置中决定性作用尚未完全发挥，严重影响着人力资源的配置效率。同时，因市场配置存在失灵而导致的人力资源使用效率低下，在一定程度上阻碍了人力资源的有效整合和开发。与新形势的要求相比，我国建设完备的人力资源市场体系任重道远。

信息作为各项管理和决策活动不可缺少的重要因素，是实现人力资源市场化配置的基础。从情报学的角度看，人力资源市场监测就是通过科学的方法收集、整理、分析、传递、应用人力资源市场相关信息的过程。基于此，要更好地发挥人力资源市场的信号功能与最大效用，研究建立人力资源市场信息监测体系是建设完备的人力资源市场体系必须做好的一项基础性工作，也是衡量人力资源市场综合运行质量、配置成本效能、创新发展功能的重要标志。2020年新冠肺炎疫情造成的人力资源市场短期阶段性错配，进一步彰显了人力资源市场信息在引导人力资源有序流动中的重要作用。

本篇基于我国建设完备的人力资源市场体系的目标取向，首先对人力资源市场体系运行的基础进行了系统阐述，重点分析了人力资源市场相关概念的主要内涵、人力资源市场运行的理论基础和制度基础，从而形成了人力资源市场体系分析的理论框架；其次从历史和发展的视角，客观分析了我国人力资源配置机制的发展过程，以及人力资源市场建设的历程、成效和问题；最后，基于情报学的视角，在界定人力资源市场信息内涵与功用的基础上，详细阐释了人力资源市场监测的功能定位，并对其实践进展与未来走势进行了研判，从而形成了基于信息监测来优化人力资源市场化配置的基本思路。

第一章

我国人力资源市场体系的运行基础

本章在界定人力资源市场、人力资源市场体系和人力资源配置机制等相关概念的基础上，重点对人力资源市场运行的理论基础（国家治理现代化理论、人力资源市场机制理论等）、人力资源市场体系运行的制度基础（产权制度、要素市场制度、市场准入负面清单制度、公平竞争制度和城乡融合制度等）进行阐述，旨在为后续章节的分析奠定理论基础。

第一节 人力资源市场相关概念界定

人力资源、人力资源市场、人力资源市场活动、人力资源市场体系、人力资源配置以及人力资源配置机制等，是人力资源市场研究中非常重要的概念。

一 人力资源市场

1. 人力资源

通常来讲，人力资源（Human Resources），又称劳动力资源或劳动力，是指能够推动整个经济和社会发展、具有劳动能力的人口总和。经济学将为创造物质财富而投入生产活动中的一切要素通称为资源，包括人力资源、物力资源、财力资源、信息资源、时间资源等，其中人力资源是一切资源中最宝贵的资源，是第一资源。"现代管理学之父"彼得·德鲁克在其1954年出版的《管理的实践》一书中首次提出了"人力资源"的概念。他认为，与其他的资源相比，唯一区别就是人力资源是人，并且是经理们必须考虑的具有"特殊资产"的资源。①

人力资源作为一种特殊资源，具有不可剥夺性、生物性、社会性、时效性、资本积累性、激发性、能动性和载体性等八大特性，这是其他资源所不具备的特殊性质，是人力资源科学性、实践性的表现。

2. 人力资源市场

对于人力资源市场（Human Resources Market）的界定，目前学术界尚没有明确的定义。但参照劳动力市场的定义②，可将人力资源市场理解为就是通过市场机制对人力资源进行配置和协调的场所或空间。基于此，可以从宏观和微观两个层面对人力资源市场加以阐释。宏观人力资源市场是指抽象意义上的人力资源市场配置机制，也就是通过市场机制，实现人力资源在数量、质量、时间和空间上与生产资料相结合的机制和方式。微观人力资源市场是指人力资源的供需双方依托人力资源服务机构，按照一定的规则进行交易，实现人力资源配置活动的总称。人力资源市场作为重要的生产要素市场，是社会主义市场经济的重要组成部分，并随着我国政府职能转变以及行政管理体制和人事制度改革而不断规范，在人力资源配置中发挥了决定性作用。

本书侧重于微观人力资源市场研究。基于微观人力资源市场的定义，人力资源市场各相关要素包括市场主体（即供需双方：求职者和用人单位）、服务平台（即人力资源服务机构）、监管者（即政府管理部门和行业协会等）。

3. 人力资源市场活动

所谓人力资源市场活动（Human Resources Marketing Activities），是指相对于劳动合同的订立、变更、履行、解除、工资等内部人力资源活动而言，包括求职、招聘以及其他人力资源服务形式。人力资源服务为用人单位和求职者提供更多的选择和交流的机会，提高劳动者和岗位的匹配效率。可以说，在一定程度上，缓解了劳动者与用人单位之间的信息不对称问题，也有助于解决劳动者求职难和企业招工难的问题。

---

① ［美］彼得·德鲁克：《管理的实践》，齐若兰译，机械工业出版社2009年版。
② 刘树成：《现代经济辞典》，凤凰出版社2005年版。

二 人力资源市场体系

1. 市场体系

所谓市场体系（Market System），是指由各类市场组成的有机联系的整体，包括商品市场和服务市场两大子体系。其中，服务市场子体系由金融市场、技术市场、信息市场、旅游市场、劳动力市场等组成。[①] 培育和发展统一、开放、竞争、有序的市场体系，是建立社会主义市场经济体制的必要条件。市场经济是由市场机制发挥资源配置功能的经济，而市场体系则是市场机制发挥作用的必要条件。在我国建立什么样的市场体系，一直伴随着我国建立和完善社会主义市场经济体制的全过程。经过多年探索，在理论层面上不断深化和丰富着对市场体系的认识，在实践层面上不断拓展和推进着市场体系的建设。

就市场体系结构而言，主要包括主体结构、客体结构、时间结构、空间结构和形态结构等。所谓主体结构，是指监护交换客体进入市场并按一定规则参与市场活动、发生市场交换关系的当事人构成，具体包括个人或家庭、企业和国家。所谓客体结构，是指市场交换的对象构成，主要包括商品市场和生产要素市场，文化及特殊市场。所谓时间结构，是指按市场交易的时间范围和形态划分的现货交易市场和期货交易市场。所谓空间结构，是指地方市场、区域市场、国内统一市场和国际市场等四个层次。所谓形态结构，是指有形市场和无形市场。

2. 人力资源市场体系

所谓人力资源市场体系（Human Resources Market System），是指由各类形态的人力资源市场组成的有机联系的整体，是通过市场配置人力资源的经济关系的总和，既包括 2008 年人力资源和社会保障部组建后，由原人才市场和原劳动力市场逐步整合形成的统一的人力资源市场，同时也包括其他各类形态的人力资源市场，如高校毕业生、农民工等专门类型的人力资源市场，是市场体系中服务市场子体系的重要组成部分。培育和发展统一规范、竞争有序的人力资源市场体系，是促进就业、创业和人力资源开发配置的必要条件。改革开放 40 多年来，党中央、国务院高度重视人

[①] 田国强：《和谐社会构建与现代市场体系完善》，《经济研究》2007 年第 3 期。

力资源市场体系建设，制定出台了一系列政策措施，健全完善市场机制，加强市场监管，提高服务水平，统一规范的人力资源市场体系基本建成。

就结构而言，人力资源市场体系包括主体结构、客体结构、空间结构、行业结构和形态结构等。所谓主体结构，是指人力资源市场所有的主体，包括用人单位、求职者和劳动者、人力资源服务机构、政府监管部门。所谓客体结构，是指人力资源市场交换的对象构成，主要包括具有劳动能力的劳动者与生产经营中使用劳动力的经济主体，交换关系表现为劳动力和货币的交换。所谓空间结构，是指地方性人力资源市场、区域性人力资源市场、全国统一人力资源市场和全球人力资源市场等四个层次。所谓行业结构，是指各行业形成的特色人力资源市场，如汽车行业人力资源市场。所谓形态结构，是指有形人力资源市场（人力资源流动）和无形人力资源市场（人的智力共享）。

三 人力资源配置机制

1. 人力资源配置

所谓资源配置（Resources Allocation），是指相对稀缺的资源在各种可能性的生产用途之间进行选择、安排和搭配，以获得最佳效率的过程。优化配置、节约使用和保证重点是资源配置的基本原则，人力资源配置也是如此。

所谓人力资源配置（Human Resources Allocation），是指人力资源在地区、部门、行业和职业等维度上的具体安排、调整和使用，旨在保证人力资源主体供给和市场需要的平衡，以实现人力资源最佳生产率的过程。人力资源配置是人力资源管理的起点，也是人力资源管理的归宿。人力资源只有在配置上实现其合理性，才能真正发挥出它的效能。

2. 人力资源配置机制

所谓资源配置机制（Resources Allocation System），是指通过一种或几种经济机制的相互作用将资源在各种不同使用方向之间的有效配置。通过一定的方式和机制，将国家有限的资源合理分配于各部门、地区和用人单位，生产出更多社会需要的产品和劳务，以取得最大的社会经济效益。不同社会性质或同一社会不同经济体制，存在不同的资源配置方式和机制，市场机制和计划机制都是资源配置机制。在以市场机制组织社会生产的体系中，通过价格、供求和竞争机制的诱导作用，促使生产要素流动，将各种资源分配于适宜位置。

所谓人力资源配置机制（Human Resources Allocation System），是指通过某些经济机制的相互作用将人力资源在各种不同使用方向之间的有效配置。按人力资源配置机制的运行特点划分，人力资源配置机制可以划分为三种：一是市场机制。市场机制就是通过人力资源市场价格的波动、市场主体的竞争、市场供求关系的变化来调节人力资源市场运行的一种机制。在市场机制充分发挥作用的条件下，人力资源市场供求比例的变化以及由此而引起的价格波动，为劳动者和用人单位传递人力资源稀缺程度的信号，引导人力资源向稀缺程度最大的部门、行业、地区和用人单位流动。二是计划机制。计划机制是指政府通过各种手段直接或间接地调节人力资源配置的格局，促使人力资源向着符合预期目标的方向变动。三是混合机制。所谓混合机制是指市场与计划相结合的调节机制，这种人力资源配置机制又可进一步分为以计划为主、市场为辅，以及以市场为主、计划为辅两种情况。这种机制综合运用两种机制，促使人力资源按市场要求的格局进行变动。

第二节　人力资源市场体系运行的理论基础

人力资源市场作为国家治理的重要领域，国家治理现代化理论对人力资源市场运行与监管具有重要的指导意义。同时，供求机制、价格机制和竞争机制也是分析人力资源市场运行状况的重要理论基础。

一　国家治理现代化理论

1. 理论渊源

西方治理（Governance）的概念源自古典拉丁文或古希腊语"引领导航"（Steering）一词，原意是控制、引导和操纵，指的是在特定范围内行使权威。它隐含着一个政治进程，即在众多不同利益共同发挥作用的领域建立一致或取得认同，以便实施某项计划[1]。自1989年世界银行提出

---

[1] 俞可平：《治理与善治》，社会科学文献出版社2000年版，第16—17页。

"治理危机"后,"治理"逐渐成为"政府分权和社会自治"的代名词。到 20 世纪 90 年代,随着志愿团体、慈善组织、社区组织、民间互助组织等社会自治组织力量的不断壮大,它们对公共生活的影响日益重要,理论界开始重新反思政府与市场、政府与社会的关系问题。治理理论提出国家治理的目的在于实现"善治"或"有效治理",进一步拓展了政府改革的视角,它对现实问题的处理涉及政治、经济、社会、文化等诸多领域,成为引领公共管理未来发展的潮流①。

20 世纪 90 年代起,我国因社会急剧转型导致出现了社会治理危机,国内学者开始关注西方治理理论,并试图将西方治理理论与我国现代化的建构联系起来,期望寻求中国公共治理的新范式②。但在西方语境下产生的治理理论,"强调各种非国家行为体的作用,倡导权力多元化、弱化政府权威,企图打破独立的民族国家观念,消解主权意识,渗透着浓烈的新自由主义思想"③,很难适用于我国的社会状况。在与西方治理理论的对话中,我国的学者在借鉴西方治理理论的基础上,逐渐建立起具有中国特色的治理理论——国家治理理论,有效化解了西方治理理论在中国社会遭遇的困境。总的来看,我国的"国家治理"(State Governance)与西方的"治理理论"的不同主要在于"国家"的角色问题④。

自党的十八届三中全会提出"推进国家治理体系和治理能力现代化"⑤的总目标以来,"国家治理"成为中国政治学和公共管理学界最关注的关键词之一,由此逐步形成了国家治理现代化理论。党的十九大报告将"完善和发展中国特色社会主义制度、推进国家治理体系和治理能力现代化"⑥作为全面深化改革的总目标。党的十九届四中全会站在新的历

---

① 陈广胜:《走向善治》,浙江大学出版社 2007 年版,第 95 页。
② 于江、魏崇辉:《国家治理的他国镜鉴与引申》,《重庆社会科学》2015 年第 6 期。
③ 刘秀伦、庞伟:《超越西方治理与走向中国特色的国家治理现代化》,《重庆邮电大学学报》2015 年第 2 期。
④ 杨光斌:《国家治理论超越西方治理论》,《北京日报》2020 年 1 月 6 日。
⑤ 《习近平在省部级主要领导干部学习贯彻十八届三中全会精神全面深化改革专题研讨班开班式上发表重要讲话》,2014 年 2 月 17 日,中共中央党校(国家行政学院),(http://www.ccps.gov.cn/xxsxk/xldxgz/201908/t20190829_133857.shtml)。
⑥ 习近平:《坚持和完善中国特色社会主义制度 推进国家治理体系和治理能力现代化》,《求是》2010 年第 1 期。

史高度上,进一步拓展和深化了国家治理现代化理论,这是对马克思主义国家学说的新认识。国家治理体系(National Governance System)和国家治理能力现代化(Modernization of National Governance)问题已经成为党和国家顶层设计中的重要考量。① 自"国家治理现代化"成为官方术语之后,国家治理与西方治理理论被明确区分开来,提出"社会主义国家的国家治理,本质上既是政治统治之'治'与政治管理之'理'的有机结合,也是政治管理之'治'与'理'的有机结合"②,包括政治价值、政治认同、公共政策、社会治理等方面。

2. 主要内涵

我国学者对"国家治理"的阐述虽然也包含了多元行动者对社会公共事务的合作管理,但有别于西方治理理论的视角,更关注于维护国家治理的领导权威和公共秩序,③ 由此可以区分国家治理、政府治理和社会治理的差别。④ 其目标是"保障政府能够持续地对社会价值进行权威性的分配",⑤ 公共政策是实现这种权威性分配的基本工具,治理的目的是使人们生活得更加美好。

国家治理现代化理论阐述了国家治理体系的实质和构成的问题,以及国家治理能力的内涵和实际运用的问题。⑥ 国家治理体系是对国家制度组织实施与运作的系统,它包含治理所依据的国家制度,治理的机构组织(包括治理的组织者、参与者),治理的方法和运行的机制、方式,治理的技术支撑手段(采取高科技、信息化和智能化的"互联网+"以及数字政府)等四个要素,体现了治理的全过程。习近平总书记指出:"国家治理能力则是运用国家制度管理社会各方面事务的能力,包括改革发展稳

---

① 王占仁:《教育治理能力现代化与教育决策者的观念更新》,《国家教育行政学院学报》2020年第1期。
② 杨光斌:《国家治理论超越西方治理论》,《北京日报》2020年1月6日。
③ 王浦劬:《科学把握"国家治理"的含义》,《光明日报》2013年12月29日。
④ 王浦劬:《国家治理、政府治理和社会治理的基本含义及其相互关系辨析》,《社会学评论》2014年第3期。
⑤ 徐湘林:《中国的转型危机与国家治理:历史比较的视角》,《复旦政治学评论》(第9辑),上海人民出版社2011年版。
⑥ 许耀桐:《国家治理现代化理论的独特价值》,《福建日报》2020年1月21日。

定、内政外交国防、治党治国治军等各个方面。"① 国家治理能力主要就是执政党和干部的"科学执政、民主执政、依法执政"的水平与"管理社会各方面事务的能力"。政府治理体系是国家治理体系的基本组成部分，要实现国家治理现代化，首先要推进政府治理现代化。

3. 核心要点

（1）治理目标。国家治理现代化的目标是国家治理体系的现代化。在制度层次上，国家治理体系包括国家治理、政府治理、地方治理和社会治理。应该说，社会治理的提法是对治理理论的扬弃，从社会管理转变为社会治理。在治理领域，国家治理体系包括政治治理、经济治理、文化治理、军事治理和生态治理。无论是在制度层次上还是在治理领域上，国家治理应是国家主导，必然包括统治和管理，但并不排斥社会的作用。②

（2）治理核心。国家治理体系和治理能力是一个国家制度和制度执行能力的集中体现。③ 国家治理现代化的核心是国家治理能力问题。国家治理能力就是国家实现国家治理目标的实际能力，是国家制度执行能力的集中体现。④ 国家治理能力其实是协调国家权力关系的能力，它由"体制吸纳力—制度整合力—政策执行力"构成。⑤ 我国学者把国家治理能力当作一种研究范式，国家治理首先要处理国家与社会的关系，"体制吸纳力"对于不同的阶层具有不同的内涵；其次，国家治理是关于制度之间、部门之间的协调与整合，国家治理能力因此体现为"制度整合力"；最后，国家治理事关政策制定和有效执行问题，国家治理能力事实上就是"政策执行力"。由此形成了由"体制吸纳力—制度整合力—政策执行力"所构成的国家治理能力。

（3）治理重点。党的十九届四中全会决定将"坚持和完善中国特色社会主义行政体制，构建职责明确、依法行政的政府治理体系"列入推

---

① 许耀桐：《国家治理现代化理论的独特价值》，《福建日报》2020年1月21日。
② 杨光斌：《国家治理理论超越西方治理论》，《北京日报》2020年1月6日。
③ 宋世明：《推进国家治理体系和治理能力现代化的理论框架》，《中央党校（国家行政学院）学报》2019年第6期。
④ 胡鞍钢：《中国国家治理现代化的特征与方向》，《国家行政学院学报》2014年第3期。
⑤ 杨光斌：《关于国家治理能力的一般理论——探索世界政治（比较政治）研究的新范式》，《教学与研究》2017年第1期。

进我国国家治理体系和治理能力现代化应坚持和完善的十三项制度体系之一。同时，在优化政府职责体系及其制度方面，明确了政府的五项基本职能：经济调节、市场监管、社会管理、公共服务和生态环境保护。政府治理体系作为国家治理体系的重要组成部分，在整个国家治理体系中具有非常重要的地位。政府治理能力对国家整体治理能力的发挥具有极为重要的影响，是其他领域和其他层面国家治理能力发挥作用的重要条件。由此可见，国家治理体系和治理能力的现代化必然要求政府治理体系和政府治理能力的现代化。①

（4）治理模式。中华人民共和国成立70多年来，国家治理模式发生了重大的变化，从原来的党政单一治理主体和政府大包大揽的单一单向模式逐渐转变为多元治理主体，治理模式"从碎片化的一元治理模式逐步转变为网络型多元治理模式"，政府越来越懂得利用市场和社会组织的力量来帮助自己调控经济和社会活动；从简单粗暴的自上而下的行政控制模式逐渐向通过各种政策工具对经济社会生活进行宏观调控转变，治理方法越来越多样化，治理手段越来越成熟，显示出处理政府与市场关系、政府与社会关系的独特的中国模式。②

（5）治理主体。治理主体是治理的最终实施者，是价值、制度与行为三位一体的承载者。③ 国家治理现代化的实现必须拥有成熟的治理主体。协同合作治理是现代国家治理的内在逻辑和基本方略，政府、社会、公民成为多元治理主体。④ 我国国家治理应是在中国共产党领导下实现公民自主、社会自治、政府治理的有机统一的综合治理过程，努力形成多元共治的"善治"格局。作为重要治理主体的政府要实现好的治理效能，必须进一步深化"放管服"改革⑤，将职能从"划桨"转变为"掌舵"，从对经济社会各项事务的管理转变成为民众提供优质的公共服务，形成制

---

① 姜明安：《政府治理体系治理能力在国家治理体系治理能力中的地位和作用》，2020年1月8日，澎湃网（https://www.thepaper.cn/newsDetail_forward_5461665）。
② 陈天祥：《治理现代化进程中政府角色定位的变迁》，《国家治理》2020年第1期。
③ 王臻荣：《治理结构的演变：政府、市场与民间组织的主体间关系分析》，《中国行政管理》2014年第11期。
④ 于江、魏崇辉：《国家治理的他国镜鉴与引申》，《重庆社会科学》2015年第6期。
⑤ 沈荣华：《"放管服"改革：推进国家治理现代化的重要之举》，《国家治理（周刊）》2019年12月3日。

度体系、法治体系、服务管理体系相统一的政府治理结构。同时,国家治理现代化必须依靠社会力量,通过培育社会组织,推进社会组织自我管理和自我发展,提高社会治理水平。如果不能把社会力量纳入社会治理的大系统,任何社会治理都会出现缺口。① 此外,公民个体是推进国家治理现代化的细胞单位,必须发挥他们的积极性、主动性和创造性。

4. 理论价值

人力资源市场作为国家治理的重要领域,人力资源市场监管是我国国家治理体系的重要组成部分。从治理的角度看,人力资源市场监管是依据人力资源市场上业已形成的法律制度、组织安排和配置规范,多元市场主体(政府、用人单位、人力资源服务机构、社会组织和劳动者等)对人力资源配置行为进行的协商共治、善治。这其中包含人力资源市场监管所依据的国家制度、机构组织、方式方法以及技术支撑手段等要素。与以往的"人力资源市场管理"相比,基于治理视角的人力资源市场监管更强调政府、用人单位、社会组织等多元主体对人力资源市场配置行为的关注与主体意识的发挥,更注重多元主体的平等参与、民主协商与共治、善治。

基于此,治理视角下的人力资源市场监管主要强调在人力资源市场现代化程序和规则下对各相关方进行调解,注重在人力资源市场法治框架下的各方平等、合作、互动。多元主体应是人力资源市场监管能力现代化的基本依靠力量。人力资源市场监管能力现代化的关键就在于政府、用人单位、人力资源服务机构、社会组织和劳动者等多元主体能否各司其职。但面对当下中国国情和人力资源市场发展现实,相对其他主体而言,政府应成为人力资源市场监管能力现代化的核心主体。推进人力资源市场监管现代化,对于充分发挥市场在人力资源配置中的决定性作用以及更好地发挥政府作用,都具有重要意义。

二 人力资源市场机制理论

1. 人力资源市场供求机制

就微观人力资源市场而言,其供需双方是求职者和用人单位。人力资

---

① 郑永年:《疫情与中国治理制度》,《联合早报》2020年2月18日。

源市场的供求匹配状况取决于进入市场的可供交换的人力资源的数量和质量与用人单位进入市场招聘职位的数量和质量的对比关系。人力资源市场的供求状况主要受经济社会发展形势、教育培训水平等因素的影响，供求关系变化决定了人力资源流动的方向和数量。

不同于一般商品市场，人力资源市场供求均衡的调节机制并不能在供求机制的作用下保持长期均衡。由于薪酬相对具有刚性，而且人力资源在短期内也几乎没有弹性。因此，当人力资源市场供给大于需求时，通常情况下并不是通过薪酬水平的降低或者人力资源供给的减少来恢复市场的均衡，而是会出现一部分人失业。

2. 人力资源市场价格机制

在人力资源市场上，求职者根据市场形成的薪酬水平来让渡自己的知识和能力；用人单位通过薪酬待遇来吸引求职者，获取他们知识和技能的使用权。薪酬作为重要的价格信号，也在一定程度上引导着人力资源的流向和流量。

薪酬的高低受很多因素影响，如求职者的边际生产力和培养成本、市场的供求状况等。具体而言，在价格机制作用下，求职者的边际生产力越高，其所应得到的薪酬水平也应该越高；求职者的培养成本越高，其所应得到的薪酬水平也应该越高；如果人力资源市场的供给大于需求，那么求职者所获得的薪酬水平就存在下降的压力，反之，其所获得的薪酬水平就存在上涨的可能；如果用人单位提供的薪酬越有竞争力，那么它就越能招募到优秀人才。

3. 人力资源市场竞争机制

人力资源市场的有效运行、人力资源的优化配置，也要靠竞争机制来实现。人力资源市场的竞争主要有三个方面：一是求职者之间的竞争。比如薪酬待遇比较好的工作岗位，一定会有很多求职者前去应聘，在人力资源市场比较成熟的情况下，如果具备客观规范的评价机制，较高层次的求职者就会具有竞争优势。二是用人单位之间的竞争。比如一名某领域高层次优秀人才，一定会有很多用人单位有招募意向，在信息相对公开透明的人力资源市场中，能提供具有竞争力薪酬待遇的用人单位将在市场竞争中占据主动。这样，用人单位之间的竞争将会有效推动用人单位提高薪酬待遇，改善工作环境。三是人力资源服务机构之间的竞争。这种竞争能有效推动人力资源服务机构不断创新服务方式、改革服务手段、提高服务水平，从而提升人力资源市场配置效率和水平。

4. 理论价值

如上所述，影响人力资源市场体系运行状况的因素很多，涉及人力资源需求条件和人力资源供给素质，涉及人力资源服务机构对供求信息的匹配服务和职业指导水平，也涉及供求主体对市场的信心。此外，政策调整和宏观经济走势，也是影响人力资源市场运行状况的重要因素。因此，评价人力资源市场运行良好与否的标准应包括以下五个方面：（1）人力资源市场供求总量应基本平衡；（2）人力资源市场需求结构和供给结构基本匹配；（3）职业需求和职业供给基本匹配；（4）求职者期望薪酬与招聘企业承诺薪酬的差距趋向于"零"；（5）供求主体对进入人力资源市场求职和招聘充满信心。

基于此，人力资源市场体系的高效运行，必须要让供求机制、价格机制、竞争机制等市场机制充分发挥出人力资源优化配置的功能，只有这样才能激发各类人力资源市场主体参与市场竞争的活力和创新力，更好地发挥政府在宏观管理、市场监管、社会管理、公共服务方面的作用。

第三节　人力资源市场体系运行的制度基础

当前，我国经济已由高速增长阶段转向高质量发展阶段，建设现代化经济体系、实现高质量发展是我国发展的战略目标。这就需要着力构建市场机制有效、微观主体有活力、宏观调控有度的经济体制；需要建设高标准市场体系，实现要素价格市场决定、流动自主有序、配置高效公平。建设高标准市场体系，实质上是要处理好政府和市场的关系，通过制度建设和实施，最终实现市场在资源配置中发挥决定性作用的目的，更好发挥政府作用。从完善要素市场化配置体制机制来看，改革产权制度、要素市场制度、市场准入负面清单制度、公平竞争审查制度①、城乡融合制度、户籍制度、技术技能评价制度，与高标准人力资源市场体系建设密切相关。

一 产权制度

产权制度作为市场经济的基石，是市场体系有效运行的基础性制度，也是激发市场活力、促进市场竞争、规范市场秩序、稳定市场预期的重要保障。在人力资源市场制度建设中，要进一步明晰人力资源供求双方产权。首先，赋予企事业单位用人自主权。当前，企事业单位在聘用、辞退工作人员方面仍然受到很多因素的制约，独立用人的权力有一些限制，未来应有效发挥人力资源需求方的主体地位，推进人力资源配置更加合理化、科学化。其次，实现劳动者择业的自由。在人力资源市场化配置方式下，对劳动供给者来说，是否愿意提供劳动、提供多少劳动、为谁提供劳动等，都是劳动者个人的自主行为。实现劳动者自主择业，符合市场经济发展要求。最后，创新技术要素参与收入分配方式。完善技术转移转化的制度和法律法规体系，对产权归属、转移转化方式、收益分配比例关系和权益保障进行详细规定，鼓励和支持科技人员在科研机构和企业间自由流动，鼓励职务发明人积极参与知识产权的运用与实施。

二 要素市场制度

高标准市场体系是一个统一开放、竞争有序的市场体系，改革开放40多年来，我国商品市场已经由市场来决定资源配置，但要素市场方面仍受限于体制机制的障碍，是高标准市场体系建设的一个突出短板，制约了现代产业体系中实体经济、科技创新、现代金融、人力资源"四个轮子"协同运转和良性互动。人力资源市场作为重要的要素市场，其制度的一致性主要体现为三个方面。一是完善人力资源价格市场决定机制，使得市场价格不仅成为决定劳动供给量的参数，而且也成为影响劳动力流动的一个重要因素。二是完善人力资源流动规则，充分体现人力资源主体的权利和权能，实现流动的自主性、规范性。三是完善人力资源配置机制，

---

① 李韶辉：《建设高标准市场体系需完善五大制度——访国家发改委体改司司长徐善长》，《中国改革报》2019年12月26日。

通过市场竞争引致供求，对各种所有制主体、各个领域、城乡各种经济主体公平对待、一视同仁，平等使用人力资源，实现市场决定价格、流动自主有序、配置高效公平。

三　市场准入负面清单制度

实施市场准入负面清单制度，在我国是一个从无到有的"起点式改革"，是保障市场体系各类主体平等准入的重要制度安排。清除妨碍统一市场和公平竞争的各种规定和做法，探索建立市场准入负面清单，清理前置环节有偿中介，确保人力资源市场主体平等公平参与市场的机会，促进城乡、产业、区域、国家间市场开放，促进人力资源合理流动和高效集聚，实施更加开放的市场准入制度。稳步推进自贸试验区人力资源市场对外开放，允许外商独资人力资源服务机构在自贸区设立总部或分支机构以及已在国内落户的合资人力资源服务机构在自贸区独资经营。

四　公平竞争审查制度

2016年6月，国务院印发了《关于在市场体系建设中建立公平竞争审查制度的意见》，在各方面的共同努力下，公平竞争审查制度已经在全国基本建立。公平竞争是市场经济的核心，是市场体系建设的内在要求和基本规则。党的十九届四中全会指出，强化竞争政策基础地位，落实公平竞争审查制度。人力资源市场公平竞争审查制度主要体现在强化事中事后监管，维护人力资源市场秩序等方面。人力资源社会保障行政部门应采取"双随机、一公开"的方式实施监督检查。经营性人力资源服务机构应当提交经营情况年度报告，但是通过信息共享可以获取的信息，行政机关不得要求其重复提供。加强人力资源市场诚信建设，实施信用分类监管。完善投诉举报和查处的回应机制，建立公平竞争审查的投诉举报平台或增设公平审查专栏和专线，对投诉举报反映的人力资源市场情况及时进行调查核实，违反制度要求的责令改正，造成严重后果的依法依规进行问责，及时曝光典型案例，提高公平竞争审查制度的威慑力和透明度。

五 城乡融合制度

优化人口和经济活动空间布局，增强区域发展的协调性，是国家治理面对的一个重要问题。城乡融合制度是农村人力资源配置的基本手段。[①] 乡村发展不充分、城乡之间发展不平衡，是当下我国社会主要矛盾的突出表现。在新的历史条件下，乡村振兴必须有城乡资源的集成融合，这其中既有农村内部人力资源盘活激励，也有外部城市人力资源整合集聚。通过融合实现城乡互利共赢是乡村振兴战略的基本要求，这其中构建推进城乡融合发展的人力资源要素融合机制是关键性的制度支撑。城乡融合并不是统筹城乡人力资源数量的分配过程，而是城乡互利共赢的过程。从另一角度看，以城乡融合实现乡村振兴具有多元政策目标，不仅要保障既有乡村人力资源，尤其是原有户籍乡村人口的基本权利和利益，也要保障新进入乡村发展人力资源群体的基本权利和利益。

六 户籍制度

2020年3月30日，中共中央、国务院出台的《中共中央 国务院关于构建更加完善的要素市场化配置体制机制的意见》明确提出，深化户籍制度改革是引导劳动力要素合理畅通有序流动的重要举措。推动超大、特大城市调整完善积分落户政策，探索推动在长三角、珠三角等城市群率先实现户籍准入年限同城化累计互认。放开放宽除个别超大城市外的城市落户限制，试行以经常居住地登记户口制度。建立城镇教育、就业创业、医疗卫生等基本公共服务与常住人口挂钩机制，推动公共资源按常住人口规模配置。

七 技术技能评价制度

2020年3月30日，中共中央、国务院出台的《中共中央 国务院关于构建更加完善的要素市场化配置体制机制的意见》明确提出，完善技术技能评价制度是引导劳动力要素合理畅通有序流动的又一重要举措。创新评价标准，以职业能力为核心制定职业标准，进一步打破户籍、地域、

[①] 郭晓鸣：《乡村振兴战略的路径选择与突破重点》，《中国乡村发现》2018年第1期。

身份、档案、人事关系等制约，畅通非公有制经济组织、社会组织、自由职业专业技术人员职称申报渠道。加快建立劳动者终身职业技能培训制度。推进社会化职称评审。完善技术工人评价选拔制度。探索实现职业技能等级证书和学历证书互通衔接。加强公共卫生队伍建设，健全执业人员培养、准入、使用、待遇保障、考核评价和激励机制。

第二章

我国人力资源市场建设的发展脉络

本章重点对我国人力资源配置机制的发展过程、人力资源市场的建设历程以及我国人力资源市场建设的成效和问题进行了阐述,旨在明晰新中国成立以来我国人力资源配置机制经历的三个阶段与我国人力资源市场建设的历史脉络,为我国人力资源市场体系建设明确发展方向。

第一节 我国人力资源配置机制的发展过程

中华人民共和国成立以来,我国经济体制改革主要经历三个阶段:计划经济时期、计划经济与市场经济相结合时期、市场经济为主时期。与此相适应,我国人力资源配置机制的发展过程也同样经历计划经济时期、计划经济与市场经济相结合时期、市场经济为主时期[1]。

一 计划经济时期（中华人民共和国成立初期至1977年）

在计划经济时期,我国人力资源配置采用计划机制,主要特点有:（1）人力资源供求双方无自主权。供求双方都没有自己的决策权,真正的决策权在国家行政部门,这在客观上造成了供求主体错位。对劳动供给者而言,虽然有绝对的就业权利,但没有用人单位选择的自由,也没有职业、岗位的选择权利;对用人单位而言,招工人数、职工类型都是行政部门计划安排的结果,基本上是实施录用终身制,既无权按自身技术特征确

---

[1] 黎伯毅:《我国人力资源配置机制的现状与完善》,《吉林省教育学院学报》2015年第6期。

定人力资源的需求量,也无权裁减多余人员。(2)人力资源具有较小的流动性。由于人力资源配置是由编制部门制定计划,由劳动人事部门进行安排,劳动者要流动,环节较多、程序复杂,必须经劳动人事部门批准,因此人力资源的流动非常困难。另外,不同所有制之间、工人与干部之间、城市与农村之间的"身份"界限也阻碍着人力资源流动。(3)人力资源分配模式固定。只要具有城镇户口的人员,不论文化程度高低,都会给安排工作,而农村户口的人员进城工作的机会很少。(4)企事业单位实行接班政策。子女接替父母继续留在原企事业单位工作,这种裙带关系在一定程度上影响了单位工作效率。

由此可见,计划经济体制下的人力资源配置机制虽解决了一部分人员的就业,但由于不存在人力资源市场,本应作为人力资源供求调节的工资也不能反映出人力资源供求状况,供求则完全被动地接受计划机制的控制,工作人员工作积极性不高、人力资源供需不平衡、人力资源质量低、工作人员所学专业和工作岗位不对口等问题的出现在所难免。

二 计划经济与市场经济相结合时期(1978—1991年)

在20世纪70年代末,我国经济体制改革进入了以计划经济为主、计划经济与市场经济并存的时期。与此相适应,人力资源配置机制也开始从计划性分配制向市场化聘用制迈进,主要特点有:(1)开始实行聘用合同制。从北京、上海等城市开始试行聘用合同制以来,很多有知识的农村青年被吸纳进干部队伍。随后,该制度在全国其他城市相继实行,并以此代替子女接班制,至此工作人员有了工作岗位的选择权。劳动者与用人单位在合同范围内行使自身权利,这不仅提高了就业的灵活性,也保证了人力资源的合理流动。(2)人力资源的流动性变大。首先是农村户口人员进城工作的机会增多,他们可以进城打工或者到企业工作,这在一定程度上减少了农村剩余劳动力的浪费。其次是随着党的十三大召开,国家实行了公务员管理制度,用人制度更加规范化。1987年年底,我国允许在企事业单位、国家机关等工作的人员可以相互调动,这种更加合理的岗位选择在一定程度上适应了市场化发展的要求。(3)企业内部员工可以换岗。自企事业单位可以实现人力资源配置以来,其内部员工可以换岗,这不仅提高了人力资源的利用率,而且还发挥了他们的专业特长,提高了企业的工作效率。

但是，由于该时期只是计划经济向市场经济发展的过渡时期，经济体制还是以计划经济为主，这就势必会影响人力资源的合理配置，较为完善的人力资源配置机制尚未形成。

三　市场经济为主时期（1992年以来）

自党的十四大以来，我国经济体制改革进入了市场经济为主时期，国家相继出台了很多条例和政策。公务员"考试录用制"明确规定了招聘公务员要实行公开招考，只有笔试和面试合格后的考生才能被录用，坚决打击一切违规操作行为。事业单位也开始实行聘用制，对年底考核不合格者可进行辞退处理。在这个时期，人力资源配置机制以市场机制为主，主要特点有：（1）人力资源供求双方产权明晰。企业有用工自主权，劳动者有择业的自由，使得脑力劳动者和体力劳动者各尽其职，真正实现学以致用。（2）人力资源市场发育完善。人力资源供求主体的转化以人力资源市场的发育和完善为前提，人力资源市场是实现劳动就业市场化的必经途径。（3）工资成为调节人力资源供求的信号。在人力资源市场上，供不应求的劳动力自然价格就高，而供过于求的劳动力价格相对偏低，从而给出人力资源产出和配置上的调节信号。（4）人力资源流动性加大。工作人员不仅可以在本单位内进行岗位调动，也可以跨行业、跨区域流动，极大地优化了人力资源的配置。2020年3月30日，中共中央、国务院出台《中共中央　国务院关于构建更加完善的要素市场化配置体制机制的意见》明确提出，引导劳动力要素合理畅通有序流动，并明确了深化户籍制度改革、畅通劳动力和人才社会性流动渠道、完善技术技能评价制度、加大人才引进力度等四方面要求。

从理论上讲，市场机制能有效地配置人力资源，使得企业可以根据市场状况自主地做出与雇佣和工资有关的决策。但这只有在完全竞争的市场假定下才能实现，而现实远远偏离这种假设，人力资源流动不充分、市场信息不完全、人力资源市场歧视造成就业机会不均等现象仍然存在。在市场经济条件下，人力资源配置具有微观效率，但未必存在宏观上的高效率，因此在人力资源配置中还要更好地发挥政府作用。

第二节　我国人力资源市场的建设历程

我国人力资源市场建设历经从局部创新到整体性制度安排、从推动人力资源服务发展到促进市场体系形成、从政策引导市场管理到依法监管[①]、从统一规范到高标准建设的过程，大致经历了起步探索期、全面展开期、改革创新期、统筹推动期、跨越式发展期和高标准建设期等六个阶段。

一　起步探索期（1978—1991年）

这一时期的主要特征是逐步打破统包统配的人力资源配置制度，企业开始实行劳动合同制，劳动人事部门着手开展"用非所学"专业技术人员岗位调整和人才余缺调剂工作，人力资源配置领域的服务开始出现，市场已经萌芽。

20世纪70年代末，劳动人事部门开始创立并组织劳动服务公司，解决待业人员就业问题，并逐步演进为就业服务机构。1979年，北京外企人力资源服务公司（FESCO）成立。1983年，沈阳市人才服务公司成立。1984年，劳动人事部成立全国人才交流咨询中心，随后各地纷纷成立类似的人力资源服务机构。1987年，浙江省温州市出现全国第一家民营人才职业介绍机构。1990年，国务院制定下发《劳动就业服务企业管理规定》，劳动部下发《职业介绍暂行规定》《关于加强职工余缺调剂工作的通知》，人事部下发《关于加强人才招聘管理工作的通知》，开始重视市场的监督管理。

二　全面展开期（1992—2000年）

这一时期的主要特征是劳动力市场和人才市场正式确立，围绕就业与人才资源优化配置的各类服务机构规模不断壮大，外资开始进入我国人力资源服务领域，人力资源服务业态也不断丰富。

[①] 人社部人力资源市场司：《人力资源市场建设辉煌四十年》，《中国劳动保障报》2018年12月28日，第3版。

1992年，党的十四大确立了建立社会主义市场经济体制的改革目标，劳动力等生产要素市场逐步开始发育。1993年11月，党的十四届三中全会通过《中共中央关于建立社会主义市场经济体制若干问题的决定》，首次明确提出劳动力市场的概念，强调将开发利用、合理配置人力资源作为发展劳动力市场的出发点。人事部按照"两个调整"的思路，确立人才市场化配置的方向。1994年8月，中组部、人事部联合下发《加快培育和发展我国人才市场的意见》，明确提出发展人才市场的总体目标。1995年，劳动部出台《职业介绍规定》；1996年，人事部出台《人才市场管理暂行规定》，相关管理制度基本形成。这期间，人力资源服务机构经营模式逐步多样化，服务领域不断扩大，民营性质的人力资源服务机构得以较快发展，外资也开始进入我国人力资源服务领域。

三 改革创新期（2001—2006年）

这一时期的主要特征是政府所属的服务机构开始改革，劳动和社会保障部门、人事部门的管理职能逐步从办市场向管市场以及为市场发展创造良好环境转变。劳动和社会保障部门着力推动其所属服务机构向公共就业服务转变，人事部门先后开展"管办分离""事企分开""公共服务与市场经营性服务分离"等改革。

2002年，劳动和社会保障部、公安部、国家工商行政管理总局联合发布《境外就业中介管理规定》。2003年，人事部、商务部、国家工商行政管理总局联合发布《中外合资人才中介机构管理暂行规定》。2003年年底，中共中央、国务院下发《关于进一步加强人才工作的决定》，要求"遵循人才资源开发规律，坚持市场配置人才资源的改革取向"，"消除人才市场发展的体制性障碍，使现有各类人才和劳动力市场实现联网贯通，加快建设统一的人才市场，健全人才市场服务体系"，这为建立统一规范的人力资源市场指明方向。2005年，人事部、商务部、国家工商行政管理总局修正《中外合资人才中介机构管理暂行规定》，对维护人才市场秩序起到积极作用。

四 统筹推进期（2007—2012年）

这一时期的主要特征是人事和劳动保障部门合并，统一、规范、灵活的人力资源市场建设全面推进，人力资源市场管理体系日益完善、宏观调控水平不断提升，人力资源服务业逐步形成并快速发展。

2007年3月，国务院印发《关于加快发展服务业的若干意见》，首次将人才服务业作为服务业中的一个重要门类。同年8月，《中华人民共和国就业促进法》颁布，首次在国家法律层面明确提出"人力资源市场"的概念。党的十七大报告、《国民经济和社会发展第十二个五年规划纲要》先后作出建立健全统一、规范、灵活的人力资源市场的重要部署，并首次将"人力资源服务业"写入国民经济和社会发展规划。2008年，人力资源和社会保障部组建后，开始筹划建立统一、规范的人力资源市场。2010年，人力资源服务产业园建设初见端倪，上海市建立全国第一个国家级人力资源服务产业园。2012年12月，国务院印发《服务业发展"十二五"规划》，首次提出建设人力资源服务体系。

五　跨越式发展期（2013—2018年）

这一时期的主要特征是加快制定法规政策，实现政府管理向政策制定、产业引领和营造环境转变，推动公共服务与经营性服务相分离，统一规范的人力资源市场体系基本形成，人力资源服务业独立门类的地位真正确立。

2013年3月，人力资源和社会保障部发布《关于加快推进人力资源市场整合的意见》，首次在全国范围内对建立统一规范的人力资源市场进行正式部署。2013年11月12日，党的十八届三中全会审议通过《中共中央关于全面深化改革若干重大问题的决定》，提出"加快完善现代市场体系，建设统一开放、竞争有序的市场体系，使市场在资源配置中起决定性作用和更好发挥政府作用"。这为统一规范的人力资源市场体系建设指明方向。2014年12月，人力资源和社会保障部、国家发改委、财政部下发《关于加快发展人力资源服务业的意见》，首次对加快发展人力资源服务业进行全面部署。2017年1月，国务院印发《"十三五"促进就业规划》，提出要培育人力资源服务产业园，实施"互联网+人力资源服务"行动。2017年6月，国家发改委印发《服务业创新发展大纲（2017—2025年）》，提出鼓励发展专业化、国际化人力资源服务机构。2017年9月，人力资源和社会保障部下发《人力资源服务业发展行动计划》，对今后一段时期人力资源服务业发展进行谋划安排。党的十九大报告提出，要加快建设人力资源协同发展的产业体系，在人力资本服务等领域培育新增长点、形成新动能。2018年6月，国务院公布《人力资源市场暂行条例》，首次从立法层面明确了政府提高人力资源服务业发展水平的法定职责，为推动人力资源服务业健康发展提供了法制保障。

六　高标准建设期（2019年以来）

这一时期的主要特征是围绕高质量发展和进一步扩大对外开放的要求，破除束缚人力资源市场主体活力、阻碍市场和价值规律充分发挥作用的弊端，实现人力资源要素价格市场决定、流动自主有序、配置高效公平。

2019年10月31日，党的十九届四中全会审议通过《中共中央关于坚持和完善中国特色社会主义制度、推进国家治理体系和治理能力现代化若干重大问题的决定》，指出：要加快完善社会主义市场经济体制，建设高标准市场体系。同时还强调："尊重知识、尊重人才，完善人才培养机制，改进人才评价机制，创新人才流动机制，健全人才激励机制，构建具有全球竞争力的人才制度体系，支持各类人才为推进国家治理体系和治理能力现代化贡献智慧和力量。"在市场经济条件下，社会经济资源通过市场机制才能达到合理、有效的配置，从而实现各要素的优化组合与高效运作。这其中进一步优化人力资源市场配置，就成为推进国家治理现代化的题中应有之义。2020年3月30日，中共中央、国务院出台《中共中央 国务院关于构建更加完善的要素市场化配置体制机制的意见》，指出引导劳动力要素合理畅通有序流动，并明确了深化户籍制度改革、畅通劳动力和人才社会性流动渠道、完善技术技能评价制度、加大人才引进力度等四方面要求。

第三节　我国人力资源市场建设的成效与问题

改革开放40多年来，我国人力资源市场逐步形成并发展壮大。从总体上看，人力资源市场已经成为人力资源流动配置的重要手段，是高校毕业生、农民工等重点群体实现就业的主要载体,为促进高质量发展提供了重要的人力资源支撑。但是,我国在促进人力资源市场体系健康发展的同时,由于人力资源市场发展的不平衡、不充分,在人力资源市场建设和管理中也逐渐暴露出一些问题。

一　建设成效

1. 统一规范的人力资源市场基本建成

2008年,组建后的人力资源和社会保障部加速推进人才市场和劳动力市场统筹管理,省、市、县三级统一规范、上下贯通的公共就业和人才服务体系基本建成。各级公共服务机构所属的企业基本实现"职能分开、机构分设、人员分离、分类管理",政府与市场的关系进一步厘清,多层次、多元化的人力资源市场化服务体系基本形成,公共服务与经营性服务基本实现分离。人力资源服务企业构成更趋合理,呈现出多种所有制、多元业态竞相发展的局面。

2. 人力资源市场配置能力日益增强

人力资源服务业作为现代服务业和生产性服务业的重要组成部分,是实施创新驱动发展战略、就业优先战略和人才强国战略的重要抓手,是构建人力资源协同发展产业体系的重要力量。截至2018年年底,全国共有各类人力资源服务机构共计3.57万家,其中,公共人力资源服务机构5180家、经营性人力资源服务机构30523家。2018年,行业全年营业总收入达1.77万亿元,连续三年保持20%以上的年增长率;全国各类人力资源服务机构为329万家用人单位提供人力资源管理咨询服务,高级人才寻访(猎头)服务成功推荐选聘各类高级人才168万人,高端业态呈现快速发展态势;各类人力资源服务机构共帮助2.28亿人次实现就业择业和流动,为3669万家用人单位提供了服务。据统计,我国已建、在建和筹建的人力资源服务产业园80余家,已经运营的国家级人力资源服务产业园15家。

3. 人力资源市场法制环境不断优化

2015年,修订《就业促进法》《人才市场管理规定》《就业服务与就业管理规定》《中外合资人才中介机构管理暂行规定》《中外合资中外合作职业介绍机构设立管理暂行规定》等部门规章。2018年,国务院颁布实施《人力资源市场暂行条例》，这是改革开放以来第一部系统规范我国人力资源市场的行政法规，在立法上取得突破性进展。近年来，通过最大限度减少人力资源服务许可、明确经营性人力资源服务机构从事职业中介活动的应当取得人力资源服务许可证、实行"先照后证"等措施，"放管服"改革取得明显成效。连续十多年持续开展清理整顿人力资源市场秩序专项行动，市场运行逐步实现规范有序。出台高级人才寻访、现场招聘会等18项国家标准，人力资源服务标准化、规范化进程不断推进，技术支撑效应显现。

4. 人力资源市场对外开放有序推进

按照国家商事制度改革要求，稳步推进自贸试验区人力资源市场对外开放水平，实施更加开放的市场准入制度。依照国家关于在上海等省区市设立自由贸易试验区的部署，允许外商独资人力资源服务机构在自贸区设立总部或分支机构以及已在国内落户的合资人力资源服务机构在自贸区独资经营。同时，鼓励省（区、市）将在自由贸易试验区内设立中外合资和外商独资人才中介机构的审批权下放到自贸区，报省级人社部门备案。在上海浦东新区、北京中关村国家自主创新示范区试点"将中外合资人才中介服务机构外资持股比例扩大至70%"的开放政策。鼓励香港、澳门人力资源服务机构按有关规定在内地设立人力资源服务机构，享受与内地企业同等政策。此外，在我国与其他国家和地区签订的多边或双边的服务贸易协议中，允许部分国家或地区的投资者在我国设立合资人力资源服务机构并拥有多数股权。

5. 人力资源市场服务功能日趋完善

经过多年努力，我国建立了覆盖城乡的五级公共服务网络，各级公共服务机构对就业和人才、市场监测、人事档案管理等服务实行了统一的标准和规范，公共服务均等化规范化水平明显提升。人力资源服务行业转向专业化内涵发展，服务产品更加"专、精、深"，服务内容逐步拓展到招聘、培训、测评、高级人才寻访等高端产品，机构业务逐步由单一业态转向整体的人力资源服务。人力资源服务机构通过精准的"定制化方案"和高效的市场化机制，在引才、育才、留才、用才方面发挥了重要作用，人才流动配置成效显著。

6. 人力资源市场"放管服"改革渐趋深入

创新人力资源市场发展是落实我国"放管服"改革的必然要求，以下好人力资源市场"放管服"先手棋，带动释放市场活力"整盘棋"。积极"放"，做好人力资源市场行政许可下放和承接工作，进一步简化优化审批流程，放宽市场准入；创新"管"，不断创新事中事后监管方式，建立健全"双随机一公开"等制度，规范市场秩序；优化"服"，建立健全公共就业和人才服务体系，创新服务方式，丰富服务内容，提高服务水平，发挥好人力资源市场服务大众创业、万众创新的作用，给市场增活力，为市场添动力。①

二 突出问题

1. 市场体系的统一性问题

党的十七大、十八大都提出了建设统一、规范、灵活的人力资源市场的要求。党的十九大进一步强调要清理废除妨碍统一市场的各种规定和做法。受传统人事体制、机制的制约，我国人力资源市场发展不平衡，人力资源在地区之间、部门之间、产业之间、行业之间的流动仍然存在诸多障碍，严重割裂了人力资源的交流，市场在人力资源配置中决定性作用尚未完全发挥，严重影响着人力资源的配置效率，从而导致一些地区人力资源数量严重不足，而一些地区却人才过剩。同时，市场配置还存在失灵的问题，使得人力资源不能得到有效整合和开发，造成人力资源使用效率下降。

2. 市场要素的流动性问题

党的十九大提出，要破除妨碍劳动力、人才社会性流动的体制机制弊端。当前，我国人力资源供给主体和需求主体的权力还受到一定程度的限制，束缚市场主体活力、阻碍市场和价值规律充分发挥作用的桎梏仍然存在，严重影响了人力资源市场化配置。只有建立政府宏观调控、市场公平竞争、单位自主用人、个人自主择业，人力资源服务机构诚信服务的人力资源流动配置的机制，破除户籍、地域、身份等体制机制的弊端，才能促

---

① 孙建立：《更好发挥市场在人力资源配置中的决定性作用》，《中国人力资源社会保障》2017年第4期。

进人力资源的自由有序流动。

3. 市场运行的规范性问题

市场运行的规范性是人力资源市场有序发展的必要条件。市场无序、规则紊乱是人力资源市场正常运行的严重障碍，将会损害整个市场的运行效率。因此，无论是劳动者和用人单位在求职招聘过程中的基本权利义务，还是人力资源服务机构的基本行为规范，以及政府部门宏观调控和监督管理制度等，都亟须在实践中予以保障和实现。用人单位应当依法如实发布或者提供招聘信息，人力资源应当依法流动，政府部门应切实维护劳动者和用人单位的合法权益。

4. 市场主体的公平性问题

从现实情况看，有些地方和单位依然存在违反国家规定设置限制流动的条件的问题，阻碍了人力资源的合理流动，与《人力资源市场暂行条例》赋予的劳动者和用人单位平等的法律地位相悖。同时，在促进用人单位和人力资源服务机构向求职者提供平等的就业机会和公平的就业条件，加强公共服务机构和经营性的服务机构统一规范和监督管理等方面，也与《人力资源市场暂行条例》的规定有一定的差距，亟待进一步提升。

5. 市场监管的强制性问题

目前，我国在人力资源市场运行中仍然存在黑中介、有害培训以及监管人员业务能力不足等问题，人力资源服务机构采取欺诈、暴力、胁迫或者其他不正当手段，介绍从事违法活动以及违法开展业务的情况依然没有杜绝。依据《人力资源市场暂行条例》的规定，人力资源社会保障行政部门要采取"双随机、一公开"的方式实施监督检查，加强人力资源市场诚信建设，实施信用分类监管，强化事中事后监管，维护人力资源市场秩序。

第三章

人力资源市场信息监测的
内涵与地位

本章在界定人力资源市场信息的内涵和功能的基础上,并基于情报学的视角,重点阐述信息在人力资源市场体系建设中的重要地位、人力资源市场信息监测的基本功用、人力资源市场信息监测的实践探索与问题分析,以及"互联网+人社"下人力资源市场信息监测新趋势。

第一节 人力资源市场信息的内涵与作用

信息、信息能力、人力资源市场信息等的内涵与作用的界定,是研究人力资源信息监测体系建设的重要基础。

一 信息与信息能力

1. 信息的定义

信息(Information),是指音讯、消息、通信系统传输和处理的对象,泛指人类社会传播的一切内容。人们通过获得、识别自然界和社会的不同信息来区别不同事物,得以认识和改造世界。一般而言,"数据"的概念更客观一些,指的是那些能够不依赖人们主观意愿而转移、变化的现实存在。而信息则是对数据处理加工后的结果,人们会把对自身有价值的数据称为信息。广义上说,情报信息是社会政治、经济、文化和科学技术发展的前提条件,成为人类管理和各项决策活动不可缺少的重要因素。①

自第三次工业革命以来，信息资源就已经和土地、资本、人力并驾齐驱成为人类社会的关键生产要素。② 如果按照控制论观点，信息、物质与能量共同组成了世界的三大基本资源。随着人类进入后工业社会，我们事实上已经进入一个高度复杂性和高度不确定性的社会。③ 政府、企业、个人、社会组织等每时每刻都在生产巨量的社会事实信息，大量的信息在日益复杂的流通环境中流动，成为各种类型组织外部环境的主要特征。

2. 信息的功能

信息功能（Information Function），是指信息承担的任务和发挥的作用④。信息具有自然的和社会的两个方面功能。信息的自然功能是信息本身所固有的功能，主要有以下三个方面：（1）加工功能：人们在信息的获取、交流过程中，可以根据需要不断进行选择、提炼、整序、转换等形式进行信息加工；（2）存储功能：人类社会所需要的各种信息能进行存储，成为取之不尽、用之不竭的资源；（3）传递功能：信息可以在广泛的地理范围内横向传递，也可以在较长的时间范围中纵向传递。信息的社会功能是指信息对人类社会各个方面的作用，它是由信息的自然功能派生的，受一定的社会条件的制约，并随着社会的发展而不断变化。信息的社会功能主要有以下四个方面：（1）认识功能：辩证唯物主义认识论认为，人是认识的主体，人通过自己的意识去把握物质世界，信息则是物质与意识作用过程中的中介体；（2）知识功能：信息是一种社会化、系统化的知识，借助信息能够扩大知识领域；（3）资源功能：物质、能量和信息作为构成客观世界的三大资源，信息则是现代社会中加快社会、经济和文化高度发展的关键性资源；（4）管理功能：整个管理过程也就是信息的输入、输出和反馈的过程，信息是管理过程中进行决策和计划的基础，是监督和调节的依据，是各个管理层次和环节互相联络沟通的纽带。

---

① 严怡民：《情报学概论》，武汉大学出版社 1994 年版，第 2 页。
② 安小米：《现代国家治理的云端思维——信息治理能力与政府转型的多重挑战》，《人民论坛·学术前沿》2015 年第 2 期。
③ 张康之：《论高度复杂性条件下的社会治理变革》，《国家行政学院学报》2014 年第 4 期。
④ 萧浩辉：《决策科学辞典》，人民出版社 1995 年版。

3. 信息能力的内涵

信息能力（Information Capability），是指理解、获取、利用信息能力以及利用信息技术的能力。信息能力是一种综合的能力，是开拓与创造的基础，是区分现代人才/组织与传统人才/组织的关键所在。一般而言，信息能力的构成因子应包含以下六个方面[①]：（1）收集信息的能力：就是指根据给定的目标，选择适当的手段，自主地、不遗漏地收集信息的能力；（2）判断信息的能力：就是指从众多的信息中，选择必要的信息，判断其内容，并从中引申出适当信息的能力；（3）表现信息的能力：就是指以一定的表现方法，采取一定的表现形式，对信息进行整理、表现的能力；（4）处理信息的能力：就是指对于收集到的信息，能通过适当的处理，读取其中隐含的、有意义的信息的能力；（5）创造信息的能力：就是指基于自己的认识、思考、意见，去创造信息的能力；（6）发布与传递信息的能力：就是指能基于信息接受者的立场，在信息处理的基础上，对信息进行发布与传递的能力。信息能力由以上六个基本因子所组成，必须依靠这六个方面的综合应用去解决现实问题。

二　人力资源市场信息

1. 治理信息的概念

治理信息（Governance Information），是指在国家治理实践中与国家治理行为密切相关的包括土地、人口、组织、事件等动态和静态的各种信息。从本质上讲，治理信息可以分为两大类，一种是国家疆域范围内的自然资源、人、组织（企业、社会组织）、基础设施等在内的静态信息；另一种是与国家治理相关的人与人之间的交往互动（公共事务交往、矛盾纠纷等），包括个人、组织等主体与政府之间的互动，政府的治理活动等动态信息。这些社会事实信息由国家收集并掌握，成为国家施行各种治理行为的重要基础。国家的治理行为发生在社会场域之中，社会本身也是国家治理的重要对象，获取全面、清晰的社会事实信息一直是国家治理的重

---

① 傅德荣主编：《计算机导论》，中央广播电视大学出版社2007年版。

要目标。① 国家正是通过各种方式获取全面、准确的治理信息，推动社会事实的清晰化，进而实现国家治理现代化。

2. 治理信息的作用

信息是国家治理的基础，是政府科学决策、有效执行的前提条件。早在20世纪四五十年代，西蒙就指出：拥有足够的知识和信息，是保证公共机构在重大问题上做出合理决策的一个重要方面。② 对于一个国家来说，国家治理的过程就是信息处理的过程，决策、执行以及评估等各个环节都与信息处理密不可分。③ 任何治理行为的前提和基础都是掌握相应的治理信息，只有这样才能够施行有效的治理行为。如果说权力是国家治理活动的内核，那么信息就是贯穿其中的主线，是国家治理体系的神经系统。④ 信息越来越成为理解国家治理的关键钥匙，在国家治理体系和治理能力现代化过程中发挥着越来越重要的作用。从情报学的视角看，我国国家治理体系和治理能力的现代化，都是通过科学的方法收集、整理、分析、传递、应用与国家治理相关的各种信息的过程。随着国家收集治理信息能力的增强，治理信息不足对国家治理的制约性逐渐减弱。但是，全面、规范、准确的治理信息并不必然带来国家的有效治理，而只是施行有效治理的前提和基础。

3. 人力资源市场信息的概念

人力资源市场信息（Human Resources Market Information），是指人力资源市场运行的相关信息，如供给、需求、匹配、薪酬、流动和劳动关系等。人力资源配置的合理与否，取决于劳动者是否拥有及时准确的信息。计划经济体制中，由于计划控制使得信息失真和机会主义行为普遍存在，供需变化无法通过市场和价格信号反映出来，人力资源的浪费与使用的低效无法避免，导致人力资源难以有效配置。市场机制能够更有效地配置和

---

① 钱坤：《从"治理信息"到"信息治理"：国家治理的信息逻辑》，《情报理论与实践》2020年第1期。

② [美]赫伯特·西蒙：《人类活动中的理性》，胡怀国、冯科译，广西师范大学出版社2016年版，第112页。

③ 韩志明：《城市治理的清晰化及其限制——以网格化管理为中心的分析》，《探索与争鸣》2017年第9期。

④ 韩志明：《在模糊与清晰之间——国家治理的信息逻辑》，《中国行政管理》2017年第3期。

开发人力资源市场信息,并通过价格机制以非常低的成本反映出人力资源的稀缺程度以及动态变化,从而使人力资源得到有效配置。当然,在市场配置人力资源过程中,有时也会出现信息不完全的情况,从而增加人力资源市场交易成本,影响人力资源的配置,这需要由政府进行调控。

4. 人力资源市场信息的类型

在"互联网+"背景下,人力资源市场信息包括统计信息、调查信息、行为信息和交互信息。统计信息是指人社部门利用各级人社部门所属的公共就业和人才服务机构的就业监测、市场监测获取的数据,以及基于这些数据进行分析而采取的决策行为。调查信息是指通过政府、社会组织和人力资源服务机构等针对特定指标通过问卷调查等方式获取的相关信息。行为信息是指人社部门基于自主开发 App 或第三方移动平台提供各项服务过程中采集到的用户行为和政民互动数据,这些数据具有海量和动态的特点。交互信息是指人社部门与公安、卫计委、教育、农业农村部、金融等部门按照协议交换共享的数据。

三 信息在人力资源市场体系建设中的重要地位

1. 人力资源市场的功能定位

人力资源市场作为重要的生产要素市场,是社会主义市场经济的重要组成部分,并随着我国人事制度改革、政府职能转变以及行政管理体制改革而不断规范,在人力资源的优化配置中逐步发挥了决定性作用。党中央、国务院一向高度重视人力资源市场建设。党的十七大从加快推进经济社会建设的高度,明确要求"建立统一规范的人力资源市场,形成城乡劳动者平等就业的制度"①。这标志着我国人力资源市场建设进入了更好地服务于市场化就业和人力资源开发的新时期。党的十八届三中全会提出,要充分发挥市场在资源配置中的决定性作用和更好发挥政府作用。加强人力资源市场建设是深化人才发展体制机制改革的题中之义。2016 年 3 月,中共中央印发的《关于深化人才发展体制机制改革的意见》要求:

---

① 《中共中央 国务院印发〈乡村振兴战略规划(2018—2022 年)〉》,2018 年 9 月 6 日,中华人民共和国农业农村部(http://www.moa.gov.cn/2t21/xc2x/xc2x2lgh/201811/t20181129_163953.html)。

"构建统一、开放的人才市场体系,健全市场化、社会化人才管理服务体系,健全人才顺畅流动机制,促进人才资源合理流动、高效配置。"更好发挥市场在促进就业、创业和人才优化配置中的重要作用,是贯彻落实党中央、国务院战略部署的重要举措。

2. 人力资源市场信息相关法律规定

2018年6月,国务院公布《人力资源市场暂行条例》,首次从立法层面明确了人力资源市场的相关规定,从而使人力资源市场信息监测有法可依。与人力资源市场信息相关的条款整理如下。

第四条 国务院人力资源社会保障行政部门负责全国人力资源市场的统筹规划和综合管理工作。

县级以上地方人民政府人力资源社会保障行政部门负责本行政区域人力资源市场的管理工作。

县级以上人民政府发展改革、教育、公安、财政、商务、税务、市场监督管理等有关部门在各自职责范围内做好人力资源市场的管理工作。

第八条 国家建立政府宏观调控、市场公平竞争、单位自主用人、个人自主择业、人力资源服务机构诚信服务的人力资源流动配置机制,促进人力资源自由有序流动。

第十条 县级以上人民政府建立覆盖城乡和各行业的人力资源市场供求信息系统,完善市场信息发布制度,为求职、招聘提供服务。

第十一条 国家引导和促进人力资源在机关、企业、事业单位、社会组织之间以及不同地区之间合理流动。任何地方和单位不得违反国家规定在户籍、地域、身份等方面设置限制人力资源流动的条件。

第十五条 公共人力资源服务机构提供下列服务,不得收费。

人力资源供求、市场工资指导价位、职业培训等信息发布。

第十六条 公共人力资源服务机构应当加强信息化建设,不断提高服务质量和效率。

第十八条 经营性人力资源服务机构从事职业中介活动的,应当依法向人力资源社会保障行政部门申请行政许可,取得人力资源服务许可证。

经营性人力资源服务机构开展人力资源供求信息的收集和发布、就业和创业指导、人力资源管理咨询、人力资源测评、人力资源培训、承接人力资源服务外包等人力资源服务业务的,应当自开展业务之日起15日内向人力资源社会保障行政部门备案。

经营性人力资源服务机构从事劳务派遣业务的,执行国家有关劳务派遣的规定。

第二十三条　个人求职,应当如实提供本人基本信息以及与应聘岗位相关的知识、技能、工作经历等情况。

第二十四条　用人单位发布或者向人力资源服务机构提供的单位基本情况、招聘人数、招聘条件、工作内容、工作地点、基本劳动报酬等招聘信息,应当真实、合法,不得含有民族、种族、性别、宗教信仰等方面的歧视性内容。

第二十八条　人力资源服务机构举办现场招聘会,应当制定组织实施办法、应急预案和安全保卫工作方案,核实参加招聘会的招聘单位及其招聘简章的真实性、合法性,提前将招聘会信息向社会公布,并对招聘中的各项活动进行管理。

举办大型现场招聘会,应当符合《大型群众性活动安全管理条例》等法律法规的规定。

第二十九条　人力资源服务机构发布人力资源供求信息,应当建立健全信息发布审查和投诉处理机制,确保发布的信息真实、合法、有效。

人力资源服务机构在业务活动中收集用人单位和个人信息的,不得泄露或者违法使用所知悉的商业秘密和个人信息。

第三十六条　经营性人力资源服务机构应当在规定期限内,向人力资源社会保障行政部门提交经营情况年度报告。人力资源社会保障行政部门可以依法公示或者引导经营性人力资源服务机构依法公示年度报告的有关内容。

人力资源社会保障行政部门应当加强与市场监督管理等部门的信息共享。通过信息共享可以获取的信息,不得要求经营性人力资源服务机构重复提供。

3. 人力资源市场信息的重要作用

受传统体制机制的制约,人力资源在地区之间、部门之间、产业之间、行业之间的流动存在诸多障碍,市场在人力资源配置中决定性作用尚未完全发挥,严重影响着人力资源的配置效率。同时,市场配置还存在失灵的问题,使人力资源没有得到有效整合和开发,造成人力资源使用效率偏低。同时，我国当前就业形势比较严峻，实现更加充分的就业，是摆在当前党和国家工作突出位置的一项工作。更好地实施人才强国战略，建设人力资源强国，也迫切要求优化人力资源配置，不断提高人力资源开发与经济布局和社会发展需求的适应性和匹配度。与新形势的要求相比，我国人力资源市场离真正的市场化、国际化、信息化还有很大的差距。

从情报学的角度看，人力资源市场监管都是通过科学的方法收集、整理、分析、传递、应用与人力资源市场相关的各种信息的过程，信息是实现人力资源配置市场化的基础，有助于发挥人力资源市场的最大效用。人力资源市场任何监管行为的前提和基础都是掌握相应的信息，只有这样才能够针对人力资源市场施行有效的监管行为。从目前我国人力资源市场信息应用情况看，人力资源市场的信息化建设基础还比较薄弱；市场分割导致信息的流动和共享不畅，社会组织没有发挥应有的作用；缺乏信息搜集、整理、分析和发布的手段，信息化水平远远落后于产品市场和资本市场；相关研究才刚刚开始，以系统的指数体系为基础的研究略显不足等。因此，从市场监管的角度，要更好地发挥人力资源市场的信号功能，提高人力资源市场的配置效率，研究推进人力资源市场信息化建设是加强统一规范人力资源市场建设必须做好的一项基础性工作，是衡量人力资源市场综合运行质量、配置成本效能、创新发展功能的重要标志。

第二节 人力资源市场信息监测的基本功用

人力资源市场信息监测是人力资源市场监管的重要手段，对国家治理现代化、政府部门宏观调控、劳动者高效有序就业、用人单位及时掌握市场供求、人力资源服务机构有效开展业务等具有重要作用。

一 人力资源市场信息监测相关概念解析

1. 监测

监测（Monitor），意为监视、测定、监控等，原指对装备、系统或其一部分的工作正常性进行实时监视而采取的任何在线测试手段。其中，"监"是监视、监听、监督的意思，"测"是测试、测量、测验的意思。

2. 信息监测

信息监测（Monitoring on Information），是指监测主体通过科学方法收集全面准确的信息，进而对收集来的信息进行处理、整合与分析，最终应用有效的信息完善监测对象的过程。一般来说，信息监测包含三层意思：一是对信息的监测，即对监测领域诸多信息进行有效的组织与管理，这里的信息是监测的对象；二是基于信息的监测，即利用信息实现监测对象有效的组织与运行，这里的信息是监测的工具；三是信息化背景下的监测，即以"互联网+"等为特征的信息化环境下的监测变革，这里的以"互联网+"等为特征的信息化背景是监测的环境。在一定程度上讲，对信息监测的研究如果脱离了互联网这一全球信息化背景，将既不具有时代感，也不能满足现实监测的需要。基于此，本书侧重于从监测工具和监测环境两个视角来探讨信息在监管中的作用。

3. 人力资源市场信息监测

参照国家治理的定义，人力资源市场信息监测（Information Monitoring on Human Resources Market）作为人力资源市场监管的重要手段，是指依据人力资源市场上业已形成的法律制度、组织安排和配置规范，人力资源市场各个监测主体（政府、用人单位、人力资源服务机构、社会组织等）通过科学方法收集人力资源市场运行的相关信息（如供给、需求、匹配、薪酬、流动和劳动关系等），并对其加以处理、整合与分析，最终应用这些信息实现人力资源配置行为的协商共治、善治。这其中包含人力资源市场信息监测所依据的国家制度、监测的机构组织、监测的方式方法以及监测的技术支撑手段等要素。值得说明的是，同上述信息监测的概念一样，本书中人力资源市场信息监测的概念也是侧重于从监测工具和监测环境两个视角，重点探讨"互联网+"下的人力资源市场信息监测。

4. 人力资源市场信息监测体系

人力资源市场信息监测体系（Information Monitoring System of Human Resources Market），是指运用信息工具对人力资源市场进行监测的系统，具体包括人力资源市场信息监测的制度体系、组织体系、监督体系、信息分析体系、人员保障体系、技术支撑体系和信息服务平台等七个部分，体现了人力资源市场信息监测的全过程（见图3—1）。

第三章　人力资源市场信息监测的内涵与地位 / 41

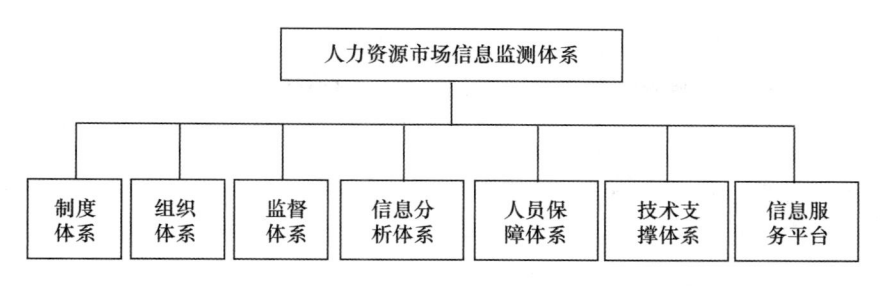

```
                    人力资源市场信息监测体系
    ┌──────┬──────┬──────┬──────┬──────┬──────┬──────┐
  制度   组织   监督   信息分  人员保  技术支  信息服
  体系   体系   体系   析体系  障体系  撑体系  务平台
```

图 3—1　人力资源市场信息监测体系要素构成示意图

5. 人力资源市场信息监测体系建设的主体

人力资源市场信息监测体系建设，需要满足三个条件：（1）资源支持：包括信息来源、运行经费、人员力量、发布渠道等；（2）动力机制：人力资源市场信息监测体系建设的目标是维护人力资源市场秩序、提供公共信息服务产品和完善公共政策等；（3）专业技术支持：人力资源市场信息监测体系建设是一项专业性较强的工作，需要具备一定的技术基础、理论基础和实践经验。

综观古今中外，在人力资源市场信息监测体系建设中起主导作用的是政府。政府部门重视与否，直接影响着人力资源市场信息监测体系建设的整体情况。降低人力资源市场信息不对称造成的市场失灵是政府相关部门的重要职责。人力资源市场信息监测体系在一定程度上具有公共产品的性质，因此向社会提供人力资源市场信息监测产品最常见的主体是人力资源和社会保障等政府相关部门。政府部门建设人力资源市场信息监测体系，并定期发布相关信息，具有发布信息的权威性、收集信息的便利性和经费支持的持续性等优势。但随着社会治理理论被广泛认可，人力资源市场信息监测体系建设的主体正在从政府唯一主体向多元主体过渡，企业、社会组织与公民个人对经济社会生活的参与程度日渐加深，也成为人力资源市场信息监测体系建设的重要力量。

综上所述，本书所述的人力资源市场信息监测体系建设的主体，是由多方组成的复合主体，是政府主导、用人单位协同、人力资源服务机构或行业协会和公民共同参与。

二　人力资源市场信息监测的功能定位

人力资源市场信息监测体系作为观察、评价和分析人力资源市场状况的工具，可为人力资源市场信息的整合、开发和利用提供一条理论与实践的路径。从现实的角度看，该体系可提供观测人力资源市场总体运行状况以及人力资源市场对经济社会发展的贡献状况的新工具，为国家治理的现代化、政府的宏观决策、企业的人力资源开发、劳动者的能力提升、人力资源服务机构的业务优化等提供支持（见图3—2）。

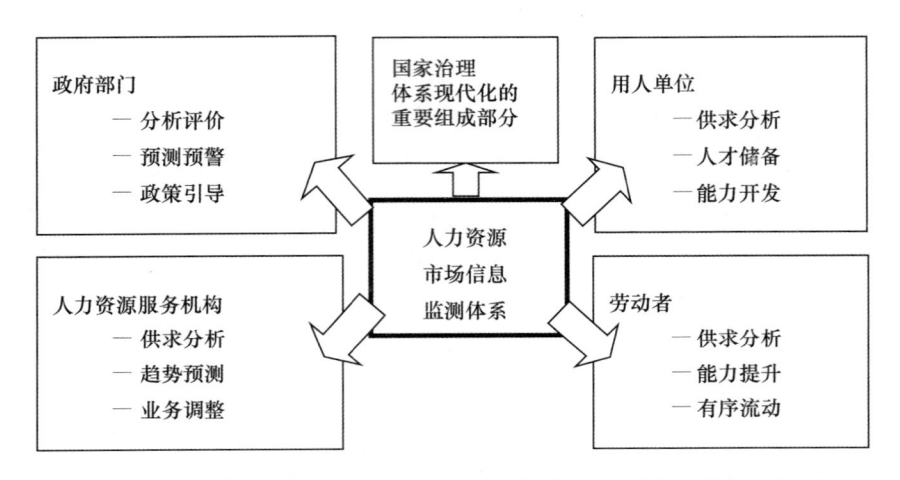

图3—2 人力资源市场信息监测体系对主要利益相关者的决策支持示意图

1. 国家治理现代化的需要

党的十九届四中全会强调："尊重知识、尊重人才，完善人才培养机制，改进人才评价机制，创新人才流动机制，健全人才激励机制，构建具有全球竞争力的人才制度体系，支持各类人才为推进国家治理体系和治理能力现代化贡献智慧和力量。"在市场经济条件下，社会经济资源通过市场机制才能达到合理、有效的配置，从而实现各要素的优化组合与高效运作。这其中进一步优化人力资源市场配置，就成为推进国家治理现代化的题中应有之义。人力资源市场作为国家治理的重要领域，人力资源市场信息，监管便成为国家治理体系的重要组成部分。

人力资源市场信息监测作为国家治理体系的子领域，便是国家治理现代化理念在人力资源市场领域的全面贯彻、落实、推进和实现。就"人力资源市场信息监测"的内涵而言，其主要强调在人力资源市场建设程序和规则下对各相关方进行协商，注重在人力资源市场法治框架下的各方平等、合作、互动。多元监测主体应是人力资源市场建设的基本依靠力量。人力资源市场信息监测体系建设能否成功的关键就在于政府、用人单位、人力资源服务机构、社会组织和劳动者等多元主体是否能实现各司其职。但面对当下中国国情和人力资源市场发展现实，相对其他主体而言，政府应成为人力资源信息监测体系建设的核心主体。推进人力资源市场信息监测体系，对于充分发挥市场在人力资源配置中的决定性作用以及更好地发挥政府作用，都具有重要的作用。

2. 政府部门宏观调控的需要

2016年3月，中共中央印发的《关于深化人才发展体制机制改革的意见》，将"突出市场导向"确立为五项基本原则之一，明确提出"构建统一、开放的人才市场体系，健全市场化、社会化人才管理服务体系，健全人才顺畅流动机制，促进人才资源合理流动、高效配置"。这就要求政府部门紧扣人才发展体制机制改革的新要求，努力破除制约人才流动的思想观念和体制机制障碍，加快构建统一开放的人才市场体系，完善人才供求、价格和竞争机制，提高人才横向和纵向流动性，最大限度地激发和释放人才创新、创造、创业活力。人力资源市场作为社会主义市场经济体制的重要组成部分，是促进各类人才合理流动和优化配置的重要手段。但长期以来受制于体制机制等各方面的障碍，再加上信息化建设滞后、信息共享不足以及现代信息技术应用不充分等问题的存在，市场在人力资源配置中决定性作用尚未完全发挥，严重影响着人力资源的配置效率。

在社会主义市场经济条件下，人力资源市场作为一个复杂的开放式动态系统，对其进行科学的宏观调控，必须保证准确性、提高科学性、增强时效性、树立权威性、加强协调性。因此，政府部门作为人力资源市场信息监测的重要主体，进行科学的宏观决策、制定适宜的公共政策都迫切需要建立人力资源市场信息监测体系。科学决策除了决策内容和决策本身要合理之外，何时决策、决策何时生效也至关重要。而这些都有赖于通过健全、权威、科学、高效的人力资源市场信息监测体系，客观反映人力资源市场总体状况，科学预测市场未来发展变化，从而有助于提前做好应对，最大可能地降低因突发事件、经济周期急剧变化而带来的供求关系变化；有助于进行准确、快捷的评估和分析，对可能出现的人力资源市场供求失衡等状况采取相应的预防措施，避免出现人力资源市场的大幅震荡，维护供需双方的利益,促进人力资源市场全面、健康、协调与可持续发展。

3. 劳动者高效有序就业的需要

市场化就业是我国就业方针的一项重要内容。改革开放 40 多年来,我国人力资源市场建立起了以供求机制、竞争机制和价格机制为主要支撑的市场运行机制,人力资源市场已成为劳动者求职招聘的主要渠道,人力资源配置实现了从计划体制到市场体制的根本性变革。据统计,2018 年末,全行业共有人力资源服务机构 3.57 万家,从业人员 64.14 万人。2018 年,共为 3669 万家次用人单位提供人力资源服务,帮助 2.28 亿人次劳动者实现就业、择业和流动服务,选派 2.8 万名高校毕业生到基层从事"三支一扶"服务。① 但由于市场分割导致信息的流动和共享不畅,产生了人力资源市场"信息孤岛",难于实时监测人力资源市场总体供求状况,不能有效引导人力资源有序流动和优化配置,市场信号作用发挥还不够及时敏感,这在一定程度上影响了人力资源开发和配置效率。

为更好发挥市场在促进就业中的重要作用,有效指导劳动者高效、有序就业,需要研究建立人力资源市场信息监测体系,以引导人力资源合理有序流动。建设人力资源市场信息监测体系,营造规范有序的市场环境,能够帮助广大劳动者及时掌握不同区域、不同行业、不同职业等的人力资源需求状况、流动状况、薪酬状况,从而有效引导劳动者职业再生能力的快速提升与合理就业,以及人力资源的有序流动。同时,也有助于求职者及时分析市场需求总体状况和短板,客观了解人力资源市场就业的难易程度,从而引导求职者进行科学的职业锚定、薪酬定位和职业生涯规划。

4. 用人单位及时掌握市场供求的需要

近年来,党中央、国务院坚定不移贯彻新发展理念,持续深化供给侧结构性改革,推进产业结构转型升级,促进先进制造业和现代服务业融合发展,支持传统产业技术改造和设备更新,大力发展生活性服务业。② 当前,我国经济处于新旧动能转换的关键时期,就业领域面临总量压力和结

---

① 人力资源和社会保障部:《2018 年度人力资源和社会保障事业发展统计公报》,2019 年 6 月 11 日,中华人民共和国人力资源和社会保障部网站(http://www.mohrss.gov.cn/SYrlzyhshbzb/zwgk/szrs/tjgb/201906/W020190611539807339450.pdf)。

② 鲜祖德:《5 年来我国经济发展新特点》,《经济日报》2019 年 12 月 12 日。

构性矛盾并存的新形势，不仅表现为供求总量矛盾，同时也表现在结构性矛盾上。这种就业转型中矛盾的解决，必须贯彻市场调节就业的方针，围绕经济转型升级的新形势、就业结构调整的新要求，培育和释放市场主体活力，发挥市场对接供需、优化配置等作用，发挥好市场促进就业作用，缓解"招工难、就业难"的结构性矛盾。深化人力资源市场改革是推进就业转型升级的必然选择。

人力资源市场信息监测作为服务人力资源市场运行的一个重要方式，可以直观反映不同地区、不同行业、不同职业的人力资源发展状况及未来走势。研究建立人力资源市场信息监测体系，能及时反映人力资源市场的供求特点与分布，预测人力资源市场供求变化，从而有针对性地指导用人单位及时掌握人力资源市场的供求信息和供求规律，以便有针对性地为自身发展补给适宜的人力资源，降低人力资源盲目开发与储备的风险。

5. 人力资源服务机构有效开展业务的需要

作为现代服务业的新兴门类，人力资源服务业属于劳动智力密集型的轻资产行业，具有高附加值、高成长性等特点，不仅对促进服务经济创新发展，而且对促进就业、创业都具有不可替代的独特作用。[①] 2012 年，国务院发布《服务业发展"十三五"规划》，将人力资源服务业列为生产性服务业中要重点发展的十二个门类之一。2016 年，中共中央印发《关于深化人才发展体制机制改革的意见》，突出人力资源服务业在人才市场化配置中的地位和作用。总体来看，我国人力资源服务业的发展与我国改革开放的进程同步。自 20 世纪 70 年代末，我国初步打破计划经济的人力资源配置模式，人力资源服务业开始萌芽。随着人力资源配置方式由计划分配向市场配置改革进程的不断深入，人力资源服务行业逐渐形成并日益壮大，服务内容也从最初的职业介绍、职业培训、人事档案管理逐渐覆盖人才测评、网络招聘、中高端人才访寻、人力资源咨询等更加专业的领域。人力资源服务业的快速发展，为用人单位和求职者提供了高效优质的人力资源服务，为经济高质量发展提供了有力的支撑。

面对日益复杂的行业格局，人力资源服务机构的生存发展面临着更加

---

① 孙建立：《更好发挥市场在人力资源配置中的决定性作用》，《中国人力资源社会保障》2017 年第 4 期。

激烈的竞争局面，必须设法通过创新业务模式等寻找新的业务增长点。人力资源市场信息监测体系的建立，可以有效指导人力资源服务机构创新性地开展业务。如何帮助企业客户迅速招募到所需人才、帮助个人客户迅速找到适宜的工作以及更好地实现"人岗匹配"，是人力资源服务机构的立身之本，也是它们核心竞争力之所在，而其中的要义就是它们能够正确认识市场在未来一段时期需要什么样的人才、需要多少人才、去哪里寻找人才。借助于人力资源市场信息监测体系的分析预测，可以帮助人力资源服务机构提前进行业务开发与储备，科学合理地运营相关业务。

第三节　人力资源市场信息监测的实践与走势

我国人力资源市场信息监测已经具备了一定的实践基础，但也存在监测主体不明确、监测客体不清晰、监测方法不科学以及监测方式现代化水平不高等问题，未来亟待应用关键信息技术，构建"互联网＋人社"下的人力资源市场信息监测体系。

一　我国人力资源市场信息监测的实践探索

1. 人力资源和社会保障部的监测实践

2007年大部制改革前，劳动力市场和人才市场独立运行，分别依托职业中介服务机构和人才中介服务机构进行市场信息监测统计。原劳动和社会保障部很早就开展了关于劳动力市场的就业统计、登记失业率统计等工作，如1996年在原劳动和社会保障部的指导和帮助下，北京市开展了劳动力市场职业供求信息调查分析工作；2000年，原劳动和社会保障部出台《关于加强省级劳动力市场信息网监测中心建设的通知》以后，逐步选择多个城市为试点开展劳动力市场供需统计调查工作，劳动力市场职业供求信息调查分析工作取得了长足的发展和进步。2001年，原人事部出台了《关于开展定期发布全国人才市场供求信息工作的通知》，人才市场信息监测工作快速发展并日益规范，主要选取40多个城市做样本，重点考察用人单位的行业信息、需求人数和需求结构，以及求职者的总人数、专业结构、学历结构、年龄结构等，相关数据的采集点多设置在地方人事局所属的人才交流中心，数据搜集基本上是通过行政统计的方式完成，对于采集到的数据未进行深度挖掘。

大部制改革以后，原劳动和社会保障部与人事部合并为人力资源和社会保障部，这为建立统一规范的人力资源市场提供了组织保证，统一的人力资源市场建设进入真正实施阶段。2010年3月，人力资源和社会保障部下发《关于进一步加强人力资源市场监管有关工作的通知》，对建立与完善人力资源市场信息监测体系提出了明确要求。在此背景下，我国人力资源市场信息监测的内容体系、运行机制和保障机制已经初步形成。

（1）在统计工作方面，针对信息标准、工作体系已建立起了初步的制度框架。2001年4月开始的部分城市人力资源市场的供求监测工作仍持续开展，从单位需求和求职情况两方面反映人才市场的供需状况。《中华人民共和国职业分类大典（2015版）》（以下简称《大典》）（以下简称《大典》）作为我国标准职业分类的权威性文献，为人力资源市场信息统计提供支撑是其突出效用之一。2019年11月21日，中国就业培训技术指导中心发布102个定点监测城市公共就业服务机构人力资源市场《2019年第三季度全国招聘求职100个短缺职业排行》，这是全国层面首次基于《大典》汇总发布人力资源市场招聘求职短缺职业排行。随着市场化人力资源服务机构的蓬勃发展，公共就业服务机构的人力资源市场占有率逐渐降低，未来应进一步健全发布工作机制，扩大信息采集覆盖面，在全国层面以年度或季度为周期定期发布数据，同时推动各省、区、市结合实际建立定期收集发布本地区短缺职业（工种）目录或排行的制度。①

（2）在调查工作方面，近年来组织了大量的调查工作，探索了新的监测形式，如以人力资源市场供求信息监测平台为依托，组织开展了监测试点工作，建立了人力资源市场《一线观察》项目。

2. 地方政府部门的应用探索

一些地方政府积累了成功的实践经验。宁波市政府经过多年的研究，建立了国内第一套区域紧缺人才指数体系，并已于2007年开始定期向社会公众发布。2018年第三季度，宁波共采集涉及全市22个重点行业的企

---

① 沈慧：《100个短缺职业排行榜出炉：找工作，这些职业最缺人》，《经济日报》2011年11月22日。

事业样本 1294 家。经测算，需求指数、发展指数和信心指数分别为 51.4、52.9 和 54.4，均位于基准线以上。流动指数为 47.1，在基准线以下，表明人才离职率普遍较低，新入职场的毕业生离职倾向也不高。新一代信息技术、新装备制造等七大产业需求指数均超过 55，人才需求相对旺盛。宁波市关于紧缺人才指数体系构建的成功实践已引起国内其他城市的关注，一些城市和地区已开始研究建立本区域的紧缺人才指数体系。

2016 年 11 月，人力资源和社会保障部印发了《"互联网 + 人社"2020 行动计划》。在其指引下，各地人社部门积极探索人力资源市场信息监测的新举措。哈尔滨市人社局首创的哈尔滨"就业地图"，为求职者提供用工岗位、技能培训和权益维护等方面公共就业服务信息。自 2013 年上线以来，平均每天向社会发布各类招聘信息 2000 余条、岗位 13000 多个。2018 年 11 月，针对临时用工、零散个体和灵活就业人员开发出个性化公共就业服务平台，即零工平台"来活儿"，对统计调查失业率、规范临时用工管理、维护临时用工权益、缓解马路市场压力起到了积极作用。

3. 人力资源服务机构的应用实践

从当前情况看，我国人力资源市场统计信息主要来源于各级人社部门所属的公共就业和人才服务机构的就业监测和市场监测。但随着经营性人力资源服务机构的蓬勃发展，它们凭借自身信息采集优势，开展了很多有益探索。

智联招聘联合北京大学光华管理学院，借助 2020 年第一季度智联招聘大数据，通过与 2019 年第一季度比较，分析了本次新冠肺炎疫情对劳动力市场的影响：第一季度招聘职位和人数同比均下降 27% 左右；小微企业和外商合资或独资企业招聘需求受疫情影响较大；低收入群体就业受疫情影响最大；1—3 年工作经验的求职者面临更大就业压力；出口导向制造业受全球产业链影响，招聘需求会持续疲软等。这对政府部门宏观调控、劳动者有序就业、用人单位掌握市场供求等发挥了重要的参考作用。

北京市职业介绍中心联合国家统计局北京调查队推出的"北京市劳动力市场运行景气指数"，建立了由供求总量指数、匹配平衡指数、职业供求指数、薪酬指数、信心指数 5 个分指数、14 个指标构成的劳动力市场综合运行指数，基本能够反映劳动力市场的总体运行状况。中华英才网基于网上空缺职位监测结果推出的"英才就业指数"，主要对空缺职位的行业、职业、地区、企业性质分布情况进行统计和分析，为企业和求职者把握行业行情、趋势以及职业动态提供了专业支持。

万宝盛华推出的净雇佣前景指数，由期望增加雇佣数量的雇主比例减去期望减少雇佣数量的雇主比例而得，代表了企业层面对宏观经济和行业发展前景的预期。智联招聘推出的北京地区职业竞争指数，是基于每周相应职业求职人次和目前职位空缺数量的比值变化监测而得，主要反映过去一周不同职业的供需动态变化，成为反映职场风云变幻的晴雨表。

新华社经济参考报社与广州仕邦人力资源公司推出的新华仕邦人力资源指数，是基于仕邦的派遣用工人员数据库与部分直接调查数据，形成了包括劳动报酬总指数、用工聘用量总指数、区域人力资源指数、行业人力资源指数等在内的指数体系。

二　我国人力资源市场信息监测的问题分析

从总体上看，我国人力资源市场信息监测工作已经取得很大成效，但在实践中仍存在一些问题有待解决。

1. 功能定位方面

一般而言，人力资源市场信息监测是运用信息对人力资源市场进行观察、评价和分析的工具，可为人力资源市场信息的整合、开发和利用提供一条实践路径。人力资源配置的合理与否，在一定程度上取决于劳动者是否拥有及时准确的信息。人力资源市场信息监测体系必须能体现出人力资源市场信息监测的全过程，也就是说该体系的建立，首先要解决体系的功能定位，即"体系是什么"的问题。目前在这一问题上仍缺乏系统和有说服力的研究，在实践领域也尚未达成共识。

2. 工作机制方面

人力资源市场信息监测工作是一项复杂的系统工程，需要依靠人社、行业主管、科技、教育等部门的力量，必须动员社会力量参与其中。当前，各部门间统筹联动、分工合作的协调机制尚未形成，人力资源市场信息监测工作相对分散，人社与科技、人社与教育、政府推动与社会参与尚未实现有机结合与互动，政府推动与社会参与尚未实现有机结合。同时，专业化的人力资源市场信息监测队伍建设还非常薄弱，亟待建立专业化、规范化、权威性的人力资源市场信息监测队伍。各部门按照各自的职责分工来开展人力资源市场信息监测工作，部门间统筹联动、分工合作的协调机制尚未形成，从而造成人力资源市场信息监测工作相对分散。

3. 内容体系方面

人力资源市场信息监测要能够多层次、立体化地反映人力资源的数量、结构、分布、流动、紧缺状况等，但从目前情况看，在全国层面尚未建立起新的人力资源分类体系和统计方法，对重点行业、重点领域等人力资源状况的跟踪和调查统计依然沿用原有的统计方法，有些部门和地方仍不能站在经济社会发展的全局来思考人力资源市场信息监测工作，从而导致人力资源市场信息监测工作成为"空中楼阁"。

4. 技术方法方面

一般而言，人力资源市场信息监测要根据经济社会发展需要和现代科学技术发展，不断完善人力资源市场信息监测指标体系和测量方法。但从实践情况看，对人力资源需求与经济、科技、教育相关性分析缺乏有效办法，大数据、云计算等现代信息技术手段运用不足，人力资源市场运行中的潜在问题与经济组织中劳资关系的动态变化没能进行科学比对，使人力资源市场信息监测结果不能有效反作用于经济社会发展、产业结构转型升级和人力资源培养结构动态调整。

5. 基础能力方面

信息化管理是实现人力资源配置市场化的基础性工作。从目前我国人力资源市场信息化管理的现状来看，信息化建设基础还比较薄弱；市场分割导致信息的流动和共享不畅，行业协会和学会没有发挥应有的作用；信息搜集、整理和发布的机制不完善，信息化水平远远落后于产品市场和资本市场，信息服务能力和服务效率亟待提高。因此，加强人力资源市场信息化建设，是提升人力资源配置市场化水平的先决条件。

造成上述问题的原因是多方面、多层次的，除体制机制改革和制度政策创新需要一个渐进的过程外，更深层次的原因在于：一是人力资源开发工作与科技工作、教育工作等缺乏协同机制；二是对人力资源供求机制、竞争机制、价格机制等缺乏正确的认识和把握；三是政策法规落实的整体性和协同性不高，缺乏对资源整合、动员机制和投入机制的顶层设计。

三 "互联网+人社"下人力资源市场信息监测新趋势

为了更好地贯彻落实"互联网+"、大数据等国家重大战略，切实推进"互联网+政务服务"，2016年11月，人力资源和社会保障部印发了《"互联网+人社"2020行动计划》（以下简称《行动计划》）[①]，更好地服务于增强创新能力、改进公共服务供给模式、激发社会创新活力、破解民生热点难点问题等目标的实现。[②] 人力资源市场信息服务作为人力资源和社会保障领域公共服务的重要组成部分，在政府宏观调控、劳动者充分就业和有序流动、企业人力资源开发、人力资源服务机构业务优化等方面发挥着重要作用。在"互联网+人社"背景下，如何推动人力资源市场信息监测模式创新，对发挥市场在人力资源配置中的决定性作用至关重要。

1. "互联网+人社"对人力资源市场信息监测提出新要求

人力资源市场信息监测体系是我国建立统一、规范、灵活的人力资源市场必须先行解决的一项基础性工作，也是人力资源和社会保障领域信息化建设的重要组成部分。2010年3月，人力资源和社会保障部下发的《关于进一步加强人力资源市场监管有关工作的通知》，对我国建立与完善人力资源市场信息监测体系提出了明确要求，从而构建起人力资源市场治理的内容体系、运行机制和保障机制。2016年11月，《行动计划》的出台，对"互联网+"背景下人力资源市场信息监测体系提出了一系列新要求。

《行动计划》主要由基础能力提升、管理服务创新和社会协作发展三项行动计划组成。其中，基础能力提升行动旨在促进人力资源和社会保障领域数据资源和服务资源的聚集、整合和共享，形成基于大数据的"互联网+"基础能力，为管理服务创新行动和社会协作发展行动提供基础

[①] 《人力资源和社会保障部关于印发〈"互联网+人社"2020行动计划〉的通知》，2016年11月1日，中华人民共和国人力资源和社会保障部网站（http://www.mohrss.gov.cn/gkml/zcfg/gfxwj/201611/t20161108_258976.html）。

[②] 明旭：《"互联网+人社"："更新"工作效能"升级"服务水平》，《中国就业》2017年第3期。

支撑；管理服务创新行动旨在广泛应用基础能力提升行动的建设成果，引领管理服务模式创新，形成适应"互联网+"的人力资源和社会保障工作新形态；社会协作发展行动旨在面向社会输出基础能力提升行动的建设成果及人力资源社会保障系统的服务资源，鼓励社会力量参与创新服务，支持大众创业、万众创新。从总体上看，在《行动计划》中的48个行动主题中，有8项行动直接涉及人力资源市场信息监测（见表3—1）。在基础能力提升行动中，提出了"人社电子档案袋"和"大数据应用平台"2项行动主题，分别对提升人力资源市场监测的信息汇聚能力和需求感知能力提出了具体要求；在管理服务创新行动中，提出了"就业D图""就业精准扶持""网上人才服务""人才供需指数"4项行动主题，分别对创新人力资源市场信息监测的引导服务、主动服务、线上服务、协同服务提出了新要求；在社会协作发展行动中，提出了"人力资源市场供求信息监测""职业供求信息开放"2项行动主题，对人力资源市场信息监测体系面向社会输出业务能力和服务资源提出了新要求。这为我国人力资源服务市场信息治理体系的基础能力提升、管理服务创新和业务能力输出提供了新的路径。[①]

表3—1　　"互联网+人社"2020行动与人力资源市场信息监测直接相关的主题

计划名称	行动主题	主要内容
基础能力提升行动	人社电子档案袋	聚集整合个人的就业经历、职业技能培训、参保缴费、待遇享受、工资收入、权益保障、表彰奖励等数据，以及用人单位的劳动用工等数据，形成服务对象的电子档案信息。运用大数据技术对各类服务对象的基础属性、业务属性、行为轨迹进行"画像"，开展比对和关联分析，准确描述不同群体、个体的业务行为特征，为核验服务对象的业务状态、感知服务需求提供支持

---

① 《48个行动主题助推"互联网+人社"多元化、规模化发展》，《中国信息化》2016年第11期。

续表

计划名称	行动主题	主要内容
基础能力提升行动	大数据应用平台	推动人力资源和社会保障数据资源的统一管理，规范数据采集和应用标准，拓展数据采集范围，积极与公安、税务、民政、教育、卫生计生等部门共享数据资源，探索引入社会机构、互联网的数据资源，构建多领域集成融合的大数据应用平台。利用大数据技术开展数据关联分析，结合"人社电子档案袋""用卡路线图"的轨迹分析结果，形成服务需求的实时感知与预判分析能力
管理服务创新行动	就业 D 图	利用大数据技术，实现对各类群体就业信息的汇聚整合与关联分析，结合智慧地图、位置挖掘分析等技术，全方位、多维度地展现各地区、各行业、各工种的人力资源市场供需状况、就业景气指数、薪资水平等，引导劳动者有序流动、理性择业、转换和提升职业技能，指导用人单位合理设置招聘计划，指导培训机构开发更具针对性的培训课程，开展培训服务
	就业精准扶持	整合就业信息资源，利用大数据分析，准确感知劳动者就业创业需求，结合劳动者的就业意向、技能水平、文化程度等个人特征，为劳动者提供精准的就业创业信息服务，开展在线职业评测与就业创业指导，主动推送各项就业扶持政策信息。引入信用机制，依托"人社信用体系"，分类设定创业担保贷款额和贷款周期等
	网上人才服务	推动人才服务进驻统一的网上服务大厅，实现各类培训、考试、技能鉴定网上报名和成绩结果的网上反馈，提供职业资格证书、职业技能等级证书、专业技术资格证书、技工院校毕业证书、就业创业证的网上核验服务。构建网络化人才交流合作平台，及时公布人才工程和人才项目信息，为各类人才与项目需求提供对接服务。利用大数据技术准确感知人才服务需求，提供针对性服务
	人才供需指数	汇集各行业、各领域人才信息，建立人才资源库，共享各类人才信息，全面掌握人才资源底数。加强对各类人才需求的在线监测和大数据分析，及时公布人才供给与市场需求信息，引导劳动者合理制定职业发展规划，转换和提升职业技能，指导用人单位优化人力资源结构，为产业布局与政策引导提供信息支持

续表

计划名称	行动主题	主要内容
社会协作发展行动	人力资源市场供求信息监测	构建人力资源市场供求信息监测体系，探索建立全国人力资源市场供求信息监测和发布机制
	职业供求信息开放	向社会人力资源服务机构开放招聘岗位信息，面向社会提供精细化、个性化的职业供求服务

2."互联网+人社"下人力资源市场信息监测模式创新走势

（1）改善人力资源市场信息服务供给模式。从总体上看，"互联网+人社"的价值点主要在于"连接"和"创新"两个方面。①"连接"的价值在于改变传统公共服务供给模式，解决现存触达用户效率低的痛点；"创新"的价值在于借助大数据、云计算、人工智能等信息技术，破解人社领域现存难点问题和增量挑战，实现治理创新。《行动计划》对线上服务提出"应上尽上"和"全程办理"的要求，而我国人力资源市场公共服务产品无论是在服务广度，还是服务深度上都有很大的提升空间。从目前人力资源市场信息服务产品供给情况看，主要是以各地人社部门所属的公共就业和人才服务机构公布的季报和年报为主，服务产品相对单一，受众面相对较窄，这与美国等发达国家相比有很大差距。美国基于劳动力市场信息监测的公共服务产品十分丰富，比如 O*NET、职业信息网职业展望季刊、就业计划等都是"互联网+劳动力监测统计"的公共服务产品。但可喜的是，目前我国有些地区在这方面进行了有益的探索。哈尔滨市人社局首创的哈尔滨"就业地图"，作为人力资源市场信息化建设的主要内容，旨在打造"10 分钟服务圈"，在很大程度上为求职者与招聘企业提供了便利。该系统投入运行 5 年来，信息发布的形式从最初的利用网站、查

---

① 腾讯研究院：《"互联网+人社"发展白皮书》，2016 年 11 月 1 日，中文互联网数据资讯网（http://www.199it.com/archives/542315.html）。

询机和有线电视拓展到通过电脑、手机（App、支付宝、微信等）、有线电视、自助查询等多种途径，年服务人数达 40 多万人次，很受群众欢迎。①

（2）创新人力资源市场信息监管手段。目前，各行各业信息量都呈爆炸式增长，但仅有不到 1% 的数据得到了挖掘利用，人社领域也不例外。近年来，各地为了规范公共就业和人才服务业务流程、提高公共就业和人才服务效率，按照 2012 年 12 月人社部和财政部印发的《关于进一步完善公共就业服务体系有关问题的通知》的要求，以"数据向上集中、服务向下延伸、网络到边到底、信息全国共享"为目标，基本形成了覆盖城乡的公共就业和人才服务信息网络平台。从目前我国人力资源市场信息来源看，除了政府及其所属的公共服务机构外，还包括一些市场化的人力资源服务机构和公益性的人力资源服务协会，信息来源呈现多元化。但由于数据标准规范不统一，尤其是职位信息的标准化程度不高，导致不同机构之间的数据难以互联互通互操作，数据提取利用困难；再加上大规模数据资源的开发利用缺乏足够的数据处理人才储备，从而导致数据分析能力不足。此外，人力资源市场监管也面临一些新的问题，急需新的管理手段加以解决。比如，近年来我国人口流动迁徙持续活跃，人口流动率相当高，据统计，2015 年我国流动人口规模高达 2.47 亿人，占总人口的18%，这种活跃的人口流动必将带来旺盛的择业就业需求。这些问题都需要借助大数据、云计算、人工智能等信息技术手段加以解决，这也是驱动人力资源市场监管手段加速演变的最直接动力之一。

（3）适应人力资源市场信息服务移动化趋势。随着互联网的普及，用户日益凸显的"网络居民"属性使得基于互联网获取公共服务将成常态。据中国互联网络信息中心（CNNIC）第 44 次《中国互联网络发展状况统计报告》调查显示，截至 2019 年 6 月，中国网民规模达 8.54 亿，较 2018 年年底增长 2598 万，互联网普及率达 61.2%，较 2018 年年底提升 1.6 个百分点。中国手机网民规模达 8.47 亿，较 2018 年年底增长 2984

---

① 黄梅：《"互联网 + 人社"背景下人力资源市场信息监测模式创新研究》，《中国人事科学》2017 年第 11 期。

万,网民中使用手机上网的比例由2018年年底的98.6%提升至99.1%。[①]各类手机应用的用户规模不断上升,场景更加丰富。这组数据显示,以互联网为代表的数字技术正在加速与经济社会各领域深度融合,我国已经全面进入移动互联时代。信息技术带来的沟通方式、生活方式的剧变,也将引领人力资源市场信息服务的创新。在移动互联时代,人们的工作生活方式在发生改变,越来越多的人选择移动办公,这也推动着移动应用的快速发展。随着个人移动设备的普及,人们希望生活和工作都能享受移动应用的便利,甚至希望可以通过移动应用来选择雇主。事实证明,过去依靠行政服务中心将办事机构物理聚集的方式已不能完全满足用户需求,移动设备已经成为求职者及企业人力资源部门获取人力资源市场信息和服务的重要入口,人力资源市场信息服务实现"线下向线上"全业务转移已势在必行。

四 影响人力资源信息监测的关键信息技术

1. 关键信息技术类型

习近平总书记多次就大数据、人工智能、区块链等现代信息技术发表重要讲话,中央政治局多次开展专题学习,党中央高度重视新技术在推进国家治理体系和治理能力现代化中发挥的重要作用。网络时代下,现代信息技术日益成为推进人力资源市场监测的重要方式和手段,要充分发挥现代信息技术在人力资源市场监测中的支撑作用,重视信息技术手段的运用[②]:(1)以传感器技术、物联网技术和互联网技术为代表的数据获取技术;(2)涵盖数据交换、数据共享、数据服务和数据交易等在内的数据汇聚技术;(3)数据整理技术;(4)基于云计算的数据基础设施;(5)数据分析与挖掘技术;(6)人工智能技术;(7)基于区块链技术的信任基础设施;(8)数据可视化技术;(9)数据隐私保护技术;(10)信息安全技术等。

---

① 中国互联网络信息中心:《第44次〈中国互联网络发展状况统计报告〉》,2019年8月30日,中华人民共和国国家互联网信息办公室网站(http://www.cac.gov.cn/2019-08/30/c_1124938750.htm)。

② 杜小勇:《哪些信息技术将对国家治理产生重大影响》,《国家治理(周刊)》2020年1月21日。

2. 信息技术对人力资源市场监测的影响

信息是人力资源市场监测的生命线，人力资源市场监测必须深度融合现代信息技术，才能极大地提升信息能力。特别是随着现代信息技术的广泛应用，人力资源市场信息的收集无论在广度还是深度上都取得了很大进步。各种自上而下信息收集系统的建立，使得对人力资源的掌控能力也越来越强。例如，通过利用大数据、云计算等技术，可及时分析劳动者就业、居留地和流动信息，促进用工地区和劳务输出地区的人力资源市场信息共享与交换，实现劳动者和用工单位点对点对接，提升跨地区就业协作效率；借助大型互联网平台，可加强对新业态从业人员的就业统计和监测；利用大数据和云计算等技术，可实时监测在线求职和招聘的动态。

逻辑篇

人力资源市场信息监测的
分析框架

人力资源市场信息监测体系是运用信息工具对人力资源市场进行监管的系统。其作为观察、评价和分析人力资源市场状况的工具，可为人力资源市场信息的整合、开发和利用提供一条理论与实践的路径。从现实的角度看，该体系可提供观测人力资源市场总体运行状况以及人力资源市场对经济社会发展的贡献状况的新工具。当前，人类社会正在经历向以互联网、大数据、人工智能为代表的新信息时代的转型，信息便成为这一时代人力资源市场监测中最为重要的基础之一。这就赋予了人力资源市场信息监测新的内涵，即侧重于从治理工具和治理环境两个视角，主要面向"互联网+"下的人力资源市场信息监测。

鉴于目前在这一问题上仍缺乏系统和有说服力的研究，本篇作为本书的核心理论部分，以国家治理理论和系统科学"老三论"作为主要的方法论基础，并基于国内国家数字治理宏观架构研究以及国外劳动力市场信息治理经验等研究基础，运用类比法、系统与整体思维法、理论研究和实证分析相结合以及定性分析和定量分析相结合等方法，围绕人力资源市场信息监测体系的分析逻辑展开研究，从而在一定程度上可为人力资源市场信息监测研究提供可供借鉴的基础性探索，主要包括以下三个方面。

一是从构成要素的视角分析了人力资源市场信息监测体系总体框架。参照国家治理体系的构成要素，提出了由人力资源市场信息监测的制度体系、组织体系、监督体系、信息分析体系、人员保障体系、技术支撑体系和信息服务平台等七个部分构成的人力资源市场信息监测体系总体框架（诠释"体系是什么"）。通过进一步归纳，形成了人力资源市场信息监测体系的"二要素"，即信息分析体系与配套支撑体系（包括制度体系、组织体系、监督体系、人员保障体系、技术支撑体系和信息服务平台），并着重强调了信息分析体系在人力资源市场信息监测体系中的核心地位，以及配套支撑体系的支撑地位。

二是从体系实施的视角分析了人力资源市场信息监测体系运行框架。以要素构成框架分析为基础，进一步提出了类型构成框架、主体构成框架、信息构成框架。如果说"要素构成框架"诠释"体系是什么"的问题，那么"类型构成框架"则诠释"体系给谁用"，"主体构成框架"诠释"体系谁来管"，"信息构成框架"诠释"信息从哪来"。

三是从信息分析的逻辑视角提出了人力资源市场信息监测的逻辑分析

框架。基于系统信息分析的一般框架,从流向维度出发,提出了人力资源市场"信息采集(输入)—信息处理(处理)—信息应用(输出)"的人力资源信息监测逻辑框架,为更全面地分析人力资源市场监测的信息逻辑奠定了基础。

第 四 章

人力资源市场信息监测的研究基础

本章主要回顾和总结人力资源市场信息监测研究相关的方法论基础、理论基础和实践基础，包括系统科学"老三论"、国内有关国家数字治理宏观架构研究以及国外劳动力市场信息治理经验等，其中着重阐述系统科学"老三论"在人力资源市场信息监测研究中的方法论意义。

第一节 系统科学"老三论"

系统科学是以系统为研究对象的基础理论和应用开发的学科组成的学科群，着重考察各类型的关系和属性，揭示其活动规律，探讨有关系统的各种理论和方法。系统论、控制论和信息论是20世纪40年代创立并获得迅猛发展的系统理论的分支学科，通常统称系统科学"老三论"。

一 系统论

系统论是研究系统的结构、特点、行为、动态、原则、规律以及系统间的联系，并对其功能进行数学描述的新兴学科。系统论的基本思想是把研究和处理的对象看作一个整体系统来对待。系统论的主要任务就是以系统为对象，从整体出发来研究系统整体和组成系统整体各要素的相互关系，从本质上说明其结构、功能、行为和动态，以把握系统整体，达到最优的目标。①

系统论认为，开放性、自组织性、复杂性、整体性、关联性、等级结构性、动态平衡性、时序性等，是所有系统共同的基本特征。这些表现出系统论不仅是反映客观规律的科学理论，同时也具有科学方法论意义。系统论的基本思想方法，就是把所研究和处理的对象当作一个系统，分析它的结构和功能，研究系统、要素、环境三者的相互关系和变动的规律性。作为一种指导思想，系统论要求把事物当作一个整体或系统来考察，符合马克思主义关于物质世界普遍联系的哲学原理。②

二　控制论

控制论是研究各类系统之间共同的调节和控制规律的科学，也可以说，控制论是研究系统的控制规律以实现优化目标的科学。它是综合研究各类系统的控制、信息交换、反馈调节的科学，是跨及人类工程学、控制工程学、通信工程学、计算机工程学、一般生理学、神经生理学、心理学、数学、逻辑学、社会学等众多学科的交叉学科。③ 在控制论中，所谓"控制"，是指按照给定的条件和预定的目标，对一个过程或一系列事件施加影响的一种行动。

控制论的基本概念是信息和反馈。维纳指出，接收信息和使用信息的过程，就是我们对外界环境中的种种偶然性进行调节并在该环境中有效地生活着的过程。控制论认为，信息是控制的基础，一切信息传递都是为了控制，而任何控制又都有赖于信息反馈来实现。信息反馈是控制论的一个极其重要的概念。通俗而言，信息反馈就是指由控制系统把信息输送出去，又把其作用结果返送回来，并对信息的再输出发生影响，起到制约，从而达到预定的目的。

三　信息论

信息论是运用概率论与数理统计的方法研究信息、信息熵、通信系

---

① 萧浩辉：《决策科学辞典》，人民出版社1995年版。
② 顾新华、顾朝林、陈岩：《简述"新三论"与"老三论"的关系》，《经济理论与经济管理》1987年第2期。
③ 张广照、吴其同：《新兴学科词典》，吉林人民出版社2003年版。

统、数据传输、密码学、数据压缩等问题的应用数学学科。① 信息论是关于信息的理论，有自己明确的研究对象和适用范围。它主要是研究通信和控制系统中普遍存在的信息传递的共同规律以及研究最佳解决信息的获取、度量、变换、储存和传递等问题的基础理论。

信息论认为，任何信息的产生都是主客体相互作用的结果，没有这种相互作用，信息就不可能生成。信息传递遵循由信源经过信道再到信宿的传递规律，其应用主要表现在认识世界和改造世界两个方面。在认识世界方面遵循如下程序：确定认识对象—信息获取—信息处理—信息传递—找出信息与信息源的对应关系—确认信息源的存在方式和属性。在改造世界（包括控制世界）方面则遵循如下程序：确定实践目标—找出导致目标对象变化的信息特征—获取和生成相关对象信息—发出信息指令—实施对目标对象的控制或改造。在利用信息去认识或改造客观对象时，要注意收集反馈信息，并根据反馈信息不断修正认识过程和实践过程。

第二节　国内国家数字治理宏观架构研究

综观国内有关国家数字治理以及"互联网+"国家治理的研究，中央党校（国家行政学院）公共管理教研部何哲教授研究提出的国家宏观数字治理的基本架构、北京大学政府管理学院副教授黄璜提出的"互联网+"国家治理框架，以及复旦大学国际关系与公共事务学院钱坤博士提出的国家信息治理的分析框架等，都有着重要的借鉴意义。

一　国家数字治理的宏观架构

何哲教授基于以下三个原则，即统一是建设原则、流通是运作原则、安全是底线原则，提出了国家宏观数字治理的基本架构（见图4—1）。② 这一架构既能统筹管理运作国家所有重要数据，同时也避免形成新的权力

---

① 朱雪龙：《应用信息论基础》，清华大学出版社2001年版。
② 何哲：《国家数字治理的宏观架构》，《电子政务》2019年第1期。

超级部门，使得一个基本的国家宏观数字治理的架构逐渐清晰。通过该数据体系，把所有的行政行为、商业行为、社会行为和个体行为联系起来。通过统一的国家大数据管理机构，形成了国家治理的完整的数据层，在数据层之上则是管理层，数据层对管理层进行有效支撑。而在数据层之下，则是活动/业务层，同样，数据层对活动层进行有效支撑，并形成在管理和具体业务之间的交互。

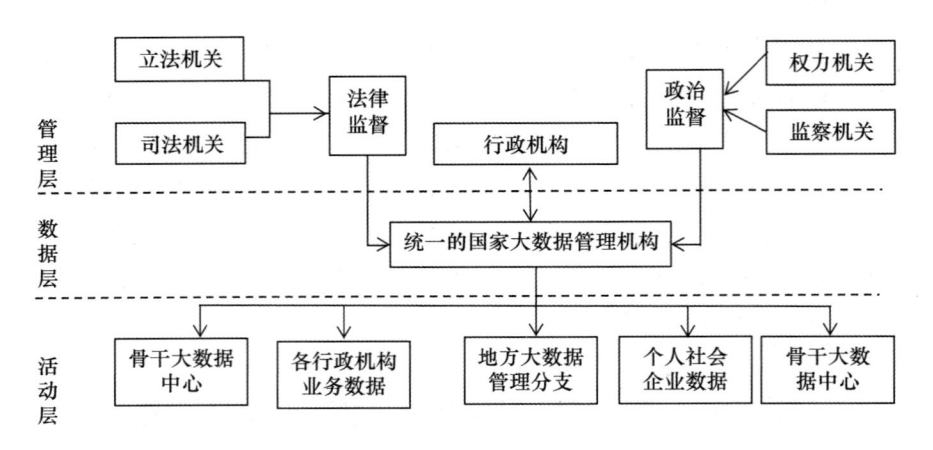

图 4—1　统筹的国家数字治理架构

资料来源：何哲《国家数字治理的宏观架构》，《电子政务》2019 年第 1 期。

二　"互联网+"国家治理的分析框架

黄璜副教授认为"互联网+"国家治理包括对"互联网+"的治理、基于"互联网+"的治理、"互联网+"下的治理这三个层面。①"互联网+"治理是指对以"互联网+"为核心特征的互联网产业的治理，这里的"互联网+"是治理对象，治理框架如图 4—2 所示。基于"互联网+"的治理是指利用以网络为代表的现代信息工具作为改进国家治理的手段，这里的"互联网+"是治理工具，治理框架如图 4—3 所示。"互联网+"下的治理是指在以"互联网+"为特征的新的社会环境下的治理变革，这里的"互联网+"是治理的环境，治理框架如图 4—4 所

---

①　黄璜：《互联网+、国家治理与公共政策》，《电子政务》2015 年第 7 期。

示。国家数据战略应成为其中的核心任务，在数据效益、数据安全和数据公平的动态平衡中寻求价值定位。

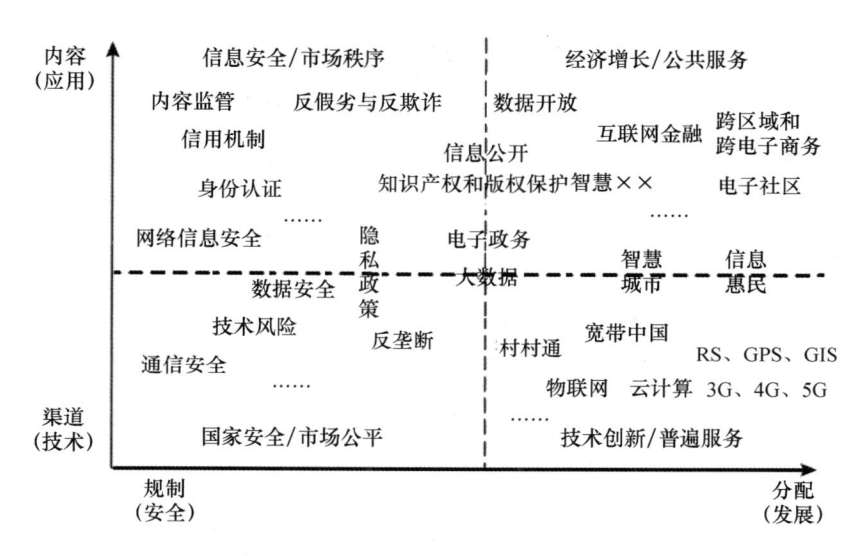

图4—2　"互联网+"治理的政策框架

资料来源：黄璜《互联网+、国家治理与公共政策》，《电子政务》2015年第7期。

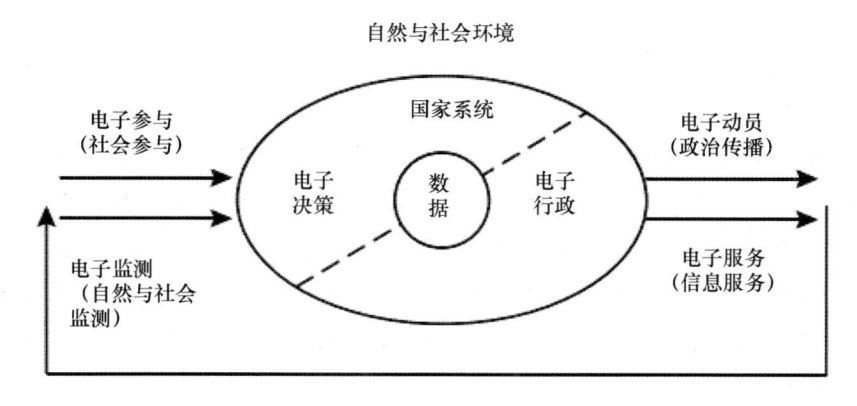

图4—3　基于"互联网+"的治理框架

资料来源：黄璜《互联网+、国家治理与公共政策》，《电子政务》2015年第7期。

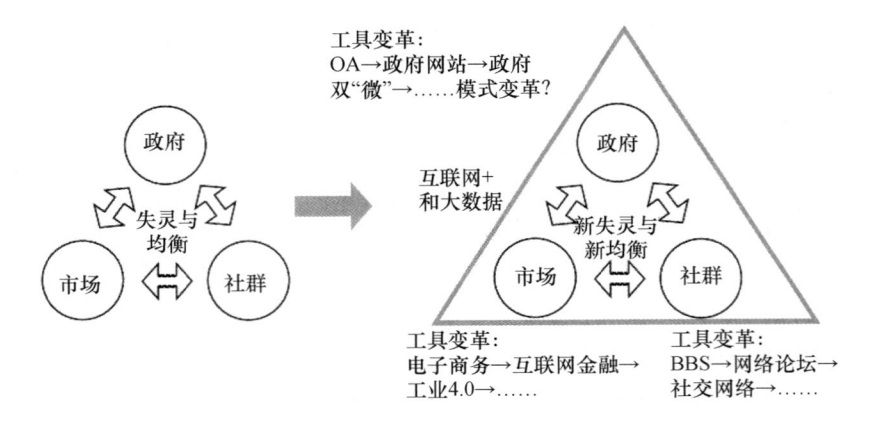

图 4—4　"互联网 +"下的治理框架

资料来源：黄璜《互联网 +、国家治理与公共政策》，《电子政务》2015 年第 7 期。

三　国家信息治理的分析框架

钱坤博士从广义情报信息的视角，厘清了国家治理背后的信息治理逻辑。他认为，所谓"信息治理"，指的是国家通过各种方式收集全面准确的治理信息，进而对收集来的信息进行处理、整合与分析，最终应用有效的信息完善国家治理体系、提高国家治理能力，推动社会主义制度体系的完善和国家治理现代化目标的实现的过程。基于此，他从信息治理的过程视角建构了一个"信息汲取—信息处理—信息应用"的分析框架，可以更全面地分析国家治理的信息逻辑，从情报学的角度探讨了国家治理现代化的基础条件与实现路径（见图 4—5）。① 国家治理是一个不断演进的动态过程，随着社会的转型发展，将会出现大量的新情况、新问题，与此同时国家治理行动的变化也会带来社会发生多种变化，从而产生大量新的信息，这些信息又被信息汲取体系所收集、处理和应用。从信息治理的视角看，国家治理就是一个"信息汲取—信息处理—信息应用"不断循环往复的动态过程。

---

① 钱坤：《从"治理信息"到"信息治理"：国家治理的信息逻辑》，《情报理论与实践》2020 年第 1 期。

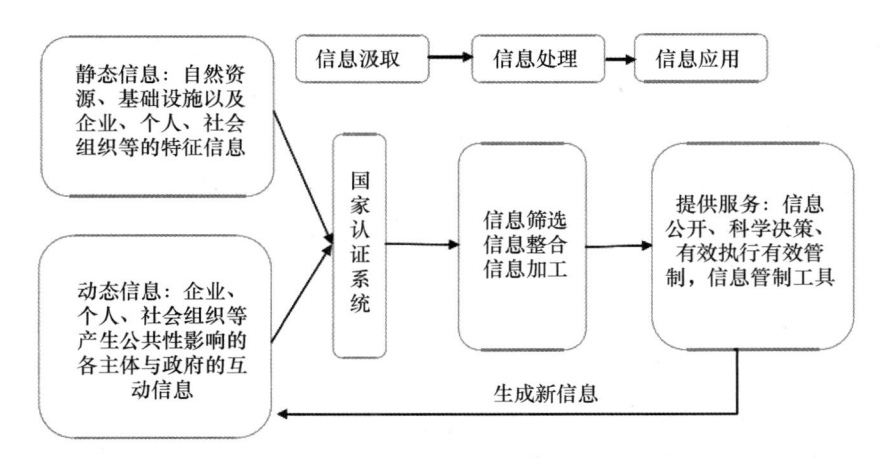

图 4—5　信息治理的"汲取—处理—应用"分析框架

资料来源：钱坤《从"治理信息"到"信息治理"：国家治理的信息逻辑》，《情报理论与实践》2020 年第 1 期。

第三节　国外劳动力市场信息监测经验

综观国外劳动力市场的信息治理的实践，美国劳动力市场信息监测内容、方式、结果应用、保障等，日本人力资源市场"垂直领导与分工协作相结合"的监管机制都值得借鉴。

一　美国劳动力市场信息治理机制

在美国联邦政府中，劳工部劳工统计局是劳动力市场信息治理的主要职能部门。经过 100 多年的实践和发展，劳工统计局在劳动力市场信息治理方面已经形成了完善的架构、一体化的信息网络和流畅的工作流程。[①]

1. 信息来源

美国劳工统计局的使命是对劳动力市场活动进行衡量以支持公共决策和私人决策。作为一个独立的统计机构，劳工统计局为广大用户提供客观、及时、准确、相关的产品和服务。在治理信息来源方面，有横纵两方

---

① 乔立娜：《美国劳动力市场信息监测的实践与特点》，《电子政务》2010 年第 5 期。

面来源。在横向层面上，各相关机构之间具有数据共享和交换关系。在纵向层面，联邦劳工统计局等部门在各地都设有若干数据处理中心负责地方统计业务。联邦劳工统计局与各州政府、地方政府有关机构存在数据共享关系，且数据共享方式和内容根据法律法规规定的数据购买和交换协议具体实现。在信息获取方式方面，劳工统计局采取了电话、面谈、网络等多种手段并举的形式。

2. 信息内容

在治理信息内容方面，通过当前就业统计（CES）、从人口普查中获得劳动力统计数据（CPS）、季度就业和工资调查（QCEW）、职业就业统计（OES）、地区失业统计（LAUS）、大规模裁员统计（MLS）、国家纵向调查（NLS）、职位空缺和劳动力转移调查（JOLTS）、就业预测（EP）和劳动力国际比较（ILC）等十余个统计项目观察劳动力市场运行的历史、当前和未来发展状况（见表4—1）。

3. 结果应用

在结果应用方面，在整合劳动力市场信息、为公共政策制定提供数据支持等方面起到了重要作用，并为求职者、企业管理者、职业顾问、劳工协会、学者等相关者提供了全面细致的劳动力市场信息服务。劳工统计局信息发布主要采取三种方式：一是及时发布最新统计数据；二是建立和维护网络数据库；三是发行统计信息出版物。劳工统计局的诸多统计调查项目，既有月度调查，也有季度调查、年度调查。统计数据一旦处理完毕，劳工统计局都会按时间要求在其网页及主要新闻媒体及时发布相关数据。劳工统计局建立了较为完善的统计信息数据库，并在其网页中提供相关信息，并按两种方式进行分类，一是按主要统计领域，即前述的九大领域进行分类；二是按照使用对象进行分类，分为企业领导人、消费者、经济学家、投资者、求职者、媒体、公共政策制定者、学生和教师、调查答复者等9类。同时，为方便用户，劳工统计局还为各类统计信息设置了"最常使用序列""单屏模式""多屏模式""文本文件"等类别，使用户能够更加便捷地找到所需的统计信息。劳工统计局定期、不定期地以公告、摘要、期刊、报告等形式发行其统计信息出版物，最主要的出版物有：《职业展望手册》《每月劳动评论》《报酬和工作条件》《职业展望季刊》《劳工统计问题》《就业和收入》《CPI详细报告》《PPI详细报告》等。

4. 运行保障

在信息治理运行保障方面，通过完备的法律制度、先进的信息技术、充足的经费支持、规范的管理机制等，劳动力市场信息治理得以平稳有序地进行。鉴于美国实行分散型的统计体系，主要由两部分组成：一是统计协调和监督机构，由白宫管理与预算办公室的统计政策委员会及国会联合经济委员会负责；二是分散在政府各职能部门和其他机构中的数据搜集和分析机构，目前美国共有 14 个这样独立的联邦部委下属统计机构。劳工统计局与各有关机构进行密切的合作。劳工统计局也就工人安全方面的两个项目（致命工伤事故普查，隐瞒工伤和职业病的雇主调查）与州机构进行合作。劳工统计局也与私人研究和调查组织建立合作伙伴关系，开展国家纵向调查项目以及进行方法论方面的研究。此外，其他一些联邦机构也与劳工统计局开展合作，主要在设计调查问卷、开展调查活动、分析和发布调查结果等方面。

表 4—1　　美国劳工统计局劳动力市场监测的主要项目

项目名称	主要内容	覆盖范围	数据来源	更新周期
当前就业统计（CES）	提供国家和各州、大城市的就业、工时、收入情况。具体包括：非农就业的产业分级、雇员每周工时、平均周工资和小时工资、制造业工人加班时间、国家就业变化指数等	覆盖所有非农雇员	雇主的工资单	月度
从人口普查中获得劳动力统计数据（CPS）	提供按年龄、性别、种族、西班牙裔等各种特征分类的关于国内人口就业和失业经历的综合性信息，是关于就业状况、劳动力特征，不同群体就业和失业变化及趋势情况的第一手信息	覆盖 16 岁以上的人口	来自人口普查局	月度

续表

项目名称	主要内容	覆盖范围	数据来源	更新周期
季度就业和工资调查（QCEW）	提供全国、各州、大城市和县级区域内每月就业、每季度工资总额、雇主对失业保险金的贡献度、失业保险应纳税工资等信息	覆盖失业保险法规定的所有雇员	失业保险系统的管理记录	季度
职业就业统计（OES）	是美国唯一一个定期生成覆盖全国的职业就业和工资率信息的综合性信息源，它提供非农产业中各职业的就业和工资估算情况	覆盖全国800个职业、400多个行业	样本	半年度
地区失业统计（LAUS）	提供全国和各地区关于当前劳动力和失业趋势的即时信息	覆盖全国各州、县、城镇等7300个地区	基础数据来自CPS、CES和UI等系统	月度
大规模裁员统计（MLS）	提供当前国家重要裁员活动影响的识别、描述和追踪信息，是由联邦统计机构提供的关于当前工作变动情况最为及时的信息	覆盖全国工厂倒闭和50人以上的裁员事件	相关管理记录	月度
国家纵向调查（NLS）	提供美国男女两类群体关于劳动力经历，比如当前的劳动力状况、就业状况、工作历史、当前或最后一份工作特征等信息，反映了某个劳动力个体在较长的一段劳动行为的变化	覆盖全国的特定群体	以NLSY97调查为例，全国选取9000个青年样本	无
职位空缺和劳动力转移调查（JOLTS）	提供全国职位空缺的等级和比例、聘用情况、整体离职情况，包括3种离职（辞退、辞职和解雇）及其他离职等数据。这些数据是对失业率信息的补充	覆盖全国50个州和哥伦比亚所有非农产业	16000个企业样本	月度

续表

项目名称	主要内容	覆盖范围	数据来源	更新周期
就业预测（EP）	提供未来10年全国劳动力、整个经济、产业和职位、工作空缺等的就业信息。2008—2018、2010—2011职业展望手册、2010—2011产业职业指导等	无	来自CES、CPS、OES、QCEW等项目，以及其他联邦机构	每隔一年
劳动力国际比较（ILC）	主要提供各国劳动力、就业和失业情况、小时工资成本，生产力和人均劳动力成本，人均GDP和就业人员人均GDP消费价格指数等比较数据	无	国外数据主要来自各国统计机构、国际组织等	无

资料来源：乔立娜《美国劳动力市场信息监测的实践与特点》，《电子政务》2010年第5期。

二 日本人力资源市场的监督体系

日本把人力资源市场中介调节机构称为劳动力供求调整系统体系[①]，大致有两种类型：一是公共部门办的劳动力供求调节机构，包括公共职业安定所、执行公共职业介绍业务的学校、人才银行；二是民间劳动力供求调节机构，包括职业介绍机构、员工招聘、劳动者供给事业、人才派遣业。

1. 监管机制

日本人力资源市场按照"垂直领导与分工协作相结合"的监管机制，形成了六个管理层次，依次是劳动大臣、职业安定主管局长、职业安定事务所、都道府县知事、公共职业安定所、市镇村长。人力资源市场业务关联部门（如学校、各行政官厅等）的有效沟通，使国民劳动力得到最有效的发挥。正是通过主管部门垂直领导与相关部门协助，规范了人力资源市场监管主体的行为。日本政府通过对行政指导与司法监督相结合的规定，为日本人力资源市场体系的健康发展提供了坚实的后盾。

---

① 魏艳春：《日本如何监管人力资源市场》，《中国人才》2010年第3期。

2. 统计机构

日本人力资源市场相关信息的统计主要是由厚生劳动省下设的统计情报部来完成的，主要负责卫生、社会福利、就业和劳动条件等方面的统计调查工作。统计情报部设5个课，分别为政策规划课、人口和卫生统计课、社会统计课、就业统计课、工资和福利统计课。统计情报部主要负责规划、实施和分析厚生劳动省事业发展所需要的卫生、社会福利、就业、工资和工时等项目的统计工作。主要统计领域包括13项：（1）人口和家庭；（2）医疗卫生；（3）社会福利；（4）老年护理；（5）社会保险；（6）社会保障；（7）就业；（8）工资；（9）工作时间；（10）福利；（11）劳资关系；（12）职业安全卫生；（13）其他。同时，统计情报部还负责为厚生劳动省的信息系统建设提供技术支持，保障厚生劳动省信息安全、管理高效简便。

3. 统计内容

统计情报部主要开展基本统计和一般统计两类统计。其中，基本统计是指那些对政府决策、国民经济运行和国民生活水平具有重大影响的统计项目，主要包括人口动态统计、医疗机构调查、患者调查、生活条件综合调查、每月劳工调查、工资结构基础调查等。一般统计是指那些行业行政部门为掌握某些特定信息而进行的统计调查，包括生命表、患者报告、医院报告等。统计情报部开展的调查项目主要包括以下内容：每月劳工调查、劳动经济趋势调查、就业趋势调查、就业结构调查、工资结构基础调查、工资增长调查、工作条件综合调查、劳资纠纷调查、劳资关系普查、工伤事故调查、工业安全与健康专项调查等。

4. 信息发布

统计情报部主要通过网站和出版物发布统计调查信息。其中，人口统计临时报告、人口统计月度报告、长期护理津贴支出月度调查、每月劳动调查（国家调查）等信息为每月发布，劳工趋势经济调查信息每季度发布一次，患者调查报告每三年发布，其他信息为每年发布。

5. 合作机制

日本实行分散型统计体制，由各行政机关和地方机构分别进行统计调查和统计规划部署工作。厚生劳动省统计情报部在开展劳工统计时与总务省统计局保持了良好的合作关系。此外，日本近年来行政改革的一项基本原则是将政府公共服务职能尽可能地推向市场和社会,凡是民间机构可以承担的事务尽可能地委托民间机构去实施。统计情报部也将一些调查活动委托给民间机构实施。但是为维护统计信息的安全,统计情报部将在委托之前对民间机构的资质和能力进行严格审查并与之签订委托合同。

三 启示借鉴

1. 信息监测需要投入大量人力

从美国和日本的经验看,建立健全政府背景的组织机构、加强统计力量是各项统计信息能够得到及时、准确的收集、处理、分析、管理和发布的有力保证。在由政府部门各自承担其主管领域统计职能的分散型政府统计体制中,建立健全专门的统计调查机构是加强统计调查的基本保障。美国有14个联邦政府统计调查机构,如商务部经济分析局、农业部农业统计局等;日本的8个政府内阁也都建立了自己的统计调查机构,如农林水产省统计部、经济产业省调查统计部等。为有效地实施统计调查工作,及时、准确地收集、处理、分析、管理、发布统计信息,必要的组织建设、人员、经费保障是必不可少的。美国劳工部为实施劳工统计调查工作,下设9个部门、8大地区办公室,仅联邦职员就有2400人,每年工作经费超过6亿美元。日本厚生劳动省统计情报部下设5个课(相当于处),分别负责不同的统计调查项目和信息处理发布。

2. 信息监测需要完善统计调查项目

调查是统计数据可靠性的重要保障,统计调查是市场经济国家统计工作的主要内容,统计部门超过一半的人力、物力都投入统计调查工作中。例如美国劳工部劳工统计局每年开展20多项统计调查项目;日本厚生劳动省统计情报部的统计调查项目多达40项。调查手段包括普查、抽样调查、专门调查、特定调查等;调查内容广泛涉及劳动力市场、就业失业指标、工资福利、工作条件、职业安全卫生、社会保障等各个方面。美国、日本每个月都发布调查失业率,对经济社会产生重要的影响。

3. 信息监测需要依赖信息技术支持

在信息技术日新月异的今天,先进的信息技术支持是当前完善信息监测的重要保障。美国和日本的统计调查无一例外都非常强调信息化建设。美国劳工统计局在数据收集方面,网络技术的应用比例超过了一半以上,信息化还为劳动力市场信息统计提供了一种快捷的信息发布手段和平台。日本厚生劳动省统计情报部的工作之一就是在厚生劳动省内建立以 IT 为导向的事业，目的是落实 2007 年修订的《统计法》，将统计目的从"为政府管理服务"转向"作为社会信息基础设施的统计"。

4. 信息治理需要建立多方协调机制

从美国和日本的经验看，在分散型的政府统计制度下，理顺劳工统计机构与综合统计部门、本部门各司局、其他部门统计机构，以及地方劳工统计机构的关系，建立起各部门分工明确、相互配合、齐心协力的协调的工作机制非常重要。如果不能建立起这样一种协调的工作机制，许多统计调查项目就难以开展，统计数据的质量就难以保证。此外，劳工统计机构还要加强与社会力量的合作，将一些非核心的工作委托给社会团体并加强监督管理。在这方面，美国劳工部、日本厚生劳动省统计情报部的经验都值得借鉴。

第五章

人力资源市场信息监测的逻辑框架

本章基于现代国家治理理论与人力资源市场信息监测体系的时代内涵,提出人力资源市场信息监测的逻辑框架,主要包括构成要素视角下人力资源市场信息监测体系总体框架与治理过程视角下人力资源市场信息监测的逻辑分析框架,为后续章节提供一个总的分析框架。

第一节　人力资源市场信息监测体系的总体框架

人力资源市场信息监测体系的总体框架可以用要素构成框架、类型构成框架、主体构成框架、信息构成框架等四个维度来描述。具体而言,"要素构成框架"主要描述人力资源市场信息监测体系的构成要素及其实现功能(解决"体系是什么"的问题);"类型构成框架"主要描述人力资源市场信息监测体系的服务目标和范围(解决"体系给谁用"的问题);"主体构成框架"主要描述人力资源市场信息监测的实施主体(解决"体系谁来管"的问题);"信息构成框架"主要描述人力资源市场信息监测的信息载体和来源(解决"信息从哪来"的问题)。

一　要素构成框架

1. 总体框架

如前所述,人力资源市场信息监测体系由人力资源市场信息监测的制度体系、组织体系、监督体系、信息分析体系、人员保障体系、技术支撑体系和信息服务平台等七个部分构成。如果从人力资源市场信息监测全过程看，又可以进一步归纳为两部分，即信息分析体系与配套支撑体系两个部分，其中配套支撑体系包括上述制度体系、组织体系、监督体系、人员保障体系、技术支撑体系和信息服务平台六个部分（见图5—1）。从这两个构成要素的功能来看，信息分析体系是人力资源市场信息监测体系的核心，而配套支撑体系则是人力资源市场信息监测体系的基础，是信息分析体系发挥作用的支撑。进一步分析，如果按照信息流向维度，信息分析体系又可细分为信息采集体系（包括统计信息采集体系和调查信息采集体系等）、信息处理体系（其中人力资源市场指数分析体系是核心）以及信息应用体系（包括评价分析体系、预测预警体系、政策建议体系和信息发布体系等）。

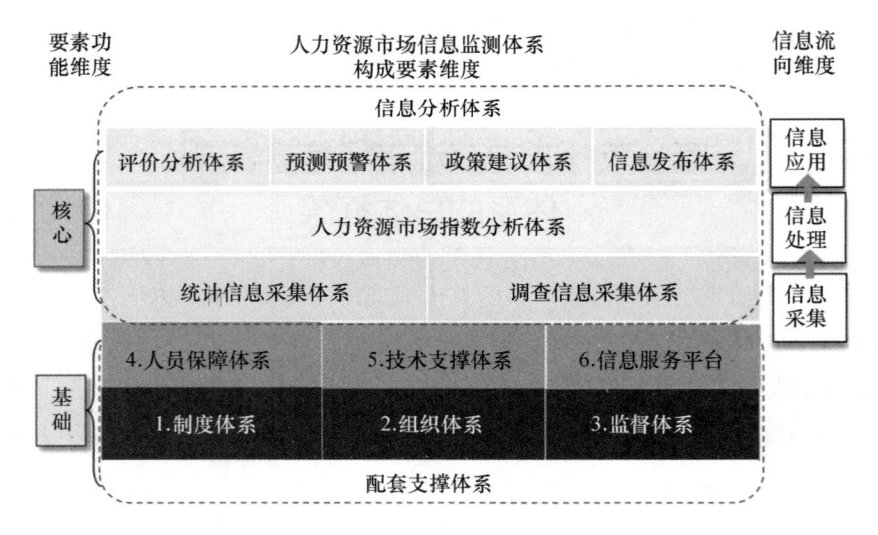

图5—1　人力资源市场信息监测体系总体框架示意图

2. 要素内涵

所谓的制度体系是指人力资源市场信息监测所依据的法律法规、制度体系、公共政策和协作机制等；组织体系是指人力资源市场信息监测的机构组织，包括监测的组织者和参与者，主要有政府部门、用人单位、人力资源服务机构、社会组织和公民等；监督体系是指人力资源市场监测主体依据法律赋予的监督权利，对人力资源市场信息监测活动实施的监督行为；信息分析体系是指人力资源市场"信息采集（输入）—信息处理（处理）—信息应用（输出）"的信息监测的全过程，是人力资源市场信息监测的核心；人员保障体系是指支撑人力资源市场信息监测活动正常运转的人力投入；技术支撑体系是指人力资源市场信息监测的技术支撑手段，包括采取高科技、信息化和智能化的"互联网+"以及数字政府等；信息服务平台是指利用新媒体新技术开发设计的较为便捷化、人性化和个性化的人力资源市场信息服务平台。

上述七个子体系是按照治理理论以及人力资源市场信息监测体系的建设逻辑来划分的。在人力资源市场信息监测体系建设之初，由法律法规确立价值与目标，再由制度体系、公共政策和协作机制等将法律法规的要求落实为建设人力资源市场信息监测体系的行动，并结合监督体系，构建起人力资源市场信息监测体系的"骨骼"。信息分析体系可称作人力资源市场信息监测体系的"血液"，人员保障体系与技术支撑体系则构成人力资源市场信息监测体系的"肌肉"，它们一道将法律法规、制度体系和公共政策的设计初衷，变为可以感知的具体信息产品和服务措施，共同构成了人力资源市场信息监测体系的"血肉"。信息服务平台则是进一步将服务产品和服务措施具体化的落地抓手，则成为人力资源市场信息监测体系的"翅膀"。这七个子体系并不是简单地堆砌在一起的，而是互相独立而又互相支撑，使得人力资源市场信息监测体系成为具有新的性质和功能的整体。

二 类型构成框架

从类型上看，人力资源市场信息监测主要包括综合监测、区域监测和专项监测。各项人力资源市场信息监测类型的内容和重点有所不同，实施方案和技术路线也各有不同。在人力资源市场信息监测体系建设中，应统筹和综合运用不同信息监测类型，实现人力资源市场信息监测效益最大化。

1. 综合监测

所谓综合监测，是在分析全国人力资源市场走势中研究人力资源的供给、需求、匹配、薪酬、流动和劳动关系等问题。建立人力资源市场综合监测体系，有利于建立全国性人力资源市场信息监测机制，加强全国人力资源市场信息监测基础数据和相关技术支撑平台的建设工作，以现有数据采集渠道为基础，不断丰富完善现有数据库内容，加快数据库更新周期；有利于建立全国人力资源市场信息监测工作基础数据汇集平台和资源共享平台，促进全国人力资源市场信息监测工作的上下联动和区域（行业）间的交流与合作。

2. 区域监测

所谓区域监测，是根据各地经济社会发展需求，研究人力资源的供给、需求、匹配、薪酬、流动和劳动关系等问题。建立人力资源市场区域监测体系，有利于在全国性人力资源市场信息监测机制的基础上，形成中央和地方两级人力资源市场信息监测机制，形成行业、区域与国家人力资源市场信息监测有效结合的分层级、分布式网络体系。

3. 专项监测

所谓专项监测，是在分析重点行业、重点专业、重点职业、重点就业群体以及面向中小企业与公共危机下的人力资源市场运行状况的基础上，研究人力资源的供给、需求、匹配、薪酬、流动和劳动关系等问题。因此，在人力资源市场专项监测中，行业性人力资源市场、专业性人力资源市场、职业领域的人力资源市场、重点就业群体人力资源市场、面向中小企业的人力资源市场、公共危机下的人力资源市场状况等是重点内容。

三　主体构成框架

人力资源市场信息监测体系建设，需要三个方面的条件：一是资源支持，包括信息来源、经费保障、人员投入、信息发布渠道等。二是收益和动力机制。信息监测体系建设或是为了提供公共服务，或是为了获取一定的收益。三是专业技术支持。信息监测体系构建是一项专业性较强的工作，需要具备一定的技术基础和实践经验。2018年6月国务院公布的《人力资源市场暂行条例》对人力资源市场信息监测的主体进行了质的规定，常见的建设主体主要涉及政府部门、人力资源服务机构、人力资源服务行业协会等。降低市场信息不对称造成的市场失灵是政府相关部门的重要职责。人力资源市场信息监测体系在一定程度上具有公共产品的性质，因此向市场提供人力资源市场信息监测产品最常见的主体是人力资源和社会保障部门等政府相关部门。政府部门建设人力资源市场信息监测体系，具有体系的权威性、收集信息的便利性和经费支持的持续性等优势。在人力资源市场服务领域，还活跃着一些人力资源服务企业或关注人力资源市场的行业协会，行业协会和人力资源服务企业的优势在于其自身有一定的业务数据，并通过信息发布能带来一定的商业利益。

1. 政府部门

（1）人力资源和社会保障部负责全国性综合监测。按照《人力资源市场暂行条例》，国务院人力资源和社会保障行政部门负责全国人力资源市场的统筹规划和综合管理工作。

（2）县级以上地方人力资源和社会保障部门负责区域监测。按照《人力资源市场暂行条例》，县级以上地方人民政府人力资源和社会保障行政部门负责本行政区域人力资源市场的管理工作。县级以上人民政府建立覆盖城乡和各行业的人力资源市场供求信息系统，完善市场信息发布制度，为求职、招聘提供服务。

（3）县级以上其他政府部门负责专项监测。按照《人力资源市场暂行条例》，县级以上人民政府发展改革、教育、公安、财政、商务、税务、市场监督管理等有关部门在各自职责范围内做好人力资源市场的管理工作。

2. 人力资源服务机构

（1）公共人力资源服务机构免费提供人力资源市场相关信息。按照《人力资源市场暂行条例》，公共人力资源服务机构提供人力资源供求、市场工资指导价位、职业培训等信息发布服务，不得收费。公共人力资源服务机构应当加强信息化建设，不断提高服务质量和效率。

（2）经营性人力资源服务机构提供人力资源市场相关信息要备案。按照《人力资源市场暂行条例》，经营性人力资源服务机构开展人力资源供求信息的收集和发布的，应当自开展业务之日起 15 日内向人力资源社会保障行政部门备案。

（3）人力资源服务机构发布人力资源供求信息要建立审查机制。按照《人力资源市场暂行条例》，人力资源服务机构发布人力资源供求信息，应当建立健全信息发布审查和投诉处理机制，确保发布的信息真实、合法、有效。人力资源服务机构在业务活动中收集用人单位和个人信息的，不得泄露或者违法使用所知悉的商业秘密和个人信息。

3. 人力资源服务行业协会

按照《人力资源市场暂行条例》，人力资源服务行业协会应当依照法律、法规、规章及其章程的规定，制定行业自律规范，推进行业诚信建设，提高服务质量，对会员的人力资源服务活动进行指导、监督，依法维护会员合法权益，反映会员诉求，促进行业公平竞争。

四 信息构成框架

从目前我国人力资源市场信息来源看，除了政府及其所属的公共服务机构外，还包括一些经营性人力资源服务机构和人力资源服务行业协会，信息来源呈现多元化。此外，按照多元治理的理念，用人单位和劳动者也逐渐成为人力资源市场信息的直接提供者。

1. 政府及其所属的公共服务机构

人力资源市场统计信息主要来源于各级人社部门所属的公共就业和人才服务机构的就业监测、市场监测等，如人社部"百城公共就业服务机构""一线观察"等人力资源市场信息采集点。行为信息主要来源于人社部门基于自主开发 App 或第三方移动平台提供各项服务过程中采集到的用户行为和政民互动数据。交互信息主要来源于人社部门与公安、卫计委、教育、农业农村部、金融等部门按照协议交换共享的数据，部门间人力资源供需和流动数据交换共享非常重要。

2. 人力资源服务行业协会

人力资源服务行业协会是人力资源服务机构及相关组织自愿联合发起成立的非营利性社会团体。一般而言，其业务范围都涉及开展行业调查研究、掌握行业动态。借助于行业协会内部的人力资源服务机构会员开展人力资源服务行业统计调查，了解人力资源市场动态，是人力资源服务行业协会采集信息的优势所在。推动省级或部门所属的人力资源服务行业协会组织本地区/本系统信誉和能力强的人力资源服务机构积极参与本地区/本系统范围内的人力资源市场信息采集工作。人力资源服务行业协会提供的人力资源市场信息主要包括基于其人力资源服务机构会员业务数据而形成的统计信息，以及借助会员网络通过问卷等方式获取的调查信息。

3. 经营性人力资源服务机构

随着市场化人力资源服务机构的蓬勃发展，公共就业服务机构的人力资源市场占有率逐渐降低，在人力资源市场信息采集点的设置上应更好地发挥市场化人力资源服务机构，尤其是要利用好网络招聘服务机构的信息采集优势，动态实时监测在线求职和招聘的变化。按照《人力资源市场暂行条例》，经营性人力资源服务机构开展人力资源供求信息的收集和发布的，应当自开展业务之日起 15 日内向人力资源和社会保障行政部门备案。发挥国家级、省级及其他人力资源服务产业园的集聚效应，推动产业园管理部门组织本园区信誉和能力强的经营性人力资源服务机构积极参与本园区视域范围内的人力资源市场信息采集工作。经营性人力资源服务机构提供的人力资源市场信息主要包括基于其自身业务数据而形成的统计信息，以及针对特定指标通过问卷等方式获取的调查信息。

4. 用人单位

用人单位是用工的主体，有针对性地开展用人单位用工需求调查，对准确把握人力资源市场需求和薪酬状况有着非常重要的价值。通过用人单位的用工需求调查，可以获知三方面的人力资源市场调查信息：一是总体需求情况，主要分析被调查企业职位空缺总体情况及其空缺原因；二是不同岗位需求情况，主要分析被调查企业不同岗位人员的需求人数、紧缺状况，以及相应的年龄要求、学历要求、专业/工种要求、工作经验要求、职称/资格要求、能力要求、薪资待遇等；三是紧缺职业/工种需求，主要分析被调查企业紧缺职业/工种，以及各职业/工种的在岗人数、需求数量以及紧缺原因。按照《人力资源市场暂行条例》，用人单位发布或者向人力资源服务机构提供的单位基本情况、招聘人数、招聘条件、工作内容、工作地点、基本劳动报酬等招聘信息，应当真实、合法，不得含有民族、种族、性别、宗教信仰等方面的歧视性内容。

5. 劳动者

劳动者是人力资源市场供给的主体与流动的主体，直接掌握他们的求职或流动状况对客观把握人力资源市场供给水平非常重要。通过劳动者的求职意向调查，可以获知两方面的人力资源市场调查信息：一是总体供给情况，主要分析被调查劳动者的求职状态、离职时间，以及不同年龄、性别、工作经验、职位劳动者的流动特征；二是总体供给结构情况，主要分析被调查劳动者期望的职业/工种、职位、企业类型、企业规模、行业类型和薪酬待遇等。按照《人力资源市场暂行条例》，个人求职，应当如实提供本人基本信息以及与应聘岗位相关的知识、技能、工作经历等情况。

第二节 人力资源市场信息监测的逻辑分析框架

按照系统信息分析的一般框架，人力资源市场信息监测需要建构一个"信息采集（输入）—信息处理（处理）—信息应用（输出）"的分析框架，以便更全面地分析人力资源市场监测的信息逻辑。

一 系统信息分析的一般框架

一般而言，信息系统有五个基本功能，即输入、存储、处理、输出和控制。按照信息系统的一般框架，从流向维度看，系统对信息资源配置主要包含信息资源的输入、处理和输出三个基本环节（见图5—2），这构成了信息能力的基本框架。信息资源的输入和输出是系统与外部环境互动中的信息能力。输入既可以看作系统从外部环境汲取信息资源的能力，也可以看作外部环境对系统的信息刺激或影响；输出则是系统再分配信息的能力，或者可以看作对上述刺激或影响的信息反应。如果从系统对环境的适应性角度来看，系统的输出可以看作对系统输入的系统性反馈，或者说是对环境中所提出要求的满足或者从环境中争取新的支持。

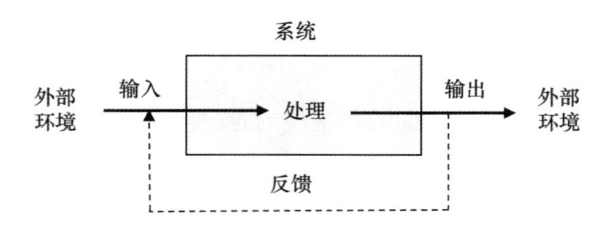

图5—2 系统信息分析的一般框架示意

二 人力资源市场信息监测的分析框架

人力资源市场信息监测必须满足数据准确、代表性强、方法科学、传输及时的总体要求，做到全面反映人力资源市场运行态势，及时跟踪人力资源市场供求变化情况，适时预测各类突发事件，从而为政府实现对人力资源市场的宏观调控、人力资源整体开发与经济可持续发展的良性互动、劳动者职业再生能力的快速提升等提供决策支持。从信息分析的逻辑视角和信息治理的过程视角，可以建构一个"信息采集（输入）—信息处理（处理）—信息应用（输出）"的分析框架（见图5—3）。

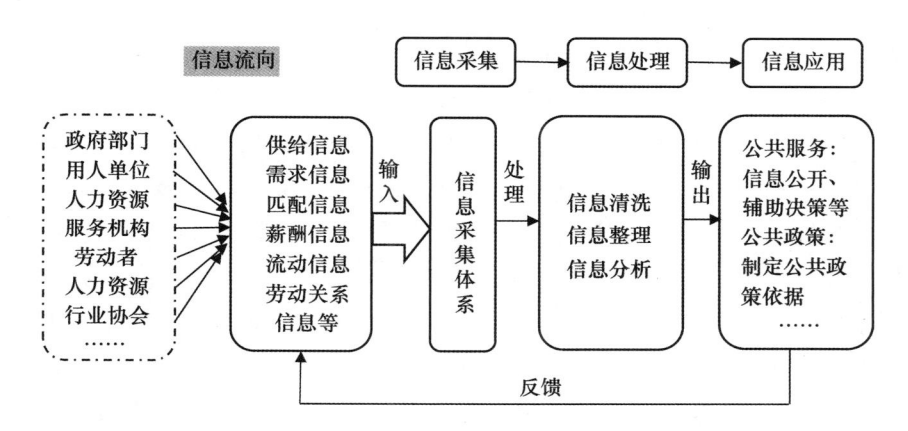

图5—3 人力资源市场信息监测的逻辑框架示意

1. 信息采集

收集全面、准确的人力资源市场信息，追求人力资源市场观察的清晰化是人力资源市场信息监测的重要基础。信息采集主要是为人力资源市场信息监测体系的运行提供及时、有效、持续的数据支持。在信息采集体系的构建中，首先要确定采集什么信息，也就是说首先要建立人力资源市场信息采集指标体系。一般而言，人力资源市场信息监测指标体系至少要能够反映人力资源市场的三个主要矛盾，即"供求总量矛盾""结构性矛盾""薪酬价位矛盾"，因此至少要包括供给、需求、匹配、流动和薪酬等指标。在"互联网+"背景下，人力资源市场信息监测应采集包括统计信息、调查信息、行为信息和交互信息。统计信息是指人社部门利用各级人社数据中心的就业监测、市场监测等活动，以及基于这些监测和分析而进行的决策行为，其信息来源主要是各级人社部门所属的公共就业和人才服务机构等。调查信息是指通过政府、社会组织和人力资源服务机构等针对特定指标通过问卷调查等方式获取的相关信息。行为信息是指人社部门基于自主开发 App 或第三方移动平台提供各项服务过程中采集到的用户行为和政民互动信息，这些信息更为海量和动态。交互信息是指人社部门与公安、教育、卫计委、金融等部门按照协议交换共享的信息，主要为相关就业政策制定和宏观决策提供支持。

2. 信息处理

人力资源市场信息处理包括人力资源市场信息清洗、信息整理和信息分析，是人力资源市场信息监测的关键。这其中信息分析尤为重要，它的一项重要工作就是编制人力资源市场指数。人力资源市场指数是通过数据采集体系将人力资源市场中人力资源供给、需求、匹配、薪酬、流动等状况通过独特的计算方法，将数据以指数形式呈现，反映人力资源市场历史变化趋势，对未来人力资源市场发展趋势进行监督和测量。在"互联网+"背景下，可以借助大数据技术，形成基于历史数据的人力资源市场指数，并以此为基础，对人力资源市场总体运行、主要矛盾、供求走势与 GDP 增长趋势吻合度等进行评价；借助人工智能技术，对人力资源市场供求总量、匹配、紧缺等情况进行预测预警。由此可见，人力资源市场指数作为观察、评价和分析宏观人力资源市场状况、变化和发展的指数体系，可为人力资源市场信息化建设、数据的信息化整合、信息的开发利用提供一条理论与实践路径。

3. 信息应用

基于人力资源市场指数的人力资源市场信息应用体系将借助网络、电视、报纸等多种渠道，定期向政府、求职者、企业、培训机构传递人力资源市场供求状况及走势信息，引导人力资源的合理流动，这是人力资源市场信息监测的目标。借鉴国内外经验，信息发布应用具体包括：（1）提供多元化的信息服务产品。适应供需双方的需求特点与变化，人力资源市场信息监测应提供多元化、精细化的公共服务产品和市场化服务产品；（2）制定或调整公共政策。根据人力资源市场指数评价体系、预警体系的分析结论，并借助专家辅助决策系统，为政府调整和优化人力资源市场公共政策提供支持；（3）搭建符合人力资源服务业发展方向的服务平台。不断开发设计更便捷化、更人性化、更个性化的信息服务平台；（4）建立定期的信息发布制度。借助网络、移动通信、电视、报纸等多种渠道定期发布人力资源市场监测信息。目前，我国人力资源市场信息产品主要是季报和年报，这与美国等发达国家形成鲜明对照。综观各国人力资源市场的信息发布制度，信息发布周期都具有多样化特征，一般有月报、季报、半年报和年报。但具体采取何种信息发布周期，则应视具体产品确定。一般情况下，供求信息的发布周期最短。而且，随着治理手段的现代化，信息发布的周期逐步缩短。此外，在互联网和社交媒体时代，社会组织在提供个性化服务过程中发挥着重要作用。

技术篇

人力资源市场信息监测的信息分析体系

信息分析体系是实现人力资源市场"信息采集（输入）—信息处理（处理）—信息应用（输出）"的全过程，成为人力资源市场信息监测的核心要素，直接影响着人力资源市场信息监测的效能。人力资源市场信息分析体系构建是一项复杂的系统工程，需要一定的技术手段予以支撑。在信息分析体系中，信息处理体系是核心，其中以指数分析体系构建最为关键，但要保证指数分析体系更好地应用，还必须做好信息采集体系设计等基础性工作，以及人力资源市场评价分析、预测预警、信息发布、政策建议等信息应用性工作。可以说，在人力资源市场信息监测过程中，信息采集是基础，信息处理是关键，信息应用是目标。

本篇基于人力资源市场信息分析体系研究的方法论基础（人力资源市场运行机制理论、服务质量理论）、理论基础（包括人力资源市场信息监测体系相关研究）以及实践基础（包括部分国家政府劳动力调查实践、国外劳动力薪酬调查实践、国内劳动统计调查实践等），重点就人力资源市场信息采集体系、人力资源市场指数分析体系以及人力资源市场信息应用体系进行了系统设计，从而在一定程度上可为人力资源市场信息分析体系建设提供方法论支撑。

一是提出了人力资源市场信息采集体系的构建方法。在科学构建人力资源市场信息采集指标体系的基础上，针对人力资源市场信息采集的统计信息、调查信息、行为信息和交互信息特征，提出了"互联网+"背景下由统计信息采集体系、调查信息采集体系、行为信息采集体系和交互信息采集体系等构成的人力资源市场信息采集体系技术方案，并重点分析了统计信息采集体系和调查信息采集体系的设计方法，从而为人力资源市场信息采集提供了解决路径。

二是分析了人力资源市场指数分析体系的编制方案。在阐述人力资源市场指数体系基本功能和结构、指数编制原理和方法以及指数有效性检验等问题的基础上，提出了人力资源市场指数体系的基本框架，即由人力资源市场供给指数、需求指数、匹配指数、薪酬指数、流动指数和劳动关系指数六类分指数构成的人力资源市场指数分析体系，从而形成了一个较为完整的人力资源市场指数分析体系框架。

三是给出了人力资源市场信息应用体系的设计思路。基于人力资源市场指数分析体系的设计方案，详细论述了人力资源市场指数应用体系的四个重要组成部分,即评价分析体系、预测预警体系、政策建议体系和信息发布体系,从而为人力资源市场运行状况的评价分析和预测预警、公共政策调整和市场信息服务等信息应用体系设计提供了基础性探索。

第 六 章

人力资源市场信息分析体系研究基础

本章主要阐述人力资源市场信息分析体系研究的相关基础，主要有理论基础（包括服务质量理论、国际劳工组织劳动力市场测量体系研究、国内劳动力市场监测体系研究、国外劳动力市场供需匹配研究以及国内劳动力市场供需匹配研究）和实践基础（包括国外部分国家政府劳动力调查实践、国外劳动力薪酬调查实践与国内劳动统计调查实践等）。

第一节 理论基础

服务质量理论、国际劳工组织劳动力市场测量体系研究、国内劳动力市场监测体系研究、国外劳动力市场供需匹配研究以及国内劳动力市场供需匹配研究，是本书构建人力资源市场信息监测指标体系的重要理论基础。

一 服务质量理论

许多学者都曾提出过服务质量的概念性模式。大体上，学者对服务质量的衡量有两种不同的看法。一种是以顾客知觉服务与期望服务的差距衡量，另一种则以顾客知觉的服务作为依据即可。前者以 Parasuraman、Zeithaml 和 Berry（1985）三位学者提出的服务质量差距模式为代表，一般通称 PZB 模式，将服务质量定义为一种态度，并运用其发展出来的量表模式，通过顾客对服务的期望和实际知觉的差异程度来衡量服务质量。1988 年，他们通过对顾客做大量深度访谈和中心小组访谈，提出服务质量的 10 项决定因素，通过对五家服务公司做实证研究后最终优化成五个维度，即有形性、可靠性、响应性、保证性和移情性，形成衡量服务质量的 SERVQUAL（Service Quality）量表。后者以 1992 年 Cronin 和 Taylor 提出的 SERVPERF 量表为代表，他们认为应该以服务绩效作为服务质量衡量的基础，SERVPERF 量表在问卷设计上大致沿用 SERVQUAL 量表的五个维度[1]，但是 SERVPERF 量表只通过测量顾客的感知来衡量服务绩效，不再与期望的服务水平做比较。这五个常用的维度具体如下：有形性是指提供服务的有形部分，如各种设施、设备、服务人员的仪表等；可靠性是指服务供应者准确无误地完成所承诺的服务；响应性主要指反应能力，即随时准备为顾客提供快捷、有效的服务；保证性是指服务人员的友好态度与胜任能力；移情性是指企业和服务人员能设身处地为顾客着想，努力满足顾客的要求。从研究方法论的角度看，服务质量理论是本书构建人力资源市场信息监测指标体系的重要方法论基础。

二 国际劳工组织劳动力市场测量体系研究

国际劳工组织早在 1985 年的劳动统计大会上通过的第 160 号劳动统计公约中，提出了劳动统计应覆盖到的主要内容。[2] 并从 1996 年起开始研究、提炼和选定劳动力市场主要指标工作，并在随后的国际劳动统计大会决议中分别制定了针对不同统计内容的标准和原则以及具体的指标设计等更为完整的信息。

1. 价值定位

劳动力市场测量体系的构建取决于其价值定位。劳动力市场信息在衡量宏观经济状况，监测劳动力市场正常运行，有效规划人力资本及制定劳动政策方面具有非常重要的作用。[3] 随着国家工业化程度加深，工作结构

---

[1] 衡金金：《服务质量五维度的重要性——保险业和银行业的对比研究》，《中国管理信息化》2020 年第 1 期。

[2] ILO, C160 Labour Statistics Convention, 1985, Geneva, http://www-ilo-mirror.cornell.edu/public/english/employment/skills/recomm/instr/c_160.html.

[3] Louis J. Ducoff and Margaret Jarman Hagood, Objectives, Uses and Types of Labor Force Data Relation to Economic Policy, *Journal of the American Statistical Association*, Vol. 41, No. 235 (Sep. 1946), pp. 293 – 302.

的复杂化及生产技术的多元化,发展一个正规的劳动统计体系也变得日益重要起来。① 从最一般意义上看,劳动力市场测量不仅反映了劳动力市场状况,而且反映了整个宏观经济状况;并且,由于劳动力市场直接涉及劳动者的利益,因而对个人选择、家庭福利与社会稳定也至关重要。劳动力市场测量的主要目标,便是通过辨别出经济中有没有为国民提供充分的就业机会的部门来判定既定的国民经济状况的好坏,为未来劳动力市场状况的预测提供最重要的定量基础,从而有效地制定并评估经济政策。② 在经济全球化趋势日益加强的背景下,从全球视角了解和把握整个世界范围内的劳动力市场也变得日益重要。

2. 指标体系

在劳动力市场测量体系中,测量指标与测量方法是实现其价值定位的两大支柱。因此,基于指标与方法的双重评估是劳动力市场测量评估的基本前提。测量指标结构始终是劳动力市场测量的核心。国际劳工组织在 1985 年的第 160 号劳动统计公约以及第 170 号建议书中均提出了劳动统计应覆盖到的主要内容③,包括经济活动人口、就业、失业、显性的就业不足、工资和工时、消费价格指数、家庭收入与支出、职业伤害和职业病、劳动生产率。

1999 年,国际劳工组织设计完成了一套包括 18 个主要指标在内的劳动力市场指标体系,即劳动参与率、就业/人口比、就业地位、按部门划分的就业、非全日制工人、工作时间、城镇非正规部门就业、失业、青年失业、长期失业、接受教育程度划分的失业、与工作时间相关的不充分就业、非经济活动率、受教育程度与文盲、制造业实际工资指数、小时补偿费用、劳动生产率与单位劳动成本、贫困与收入分配。这些指标涉及劳动力、就业、失业、教育程度、工资和补偿费用、生产率和劳动成本、贫困

---

① Robert S. Goldfarb and Arvil V. Adams, Designing a System of Labor Market Statistics and Information World Bank Discussion Papers, No. 205, Washington, D. C., 1993.
② 杨伟国、孙媛媛:《中国劳动力市场测量:基于指标与方法的双重评估》,《中国社会科学》2007 年第 5 期。
③ ILO, C160 Labour Statistics Convention, 1985, Geneva, http://www-ilo-mirror.cornell.edu/public/english/employment/skills/recomm/instr/c_160.htm. ILO, R170 Labour Statistics Recommendatio1985, Geneva, http://www.ilo.org/ilolex/english/recdispl.Html.

和收入分配等方面。①

国际劳工组织在创建劳动力市场指标体系的过程中，积累了很多非常宝贵的经验，这对于各国建立自身的指标体系也非常适用。

3. 测量方法

在国际上，劳动力市场测量的方法有多种，主要包括人口普查与家户抽样调查、企业调查、行政记录。每一种测量方法均有其独特的优势与局限性。② 发达经济体成熟的劳动力市场测量的"最佳实践"表明，没有任何一种测量方法能够满足所有的劳动力市场测量需求。

4. 启示借鉴

虽然国际劳工组织设计的劳动力市场指标体系是针对宏观人力资源市场的统计体系，但它对本书中微观人力资源市场信息监测指标体系的设计仍有一定的借鉴意义。首先，在建立我国人力资源市场信息监测指标体系的过程中，也要充分考虑到资料的可获得性和体系的可行性，指标设置应充分考虑到我国现行的统计制度和统计基础。其次，国际劳工组织在劳动力市场主要指标体系中引入了劳动力市场动态这一主题，以追踪人们进入岗位、退出岗位、进入劳动力市场、退出劳动力市场的变动过程，从而可以更深入地定量描述劳动力市场的运行情况，以便及时发现问题并采取措施。最后，劳动力市场测量方法的选择应取决于具体指标的特点，测量指标和测量方法的恰当结合是构建劳动力市场测量体系的基础。

三 国内劳动力市场监测体系研究

综观国内外劳动力市场的信息监测的研究，首都经济贸易大学王静教授关于我国劳动力市场监测指标体系构建的研究，以及北京市职业介绍中心与国家统计局北京调查队合作开展的"北京市劳动力市场运行景气指数"研究值得借鉴。

1. 中国劳动力市场监测指标体系构建

考虑到中国劳动力市场的实际状况，以及与国际接轨的需要，王静教

---

① 张洁：《国际劳动力市场主要指标简介及启示》，《中国统计》2004年第12期。
② 孙拥军、张子麟：《西方就业结构理论及对中国解决当前就业问题的启示》，《河北学刊》2010年第4期。

授在该项研究中以劳动者为中心，构建了包括劳动力资源供给指标、就业指标、失业指标、劳动力流动指标、劳动力素质指标、工资与人工成本指标、劳动生产率和单位劳动成本指标、贫困指标等八个方面的基本框架结构，比较全面地衡量了劳动力市场的基本状况。①

王静教授指出，根据目前情况，监测与评价中国劳动力市场的方法主要有两种：一是待指标体系成熟，运用综合指数线性合成评价方法，对中国劳动力市场指标体系进行打分评价；二是利用专家打分评价方法，进行模糊综合评价。

2. 北京市劳动力市场景气指数研究

2004年10月，北京市职业介绍中心与国家统计局北京调查队合作开展了"北京市劳动力市场运行景气指数"的研究工作。在劳动力市场统计指标体系、景气指数体系框架、景气指数、景气灯号模型的编制，以及景气指数的应用等方面，取得了丰硕成果。②

在指数体系构建上，遵循综合性、重要性、代表性、可操作性、灵敏性等原则，建立了由供求总量指数（指标：招聘单位户数、招聘需求人数、求职登记数）、匹配平衡指数（指标：最大招聘匹配率、最大求职成功率）、职业供求指数（指标：求人倍率、供求学历指标、供求年龄指标）、薪酬指数（指标：求职者期望薪酬、招聘单位承诺薪酬、社会平均工资）、信心指数（指标：单位信心与满意度、求职信心与满意度、职介工作人员信心）5个分指数、14个指标构成的劳动力市场综合运行指数。这5个分指数基本能够反映劳动力市场的3个主要矛盾，即"供求总量矛盾""结构性矛盾""薪酬价位矛盾"。这14个指标中既有数量指标，也有质量指标，基本能够反映劳动力市场的总体运行状况。

同时，在指数编制方法上，主要采用了合成指数法（CI），即以美国普查局的NBER法为基础编制劳动力市场景气指数。在景气灯号模型的编制上，选定了能从不同方面反映劳动力市场发展、结构、薪酬、信心等方

---

① 王静：《中国劳动力市场监测指标体系的构建》，《首都经济贸易大学学报》2010年第1期。

② 宋丰景：《劳动力市场景气指数研究与应用》，华龄出版社2006年版。

面情况的各指标,并通过划分状态区域、确定指标临界点、计算单个指标的评分、计算综合评分及检查值等步骤,最终绘制景气灯号图表。在指数应用上,主要体现在劳动力市场总体状况的评价、预测预警和信息服务等方面。

3. 启示借鉴

我国劳动力市场信息监测指标体系研究虽然是从宏观人力资源市场的角度开展的,但仍有很大的借鉴意义:一是在国际可比性上,该项研究充分借鉴了国际劳工组织劳动力市场指标体系的精髓,从而有利于其与国际接轨;二是在科学性、可操作性和前瞻性上,该项研究以劳动力为中心,充分考虑了劳动力资源(工资与人工成本、劳动生产率、劳动力素质、贫困状况)和劳动力流动(劳动力流动总量、劳动力流动结构)状况,虽然仍有许多重要指标在现有统计中没有涉及或不能及时获取,但它却充分借助了现有劳动力统计制度。

虽然劳动力市场景气指数研究在具体指标体系设置上还需进一步丰富和完善,但它是从微观人力资源市场的角度开展的,因此具有更大的启示借鉴意义:一是提供了一个科学有效的研究范式:具体—抽象—具体;二是提供了一个很好的人力资源市场监测体系架构:指标体系—采集体系—指数体系—应用体系。

四 国外劳动力市场供需匹配研究

西方经济学关于劳动力供需匹配的理论分析,主要表现为西方的结构性失业理论。结构性失业是指由于经济结构、体制、增长方式等的变动,劳动力在包括技能、经验、工种、知识、年龄、性别、主观意愿、地区等方面的供给结构与需求结构不相一致而导致的失业,因此,结构性失业的根源是劳动力的供需结构不匹配。西方经济学关于结构性失业的理论研究,其本质是关于劳动力供需结构不匹配的研究。西方失业理论对结构性失业问题的研究可追溯到 20 世纪初,随着理论的不断发展与完善,西方理论界针对结构性失业的研究逐步形成了一种理论流派。[1]

---

[1] Sheldon H. Danziger, Robert H. Haveman. Understanding Poverty. Harvard University Press, 2002.

1. 后凯恩斯主义学派的观点

美国著名经济学家、后凯恩斯主义流派重要代表人物詹姆斯·托宾和杜森贝里从劳动力市场技术结构的角度来论述当时资本主义社会的失业特征和失业与通胀并存的原因。该学派用微观市场的不完全性和结构变化提出"结构性失业问题",认为结构性失业是因经济结构的变化,劳动力的供给和需求在职业、技能、产业、地区分布等方面不协调所引起的失业。该学派对结构性失业成因的认识也比较深刻,把影响劳动力供给的因素、引起需求结构变化的经济结构因素、劳动力市场结构等因素相结合,分析结构性失业的主要表现形式。

2. 货币学派"自然失业率"中的结构性失业

以弗里德曼为代表的货币学派在就业理论方面提出了"自然失业率",认为在经济周期过去之后,经济中总是还会存在一定比例的失业人口,即使在经济繁荣期,这部分失业也难以消除。"自然失业率"中包括摩擦性失业和结构性失业,因此,由劳动力供需结构变动而引发的结构性失业则被看作普遍存在的客观现象。

3. 发展经济学派的二元结构失业理论

发展经济学派的代表人物刘易斯、费景汉和拉尼斯以及托达罗等,在失业问题上主要探讨二元结构发展模式下的失业。所谓二元结构,是指发展中国家的经济由两个不同的经济部门组成:传统农业部门和现代工业部门。刘易斯等认为,传统农业部门的劳动生产率很低,存在大量的隐形失业,而现代工业部门的劳动生产率相对较高,从业人数少,其较高的工资水平可以吸引农业部门劳动力的转移;加快现代工业部门的资本积累,可以增强其吸纳传统农业部门劳动力的能力,最终达到解决二元结构失业问题。

4. 新制度学派的制度变迁、结构调整与经济增长理论

任何经济活动、经济增长、经济增长方式的转变都是在特定的制度环境、制度结构和制度安排中产生和发展的。新制度经济学主要研究不同的制度安排对资源配置效率的影响,其中,美国新制度学派代表人物加尔布雷斯采取二元结构分析方法,即主要从大企业和小企业两种经济结构来分析结构性失业问题。他认为结构性失业的根源在于制度结构的不合理,解决对策是进行制度结构改革。

5. 劳动力市场的社会结构视角

美国经济学家萨恰罗波洛斯通过劳动力市场的社会结构角度来分析结构性失业，他认为解决的对策在于消除头等劳动力市场和次等劳动力市场的分割，提高劳动力的知识和技能。①

6. 劳动力市场的地区结构视角

西方经济学家也从劳动力市场的地区结构出发解释结构性失业。Robert H. Haveman 认为，1952—1976 年荷兰、瑞典、英国、美国存在不同失业率的原因中有两个结构性的解释：第一，青少年（16—24 岁）和妇女在劳动力市场中的角色变化；第二，劳动力需求越来越要求职业和行业的专业化，致使现有劳动力供给的匹配率较低。②

7. 启示借鉴

西方经济学关于劳动力供需匹配的理论分析，主要表现为西方的结构性失业理论，而西方的结构性失业理论比上述所总结的要丰富得多，这里只选择性介绍了有借鉴意义的几种观点。上述几种流派的理论不仅分析了发达国家的结构性失业问题，也探讨了发展中国家的劳动力供需结构失衡问题。詹姆斯·托宾和杜森贝里对于劳动力供需结构失衡原因的研究，以及各学派从劳动力市场多种结构性特征出发的分析对于实证部分有很大的借鉴意义。

五　国内劳动力市场供需匹配研究

国内关于劳动力供需匹配的理论研究起步较晚，同时，国内理论界在研究我国失业问题的过程中，对劳动力供需矛盾问题尚未达成共识。有些学者认为，我国劳动力供需矛盾仍是总量上的矛盾，而非结构性矛盾。

1. 主要观点

把握劳动力供需结构失衡的类型是研究结构匹配问题的基础。郭

---

① Robert J. Pember and HonoréDjerma, Development of Labour Statistics Systems, Bulletin of Labour Statistics 2005 - 1. ILO, Geneva, 2005, http：//www.ilo.org/public/english/bureau/stat/download/articles/2005 - 1. pdf.

② 高传胜、高春亮：《劳动经济学：理论与政策》，武汉大学出版社 2011 年版。

继严、王永锡认为,"结构性失业主要是指劳动者的技能、经验、知识结构与可供的职位空缺不相适应而导致的失业"①,这一概念指出了劳动力供需不匹配的一种类型:劳动者能力特征与职位要求不匹配;"结构性失业是由于劳动力市场上工人的技术、工种、年龄、性别、居住区不同,雇主招工条件及其所在地区有差异,供需双方不能相互满足,甚至不能碰面,因而一方面存在职位空缺,另一方面存在失业的情况",这一定义较为全面地概括了劳动力供需不匹配的不同表现,除了劳动者素质与职位不匹配外,同时还指出了性别、年龄、居住地这些劳动者自然特征与职位不匹配。② 此外,劳动者的主观意愿(如就业观念)不同,则劳动力供给结构不同,也会导致供需结构不匹配。③ 综上所述,劳动力供需结构失衡体现在三个方面:劳动者能力特征与职位要求不匹配;性别、年龄等劳动者自然特征与职位要求不匹配;劳动者就业取向与职位要求不匹配。劳动者的自然特征主要包括劳动者的年龄、性别、居住地区等;劳动者的能力特征则可以从其受教育程度、职业技能、人文素质等方面来考察,其中人文素质主要指:劳动者的职业道德;工作中的进取精神、敬业精神、合作精神;再就业的努力程度、适应能力等。

2. 启示借鉴

综上,国内关于劳动力供需匹配的理论研究主要是在国外相关理论的基础上,结合我国的实际问题,得出的具有借鉴意义的结论。这些研究成果的借鉴价值突出表现在人力资源市场匹配指标体系的构建方面,即这些成果为从结构视角探讨人力资源市场匹配问题提供了很好的思路。

---

① 郭继严、王永锡:《2001—2020年我国就业战略研究》,《经济学家》2001年第4期。
② 王国乡、朱忠明、王铁华、古新:《西方经济学简明教程》,西南交通大学出版社2000年版。
③ 严燕飞:《结构性失业的概念界定及类型研究》,《山东教育学院学报》2003年第5期。

第二节　实践基础

国外部分国家政府劳动力调查、国外劳动力薪酬调查与国内劳动统计调查等是本书构建人力资源市场信息监测指标体系的重要实践基础。

一　国外部分国家政府劳动力调查实践

在国外劳动力市场供需研究中，主要以国外劳动力调查制度（Labor Force Survey，LFS）形成的供给研究为主。在国际劳工组织（International Labor Organization，ILO）的问卷设计及定义标准下，国外许多国家都建立并实施了由官方机构开展的劳动力调查。

1. 部分国家政府劳动力调查项目

为提供关于劳动力市场的全面描述，美国、英国、加拿大、新加坡和南非等国家开展了劳动力调查项目（见表6—1）。这些调查几乎覆盖全国，调查对象包括就业者、失业者到丧失信心的劳动者，它们在各国的劳动力统计和调查实践中发挥了越来越重要的作用。

2. 借鉴意义

综观各国劳动力调查，虽然调查报告仅以总和数、平均数、百分数为主，但是国外的劳动统计经验仍然具有很大的参考价值。一是各国劳动力调查依据劳动力特征进行的分类，可以为人力资源市场供给结构指数提供分类参考；二是美国当前人口调查、外国劳动统计和社区调查可在供给结构指数、薪酬指数、指数分析等方面为人力资源供给指数和薪酬指数设计提供一些参考；三是加拿大劳动力调查中的"劳动力流动"，可为设计与分析劳动力市场的开放程度及人力资源供给的地域构成提供一定的参考；四是南非劳动力调查中"劳动力吸纳率"指标，对分析人力资源行业特征和职业特征具有重要的指导作用，其中不同行业以及正规部门和非正规部门对于劳动力吸纳情况的分析，对人力资源市场供给指数的构建有很大帮助。

表6—1 部分国家劳动力调查的形式、对象、项目和内容、报告内容

国家	调查形式		调查对象、项目和内容	报告内容
美国	当前人口调查	• 由美国商务部人口普查局、美国劳工部下属的劳动统计局联合执行。 • 抽样调查，采取入户调查或电话访谈形式。 • 每月调查一次	• 抽样总体由美国所有家庭构成。样本分布在50个州和哥伦比亚特区。 • 调查项目包括：就业人口的年龄、性别、种族、婚姻状况、家庭关系、行业、职业、职位级别、工作小时数、全职/兼职等；失业人口的行业、职业、上次工作的职位级别、失业持续时间、失业原因、求职方式等；丧失信心的工人以及非劳动力人口的人口学特征、职业、教育背景等；特殊人群（已生育的妇女、伤残退役军人等）的劳动力状况	• 统计报告提供就业与失业人口的状况，其中的信息大多是描述性的，以平均数的形式表现。 • 统计报告提供了劳动力就业情况（就业、失业、收入、工作时间）的统计数字，人口统计特征信息（年龄、性别、种族、受教育程度、婚姻状况、家庭结构、职业），以及其他社会和经济数据。 • 统计结果公布在美国劳动部和劳动统计局的网站上
	外国劳动统计	• 由美国劳工部下属的劳动统计局执行	• 调查对比项目大部分仅限于主要工业化国家，但其他国家也有所涉及	• 调查报告提供了小时工资成本、单位劳动成本、劳动力等的国际对比信息
	社区调查	• 由美国人口普查局执行。 • 每年调查一次	• 调查项目涉及劳动力状况和社区的经济、社会状况。 • 调查覆盖人口超过65000人以上的州、城市、郡、都市地区	• 调查报告涵盖各类至关重要的经济、社会、人口普查和住宅信息。 • 调查报告有助于更加立体地了解一个地区劳动力特征的成因

续表

国家	调查形式	调查对象、项目和内容	报告内容
英国	• 由国家统计局数据公开部的社会和重要数据统计处执行。 • 从电话调查问卷到数据处理具有一套标准的操作系统。 • 从1997年开始一年四次、每年一次或两年一次	• 调查以住户为抽样单位，调查对象包括就业者与失业者。 • 就业者信息包括：就业状态、工作时间、通勤方式、职业与产业部门、在公共还是私营部门工作等。 • 失业者信息包括：失业期、搜寻工作原因/时间/方式、离职原因、搜寻工作类型、资格、教育和培训等	• 提供基础数据和描述性统计报告，包括人口统计学特征、劳动力状况、行业、地区、大都市地区以及职业的数据
加拿大	• 由加拿大统计局执行。 • 通过电话访谈来获取数据。 • 每月调查一次	• 调查以住户为抽样单位，调查对象为就业人员与失业人员，不包括丧失信心的工人及非劳动力人口。 • 调查项目包括雇员、雇主、就业、劳动力特征、劳动力参与、劳动力流动、劳动关系、职业、薪水和工资、失业、就业福利	• 统计报告提供了关于劳动力市场状况（包括就业率、失业率、劳动力参与率等）、就业状况（按行业、职业、工作时间以及其他人口特征进行分类估算）、雇员状况（工资、就职年限、是否为工会会员、工作场所的规模等）三方面的信息
日本	• 由统计署、公共管理部、国内事务、邮电部共同执行。 • 采取入户填写问卷的方式。 • 每月调查一次	• 调查覆盖全国（除北部领土），调查期为13天	• 分析与公布报告一个月即可完成。 • 调查报告提供关于就业、失业、工资、丧失信心工人、产业、职业以及教育资格水平的信息

续表

国家	调查形式	调查对象、项目和内容	报告内容
新加坡	●由新加坡人力部下属人力研究与统计部执行。 ●采用电话调查以及当面调查的形式。 ●每季度调查一次	●以家庭调查为主,覆盖了所有人口:当前经济活动人口(包括就业与失业者)、不充分就业人口和非劳动力人口、丧失信心工人	●在调查结束6个月后,发布新加坡季度劳动力市场报告,其中特别公布失业数据
南非	●采取入户调查的方式。 ●每两年调查一次	●以家庭调查为主,调查项目包括:就业人数、失业人数(官方定义)、劳动力、非劳动力、劳动年龄人口数量、丧失信心的工作搜寻者、失业率、劳动力参与率、劳动力吸纳率	●调查报告提供劳动力市场信息,包括失业的水平和模式以及经济的行业和职业结构。 ●调查报告提供与劳动力市场相关的一系列问题的解决方案

资料来源:根据相关资料整理。

二 国外劳动力薪酬调查实践

在国外薪酬调查研究方面,美国劳工局薪酬调查和华信惠悦人力资本指数有一定的借鉴意义。

1. 美国劳工局薪酬调查

美国劳工局薪酬调查(NCS)最初主要是在全国的大城市开展的,调查和公布的工资数据仅限于一些特定岗位(如秘书、卡车司机),并把这些岗位的职责和工作等级进行了区分,后来,NCS将劳工统计局实施的三大调查项目(ECI、员工福利调查和职业薪酬调查)合而为一。

NCS是在样本地区通过科学的抽样,随机选择具有代表性的样本机构。职业的抽样办法是按美国标准职业分类标准对各职业进行分类,并按照一定的因素评价方法(因素包括知识、接受的监督、指导线、复杂性、影响及范围、个人沟通、沟通目的、工作环境和体能要求)确定各职业的工作等级。工资的概念是直接的工作收入,不包括加班工资。统计项目包括计时工资、计件工资、佣金、风险收入和其他直接与其工资有关的报酬项目，不包括津贴、非生产性奖金及由第三方支付的费用。同时工作时间也在被调查项目之列，如每月、每周工作小时数，每年工作周数等。福利调查的内容包括雇主成本、雇员分担部分、进入和参加福利计划的员工人数及详细的福利计划条款。计入调查范围的计划包括有薪假期、有薪病假、加班工资、倒班津贴、非产出性红利、健康保险、人寿保险、短期残疾保险、长期残疾保险、受限福利金、受限捐助、社会保险、医疗、联邦失业保险、州失业保险、解雇金和补充失业福利等。

2. 华信惠悦人力资本指数

人力资本指数（Human Capital Index，HCI）是全球知名人力资源公司华信惠悦（Watson Wyatt Worldwide）发明的用来计算人力资本和股东价值相关性的方法。人力资本指数的意义在于：如果公司的人力资本管理得好，股东回报也会相应较高。

从20世纪末起，华信惠悦公司开始跟踪调查北美400家上市公司人力资本投入与股东收益之间的关系，结果发现：人力资本投入指数与股东收益成正比。在研究了相关财务数据的基础上，运用一系列的多次回归分析，计算出企业超越其实物资产创造价值的能力，得到人力资本与股东价值之间的清晰关系：人力资本投入指数在25%以下的，股东收益很低，有的甚至是负收入；指数在25%—75%，股东收益增加30%的回报；如果指数高于75%，股东最高可以获得150%的收益。华信惠悦公司又对欧洲和亚太地区的上市公司进行调查，结果与北美一致，并进一步推算出：HCI值在0—100%之间，数值越大，表明公司的人力资本管理状况越理想。

3. 启示借鉴

综观国外薪酬调查研究，既有政府部门为了调控经济而进行的薪酬调查，也有行业或者中介机构独立进行的市场调查。整体而言，欧美国家的薪酬研究时间较长，并已形成一定的体系，对于我国开展人力资源市场薪酬分析有一定的参考价值。

三　国内劳动统计调查实践

在我国人力资源市场统计调查实践中，国家机关和政府部门、人力资源服务中介机构、专家学者们等都做出了很大贡献，主要实践成果有劳动统计调查等项目。

1. 我国劳动统计调查

概括而言，我国劳动统计的数据来源主要有五种：失业登记、"三合一"就业统计、人口普查、城镇劳动力调查，以及其他政府有关部门和社会组织不定期进行的零星专项调查。

我国城镇劳动力的失业登记统计制度始于20世纪70年代末。城镇登记失业人数及其失业率是迄今为止我国官方正式公布并予以采信的唯一用来反映我国失业规模和失业水平的统计指标。然而，由于对失业定义的局限性以及实际操作中存在的种种问题，这一指标所标示出的中国城镇失业率水平受到广泛质疑，普遍认为其不能反映出我国城镇的真实失业状况。①

"三合一"就业统计是我国就业情况的重要信息来源，形成每年公布的分行业就业人员数。"三合一"统计是指：由国家统计局以及原劳动和社会保障部负责的城镇单位劳动统计、国家工商行政管理总局对城镇私营企业就业人员、个体劳动者的行政登记以及由农村社会经济调查总队负责的乡村就业人员统计。由于"三合一"统计遗漏了城镇中从事第一产业的劳动力，以及其他行业的大量非正规就业的劳动者，按该种方法统计的就业数据与实际就业情况之间存在较大的差距，难以全面反映我国的就业情况。②

我国就业情况统计的另一个重要来源是人口普查。目前我国大约每10年进行一次人口普查，至今已经进行了6次。在公开出版的普查或者抽样调查资料中，可找到经济活动人口数，就业人员的性别、年龄、受教育程度、行业、职业等特征，以及失业人口的类似特征，而且这些信息通常详细到分城乡、分省的程度。③

我国于1996年建立了城镇劳动力调查制度，从1996年10月我国进

---

① Alwyn Young, "Gold into Base Metals: Productivity Growth in the People's Republic of China during the Reform Period", *Journal of Political Economy*, Vol. 111, No. 6, 2003, pp. 1220–1261.

② 曾湘泉等：《中国就业战略报告2005—2006：面向市场的中国就业与失业测量研究》，中国人民大学出版社2006年版。

③ 同上书。

行的第一次劳动力调查开始,以后每半年组织一次。① 在劳动力调查中,主要指标采用了国际标准,调查方法采用了入户调查方式,同时也根据我国国情制定了具体实施细则。2005 年,国务院决定正式建立全国的劳动力调查制度,结束了我国长期以来分散进行劳动力统计的历史,建立了完整统一的劳动力统计制度,使就业统计工作实现了与国际标准的接轨,劳动力统计数据可以更全面、准确地反映劳动力市场运行的基本特征,为宏观管理和经济分析提供了可靠的依据。② 经过多年的实践,劳动力调查的调查项目和内容发生了很大的变化③,针对样本设计、指标口径、组织实施、数据处理等方面存在的问题进行了不断的改进与完善。

2. 启示借鉴

我国人力资源市场调查方法经过半个多世纪的发展,取得了长足进步,在调查项目和内容上发生了很大变化,但与国际劳工组织和发达经济体成熟的测量标准与测量实践相比,我国的劳动力调查制度在调查样本的设计、调查员的素质、调查信息的发布等方面还存在很多有待改进之处。国内在人力资源市场供需指标设计、供需数据采集、供需指数编制等方面的研究成果,对人力资源市场供需指标体系的设计和供需指数的编制具有一定的借鉴意义。

---

① Alwyn Young, "Gold into Base Metals: Productivity Growth in the People's Republic of China during the Reform Period", *Journal of Political Economy*, Vol. 111, No. 6, 2003, pp. 1220 – 1261.

② 曾湘泉等:《中国就业战略报告 2005—2006:面向市场的中国就业与失业测量研究》,中国人民大学出版社 2006 年版。

③ 薛芳、侯志强:《国内外关于劳动力调查研究现状分析》,《兰州学刊》2007 年第 3 期。

第七章

人力资源市场信息采集体系设计

本章在科学构建人力资源市场信息采集指标体系的基础上，针对人力资源市场信息采集的统计信息、调查信息、行为信息和交互信息特征，重点介绍"互联网+"背景下人力资源市场统计信息采集体系和调查信息采集体系的设计方案，从而为人力资源市场信息采集提供技术支撑。

第一节　采集指标体系设计

建立人力资源市场信息采集指标体系，是构建我国人力资源市场信息监测体系必须先行的基础性工作。本部分遵循全面性、客观性、可操作性、可比性、综合性及敏感性、前瞻性等原则，按照"选择指标筛选方法、提出预想指标体系、确定最终指标体系"的设计步骤，提出人力资源市场信息采集指标体系的基本框架；重点论述人力资源市场信息采集指标体系的重要组成部分，即供给指标、需求指标、匹配指标、薪酬指标、流动指标和劳动关系指标。

一　构建流程

1. 基本原则

在设计人力资源市场信息采集指标体系时，以人力资源市场运行机制为理论基础，既要反映人力资源市场的现状，又要从各层面、各角度动态地反映人力资源市场走势，尽量选择容易获得数据、并能反映人力资源市场动态的重要指标和关键指标。因此，在构建人力资源市场信息采集指标体系时，要遵循全面性、客观性、可操作性、可比性、综合性及敏感性、前瞻性等原则。

(1) 全面性原则。指标体系应全面反映我国人力资源市场运行的各个主要方面，同时具有很好的层次性和相互协调性，能从不同侧面反映人力资源市场的区域、产业、行业和职业特征与发展状况。

(2) 客观性原则。指标体系应有利于使复杂问题简单化，能深入浅出、客观准确地反映我国人力资源市场的基本特征和发展方向，以及人们的真实感受。

(3) 可操作性原则。指标体系中的各项指标应具有可靠、及时的数据来源，便于搜集、整理分析、调查统计，并应结合我国国情，尽可能利用已有统计数据，使指标体系既具有理论分析意义又具有实际应用价值。

(4) 可比性原则。指标体系中的各项指标要保持相对独立性，从不同角度对人力资源市场进行测度；同时，指标体系在整体上要具有普遍的统计意义，保证评价结果具有横向和纵向的可比性。

(5) 综合性及敏感性原则。综合性即要求所选指标具有高度的概括性，且各项指标之间具有相应的逻辑关系，能够相互呼应、相互关联、较为准确地反映人力资源市场的本质特征；敏感性就是要求指标的敏感度要高，即指标的细微变化能直接反映出我国人力资源市场的发展变化。

(6) 前瞻性原则。指标体系既要反映我国人力资源市场的现状，又要从各层面、各角度动态地反映我国人力资源市场的未来走势。

2. 主要步骤

人力资源市场信息采集指标体系覆盖范围的全面性与层次结构的合理性，直接关系到监测效果的好坏。以人力资源市场运行机制为基础，根据人力资源市场信息采集指标体系的设计原则及思路，分三个步骤进行指标体系设计，即确定指标筛选方法、提出预想指标体系、确定最终指标体系。

(1) 确定指标筛选方法。人力资源市场信息采集指标体系的构建，应紧密结合人力资源市场的特点，以提高指标可操作性为目的。因此，指标的选取应主要以统计数据为基础，在指标的筛选过程中，采用频度统计法、相关性分析法、理论分析法和专家咨询法来筛选指标，以满足客观性和全面系统性原则。频度统计法是对目前有关人力资源市场监测研究的相关书籍、报告、论文等进行统计，初步确定出一些使用频度较高的指标。相关性分析法是对指标进行统计分析，确定出指标间的相互关联程度，结合一定的取舍标准和专家意见进行筛选。理论分析法是对区域人力资源市场监测的内涵、特征进行理论上的阐述和综合分析，确定出重要的、能体现区域人力资源市场运行特征的指标。专家咨询法是在建立指标体系的整个过程中，适时适当地征询有关专家的意见，以便对指标进行调整。理论分析法和专家咨询法贯穿在建立指标体系的整个过程中。

（2）提出预想指标体系。在广泛讨论和充分借鉴①的基础上，确定指标筛选方法（见图7—1）。在指标筛选方法确定之后，首先基于对人力资源市场内涵及运行机制的把握，列出所有可以用来采集人力资源市场信息的各级指标，提出一套预想指标体系；然后参照国内外人力资源市场信息

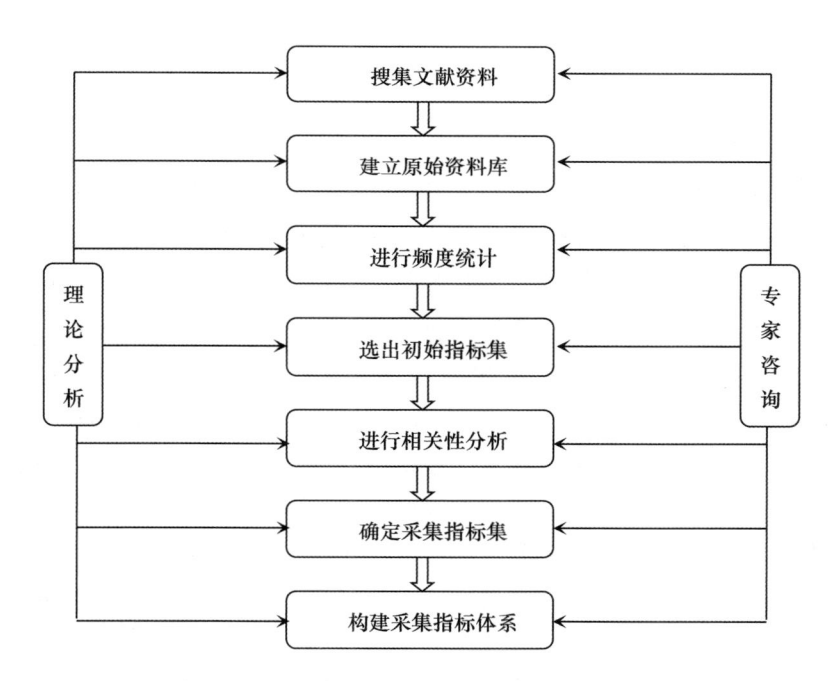

图7—1　人力资源市场信息采集指标的筛选流程

---

① 杨河清、陈红、边文霞：《首都区域人才竞争力评价指标体系的构建》，《首都经济贸易大学学报》2006年第5期。

监测的经验，并通过德尔菲法、现场访谈等实证研究方法和相关文献资料分析法，对指标进行遴选，并对所提出的评价指标体系进行验证。通过多层次筛选，提出预想的人力资源市场信息采集指标体系设计方案。在设计预想的人力资源市场监测指标体系的过程中，要适当征询人口学、劳动经济学、教育学、人力资源管理等专业领域的学者及研究人员，也包括人力资源保障部门的相关领导，以及人力资源服务机构的管理者。

（3）确定最终指标体系。把确定下来的预想评价指标，通过专家咨询的形式进行效验，邀请国内相关领域学者及研究人员、人力资源和社会保障部有关领导、人力资源服务机构管理者，针对预想的人力资源市场监测指标体系方案提出修改意见，并给出进一步完善的建议。然后，根据访谈结果与专家反馈的意见和建议调整有关指标，最终确定人力资源市场信息采集指标体系。

二　指标构成

1. 总体结构

在吸收国内外相关理论和先进实践经验的基础上，依据我国人力资源市场的实际情况，从经济学、管理学、系统论和国家治理理论的视角进行有针对性的创新，并兼顾人力资源市场治理的需要，重点关注人力资源市场的供求机制、薪酬机制、竞争机制和流动机制，从人力资源市场供需本身出发，围绕影响人力资源市场变化的长期趋势和短期变动，紧紧抓住影响人力资源市场变动的薪酬因素，并兼顾企业劳动关系状况，构建人力资源市场供给、需求、匹配、薪酬、流动和劳动关系六位一体的人力资源市场信息采集指标体系（见图7—2）。其中，流动指标是对供给指标的有益补充，在一定程度上可反映人力资源市场供给数量和结构的动态变化；劳动关系指标主要描述企业劳动纠纷与劳动安全状况，在一定程度上可折射用人单位对人才的吸引力。

人力资源市场信息采集指标体系中这六个指标维度体现了人力资源市场的4个主要矛盾，即"供求总量矛盾""结构性矛盾""薪酬价位矛盾""劳动关系矛盾"，基本能够反映人力资源市场的总体运行状况和未来发展趋势。其中，人力资源市场供给和需求指标是从"量"的方面来解释供给和需求问题，匹配指标则解决"质"的问题。

```
┌─────────┐      ┌─────────┐
│ 供给指标 │◄────►│ 需求指标 │
└────┬────┘      └────┬────┘
     └──────┬─────────┘
        ┌───▼───┐
        │匹配指标│
        └───┬───┘
            ▼
        ┌───────┐
        │薪酬指标│
        └───────┘
        ┌───────┐
        │流动指标│
        └───────┘
        ┌──────────┐
        │劳动关系指标│
        └──────────┘
```

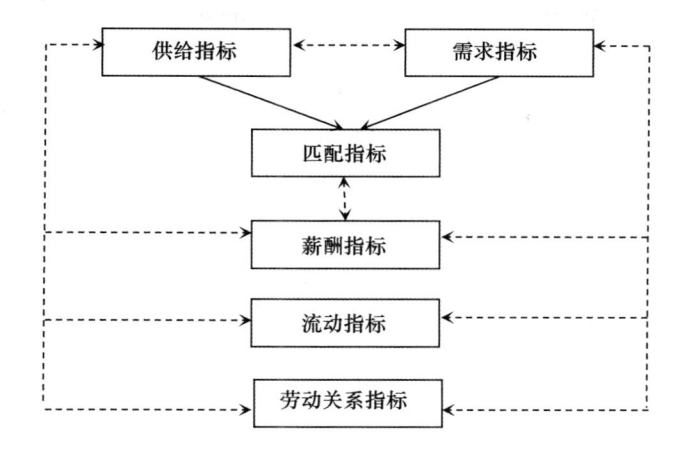

图 7—2　人力资源市场信息采集指标体系结构

注：图中实线表示直接决定关系，虚线表示相互影响关系。

2. 层次体系

先进的人力资源市场信息监测体系必须满足数据准确、代表性强、方法科学、传输及时的总体要求，做到全面反映人力资源市场的基本状况和变化趋势，及时跟踪人力资源市场变化情况，准确预测、预报各类突发事件。基于此，形成了一套由 6 个一级指标、12 个二级指标、31 个三级指标支撑的人力资源市场信息采集指标体系（见表 7—1）。

表 7—1　　　　　人力资源市场信息采集指标体系构成

目标	一级指标	二级指标	三级指标
人力资源市场运行状况	供给指标	供给总量	线下求职人数
			线上求职人数
		供给信心	求职即期信心
			求职预期信心
	需求指标	需求总量	线下招聘人数
			线上招聘人数
		需求信心	招聘即期信心
			招聘预期信心
	匹配指标	总量匹配	线下求人倍率
			线上求人倍率

续表

目标	一级指标	二级指标	三级指标
人力资源市场运行状况	匹配指标	结构匹配	行业求人倍率
			企业类型求人倍率
			企业规模求人倍率
			职业求人倍率
			年龄求人倍率
			学历求人倍率
			专业求人倍率
			工作状态求人倍率
			工作经验求人倍率
	薪酬指标	承诺薪酬水平	承诺薪酬平均水平
			职业承诺薪酬水平
		承诺与期望薪酬差异	承诺与期望薪酬平均水平差异
			职业承诺与期望薪酬水平差异
	流动指标	流动速度	区域外流入率
		流动方向	行业变动率
			职业转换率
	劳动关系指标	劳动纠纷	监察案发率
			仲裁案发率
			信访案发率
		劳动安全	安全事故发生率
			群体性事件发生率

3. 指标价值

在人力资源市场信息采集指标体系中，供给指标、需求指标、匹配指标、薪酬指标是核心，流动指标是对供给指标的有益补充，各个指标都有一定的分析价值和指标价值（见表7—2）。

表7—2　　　　　人力资源市场信息采集指标体系的价值分析

一级指标	二级指标	分析价值	应用价值
供给指标	供给总量	反映人力资源市场求职者总量及变动趋势	有利于企业及时了解供给信息，适时做好人才储备，并为政府有效引导求职者提供依据
	供给信心	测度求职者对即期人力资源市场运行态势做出的定性判断，及对未来发展变化的定性预期	
需求指标	需求总量	反映人力资源市场招聘需求总量及变动趋势	有利于求职者及时了解需求信息，在流动中实现增值，并为政府及时应对市场的变化提供依据
	需求信心	测度招聘单位对即期人力资源市场运行态势做出的定性判断，及对未来发展变化的定性预期	
匹配指标	总量匹配	反映人力资源市场供需总量匹配程度及其变动情况	有利于供需双方及时了解市场匹配信息，引导求职者在区域、产业、行业间有序流动
	结构匹配	反映人力资源市场供给结构与需求期望、供给期望与需求结构的匹配程度及其变动情况	
薪酬指标	承诺薪酬水平	反映人力资源市场招聘职业的承诺薪酬与上年度社会平均工资的差异水平及变动趋势	有利于政府部门及时发布薪酬波动信息，稳定人力资源供求关系，实现对人力资源市场的宏观调控
	承诺与期望薪酬差异	反映重点或部分热门职业供需双方在薪酬认可方面的差距及变动趋势	
流动指标	流动速度	反映区域外人力资源流入本区域人力资源市场的速度	有利于政府部门及时了解人力资源流速、流向，以便适时制定人力资源发展政策
	流动方向	反映人力资源市场求职者求职前后的行业变动和职业转换情况，及时把握热点行业和职业的轮换	
劳动关系指标	劳动纠纷	反映区域内企业发生劳动纠纷的数量	有利于政府部门及时了解企业劳动关系状况，引导人才有序流动
	劳动安全	反映区域内企业发生劳动安全事故的数量	

三 供给指标

1. 指标定义

人力资源供给是人力资源市场的主体，人力资源的供给变化直接影响到一个区域的经济和社会发展。根据新时期人力资源市场的供给特点，线上求职作为便捷、覆盖面广、成本低的求职渠道，在年青一代求职者中得到了普及。因此，本书将供给分为线下供给和线上供给。

本章所述的人力资源市场供给，是指在报告期内求职者依托人力资源服务机构愿意并且能够就业的总人数。从这个角度上看，可选取供给总量和供给信心两个指标来对其进行表征。供给总量指标属于定量指标，从数量上反映人力资源市场的供给状态；而供给信心指标属于定性指标，从求职者的主观感受上反映人力资源市场供给态势。

2. 供给总量

供给总量指标，是从数量上反映人力资源市场的供给状态。根据求职媒介不同，又可用线下供给总量和线上供给总量来表征。从数据的可得性出发，可分别用线下求职人数和线上求职人数来表示。

线下求职人数，是指在报告期内通过人力资源服务机构线下进行求职的人数；线上求职人数，是指在报告期内通过人力资源中介服务网络进行求职的人数。但据艾瑞咨询相关调查的结果看，线上招聘存在招聘网站信息的真实性较差，线上招聘服务匹配率低、实效性差等问题，因此线上求职人数一般是按照线上求职者实际数量的一定比例来加以计算的。

3. 供给信心

供给信心指标，是供给指标中的定性指标，反映求职者对报告期人力资源市场运行态势做出的定性判断和对未来发展变化的定性预期。因此，供给信心又可用求职即期信心和求职预期信心两个指标来表征。

求职即期信心是指求职者对报告期人力资源市场运行态势做出的定性判断；求职预期信心是指求职者对未来人力资源市场发展变化做出的定性预期。

四　需求指标

1. 指标定义

在市场经济条件下，需求是市场的主导者，需求变化决定着供给变化。只有掌握了市场需求状况，才能有效解决市场供需矛盾。

本章所述的人力资源市场需求，主要是指在报告期内企业依托人力资源服务机构愿意并且能够提供招聘职位的数量，具体包括线下需求和线上需求两部分。线下需求是指企业通过人力资源服务机构现场招聘人员的数量。由于线上招聘服务匹配率低、实效性差等问题，线上需求同线上供给一样，一般也是按照线上招聘实际数量的一定比例来计算的。从数据的可得性出发，可选取需求总量和需求信心两个指标来对其进行表征。需求总量指标属于定量指标，从数量上反映人力资源市场的需求状态；而需求信心指标属于定性指标，从招聘单位负责人的主观感受上反映人力资源市场的需求态势。

2. 需求总量

需求总量指标，是从数量上反映人力资源市场的需求状态和变化趋势。根据招聘媒介不同，可用线下需求总量和线上需求总量来表征，从数据的可得性出发，又可分别用线下招聘人数和线上招聘人数表示。

线下招聘人数，是指企业在报告期内通过人力资源服务机构现场进行招聘的人数；线上招聘人数，是指企业在报告期内通过人力资源中介服务网络进行招聘的人数。但线上需求同线上供给一样，一般也是按照线上招聘实际数量的一定比例来计算的。

3. 需求信心

需求信心指标，是需求指标中的定性指标，反映招聘单位对报告期内人力资源市场运行态势做出的定性判断和对未来发展变化的定性预期。因此，需求信心指标又可用招聘即期信心和招聘预期信心两个指标来表征。

招聘即期信心是指某区域招聘单位负责人对报告期人力资源市场运行态势做出的定性判断；招聘预期信心是指招聘单位负责人对未来人力资源市场发展变化做出的定性预期。

五　匹配指标

1. 指标定义

人力资源市场供给和需求指标是从"量"的方面来解释供给和需求问题，匹配指标就是解决"质"的问题。

人力资源市场运行的终极目标是实现供给与需求在总量和结构上的匹配，把人力资源市场的匹配效果及其变动情况反映出来，以此对人力资源市场的运行效率做出评价和分析，从而有利于更为深入地了解人力资源市场供需结构失衡的原因。

本章所述的人力资源市场供需匹配，主要是结合供给与需求信息，反映人力资源市场的供需在总量和结构上的匹配程度及其变动情况。总量匹配是从供需总量上分析人力资源市场供求比例，最直观地反映人力资源市场总体供求关系。供需结构匹配是基于求职者的能力特征、自然特征、就业期望与用人单位职位要求的匹配特征，计算不同维度下的求人倍率，反映细分后的人力资源市场供需的对比情况和差异。

因此，从这个角度来看，人力资源市场匹配指标，是指在报告期内人力资源市场供给总量与需求总量的匹配程度，以及供给结构与需求结构的匹配程度。可用总量匹配和结构匹配两个指标来表征。

2. 总量匹配

总量匹配指标，是指人力资源市场的需求总量与供给总量的匹配程度（也称求人倍率）。

结合需求总量指标和供给总量指标的构成，总量匹配指标又可用线下求人倍率和线上求人倍率来表征。线下求人倍率指标，是指在报告期内依托人力资源服务机构现场招聘人数与求职人数的比值；线上求人倍率指标，是指在报告期内依托人力资源中介服务网站招聘的职位数与求职人数的比值。

3. 结构匹配

人力资源市场结构匹配特征，反映人力资源市场供需矛盾。结构匹配指标，是指通过人力资源市场线下或线上两种配置媒介的求职者结构与招聘单位需求期望、求职者期望与招聘单位需求结构的匹配程度。从求职者和企业最关心的因素出发，结构匹配指标又可用行业求人倍率、企业类型求人倍率、企业规模求人倍率、职业求人倍率、年龄求人倍率、学历求人倍率、专业求人倍率、工作状态求人倍率、工作经验求人倍率等指标加以表征。

需要说明的是，性别既是人口学的重要特征，更是求职者的重要区分特征，因为不同性别的求职者具有各自特点，相当一部分行业、职业对性别有特定的要求。同时，除了工作岗位特点产生的对不同性别人力资源需求外，部分企业还要考虑员工性别比例结构及平衡问题，达到最佳协作水平和团队绩效。但目前《劳动法》《就业促进法》等相关法律法规都明确指出不能有性别歧视，故用人单位在公布招聘岗位的具体要求时，一般都没有明确的性别要求。因此，本书中未将性别作为反映人力资源市场匹配平衡的指标。

职业技能（职称）及等级，也是反映求职者技术素质的指标。但目前已有的职业技能（职称）及等级指标数据尚缺乏代表性。而且，通过历史统计数据的整理和分析，不难发现在统计分组中，"无职业技能（职称）人员数量"和"无职业技能（职称）岗位要求数量"均在绝对量的一半以上，职业技能（职称）的社会认知程度不高。因此，本书中暂未将其作为反映人力资源市场匹配平衡的指标。

（1）行业求人倍率。行业求人倍率指标是在行业划分的基础上，反映不同行业的人力资源供求在数量上的变化和发展趋势。

行业求人倍率指标，是指不同行业依托人力资源服务机构提供的岗位需求数与求职者希望到某一行业工作的人数的比值。该指标可以反映当地各个行业类别岗位的需求数以及其对人才的吸引力。行业分类可以参照国家的大行业分类，根据本地情况选择最具特点和特色的行业或者最热门的行业。

（2）企业类型求人倍率。企业类型求人倍率指标反映求职者对不同类型企业的求职倾向及其数量变化和发展趋势。按照企业工商登记性质可将企业分为国有企业、集体企业、外商独资企业、私营企业等。

企业类型求人倍率指标，是指不同类型企业依托人力资源服务机构提供的岗位需求数与求职者希望到某一类型企业工作的人数的比值。各个类型企业的求人倍率可以反映当地各种类型企业岗位需求数及其对人才的吸引力。

（3）企业规模求人倍率。企业规模求人倍率指标，是指不同规模企业依托人力资源服务机构提供的岗位需求数与求职者希望到某一规模企业工作的人数的比值。该指标可以反映不同规模企业的岗位需求数量，以及不同规模企业对人才的吸引力。一般而言，可将企业规模分为 100 人以下、100—499 人、500—999 人、1000—1999 人、2000—4999 人、5000 人以上等多个档次。

（4）职业求人倍率。职业求人倍率指标，是指企业依托人力资源市场服务机构提供的不同职业人员需求数与求职者希望从事某一职业的人数的比值。该指标可以反映不同职业人员的需求数与市场供给人数的关系。

职业期望是指劳动者在选择工作的时候首先愿意就业的职业，它可能受求职者在校学习专业和以往工作经验的影响，但并不存在必然的因果关系。正因为求职者的意向就业职业与所学专业之间的差异，因此有必要设计该指标对求职者的就业职业意愿进行反映，从而可以分析每一职业的供需比例随时间推移所发生的变迁、供需缺口变化及其规律等。职业分类可以参照国家职业分类大典，通过分析各地的经济情况，考虑每个地方的职业特点，选择重点和特色职业（一般不宜过多，尽量不要超过 5 个职业）建立当地的职业求人倍率。

（5）年龄求人倍率。年龄是反映人力资源品质的重要因素，人力资源的年龄结构也是影响经济的重要变量，可以反映某地区经济是否具有活力和持续发展的潜力。因此有必要对人力资源的年龄结构进行反映和解释，而年龄求人倍率正是为了达到这一目的设计的。目前可将年龄结构划分为 20 岁及以下、21—25 岁、26—30 岁、31—35 岁、36—40 岁、41 岁及以上。将来也可根据需要对年龄划分进行灵活调整。年龄指标是反映当地人才供给的年龄结构情况，虽然《劳动法》《就业促进法》等相关法律法规明确指出不能有年龄歧视，但是目前企业对求职者的年龄还是有要求的，通过分析人力资源市场供给年龄比例，企业就可以很清楚地了解目前市场上求职者的年龄结构，并预测企业能否找到适宜年龄的员工。

年龄求人倍率指标，是指企业依托人力资源服务机构提供的不同年龄段要求职位需求数与不同年龄段求职者人数的比值。该指标反映不同年龄段求职者的求职难易程度以及市场需求的年龄期望分布状态。

（6）学历求人倍率。在当今知识经济时代，知识在经济社会发展中的作用举足轻重，而学历是目前能较好地反映知识水平的指标。学历结构旨在对人力资源供给的学历层次进行反映，从而可以透视人力资源供给的知识结构，为当地政府制定人才发展规划提供有力支持。按照我国教育部规定的学历层次标准，目前所统计的学历层次包括博士、硕士、本科、大专/高职、高中及以下。

学历求人倍率指标，是指企业依托人力资源服务机构提供的不同学历要求职位需求数与不同学历求职者人数的比值。该指标反映不同学历层次求职者的求职难易程度，以及市场需求的学历期望分布状态。

（7）专业求人倍率。人力资源供给专业结构是区分不同专业背景的人力资源供给在数量上的变化情况和发展趋势。企业的人力资源需求并不是笼统的，对求职者的专业背景要求非常高，但是企业对专业人员的需求和实际求职人员的专业背景之间存在差异和矛盾。由于目前专业种类繁多，只能选择那些有代表性的或特别热门的专业作为供求指标统计和分析的对象。

专业求人倍率指标，是指企业依托人力资源服务机构提供的不同专业要求职位需求数与不同学科专业求职者人数的比值。该指标反映不同学科专业求职者的求职难易程度，以及市场需求的专业期望分布状态。

（8）工作状态求人倍率。人力资源供给工作状态结构，可反映人力资源市场供给目前工作状态的变化情况和发展趋势，并能从求职者工作状态的角度反映人力资源供给质量。应届毕业生缺乏工作经验和工作场所的培训，需要企业一定的投入；本地的在职人员和离职人员求职并没有增加人力资源供给的存量，只是增加了流量，进而增加人力资源市场的流动性。

工作状态求人倍率指标，是指企业依托人力资源服务机构提供的不同工作状态要求职位需求数与不同工作状态求职者人数的比值。该指标反映不同工作状态求职者的求职难易程度，以及市场需求的不同工作状态期望分布。

(9) 工作经验求人倍率。人力资源供给工作经验结构，是指从工作经验的角度反映人力资源市场供给的变化情况和发展趋势。当浏览各种企业的招聘广告时，不难发现相当一部分企业都对求职者工作经验做出了要求。然而，人力资源市场供给中有相当大一部分是由应届毕业生构成。本书通过设计工作经验求人倍率指标试图对求职者的工作经验进行解读，使企业的预期理性化，协调企业与求职者之间的供需矛盾。

工作经验求人倍率指标，是指企业依托人力资源服务机构提供的不同工作经验要求职位需求数与不同工作经验求职者人数的比值。该指标反映不同工作经验层次求职者的求职难易程度，以及市场需求的工作经验期望分布。

六　薪酬指标

1. 指标定义

薪酬水平作为影响人力资源市场供需的最直接因素，在人力资源市场基础性作用发挥中扮演着非常重要的角色。有资料显示，在面试中有23%的求职者是因为薪酬分歧导致最后的求职失败。在市场经济条件下，政府部门通过监测薪酬水平变化，可以及时了解不同岗位薪酬差异，并结合人力资源市场供需变化，更加全面地掌握人力资源市场状况，挖掘产生薪酬差异背后的原因。求职者通过观察薪酬水平变化，以便做出不同决策。

企业承诺薪酬，是企业在进行具体岗位招聘时承诺的薪酬水平，代表了真实的市场薪酬状况。由于求职者具有薪酬相互比较和攀比的习惯，因此他们在求职时会有一定的期望薪酬水平。但企业和求职者掌握的薪酬水平和结构信息存在差异，使得双方对薪酬的认知有很大差异，从而影响人力资源市场的匹配效率。因此，对求职者的期望薪酬进行反映，有利于企业和求职者形成合理的薪酬承诺和薪酬期望，促进市场匹配效率的提升。理想的薪酬水平无疑是在求职者心理可接受区间的中间位置，因为薪酬水平过低会降低求职者满意度，反之则会增加企业人工成本。

因此，本章所述的薪酬指标是指在报告期内人力资源市场重点和特色职业薪酬的总体状况，以及这些职业供需双方在薪酬价位认同方面的差距程度。本章选取承诺薪酬水平、承诺与期望薪酬差异两个指标来对其加以表征。

2. 承诺薪酬水平

承诺薪酬水平指标，是指在报告期内用人单位招聘职业的承诺薪酬与上年度社会平均工资的比值。该指标能从总体上反映报告期用人单位承诺薪酬水平。从数据的可得性出发，承诺薪酬水平指标又可用承诺薪酬平均水平和职业承诺薪酬水平指标来加以阐释。

承诺薪酬平均水平指标，是指在报告期内人力资源市场招聘职业的平均承诺薪酬与上年度社会平均工资的比值；职业承诺薪酬水平指标，是在报告期内人力资源市场招聘的重点或特色职业平均承诺薪酬与上年度社会平均工资的比值。

3. 承诺与期望薪酬差异

承诺与期望薪酬差异指标，是指在报告期内人力资源市场招聘企业承诺薪酬与求职者期望薪酬的比值。该指标能从总体上反映报告期人力资源市场招聘单位承诺工资与求职者期望工资的差异程度，并据此分析其对招聘和求职效果的影响。从数据的可得性出发，承诺与期望薪酬差异指标又可用承诺与期望薪酬平均水平差异、职业承诺与期望薪酬水平差异指标来加以阐释。

承诺与期望薪酬平均水平差异指标，是指在报告期内人力资源市场招聘企业平均承诺薪酬与求职者平均期望薪酬的比值；职业承诺与期望薪酬水平差异指标，是指在报告期内人力资源市场招聘某一重点或特色职业的平均承诺薪酬与人力资源市场中希望从事某一重点或特色职业的求职者平均期望薪酬的比值。

七 流动指标

1. 指标定义

当今社会，国内大中城市的人力资源供给已经突破了地域限制，逐步呈现出全国性以及国际性的特点，但不同地区对人力资源的吸引力是有差异的，设计流动指标就是为了反映这些特征。

人力资源市场流动指标是对供给指标的有益补充，在一定程度上可反映人力资源市场供给数量和结构的动态变化。因此，流动指标是指在报告期内人力资源市场中人力资源流动的速度和方向。从数据可获得性出发，本章选取流动速度和流动方向两个指标来对其加以诠释。

2. 流动速度

流动速度指标，主要是指在报告期内求职者希望从区域外流入本区域人力资源市场的速度，又可用区域外流入率指标来对其加以表征。

区域外流入率指标，是指在报告期内人力资源市场来自区域外的求职者占所有求职者的比重。该指标主要是从求职者来源结构的角度反映人力资源供给在数量上的变化情况和发展趋势，从而折射本地区对人力资源的吸引力水平。根据求职者的来源地分布情况，可以了解愿意到本地区就业的求职者来源构成，也就是说哪些地区的求职者到本地区求职的意愿比较高，这有助于引导本地区企业在今后出现供给短缺时，有针对性地到这些地区进行招聘。

3. 流动方向

流动方向指标，主要是指在报告期内人力资源市场求职者求职前后的行业变动和职业转换情况。该指标可反映本地重点行业和职业对人力资源的吸引力水平，又可用行业变动率和职业转换率来对其加以表征。值得说明的是，该指标不改变人力资源市场供给存量，只增加了流动性。

行业变动率指标，主要是指在报告期内人力资源市场中求职前后发生行业改变的求职者占所有求职者的比例；职业转换率指标，主要是指某区域在报告期内人力资源市场中求职前后发生职业转换的求职者占所有求职者的比例。

八 劳动关系指标

1. 指标定义

和谐稳定的劳动关系是企业发展和社会和谐的基础。目前，劳动关系领域面临的形势依然比较严峻，发展和谐劳动关系的任务仍然相当艰巨。设计劳动关系指标就是为了重点反映用人单位的劳动关系状况。

因此，劳动关系指标是指在报告期内用人单位发生劳动纠纷和劳动安全的数量。本章选取劳动纠纷、劳动安全两个指标来加以诠释。

2. 劳动纠纷

劳动纠纷指标，主要是指在报告期内用人单位发生劳动纠纷的情况，可用区域用人单位的监察案发率、仲裁案发率、信访案发率等指标加以诠释。

3. 劳动安全

劳动安全指标，主要是指在报告期内用人单位发生劳动安全相关事件的情况，可用区域用人单位的安全事故发生率、群体性事件发生率等指标加以诠释。

第二节　信息采集体系设计

一　信息采集总体框架设计

1. 基本构成

如前所述，在"互联网+"背景下，人力资源市场信息监测应采集包括统计信息、调查信息、行为信息和交互信息。按照上述人力资源市场信息采集指标体系的总体框架设计，需要建立由统计信息采集体系、调查信息采集体系、行为信息采集体系和交互信息采集体系等构成的人力资源市场信息采集体系。

所谓统计信息采集体系，将根据人力资源市场指数指标体系中相关指标对数据的具体要求，主要通过统计的方式，为人力资源市场信息监测体系的运行提供数据支持。

所谓调查信息采集体系，主要指针对人力资源市场供给信心指标和需求信心指标数据的采集，通过问卷调查方式，就人力资源市场供求总量和结构正在或即将发生的变化开展信心调查，并根据调查结果对供求信心进行分析，以及采用抽样调查的方式，开展的劳动关系调查，从而为人力资源市场供求指标测算提供数据支持。

所谓行为信息采集体系，主要指人社部门基于自主开发 App 或第三方移动平台，就其提供各项服务过程中的用户行为和政民互动信息进行采集，从而为人力资源市场配置效率和人力资源市场相关政策实施效果评价提供数据支持。

所谓交互信息采集体系，主要指人社部门与公安、卫计委、金融等部门按照协议交换共享的信息，从而为相关就业政策制定和人力资源市场宏观决策提供支持。

需要说明的是，从目前人力资源市场信息采集指标体系设计情况看，主要是通过统计信息采集体系和调查信息采集体系来实现相关信息采集（见表7—3）。

表7—3　　　　　　　　人力资源市场信息的采集渠道

一级指标	二级指标	三级指标	采集渠道
供给指标	供给总量	线下求职人数	统计信息采集体系
		线上求职人数	
	供给信心	求职即期信心	问卷调查采集体系
		求职预期信心	
需求指标	需求总量	线下招聘人数	统计信息采集体系
		线上招聘人数	
	需求信心	招聘即期信心	问卷调查采集体系
		招聘预期信心	
匹配指标	总量匹配	线下求人倍率	统计信息采集体系
		线上求人倍率	
	结构匹配	行业求人倍率	统计信息采集体系
		企业类型求人倍率	
		企业规模求人倍率	
		职业求人倍率	
		年龄求人倍率	
		学历求人倍率	
		专业求人倍率	
		工作状态求人倍率	
		工作经验求人倍率	

续表

一级指标	二级指标	三级指标	采集渠道
薪酬指标	承诺薪酬水平	承诺薪酬平均水平	统计信息采集体系
		职业承诺薪酬水平	
	承诺与期望薪酬差异	承诺与期望薪酬平均水平差异	
		职业承诺与期望薪酬水平差异	
流动指标	流动速度	区域外流入率	计信息采集体系
	流动方向	行业变动率	
		职业转换率	

2. 采集周期

由于人力资源市场供需受到订单冷旺季、大中专学生毕业、重大节假日等季节因素的影响而呈现周期性波动，再加上人力成本制约、问卷调查周期的限制等因素，实时统计可能过于频繁，按季度统计的时效性又较差，因此较适宜采用按月度或年度来采集数据。

二　统计信息采集体系设计

1. 采集点的设置

人力资源市场统计信息是指人社部门基于一线人力资源服务机构（包括各级人社部门所属的公共就业和人才服务机构等）的数据采集平台进行信息采集。采样点的设置是基于全面布局的重点抽样，是有代表性的抽样，尽可能覆盖线下招聘业态和线上招聘业态。

被选定的数据采集点必须按照同一的数据录入网络平台，同一的数据格式开展人力资源市场信息采集工作，以确保采集到的信息能为人力资源市场治理工作提供有效的数据支持。

2. 信息采集表设计

数据采集点选定好之后，针对数据采集的对象（求职者和用人单位）必须按照同一的数据格式进行数据搜集，录入的求职者信息和用人单位信息、信息采集表的设计都必须满足指标计算时对数据的具体要求（见表7—4、表7—5）。

表7-4 求职者信息采集（理想）

编号	随机生成		性别	民族	年龄	政治面貌	目前所在地	学历	专业	外语种类	职称	职业技术等级	工作经验	工作状态	职业		企业类型		企业规模		行业		薪酬		求职媒介	求职日期
	区域代码	行政区位代码													原来	期望	原来	期望	原来	期望	原来	期望	原来	期望		
	国家		男、女	汉、壮、满、回、苗、其他	20岁以下、21—25岁、26—30岁、31—35岁、36—40岁、41岁以上	党员、民主党派、群众	本地、省内其他地区、省外	博士、硕士、本科、大专、高职、高中及以下	教育部统一的专业目录	英语、日语、俄语、法语、德语、其他	暂无、初级、中级、副高、正高、不详	全国统一的职业资格级别划分	无、1—2年、3—5年、5年及以上	主动离职、下岗、失业、在职、应届生、其他	国家职业分类目录中当地重点职业类型		国有企业、集体企业、三资企业、私营企业、股份制企业、其他		100人以下、100—499人、500—999人、1000—1999人、2000—4999人、5000人以上		当地重点行业类型		每月2000元以下、2001—3000元、3001—5000元、5001元及以上		线下、线上	年月日

说明：此表是理想化设计，针对线下求职部分目前还无法实现，未来必须采用一定的技术手段加以解决。"原来"是指求职者求职前的最后一份工作情况。

表 7-5 用人单位招聘信息采集（理想）

编号	区域代码	企业类型	企业规模	所属行业	招聘职业	需求人数	承诺薪酬	年龄要求	学历要求	专业要求	外语要求	职称要求	来源地要求	职业技术等级要求	工作经验要求	工作状态要求	招聘媒介	求职日期
注释：随机生成	国家行政区位代码	国有企业、集体企业、外商独资企业、私营企业、其他	100人以下、100—499人、500—999人、1000—1999人、2000—4999人、5000人以上	当地重点行业类型	国家职业分类目录中当与职点职业类型	具体需求数量	2000元以下、2001—3000元、3001—5000元、5001元及以上	20岁以下、21—25岁、26—30岁、31—35岁、36—40岁、41岁以上	博士、硕士、本科、大专/高职、高中及以下	教育部统一的专业目录	英语、日语、俄语、法语、德语、其他	暂无、技术员、初级职称、中级职称、副高职称、正高职称、不详	本地、省内、其他地区、省外	全国统一的职业资格等级划分	0年、0—1年、1—2年、2—5年、5年以上	社会在职、社会无职、应届毕业、其他	线下、线上	年 月 日

说明：此表是理想化设计，针对线下求职部分目前还无法实现，未来必须采用一定的技术手段加以解决。

3. 供给信息采集

参照供给指标体系的框架设计，需通过统计信息采集体系获取的相关信息（见表7—6）。

表7—6　　　　　　　　　　　供给指标信息采集

一级指标	二级指标	三级指标	采集的主要数据
供给指标	供给总量	线下求职人数	报告期线下求职人数
		线上求职人数	报告期线上求职人数

4. 需求信息采集

参照需求指标体系的框架设计，需通过统计信息采集体系获取的相关信息（见表7—7）。

表7—7　　　　　　　　　　　需求指标信息采集

一级指标	二级指标	三级指标	采集的主要数据
需求指标	需求总量	线下招聘人数	报告期线下招聘人数
		线上招聘人数	报告期线上招聘人数

5. 匹配信息采集

参照匹配指标体系的框架设计，需通过统计信息采集体系获取的相关信息（见表7—8）。

表7—8　　　　　　　　　　　匹配指标信息采集

一级指标	二级指标	三级指标	采集的主要数据
匹配指标	总量匹配	线下求人倍率	报告期线下招聘人数、求职人数
		线上求人倍率	报告期线上招聘人数、求职人数
	结构匹配（线上、线下）	行业求人倍率	报告期希望进入某一重点行业的求职人数与该行业提供的招聘岗位数

续表

一级指标	二级指标	三级指标	采集的主要数据
匹配指标	结构匹配（线上、线下）	企业类型求人倍率	报告期希望进入某一类型企业的求职人数与该类型企业提供的招聘岗位数
		企业规模求人倍率	报告期希望进入某一规模企业的求职人数与该规模企业提供的招聘岗位数
		职业求人倍率	报告期希望从事某一重点职业的求职人数与企业招聘该职业岗位数
		年龄求人倍率	报告期不同年龄段求职人数与企业提供的不同年龄段要求的招聘岗位数
		学历求人倍率	报告期不同学历层次求职人数与企业提供的不同学历要求的招聘岗位数
		专业求人倍率	报告期不同专业求职人数与企业提供的不同专业要求的招聘岗位数
		工作状态求人倍率	报告期不同工作状态求职人数与企业不同工作状态要求的招聘岗位数
		工作经验求人倍率	报告期不同工作经验求职人数与企业不同工作经验要求的招聘岗位数
		行业求人倍率	报告期希望进入某一重点行业的求职人数与该行业招聘岗位数

6. 薪酬信息采集

参照薪酬指标体系的框架设计，求职者期望薪酬和招聘单位承诺薪酬需通过统计信息采集体系获取（见表7—9）。

表7—9　　　　　　　　薪酬指标信息采集

一级指标	二级指标	三级指标	采集的主要数据
薪酬指标	承诺薪酬水平（线上、线下）	承诺薪酬平均水平	报告期内招聘单位招聘职业的平均承诺薪酬
		职业承诺薪酬水平	报告期内招聘单位招聘重点职业的承诺薪酬
	承诺与期望薪酬差异（线上、线下）	承诺与期望薪酬平均水平差异	报告期内招聘单位招聘职业的平均承诺薪酬、求职者平均期望薪酬
		职业承诺与期望薪酬水平差异	报告期内招聘单位招聘重点职业的承诺薪酬、特色求职者期望薪酬

7. 流动信息采集

参照流动指标体系的框架设计，求职者的流动速度和流动方向需通过统计信息采集体系获取（见表7—10）。

表7—10　　　　　　　　流动指标信息采集

一级指标	二级指标	三级指标	采集的主要数据
流动指标	流动速度	区域外流入率	报告期内来自区域外的求职者人数
	流动方向	行业变动率	报告期内求职前后发生行业改变的求职者人数
		职业转换率	报告期内求职前后发生职业转换的求职者人数

三　调查信息采集体系设计

1. 供给信心问卷调查

（1）调查对象。供给信心调查的对象为人力资源市场的广大求职者，由于求职者本人对自己的情况非常熟悉，对求职的难易程度最有感知，他们对问题的回答最能反映人力资源市场即期及未来的求职难易程度。

（2）问卷设计。根据供给指标体系设置的要求设计求职者信心调查问卷，如可采用下述调查问题："目前在市场上找工作比上一月度的难易程度""您预计下一月度在市场上找工作的难易程度"等。

（3）抽样方法。采取分层随机抽样的方法进行求职者样本的选取及样本数量的分配。在保证样本总量和调查精度的前提下，在实际操作中一般选取线下样本占调查总体的10%左右，每月抽取1周进行调查，在调查期内从周一到周六每天都进行调查，可根据每天入场人员的数量抽取一定的调查样本量。由于有效答卷回收比例在90%左右，适当要多发放一些问卷。针对线上调查部分，采取自愿的形式进行调查，尽量保证线上样本占调查总体的3%左右。

（4）调查方式。对求职者的问卷调查，分为线下调查和线上调查两个部分。线下调查就是对进入人力资源市场的求职者发放纸质问卷，由被调查者现场填写，工作人员现场收回，再由工作人员统一输入系统中。线上调查就是采用网络调查的方式，对线上求职者进行问卷调查，在他们登录网站求职时自愿填写问卷，填写完问卷之后，他们的个人基本信息就自动转入调查问卷系统中。

2. 需求信心问卷调查

（1）调查对象。需求信心调查的对象为招聘企业人力资源部门招聘主管、人事经理或企业主管人事的副总经理、总经理（以下统称人力资源主管）。选择企业人力资源主管而不是企业负责人或人力资源部职员进行调查，其原因在于人力资源主管了解企业当前的人力资源状况，并直接参与人力资源雇佣决策或审核，同时他们的视野也较宽，有机会了解到企业的整体经营状况和发展战略，这就保证了调查者的填答是在综合了影响招聘行为的所有企业内外因素的基础上进行的。同时，被调查对象为企业人力资源主管，即使雇佣决策职责是分散化的，却仍能保证其对企业人力资源需求的短期趋势有较为准确的判断。

（2）问卷设计。根据需求指标体系设置的要求设计用人单位信心调查问卷，如可采用下述调查问题："目前贵单位在市场上招聘员工的难易程度""目前市场上的人力资源供给能否满足贵单位的需要""您预计下一月度在市场上招聘员工的难易程度"等。

（3）抽样方法。企业调查以本地招聘企业名录为抽样框，依据企业规模和行业进行分层，并考虑到当地企业的特点，选取不同发展阶段、不同行业、不同性质、不同国别的企业，保证样本对总体的代表性。在保证样本总量和调查精度的前提下,在实际操作中一般选取企业样本占调查总体的 10% 左右,每期进行一定比例的样本轮换。

(4) 调查方式。对于需求信心调查,需要预先将调查问卷以电子档的形式发给被选中调查单位的每一位被调查者,由他们填好后,再以电子档形式汇总到系统中。

3. 劳动关系抽样调查

(1) 调查对象。劳动关系抽样调查的对象为被抽样企业人力资源部门主管、人事经理或企业主管人事的副总经理、总经理。

(2) 调查表设计。根据劳动关系指标体系设置的要求设计用人单位抽样调查表,包含监察案发量、仲裁案发量、信访案发量、安全事故发生量、群体性事件发生量等。

(3) 抽样方法。企业调查以本地招聘企业名录为抽样框,依据企业规模和行业进行分层,并考虑到当地企业的特点,选取不同发展阶段、不同行业、不同性质、不同国别的企业,保证样本对总体的代表性。在保证样本总量和调查精度的前提下,在实际操作中一般选取企业样本占调查总体的 10% 左右,每期进行一定比例的样本轮换。

(4) 调查方式。对于劳动关系调查,需要预先将调查表以电子档的形式发给被选中调查单位的每一位被调查者,由他们填好后,再以电子档形式汇总到系统中。

4. 调查问卷设计样例

样例 1:

求职者情况调查问卷

(_____年_____月)

第一部分:基本信息

1. 您的性别:
   (1) 男　　　　　　　　　(2) 女
2. 您的年龄:_____周岁
3. 您的民族:
   (1) 汉族　　　　　　　　(2) 壮族
   (3) 满族　　　　　　　　(4) 回族

(5) 其他（请写明）_____

4. 您的政治面貌：

(1) 中共党员　　　　　(2) 民主党派

(3) 群众

5. 您目前户籍所在地：

(1) ***市

(2) 省内其他地区（请写明）_____

(3) 省外地区（请写明）_____

6. 您的最后学历/学位：

(1) 高中/中专及以下　　(2) 大专/高职

(3) 本科　　　　　　　(4) 硕士

(5) 博士

7. 您所学的专业（请填入具体代码，代码表参见附录）：_____

8. 您擅长的外语种类：

(1) 英语　　　　　　　(2) 日语

(3) 俄语　　　　　　　(4) 法语

(5) 德语

(6) 其他外语种类（请写明）_____

(7) 无

9. 您目前具有的专业技术职称：

(1) 暂无　　　　　　　(2) 中级

(3) 副高　　　　　　　(4) 正高

(5) 不详

10. 您获得的国家职业资格等级：

(1) 暂无　　　　　　　(2) 初级工

(3) 中级工　　　　　　(4) 高级工

(5) 技师　　　　　　　(6) 高级技师

11. 您的工作经验：

(1) 无　　　　　　　　(2) 1—2 年

(3) 3—5 年　　　　　　(4) 5 年及以上

12. 您目前的工作状态：

（1）主动离职　　　　　　（2）下岗失业

（3）在职　　　　　　　　（4）应届生

（5）其他（请写明）_____

第二部分：求职意向

13. 您求职前的最后一份工作情况汇总：（请填入具体代码，代码表参见附录）

序号	所在行业	所在企业类型	所在企业规模	从事职业	薪酬水平
1					

注：1）如果您求职前没有工作经历，请在上述空格中填入"0"；

　　2）如果您求职前所在单位是政府机关或事业单位，请在"所在企业类型"和"所在企业规模"一栏中相应的空格处填入"G"；

　　3）在"薪酬水平（月税前工资）"一栏，请填写（1），……，（4）。其中，（1）2000元以下；（2）2001—3000元；（3）3001—5000元；（4）5001元及以上。

14. 您的求职意向汇总：（请填入具体代码，代码表参见附录）

序号	行业期望	企业类型期望	企业规模期望	职业期望	薪酬期望
1					
2					
3					

注：您倾向从事的行业或职业，以及希望的企业性质或规模，最多填3个，并请按照意向重要程度从高到低依次填入序号1—3所在的行内。"薪酬期望"一栏的填写同上述"薪酬水平"。

第三部分：求职信心

15. 您认为目前在市场上找工作比上一月度的难易程度：

（1）非常容易　　　　　　（2）比较容易

（3）一般　　　　　　　　（4）比较困难

（5）非常困难

16. 您预计下一月度在市场上找工作的难易程度：

（1）非常容易　　　　　　　（2）比较容易

（3）一般　　　　　　　　　（4）比较困难

（5）非常困难

问卷结束，谢谢您的参与！

附录：

1. 专业名称及代码（如果网上填写或基于电子终端采集可分得更细一些）

序号	专业代码	专业名称
1	01	计算机科学与技术
2	02	电子科学与技术
3	03	测绘科学与技术
4	04	航空宇航科学与技术
5	05	核科学与技术
6	06	仪器科学与技术
7	07	数学
8	08	物理学
9	09	化学
10	10	环境科学
11	11	力学
12	12	生物学
13	13	生物化学与分子生物学
14	14	建筑学
15	15	地质学
16	16	地理学
17	17	天文学
18	18	大气科学
19	19	地球物理学
20	20	海洋科学
21	21	工商管理

续表

序号	专业代码	专业名称
22	22	公共管理
23	23	管理学
24	24	经济学
25	25	教育学
26	26	法学
27	27	艺术学
28	28	科学技术史
29	29	中国语言文学
30	30	外语类
31	31	政治学
32	32	历史学
33	33	新闻传播学
34	34	心理学
35	35	社会学
36	36	哲学
37	37	民族学
38	38	体育学
39	39	情报与档案管理
40	40	信息与通信工程
41	41	电气工程
42	42	生物医学工程
43	43	土木工程
44	44	交通运输工程
45	45	机械工程
46	46	材料科学与工程
47	47	化学工程与技术
48	48	动力工程及工程热物理
49	49	水利工程
50	50	林业工程
51	51	农业工程
52	52	矿业工程

续表

序号	专业代码	专业名称
53	53	地质工程
54	54	纺织科学与工程
55	55	食品轻工技术与工程
56	56	控制科学与工程
57	57	船舶与海洋工程
58	58	基础医学
59	59	临床医学
60	60	口腔医学
61	61	中医学
62	62	公共卫生与预防医学
63	63	药学
64	64	药理学
65	65	林学
66	66	园艺学
67	67	畜牧学
68	68	农学
69	69	水产
70	70	军事学
71	71	公安学
72	72	设计学
73	99	其他专业

2. 行业名称及代码

序号	行业类型
1	工业
2	建筑业
3	批发和零售业
4	交通运输、仓储和邮政业
5	住宿和餐饮业
6	信息传输、软件和信息技术服务业

续表

序号	行业类型
7	金融业
8	房地产业
9	租赁和商务服务业
10	科学研究和技术服务业
11	水利、环境和公共设施管理业
12	居民服务、修理和其他服务业
13	教育
14	卫生和社会工作
15	文化、体育和娱乐业
16	公共管理、社会保障和社会组织

3. 企业所有制类型及代码

序号	所有制类型
1	内资企业
2	国有企业
3	集体企业
4	股份合作企业
5	联营企业
6	有限责任公司
7	股份有限公司
8	私营企业
9	其他内资企业
10	港、澳、台商投资企业
11	外商投资企业

4. 企业规模及代码

序号	企业类型代码	企业类型
1	01	100 人以下
2	02	100—499 人

续表

序号	企业类型代码	企业类型
3	03	500—999 人
4	04	1000—1999 人
5	05	2000—4999 人
6	06	5000 人以上

样例 2：

企业招聘情况调查问卷

（_____年_____月）

第一部分：基本信息

请填入具体代码，代码表参见附录。

1. 贵单位所属的行业：_____

2. 贵单位的企业性质：_____

3. 贵单位的企业规模：_____

第二部分：招聘意向

4. 贵单位招聘意向情况汇总：（根据招聘职位数量要求，可加行）

序号	职业（职位）代码	招聘人数	学历要求	专业要求	职称要求	职业资格要求	户籍要求	年龄要求	外语要求	工作经验要求	工作状态要求	承诺薪酬
1												
2												
3												
4												
5												
6												
7												

续表

序号	职业（职位）代码	招聘人数	学历要求	专业要求	职称要求	职业资格要求	户籍要求	年龄要求	外语要求	工作经验要求	工作状态要求	承诺薪酬
8												
9												

注：1) 在"职业（职位）代码"一栏，请参照附录中职业代码表填写；

  2) 在"学历要求"一栏，请填写（1），……，（6）。其中，（1）高中/中专及以下，（2）大专/高职，（3）本科，（4）硕士，（5）博士，（6）无要求；

  3) 在"专业要求"一栏，请参照附录中专业代码表填写；

  4) 在"职称要求"一栏，请填写（1），……，（4）。其中，（1）无要求，（2）中级，（3）副高，（4）正高；

  5) 在"职业资格等级要求"一栏，请填写（1），……，（6）。其中，（1）无要求，（2）初级工，（3）中级工，（4）高级工，（5）技师，（6）高级技师；

  6) 在"户籍地要求"一栏，请填写（1），……，（4）。其中，（1）无要求，（2）市，（3）广东省内其他地区，（4）广东省外地区；

  7) 在"年龄要求"一栏，请填写（1），……，（7）。其中，（1）无要求，（2）20岁以下，（3）21—25岁，（4）26—30岁，（5）31—35岁，（6）36—40岁，（7）41岁以上；

  8) 在"外语要求"一栏，请填写（1），……，（7）。其中，（1）无要求，（2）英语，（3）日语，（4）法语，（5）德语，（6）俄语，（7）其他；

  9) 在"工作经验要求"一栏，请填写（1），……，（4）。其中，（1）无要求，（2）1—2年，（3）3—5年，（4）5年及以上；

  10) 在"工作状态要求"一栏，请填写（1），……，（6）。其中，（1）无要求，（2）主动离职，（3）在职，（4）应届生，（5）下岗失业，（6）其他；

  11) 在"承诺薪酬"一栏，请填写（1），……，（4）。其中，（1）2000元以下，（2）2001—3000元，（3）3001—5000元，（4）5001元及以上。

第三部分：招聘信心

5. 您认为目前贵单位在市场上招聘员工比上一月度的难易程度：

（1）非常容易　　　　　　　　（2）比较容易

（3）一般　　　　　　　　　　（4）比较困难

（5）非常困难

6. 您认为目前市场上的人力资源供给能否满足贵单位的需要：

（1）完全满足　　　　　　　　（2）基本满足

（3）一般　　　　　　　　　　（4）基本不满足

（5）完全不满足

7. 您预计下一月度在市场上招聘员工的难易程度：

（1）非常容易　　　　　　　　（2）比较容易

（3）一般　　　　　　　　　　（4）比较困难

（5）非常困难

问卷结束，谢谢您的参与！

附录：同样例1。

第八章

人力资源市场指数分析体系设计

本章在阐述人力资源市场指数体系基本功能和结构、编制原理和方法以及有效性检验等问题的基础上,提出人力资源市场指数体系的基本框架,主要包括人力资源市场供给指数、需求指数、匹配指数、薪酬指数、流动指数和劳动关系指数等,从而形成较为完整的人力资源市场指数的编制方案。

第一节 人力资源市场指数构建的实践经验

从目前国内外人力资源市场指数构建的实践效果看,"政府部门+学术研究机构+人力资源服务机构"模式是目前指数编制和发布的主要形式(见表8—1)。同时,美国劳工部雇佣指数、美国ADP雇佣指数、采购经理人指数(PMI)和翰威特福利指数等都可以为本研究提供很好的借鉴。

一 美国劳工部雇佣指数

美国劳工部雇佣指数作为官方数据,提供非农就业状况数据,反映美国非农业人口的就业状况。其调查对象包括私营和公有部门,每月第一个星期五公布一次,能反映出制造行业和服务行业的发展及其增长,数字减少便代表企业降低生产,经济步入萧条。当社会经济发展较快时,消费自然随之而增加,消费性以及服务性行业的职位也就增多。

第八章 人力资源市场指数分析体系设计 / 145

表8—1 部分有代表性的人力资源市场指数概况

序号	指数名称	提供机构 名称	提供机构 分工	数据来源	采集周期	指数构成	分析项目
1	新华仕邦人力资源指数	新华社经济参考报社	指数编制	主要来源于仕邦的派遣用工人员数据库，部分数据来源于研究院组织的直接调查	月度	劳动报酬总指数、用工聘用量总指数、区域人力资源指数、行业人力资源指数等	劳动者薪酬水平和用工聘用量变化情况，以及指数与GDP、第三产业增加值以及CPI等因素的相关性分析
		广州仕邦人力资源公司	数据采集				
2	万宝盛华的雇佣信心指数	万宝盛华		万宝盛华雇佣前景调查（世界上最具公信力的调查之一。）	季度	下一季度雇主在增加还是减少员工方面的意向	总体雇佣信心以及行业间比较、区域城市间比较、企业规模间比较
3	中国就业市场景气指数	智联招聘	数据采集	来源于智联招聘（zhaopin.com）全站数据	季度	计算公式为：CIER指数＝市场招聘需求人数／市场求职申请人数	就业市场的整体趋势，不同行业、城市职位供需指标动态变化
		中国人民大学中国就业研究所	指数编制				
4	瀚纳仕全球技能指数	瀚纳仕	数据调查	对31个国家的全球劳动力市场进行调查	年度	共7个指标，其中教育灵活度、劳动力市场参与度以及劳动力市场灵活度这3个指标反映了人才供给的情况，1个指标反映人才的匹配度，另外3个是工资压力指标，分别反映总体工资压力、高技能行业的工资压力以及高技能职位的工资压力	评估熟练劳动力市场效率及市场提供技能型人才的能力。分数高于5.0表示存在技能短缺；接近0表示可能存在少量技能短缺，而接近10分则表示雇主很难找到具有合适技能的人才

资料来源：根据相关资料整理。

二 美国 ADP 雇佣指数

美国 ADP 雇佣指数作为非官方数据，提供非农就业状况数据，反映美国非农业人口的就业状况。该指数由 ADP 赞助，Macroeconomic Advisers 公司负责制定和维护。其调查对象包括 50 万家匿名美国私营企业，每月第一个星期四公布一次，是对美国非农就业人口的提前预测，对黄金白银、外汇等影响巨大。

三 采购经理人指数（PMI）

PMI 是一个综合指数，作为经济发展的先行指标，基于此对经济做出预测。该指数由 5 个扩散指数加权而成，即产品订货（简称订单）、生产量（简称生产）、生产经营人员（简称雇员）、供应商配送时间（简称配送）、主要原材料库存（简称存货）。该指数是由国家统计局和中国物流与采购联合会共同合作编制完成的。按双方协商的合作分工，国家统计局企业调查总队负责数据的调查采集和加工处理；中国物流与采购联合会和中国物流信息中心负责数据分析、商务报告的撰写以及对社会发布。其调查对象为国企和私营企业。

四 翰威特福利指数

翰威特福利指数能够将某公司的福利计划与一个最具可比性的基准公司组（通常 15 到 20 家）进行福利的相对价值比较与排名，确知福利计划的市场竞争性究竟如何。翰威特咨询公司的福利指数是全球公认的量化评估福利的有效工具，在过去 20 多年，全球许多知名的行业领先公司都已采用这一工具。该福利指数是一种定量、客观的评估方法，企业可在补充养老、补充住房、储蓄计划、团体保险、医疗保健、带薪假期等主要福利领域进行比较。

第二节 人力资源市场指数分析体系设计

一 基本含义

1. 指数的含义

指数（index），是用以测定一群变量在时间或空间上综合变动达到的相对数。指数最早起源于物价指数，1650 年，英国人沃汉（Rice Voughan）首创物价指数概念，用来度量物价的上升或下降的变化状况。统计界认为，指数的概念有广义和狭义两种理解。广义的指数，泛指所有研究社会经济现象数量变动的相对数，是用来表明现象在不同时间、不同空间、不同总体等相对变动情况的统计指标。例如，动态相对数、比较相对数、计划完成程度相对数。狭义指数仅指反映不能直接相加的复杂社会经济现象在数量上综合变动情况的相对数，又称总指数。例如，零售物价指数、消费价格指数、股价指数。这里的复杂总体是指总体单位和标志值不能直接相加的总体。经济分析中的大部分用狭义指数的概念，旨在研究复杂总体综合变动情况。

指数是一种古老而传统的经济分析方法。指数理论经过 300 多年的发展，已经形成 5 种主要方法流派，它们分别是指数的固定篮子方法、指数的检验方法（公理化方法）、指数的随机方法、指数的经济方法和 Divisia 方法。

2. 指数的种类

（1）按研究对象的范围分：个体指数和总指数。个体指数是研究社会经济现象某一方面变动的统计指数，如销售量指数、价格指数；总指数是研究复杂总体综合变动的统计指数，如商品销售额指数等。

（2）按研究对象的数量特征分：数量指标指数和质量指标指数。数量指标指数是研究社会经济现象总规模和数量变动的指数，如商品销售量指数；质量指标指数是研究社会经济现象总体内涵变动的指数，如产品成本指数。

（3）按计算方法分：综合指数、平均数指数和平均指标指数。综合指数是用综合方法对两个总量指标直接对比形成的指数；平均数指数是用加权平均方法编制的指数；平均指标指数是两个平均指标直接对比后形成的指数。

3. 人力资源市场指数的含义

人力资源市场指数（Human resources market index），是通过信息采集体系将人力资源市场中人力资源供求、匹配、薪酬、流动、劳动关系等状况通过独特的计算方法，将数据以指数形式呈现，反映人力资源市场历史变化趋势，对未来人力资源市场发展趋势进行监督和测量。

本书所述的人力资源市场指数，就是在借鉴其他指数编制方法的基础上，研究能够反映人力资源市场变动状况的相对数或数据序列，其中包含人力资源市场供给指数、需求指数、匹配指数、薪酬指数、流动指数和劳动关系指数 6 类分指数（见图 8—1）。

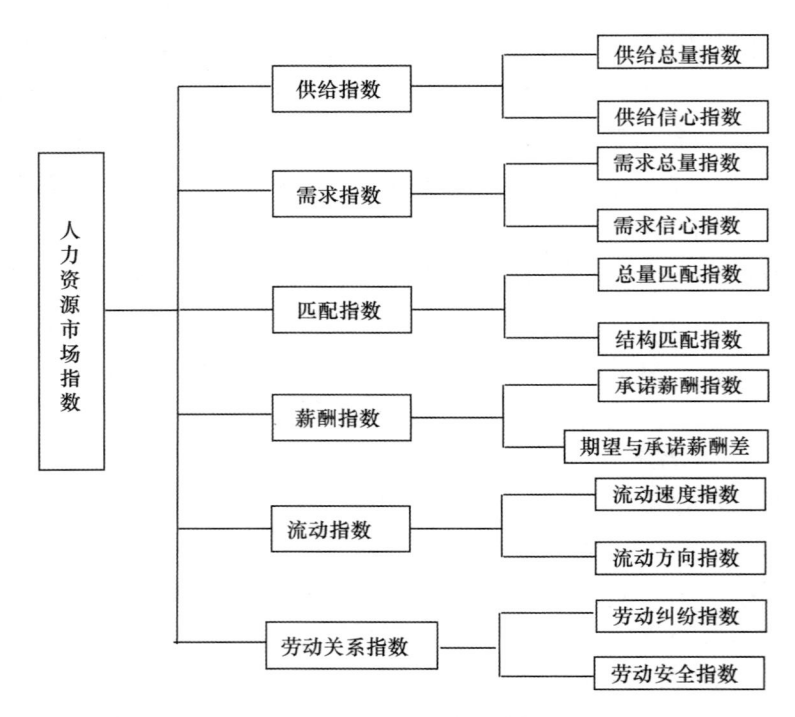

```
人力资源市场指数
├── 供给指数
│   ├── 供给总量指数
│   └── 供给信心指数
├── 需求指数
│   ├── 需求总量指数
│   └── 需求信心指数
├── 匹配指数
│   ├── 总量匹配指数
│   └── 结构匹配指数
├── 薪酬指数
│   ├── 承诺薪酬指数
│   └── 期望与承诺薪酬差
├── 流动指数
│   ├── 流动速度指数
│   └── 流动方向指数
└── 劳动关系指数
    ├── 劳动纠纷指数
    └── 劳动安全指数
```

图 8—1　人力资源市场指数体系层次模型示意图

二　主要作用

人力资源市场指数分析体系作为一个观察、分析和监测市场的重要手段，就是试图将人力资源市场的大数据通过系统整合、深度开发与科学利用，转化为有效信息，使其成为人力资源市场的风向标，从而为政府、企业和求职者进行相关决策提供科学、客观、专业的信息和依据，提高宏观形势分析的准确度。

1. 宏观决策

人力资源市场指数将为各级政府部门制定宏观就业政策提供科学依

据。一是准确反映人力资源市场周期变化情况，即人力资源市场运行是处于波动的上升阶段还是下降阶段，波动的幅度如何；二是正确评价当前人力资源市场运行状态，恰当地反映人力资源市场中行业或职业等的冷热程度；三是描述人力资源市场运行轨迹，预测人力资源市场发展趋势，在重大经济形势变化或发生转折时，能够及时发出预警信号，提醒决策者制定合适的政策，防止发生人力资源市场的巨大波动；四是反映人力资源市场的政策效果，判断人力资源市场政策运用是否得当，是否起到了促进人力资源市场平稳健康发展的效果。

2. 信息引导

人力资源市场指数将为人力资源市场供需双方、各级人力资源服务机构和培训机构提供引导服务。一是对主要行业招聘职业状况以及不同求职群体的求职状况进行分析和预测，为人力资源市场供需双方提供信息支持。二是适应供需双方的需求特点与变化，基于人力资源市场指数有效提供多元化、精细化的公共服务产品和市场化服务产品，不断开发设计更便捷、更人性化、更个性化的信息服务平台，借助网络、移动通信、电视、报纸等多种渠道定期发布人力资源市场监测信息。

三 基本功能

人力资源市场指数分析体系建成后，将具备检索功能、统计功能、咨询功能和监测功能。

1. 检索功能

人力资源市场指数分析体系是属于人力资源市场信息系统的一部分，其最基本的功能是检索功能。指数体系及配套软件具有双向检索功能，可满足不同使用者的检索需要。一方面，求职者可以根据自己的需要检索相关职业、行业、不同规模企业、不同性质企业的人力资源需求的情况，通过长期趋势和短期变化了解市场需求状况，并据此选择求职方向；另一方面，用人单位也可以从中看出市场对各种职业的人力资源需求，各学历结构、年龄结构、工作经历、来源地的人力资源供给情况变化，同时也可以看到本行业对某种职业需求的竞争状况，从而制定相应的政策与措施，及早做好人才规划与招聘计划等。

2. 统计功能

人力资源市场指数分析体系能根据各地人力资源市场的实际供求与管理需要，完善数据库的登记、数据的存储与处理，从数据库中自动生成各类指数与统计曲线。这一统计功能可以挖掘原始数据隐含的重要信息与规律，多角度、多层次立体地测量和评价本地区人力资源市场需求，包括不同行业、不同职业等一系列的维度，同时支持比较分析和交叉分析，如不同行业间的人力资源市场需求，行业与职业的交叉等。软件支持生成指数曲线的同时，附带生成基于指数的人力资源市场需求绝对数。

3. 咨询功能

通过人力资源市场指数分析体系，可以随时查询某一类职业、行业的需求信息，还可以查询这一职业、行业在一定时期内的需求变化情况，比如和上一个月、上一个季度以及上一年同期相比的供需变化情况等，对人力资源市场的需求进行预测，并通过短期变动实时指数的曲线图和K线图，了解人力资源市场的走势。人力资源市场指数体系的设计充分考虑到政府、企业、个人三方对人力资源市场指数的不同需要，将全面、多角度并突出重点地反映人力资源市场状况，增强其统计分析功能。

4. 监测功能

随着人力资源市场指数分析体系的建成和逐步规范，运行一段时间后可总结人力资源市场供给、需求、匹配、薪酬、流动等的变动规律，并据此开展人力资源市场运行状况的监测工作。

四　编制方法

1. 编制原则

（1）同度量原则。编制综合指数时，作为同度量因素指标应该固定在一个特定时期，并根据编制指数的具体任务以及指数的内容来决定。在编制综合指数时，确定同度量因素的一般规则：编制数量指标综合指数要用基期的质量指标作同度量因素[①]；编制质量综合指标指数要用报告期的

---

① 鼎权：《统计学原理》，中国统计出版社1995年版，第250页。

数量指标作为同度量因素。在计算某一种综合指数时，分子与分母同度量因素的数值必须是同一时期。选择不同时期数值作为同度量因素，结果是不同的，经济意义也不同。

(2) 指标绝对值与指数相对值相结合原则。为了能更清晰、更直观地观测某一时点人力资源市场的实际运行情况，人力资源市场监测体系的二三级指标无须进行指数化处理，直接用这两级指标的具体数值（绝对值）表示。而在各分指数乃至综合指数的运算过程中，采用指数相对值的处理方式，以更好地表征人力资源市场供给、需求、匹配、薪酬、流动及总体的运行趋势和变动规律。

2. 编制原理

人力资源市场指数属于数量指标综合指数，在编制过程中既可采用拉氏数量指数方法来编制定基指数，也可采用帕氏数量指数方法来编制同比和环比指数。通过归纳已有相关研究文献，人力资源市场指数编制原理可总结为两点：一是长期趋势预测未来变化；二是微观基础上的宏观模型。

3. 计算方法

参照商品零售价格指数和居民消费价格指数计算方法，根据对比基期的不同，人力资源市场指数又可分为定基指数、环比指数、同比指数等。本研究所述的人力资源市场指数主要采取定基指数。定基指数是指在一定时期内对比基期固定不变的指数，目前正在执行的价格指数就是采用这种编制方法。比如，2011年6月的人力资源市场供给或需求定基指数，可以2006年1月为基期（100）进行计算，即以2011年6月的人力资源市场供给或需求水平与2006年1月的相应指标相比得出的数值。定基指数的计算如公式（8—1）所示。

$$I_n = \frac{Y_n}{Y_0} \qquad (8—1)$$

其中，I_n为某指标的定基指数，Y_n为报告期该指标的具体数值，Y_0为基期该指标的具体数值。

4. 加权计算

在编制人力资源市场指数时，需要考虑各分指数对总指数影响的权重，计算分指数时也要考虑分指数下各指标对分指数影响的权重。指数的加权计算是首先进行分层加权。比如，在人力资源市场供给总量指数的计算中，线下的供给情况比线上的供给情况应该更真实，对线下供给总量指数和线上供给总量指数赋予不同权重进行计算，得出人力资源市场供给总量指数。同样，在人力资源市场需求总量指数的计算中，线下需求总量指数应比线上需求总量赋予更大的权重。

五 编制步骤

1. 确定各指标的权重

指标权重是指某事物所含各个指标在整个事物中价值的高低和相对重要程度以及所占比例的大小。为了对多指标体系进行科学评价，通常需要对不同指标赋予不同的权重。在权重的确定上，选取专家评分法确定最终权重。

专家评分法是指通过匿名的方式征询有关专家对指标权重的意见，然后对专家意见进行统计、处理、分析和归纳，客观地综合多数专家经验与主观判断，对指标权重做出合理估算，经过多轮意见征询、反馈和调整后，对指标权重进行分析判断的方法。比如，9分制专家打分法采取以下步骤。

（1）将每级指标按对人力资源市场运行的影响重要程度划分为最重要至最不重要9个层次（-4分—4分）。

（2）设计专家打分表。专家打分表可采用固定的格式（见表8—2）。

（3）汇总计算权重。收集所有专家打分表，并按分值相乘加总计算权重。

表8—2　　　　　　　9分制专家打分表（专家评分法）

一级指标	分值	二级指标	分值	三级指标	分值
供给指标		供给总量		线下求职人数	
				线上求职人数	
		供给信心		求职即期信心	
				求职预期信心	

续表

一级指标	分值	二级指标	分值	三级指标	分值
需求指标		需求总量		线下招聘人数	
				线上招聘人数	
		需求信心		招聘即期信心	
				招聘预期信心	
匹配指标		总量匹配		线下求人倍率	
				线上求人倍率	
		结构匹配		行业求人倍率	
				企业类型求人倍率	
				企业规模求人倍率	
				职业求人倍率	
				年龄求人倍率	
				学历求人倍率	
				专业求人倍率	
				工作状态求人倍率	
				工作经验求人倍率	
薪酬指标		承诺薪酬水平		承诺薪酬平均水平	
				职业承诺薪酬水平	
		承诺与期望薪酬差异		承诺与期望薪酬平均水平差异	
				职业承诺与期望薪酬水平差异	
流动指标		流动速度		区域外流入率	
		流动方向		行业变动率	
				职业转换率	
劳动关系指标		劳动纠纷		监察案发率	
				仲裁案发率	
				信访案发率	
		劳动安全		安全事故发生率	
				群体性事件发生率	

2. 计算三级指标的绝对数值

以承诺薪酬平均水平指标计算为例,具体测算过程如下。

(1) 在现有数据采集体系设计中,薪酬是以区间的形式出现的(例如,每月 2000 元以下、2001—3000 元、3001—5000 元、5001 元及以上),因此,在进行具体指标的运算时无法采用计算公式,必须首先对区间值进行转化,可根据当地人力资源市场具体薪酬水平,将上述薪酬区间简化为具体薪酬值(例如,每月 2000 元、2500 元、4000 元、5000 元)。

(2) 选取每个月度代表招聘人数 80% 的职业承诺薪酬数据,将单位职业承诺薪酬数据按照从大到小的顺序排序,并剔除排名前后各 5% 的最高和最低职业薪酬,计算承诺薪酬的算术平均值。

(3) 将上述步骤得出的承诺薪酬的算术平均值除以某地上一年度社会平均工资,即得出报告期承诺薪酬平均水平。

3. 计算二级指标的绝对数值

本书中各二级指标对应的三级指标皆为同趋势指标,且具有相同的量纲,因此无须进行相对化处理。对于各二级指标 $Y_{ij}^{(n)}$ 的计算,可采用公式(8—2)。

$$Y_{ij}^{(n)} = \sum_{1}^{k} W_{ijk} \times Y_{ijk}^{(n)} \tag{8—2}$$

其中,$Y_{ijk}^{(n)}$ 代表报告期某二级指标对应的三级指标具体数值,W_{ijk} 代表各二级指标下三级指标的权重,i 代表各一级指标的顺序号,j 代表各一级指标下二级指标的顺序号,k 代表各二级指标下三级指标的顺序号。

4. 计算分指数

虽然本书中各一级指标对应的二级指标皆为同趋势指标,但供给指标对应的供给总量和供给信心两个二级指标、需求指标对应的需求总量和需求信心两个二级指标具有不同的量纲,因此必须进行无量纲处理(即相对化处理),本项目采用指数计算方法。对于各一级指标对应的分指数 $I_i^{(n)}$ 的计算,可采用公式(8—3)。

$$I_i^{(n)} = \sum_{1}^{j} \left(W_{ij} \times \frac{Y_{ij}^{(n)}}{Y_{ij}^{(0)}} \right) \times 100 \tag{8—3}$$

其中,W_{ij} 代表各一级指标下二级指标的权重。$I_1^{(n)}$,$\cdots I_5^{(n)}$ 分别为供给指数、需求指数、匹配指数、薪酬指数、流动指数。$Y_{ij}^{(0)}$ 为各二级指标基期的具体数值。

5. 计算综合指数

（1）分指数的同趋势化处理。经分析，本书中构成人力资源市场指数的5个分指数的变化趋势不同，供给指数、需求指数和流动指数是越大越好，匹配指数和薪酬指数是趋于某一固定值为好，因此，在合成人力资源市场指数之前，需要对5个分指数进行同趋势化处理，形成同趋势指数。

由于供给指数、需求指数和流动指数的趋势均为越大越好，因此不需要进行同趋势化处理，而匹配指数和薪酬指数是趋于某一固定值为好，因此需要对这两个指数进行同趋势化处理。具体的处理办法，即可采用公式（8—4），对公式（8—3）中的$Y_{ij}^{(n)}$和$Y_{ij}^{(0)}$进行简化处理。

$$\overline{Y}_{ij}^{(n)} = \begin{cases} 1 & 0.8 \leqslant Y_{ij}^{(n)} \leqslant 1.2 \\ 0.8 & 0.6 \leqslant Y_{ij}^{(n)} < 0.8 \text{ 或 } 1.2 < Y_{ij}^{(n)} \leqslant 1.4 \\ 0.6 & 0.4 \leqslant Y_{ij}^{(n)} < 0.6 \text{ 或 } 1.4 < Y_{ij}^{(n)} \leqslant 1.6 \\ 0.4 & 0.2 \leqslant Y_{ij}^{(n)} < 0.4 \text{ 或 } 1.6 < Y_{ij}^{(n)} \leqslant 1.8 \\ 0.2 & Y_{ij}^{(n)} < 0.2 \text{ 或 } Y_{ij}^{(n)} > 1.8 \end{cases} \quad (8—4)$$

其中，$\overline{Y}_{ij}^{(n)}$代表匹配指数和薪酬指数对应的各三级指标的同趋势化处理结果。对$Y_{ij}^{(0)}$的同趋势化处理方式同公式（8—4）。

基于公式（8—4），可以对匹配指数和薪酬指数进行同趋势化处理，$\overline{I}_{3,4}^{(n)}$［代表$\overline{I}_3^{(n)}$和$\overline{I}_4^{(n)}$，即匹配指数和薪酬指数的同趋势指数］可采用公式（8—5）。

$$\overline{I}_{3,4}^{(n)} = \sum_1^j \left(W_{ij} \times \frac{\overline{Y}_{ij}^{(n)}}{\overline{Y}_{ij}^{(0)}} \right) \times 100 \quad (8—5)$$

（2）综合指数的合成。对于同趋势化后的5个分指数，分别赋权后得到人力资源市场综合指数$I^{(n)}$，具体的运算可采用公式（8—6）。

$$I^{(n)} = W_1 \times I_1^{(n)} + W_2 \times I_2^{(n)} + W_3 \times \overline{I}_3^{(n)} + W_4 \times \overline{I}_4^{(n)} + W_5 \times I_5^{(n)}$$
$$(8—6)$$

其中，W_1，…，W_5分别代表供给、需求、匹配、薪酬、流动等分指数的权重。

六　有效性检验

一般而言，有效性检验是在时间序列数据建立了理论模型之后，根据理论模型中变量的含义、口径搜集并整理样本数据，通过四级检验：经济意义检验、统计学检验、计量经济学检验和模型的预测检验。经济意义检验主要是看参数估计值的符号和大小是否与根据人们的经验和经济理论所拟合的期望值相符合；统计学检验的目的在于检验模型参数估计的可靠性，比如拟合优度检验、变量和方程的显著性检验、估计值标准差检验等；计量经济学检验包括随机扰动项的序列相关检验、异方差检验、解释变量的多重共线性检验等；模型的预测检验主要检验估计量的稳定性以及相对样本容量变化时的灵敏度，确定所建立的模型是否可以用于样本预测值以外的范围。

1. 统计学检验

时间序列数据是一组按时间先后排列的统计数据，经济变量的时间序列数据往往是以价值形态出现的，常常出现样本变化的不一致性，即前一阶段和后一阶段的变化趋势不同，所以需要进行统计学检验。

2. 经济意义检验

由于人力资源市场指数是历史数据的统计结果，并不是要去证明分指数之间的相关性，只是要说明人力资源市场指数能反映客观存在的事实，提供人力资源市场变化的一种语言，信息接受者可基于该项事实做出相应的决策。因此，建议采用经济意义检验，即人力资源市场指数体系是否符合社会经济发展状况。经济意义检验是在进行人力资源市场指数体系应用之前，根据整理过的人力资源市场历史数据，主要选取以事实（重大事件的发生、重要政策的出台、自然灾害的发生等）为依据的有效性检验方法。该指数体系只有有效地解释了过去，才能被社会所接受。如果不能有效地解释区域人力资源市场的过去，就必须对其进行相应调整。

第九章

人力资源市场信息应用体系设计

本章基于上述人力资源市场指数分析体系的设计方案，详细论述人力资源市场指数应用体系的4个重要组成部分，即评价分析体系、预测预警体系、政策建议体系和信息发布体系，从而为人力资源市场运行状况的评价分析和预测预警、公共政策调整和市场信息服务等信息应用体系设计提供基本思路。

第一节 评价分析体系设计

基于人力资源市场指数的人力资源市场评价体系包括人力资源市场总体运行评价、主要矛盾评价、主体信心评价、供求走势与GDP增长趋势吻合度评价等4个部分。

一 市场运行评价

人力资源市场指数对人力资源市场总体状况的评价作用主要表现在对过去及当前人力资源市场运行状态进行评价。评价的方法是绘制指数动态曲线等方法，观察当前比上期、同期是上升还是下降，上升或下降的幅度，上升或下降的时间长度。以基于某区域历史数据形成的人力资源市场供给指数（见图9—1）和需求指数为例（见图9—2）。从图中可清晰看出，2009年9月至2010年2月，该区域人力资源市场的供需缺口较大，招聘单位出现了较为严重的"用工荒"，而这一矛盾在2010年3月以后逐步得到了缓解。

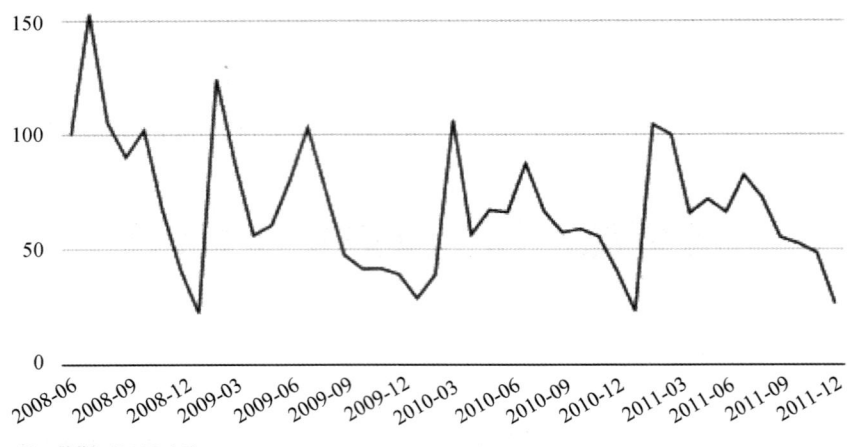

■ 基期（2008-06）

图 9—1　某区域人力资源市场供给指数

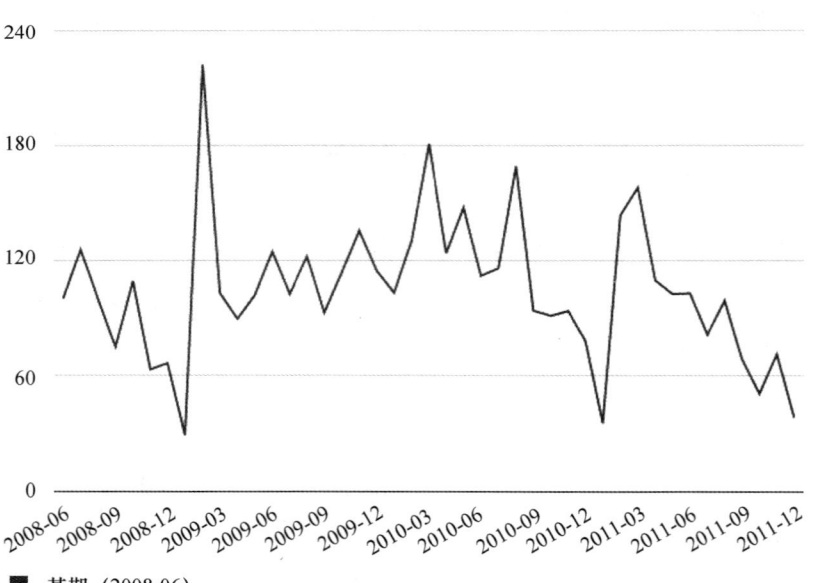

■ 基期（2008-06）

图 9—2　某区域人力资源市场需求指数

二　主要矛盾评价

通过相关指标，对供求总量、供求匹配、薪酬矛盾等人力资源市场主要矛盾的状态进行评价。

1. 供求总量

以某区域人力资源市场供给和需求指数为例（见图9—3）。从图中能清楚地看到，2003年5月的人力资源市场供给和需求均出现急剧的回落，处于一个极不活跃的状态，从中可联想到2003年的非典事件，发现其走势与非典事件的发展完全吻合，从这点也能说明指数对人力资源市场供求状况评价的有效性。2007年下半年，该区域人力资源市场的供需缺口逐步扩大，此时的供求总量矛盾非常突出。

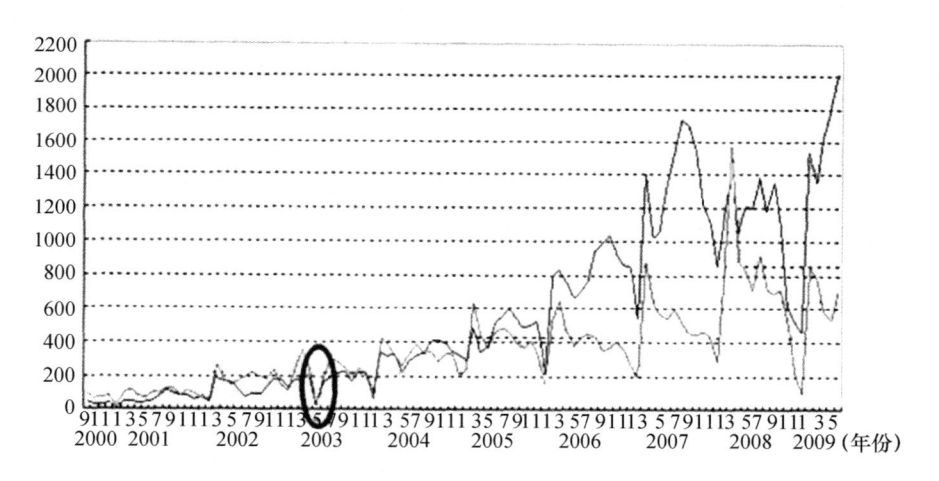

图9—3　某区域人力资源市场供给和需求指数

2. 供求匹配

又以某区域人力资源市场总量匹配指数为例（见图9—4）。从图中不难看出，2006年第三、第四季度人力资源市场的求人倍率均大于1，这说明该区域人力资源总量的供给少于该地提供的招聘职位数，这就提醒当地政府部门和企业如果想要满足当地的人力资源供给，就必须引进人才；对于求职者而言，说明该地的求职机会增加，从总量来说是理想的求职地，可以进入该地人力资源市场。

再以某区域人力资源市场职业匹配指数为例（见图9—5）。从图中不难看出，管理岗位的人力资源匹配比较稳定，人力资源供需关系得当，企业可以找到合适人选。从2008年开始生产工人的求人倍率在各职业中属

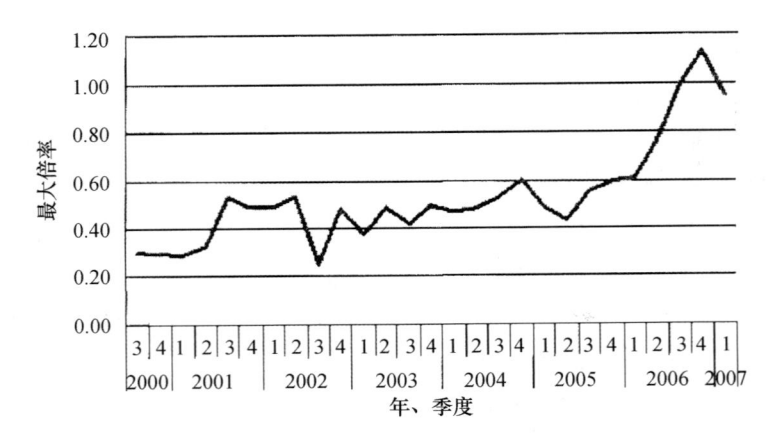

图9—4　某区域人力资源市场总量匹配指数

于比较高的,这也说明该地生产工人供需出现矛盾。该地服务销售人员一直处于非常紧缺状态,到2009年3月甚至1个人面对3.5个岗位需求的现象,可见供求矛盾问题的严重性。

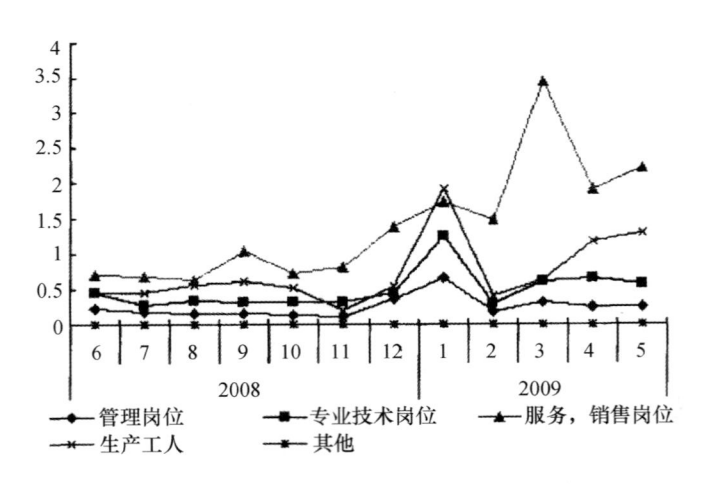

图9—5　某区域人力资源市场职业匹配指数

3. 薪酬矛盾

当报告期人力资源市场承诺薪酬水平 >1 时,可以判定企业的薪酬对求职者具有一定的吸引力;当承诺薪酬水平 <1 时,可以判定企业的薪酬对求职者的吸引力降低。通过本期承诺薪酬指数的变动方向和变动程度分

析来引导人力资源的流向，来评价市场承诺薪酬指数对人力资源市场运行的影响。通过本期承诺薪酬指数与历史薪酬指数序列的变动方向和变动程度的分析，可以观察承诺薪酬指数变动趋势。

当人力资源市场承诺与期望薪酬差异水平 >1 时，可以判定企业的薪酬对求职者具有一定的吸引力；当承诺与期望薪酬差异指数 <1 时，可以判定企业的薪酬对求职者的吸引力降低；当承诺与期望薪酬差异指数趋近于 1 时，可以判定企业承诺薪酬与求职者期望薪酬基本吻合，人力资源流向趋于平稳。通过本期承诺与期望薪酬指数与历史承诺与期望薪酬指数序列的变动方向和变动程度的分析，可以观察承诺与期望薪酬指数变动趋势和方向。

三 主体信心评价

通过信心调查的方法，定性解读人力资源市场构成主体对市场运行质量的综合评价。如果以 3 分为临界值，人力资源市场主体信心水平处在 1—5 分之间，当人力资源市场主体信心水平处在 3 和 5 之间时，表明人力资源市场运行良好，市场旺盛，求职者和用人单位信心较高；当人力资源市场主体信心水平处在 1 和 3 之间时，表明人力资源市场运行不佳，市场低迷，求职者和用人单位信心低落。

通过本期市场主体信心指标与历史信心指标序列的变动方向和变动程度的分析，可以观察市场主体信心变动趋势和方向，以此来评价市场主体信心对人力资源市场运行的影响。

四 供求走势与 GDP 增长趋势吻合度评价

通过趋势拟合分析，对人力资源市场供求总量指数变动与 GDP 增长速度走势的吻合程度进行评价。以某区域人力资源市场为例（见图 9—6），通过对该区域人力资源市场供求总量指数与 GDP 进行对比分析，观察经济增长与人力资源市场供求变化的规律。从图中不难看出，该区域人力资源市场供求总量指数与 GDP 增长速度的走势基本吻合，说明人力资源市场供求总量指数的变动与经济发展变化密切相关。

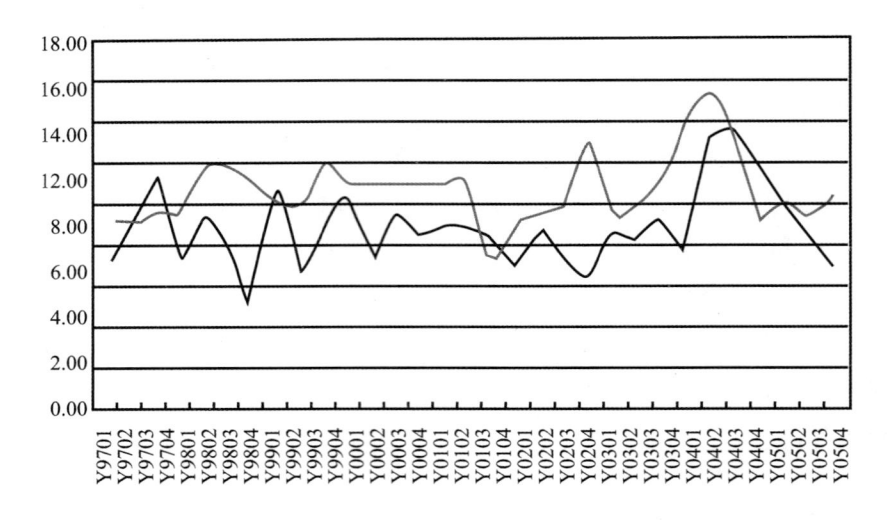

图9—6　某区域人力资源市场供求总量指数与 GDP 对比

第二节　预测预警体系设计

基于人力资源市场指数的人力资源市场预测预警体系拟借助景气灯号模型，对人力资源市场供求总量、匹配、紧缺等进行预测预警。人力资源市场景气灯号模型，拟以一组类似道路交通管制信号灯为标识，向社会各界发布反映人力资源市场当前运行状态的不同信号，通过观察信号的变动情况，可以直观判断当前人力资源市场的整体情况。①

一　预警指标选择

按照经济上的重要性、循环上的敏感性、趋势上的一致性、统计上的稳定性和实践上的可行性等原则，选择人力资源市场预警指标。预警指标应能从不同方面反映人力资源市场的发展、结构、薪酬、信心等。本项目选用供求总量、供求匹配、紧缺等作为预警指标。

紧缺指标所需信息来源于匹配指标的信息采集体系，并通过"空缺

---

① 宋丰景：《劳动力市场景气指数研究与应用》，华龄出版社2006年版，第39—142页。

率"(空缺率=1-1/求人倍率)公式加以计算,只有在"0<空缺率≤1"的情况下,人力资源市场在数量、行业与职业上才会处在紧缺状态。根据空缺率的大小不同,可分为极度紧缺(0.8<空缺率≤1)、非常紧缺(0.6<空缺率≤0.8)、相当紧缺(0.4<空缺率≤0.6)、比较紧缺(0.2<空缺率≤0.4)、轻微紧缺(0<空缺率≤0.2)五种状态。

二 状态区域划分

根据人力资源市场的运行轨迹,拟将选定的预警指标划分为"过热""偏热""正常""偏冷""过冷"5个区域,并分别以"红灯"、"黄灯"、"绿灯"、"浅蓝灯"和"蓝灯"标识;"绿灯"区居中,代表常态区或稳定区。

三 指标临界点选择

单个指标临界点的确定按照三倍标准差（3σ）原则进行。在实际划分状态区域时,也可以采用经验值。

四 单个指标评分计算

单个指标的评分将按照标准化方法进行。假定第 i 个指标 X_{it},其均值和标准差为 X_i 和 σ_i,则该指标在某时期 t 的评分值 Y_{it} 的计算公式如 (9—1)

$$Y_{it} = \frac{X_{it} - \bar{X}_i}{\sigma_i} + 3 \quad t = 1, 2, \cdots, T \quad i = 1, 2, \cdots, N \quad (9—1)$$

对于所有 $Y_{it} > 5$,都定义 $Y_{it} = 5$。

五 综合评分及检查值计算

利用各指标评分 Y_{it} 之和来计算第 t 期综合评分 Y_t,并按照指标个数为奇数或偶数两个情况计算综合评分的检查值。

$$Y_t = \frac{\sum_{i=1}^{N} Y_{it}}{I} \quad t = 1, 2, \cdots, T \quad i = 1, 2, \cdots, N \quad (9—2)$$

六 景气灯号图表绘制

景气灯号图将以统计图或统计表等形象生动的方式，展示人力资源市场运行的状态特征及其变化过程，直观地展现出人力资源市场的预警信息，以此来判断人力资源市场的冷热程度。

第三节 政策建议体系设计

基于人力资源市场指数的人力资源市场政策建议体系将根据人力资源市场指数评价体系、预警体系的分析结论，并借助人工智能等专家辅助决策系统，通过相关软件完成数据分析和政策建议报告的撰写过程，为政府对人力资源市场的宏观管理提供决策支持。专家辅助决策系统主要是针对社会热点和市场走势，运用信息技术，定向、随时和连续地征询专家意见，为宏观管理和资源配置提供咨询服务。比如，可以针对一些地区持续出现的"民工荒""招聘难"问题，启用专家辅助决策机制，通过调查问卷的方式，让专家就这些问题的社会影响、持续时间、解决对策等提供帮助。专家辅助决策系统的建立，首要任务是必须建立一个涵盖经济、社会、心理、劳动、组织行为、人力资源各方面专家组成的咨询团队，这样才能保证对重大问题的决策支持力度。

因此，基于人力资源市场指数的政策建议体系可包括多个方面，如供给不足敦促实习基地的创建、行业人力资源需求倍增加速培训政策调整、薪酬指数可以辅助政府出台工资指导价等。

一 行业人力资源供给不足敦促实习基地建设

当政府透过人力资源市场供求指数发现某行业出现供给明显不足，或者人力资源市场供给和需求差距在不断扩大时，可采取多种措施帮助企业解决用工困难的问题，如可派出人员队伍到外地招聘员工，但从长远讲，政府可根据本地经济社会发展的需要，做好行业实习基地的创建工作，帮助用人单位提前进行相关人力资源的储备，缓解用人单位招人难的问题。

二　岗位需求不足推动职业技能提升行动运用

当政府透过人力资源市场供求指数发现某岗位出现需求明显不足，或者人力资源市场需求和供给差距在不断扩大时，尤其是面临大的公共危机事件情形下，政府可以灵活运用职业技能提升行动等人社领域的重大项目，引导各地立足于本地人力资源存量和用人单位岗位需要，通过职业技能培训的方式提高劳动者岗位胜任力和跨岗位就业能力，这一方面可缓解岗位用工需求不足的困境，另一方面也有助于解决急需紧缺岗位用工问题。

三　行业人力资源需求倍增加速培训政策调整

当政府透过人力资源市场供求指数发现某行业人力资源需求不断倍增时，从政府的角度可以从本地培养的渠道帮助企业解决用人困境，即政府可通过本地学校或者培训机构培养新的人才，或者对一部分在职人员通过培训转岗、本地培养能达到本地人才合理配置，解决部分行业人才短缺问题，这样做的优点就是人员的稳定性高，人员储备有保障，但却存在培养周期长，技能转换和思想转变需要过程的问题。

四　薪酬指数辅助政府出台工资指导价

工资指导价是一个方向性的指示，并没有强制力，可以反映人力资源市场主要职业和工种工资水平，为人力资源市场供求双方协商确定工资提供比较客观的市场参考标准。对于求职者，工资指导价是一份实实在在的参考，对于政府，只是为了在需要控制加强某方向的能力时，用工资指导价来影响劳动力的供求，达到市场调节的目标。政府可以透过薪酬指数了解不同时期的职业（岗位）工资，加上政府调查的数据，修正工资指导价，使出台的指导价更接近市场价格。

第四节　信息发布体系设计

基于人力资源市场指数的人力资源市场信息发布体系将借助电视、广播、报纸、网络等多种渠道，定期向政府、求职者、企业、培训机构传递人力资源市场供求状况及走势信息，引导人力资源的合理流动。借鉴国内外经验，信息发布体系具体包括以下三个方面。

一　提供类型多元化的信息服务产品

为适应人力资源市场供需双方的需求特点与变化，人力资源市场信息发布应提供多元化、精细化的公共服务产品和市场化服务产品，满足公众对人力资源市场信息服务的需求。目前，我国人力资源市场信息产品主要是季报和年报。与此形成鲜明对照的是，美国等发达国家基于劳动力市场信息监测的公共服务产品十分丰富，比如职业展望指南、职业展望季刊、就业计划、O∗NET、职业信息网等都是基于劳动力监测统计的公共服务产品。

二　提供周期多样化的信息服务产品

借助网络、移动通信、电视、报纸等多种渠道定期发布人力资源市场监测信息。目前，我国人力资源市场信息产品主要是季报和年报，这与美国等发达国家形成鲜明对照。综观各国人力资源市场的信息发布制度，信息发布周期都具有多样化特征，一般有月报、季报、半年报和年报。但具体采取何种信息发布周期，则应视具体产品确定。一般情况下，供求信息的发布周期最短。而且，随着治理手段的现代化，治理信息的发布周期逐步缩短。

三　搭建应用平台化的信息服务体系

完善分行业、分专业、分职业的劳动者求职和企业用工需求对接平台。创新人力资源市场信息服务模式，形成分行业、分专业、分职业的多层级分布式人才供需对接平台，同时加强人力资源市场监测与预警。充分发挥新媒体的作用，拓展劳动者获取企业用工需求信息的渠道，不断开发设计更便捷、更人性化、更个性化的信息服务平台。

策略篇

人力资源市场信息监测的
配套支撑体系

人力资源市场信息监测体系是一个复杂的大系统，信息分析体系作为其关键要素，要想发挥核心功能，必须有赖于制度体系、组织体系、监督体系、人员保障体系、技术支撑体系和信息服务平台等要素构成的配套支撑体系，只有这样才能保障人力资源市场信息监测体系的有效运行。如果说信息分析体系可看作人力资源市场信息监测体系的"血液"，那么制度体系、组织体系和监督体系可谓人力资源市场信息监测体系的"骨骼"，而人员保障体系与技术支撑体系则可看作人力资源市场信息监测体系的"肌肉"，信息服务平台则成为人力资源市场信息监测体系的"翅膀"，是进一步将人力资源市场信息服务产品和服务措施具体化的落地抓手。

本篇基于人力资源市场信息监测体系的总体框架，重点就人力资源市场信息监测的制度体系、组织体系、监督体系、人员保障体系、技术支撑体系和信息服务平台等配套支撑体系进行了系统思考，从而为政府部门推进人力资源市场信息监测体系的建设和实施提供决策参考。

一是提出了人力资源市场信息监测制度体系的设计思路。主要从出台相关的法律法规、建立相关的制度体系和实施相关的公共政策等三个维度，提出了 11 条具体的设计策略。

二是分析了人力资源市场信息监测组织体系的建设方案。从建立统筹协调的组织体系、准确定位政府部门的职能、汇聚多方参与的社会力量、重视公共服务机构的作用以及发挥第三方机构咨询功能等方面，提出了有针对性的措施建议。

三是描绘了人力资源市场信息监测监督体系的未来构想。主要就如何发挥政府的主体监管作用、弘扬行业协会的自律监管以及开展社会力量的他律监管等方面进行了前瞻性思考。

四是给出了人力资源市场信息监测人员保障体系的建设策略。从队伍建设的角度提出了建立专业化的人才队伍、加强从业人员能力建设、提升从业人员数据思维、吸纳高级专业技术人才等方面的对策建议。

五是探索了人力资源市场信息监测技术支撑体系的发展思路。从深度使用和有效融合大数据技术、互联网技术以及人工智能技术的角度出发，提出了加强人力资源市场信息监测技术支撑体系建设的发展建议。

六是构思了人力资源市场信息监测信息服务平台的搭建方案。针对人力资源市场大数据应用平台、人力资源市场信息录入网络平台、人力资源需求预测预警支撑平台、人力资源服务工作信息化平台等方面，提出了具体的搭建思路。

第十章

人力资源市场信息监测的制度体系设计

本章基于前述的人力资源市场信息监测体系的总体框架，主要从完善相关的法律法规、建立有效的制度体系与完善相关的公共政策等三个维度，提出人力资源市场信息监测制度体系的设计思路。

第一节 完善相关的法律法规

现代法治国家的基本特征就是一切政府机构和行为均要有法可依。对于人力资源市场信息监测，更是如此。

一 出台有关国家信息治理的法律

从国家层面制定一部完备的信息治理的法律，对信息治理的各种原则、措施予以明晰，对各个治理主体的权利义务界限予以界定，对违规违法等现象予以惩罚。该部法律重点涉及三个层面：一是在个人层面，强调公民个体的信息权保护，避免因盲目采集和泄露公民个人信息而带来的人身权利伤害；二是规范政府部门与企业等用人主体的信息采集、处理和发布权限。三是强化国家层面的最高管理权限，确定具体执行机构和相应的信息权限。

二 贯彻《人力资源市场暂行条例》

2018年6月，国务院公布《人力资源市场暂行条例》，首次从立法层面明确了人力资源市场的相关规定，从而使人力资源市场信息监测有法可依。该条例对人力资源市场信息监测的主体进行了质的规定，而且还强调：县级以上人民政府建立覆盖城乡和各行业的人力资源市场供求信息系统，完善市场信息发布制度；公共人力资源服务机构提供人力资源供求、市场工资指导价位、职业培训等信息发布，不得收费。同时还对经营性人力资源服务机构收集和发布信息、用人单位发布招聘信息以及劳动者发布求职信息做了规定。

三 完善信息交换共享的法律法规

在人力资源市场信息监测体系建设与实施方面，国家应完善人力资源市场信息的采集、处理与共享等方面的法律法规。在美国，联邦劳工统计局与各州政府、地方政府有关机构存在数据共享关系，而且数据共享方式和内容根据法律法规规定的数据购买和交换协议来具体实现。而目前我国在这方面的法律基础还比较薄弱，应尽快出台保证部门间数据共享和交换的相关法律法规，这对保障人力资源市场信息监测体系顺利运行非常重要。

第二节 建立相关的制度体系

人力资源市场信息监测体系要持久有效地发挥作用，就必须形成有效的人力资源市场信息监测制度体系。

一 建立人力资源市场信息监测工作制度

人力资源市场信息监测体系建设不是一朝一夕的事情，它的重点是持续、定期地搜集信息，并进行有效的信息处理，然后定期向社会予以公布，为政府的宏观决策、企业的人力资源开发、劳动者的能力提升、人力资源服务机构的业务优化等提供信息支持。因此，要确保这些工作能持久有效地发挥作用，必须实现信息治理制度化，形成有效的人力资源市场信息监测工作制度，明确人力资源市场信息监测工作流程、各部门的相关责任义务以及相应的经费保障等。

二 建立以职业分类为基础的人力资源市场信息统计制度

为满足劳动力市场信息管理和就业服务管理对职业分类调整的需要，我国陆续公布了1999年版和2002年版《劳动力市场职业与代码》。2019年11月21日，全国层面首次基于《中华人民共和国职业分类大典（2015版）》汇总发布了人力资源市场招聘求职短缺职业排行，这是我国职业分类在人力资源市场统计应用中的宝贵尝试。[①] 当前，人力资源市场上求职招聘与职位标准不一已是一个不争的事实。但要提升人力资源市场信息汇聚能力和需求感知能力，推动人力资源市场信息资源的统一管理，必须规范信息采集和应用标准，参照职业分类大典，形成现行求职招聘职位与国家标准职业分类中小类职业或细类职业之间的一一对应关系，实现职位标准化，提高用人单位、求职者和中介机构之间相互识别的认同感。

三 建立人力资源市场信息共享与交换制度

数据共享与交换机制是各国人力资源市场信息监测的共性措施。要保证人力资源市场信息监测工作顺利进行，人力资源市场管理部门要与工商部门、编制管理部门、网络管理部门、教育部门、信息统计部门以及公安、卫计委、金融等部门建立数据共享机制，实现有利于相关就业政策制定和宏观决策的人力资源市场交互数据的及时获取。探索建立政府部门、人力资源服务机构、人力资源服务协会、互联网企业之间的信息开放、整合和共享制度，明确政府及社会各方在人力资源市场信息监测工作中的主体地位和协调机制。

四 建立人力资源市场信息采集制度

收集全面、准确的人力资源市场治理信息，追求市场的清晰化是人力资源市场治理的重要基础。从信息治理的过程上看，人力资源市场信息监测涉及信息采集、信息处理和信息应用三个方面，其中信息采集是最为基础的工作。人力资源市场信息处理体系是建立在统计学基础之上的，其主要假设是：预测对象、预测目标和对预测的影响因素都是具有时序的描述

---

① 郭宇强：《中国职业结构变迁研究》，首都经济贸易大学出版社2009年版。

的，也就是对未来的预测是基于对过去的描述。因此，进行人力资源市场有效评价与预测的前提就是必须建立定期的人力资源市场信息采集制度，从目前来看主要包括人力资源市场统计信息采集体系和人力资源市场调查信息采集体系。

五 建立人力资源市场信息发布制度

人力资源市场信息发布和开放机制的建立，可为观察、评价和分析宏观人力资源市场状况变化和发展提供一条理论与实践的路径。综观各国人力资源市场信息发布制度，信息发布周期都具有多样化特征，一般有月报、季报、半年报和年报，但具体采取何种信息发布周期，一般视具体产品确定。借鉴发达国家经验，探索建立全国人力资源市场信息发布制度，以此作为一项各级人力资源和社会保障部门共同推动的业务能力输出行动，面向社会人力资源服务机构开放，面向社会大众和企业提供精细化、个性化的信息服务。

第三节 实施相关的公共政策

信息作为一种重要的生产要素，与信息相关的所有技术、应用、模式、政策的创新都应围绕这种新"生产要素"展开。

一 强化信息监测相关公共政策的顶层设计

随着新技术和新应用的产生和发展，无论就实践还是理论而言，公共政策作为一种社会利益的权威性分配的工具，人力资源市场信息监测公共政策的选择都面临着诸多挑战。因此，从国家层面上，要加强人力资源市场信息监测战略的"顶层"设计，划定各种权与利的界限，并以此为基础完善以人力资源市场信息监测、基于信息的治理和"互联网＋"等为特征的信息化环境下的治理等不同层面上的公共政策，实现人力资源市场信息的有效治理，维护新技术和新应用环境下的经济发展、政治稳定和社会和谐。

二 制定提升信息资源配置效率的公共政策体系

基于公共政策的顶层设计，从公共政策的选择上要实现人力资源市场信息资源配置的效益、安全和公平。一是在"信息效益"的选择上，不仅要实现公共管理层面的信息整合和共享，更要强调充分挖掘信息的经济、社会和公共决策的价值。二是在"信息安全"的选择上，要围绕国家安全、市场安全和个人隐私安全等建立统一的政策体系。三是在"信息公平"的选择上，要求为包括劳动者在内全体社会公众提供信息访问和应用的基础设施，同时要划清公共信息资源上的权利和义务，为政府、企业、劳动者和人力资源服务机构等人力资源市场信息监测的主体提供人力资源市场相关信息支持。

三 完善加大信息监测投入的经费保障政策

根据发达国家的经验，人力资源市场信息监测工作需要政府专项经费予以支持。而且，随着市场在人力资源配置中基础性作用发挥程度逐步增强，政府对人力资源市场信息监测的投入也随之增强。目前，经费投入不足一直是阻碍我国人力资源市场信息监测工作的一大难题。因此，为保证信息治理工作的有效开展，应参照国际惯例，完善人力资源市场信息监测的多元投入体系，确保人力资源市场信息监测体系的高效运行。

第十一章

人力资源市场信息监测的组织体系设计

本章基于前述的人力资源市场信息监测体系的总体框架,主要从建立统筹协调的组织体系、准确定位政府部门的职能、汇聚多方参与的社会力量、重视公共服务机构的作用以及发挥第三方机构咨询功能等方面,提出人力资源市场信息监测组织体系的建设方案。

第一节 建立统筹协调的组织体系

人力资源市场信息监测组织体系的核心在于统筹,这其中包括各部门的横向统筹协调的工作机制、中央与地方的上下统筹协调的工作机制和管理体系。

一 建立横向统筹协调的工作机制

从美国的经验看,在分散管理的统计体系下,理顺劳工统计机构与综合统计部门、本部门各司局、其他部门统计机构,建立起各部门分工明确、相互配合、齐心协力的协调的工作机制非常重要。如前所述,人力资源市场交互信息主要来源于人社部门与公安、卫计委、教育、农业农村部、金融等部门按照协议交换共享的数据,部门间人力资源供需和流动数据交换共享非常重要。因此,要协调人社部门与公安、卫计委、教育、农业农村部、金融等各部门的关系,合理分工、加强合作,建立健全各部门横向统筹协调的工作机制,有序开展人力资源市场信息监测工作。

二 完善上下统筹协调的工作机制

在美国分散管理的统计体系下,从纵向层面看,联邦劳工统计局等部门在各地都设有若干数据处理中心负责地方统计业务。联邦劳工统计局与各州政府、地方政府有关机构存在数据共享关系,且数据共享方式和内容根据法律法规规定的数据购买和交换协议具体实现,中央与地方这种纵向的合作关系对劳动力统计监测发挥了重要作用。此外,劳工统计机构还要加强与社会力量的合作,将一些非核心的工作委托给社会团体并加强监督管理。因此,要借鉴美国劳工统计局的经验,建立完善中央和地方两级目标一致、分工明确、相互配合的统筹协调工作机制。

三 明确全国统筹联动的管理体系

在我国现行人力资源市场信息监测环境下,如果不能建立起一种统筹协调的工作机制,许多人力资源市场信息就难以获取,信息质量就难以保证。这就需要建立上下级的信息监测管理机构实现高度完整的垂直隶属或者以垂为主,兼顾水平,其中最关键的则是要明确全国统筹联动的管理体系。按照《人力资源市场暂行条例》的规定,地方的相关管理机构同样承担起类似国家主管机构的职能,在国家的统筹管理下开展人力资源市场信息监测工作。

第二节 准确定位政府部门的职能

进入 21 世纪后,转变政府职能已成为我国行政体制改革的重点。政府在人力资源市场信息监测体系建设中的职能定位,应是公共服务的提供者与"市场失灵"的弥补者。

一 发挥政府作为信息监测体系建设谋划者的职能

降低市场信息不对称造成的市场失灵是政府相关部门的重要职责。政府应该主要负责人力资源市场信息监测体系建设的谋划和指导,为其他组织者和参与者留足发挥作用的空间。政府应将工作的重心放在人力资源市场信息监测的宏观管理上,在人力资源市场信息监测上做必要的干预和引导，在系统分析人力资源与公共服务需求结构的基础上，实施好人力资源市场信息监测体系规划，引导和规范人力资源有序流动。

二　发挥政府作为信息监测体系重要建设者的职能

如前所述，人力资源市场信息监测体系建设，需要三个方面的条件：资源支持、收益和动力机制以及专业技术支持。2018年6月国务院公布的《人力资源市场暂行条例》对人力资源市场信息监测的主体进行了质的规定，政府部门是常见的建设主体。一般而言，政府部门建设人力资源市场信息监测体系，具有体系的权威性、收集信息的便利性和经费支持的持续性等优势。因此，政府有义务也有能力承担人力资源市场信息监测体系的建设工作。

三　发挥政府作为监测服务产品主要提供者的职能

在构建面向大众的人力资源市场信息监测服务产品方面最常见的主体是政府相关部门。降低市场信息不对称造成的市场失灵是政府相关部门的重要职责，人力资源市场信息监测服务产品在一定程度上具有公共产品的性质，政府部门提供人力资源市场监测服务产品的优势在于信息监测体系的权威性、收集数据的便利性和经费支持的持续性。按照《人力资源市场暂行条例》，县级以上人民政府建立覆盖城乡和各行业的人力资源市场供求信息系统，完善市场信息发布制度，为求职、招聘提供服务。

第三节　汇聚多方参与的社会力量

人力资源市场信息监测工作是一项复杂的系统工程，需要依靠人社等政府部门的力量，还必须动员多方力量共同参与。

一　发挥信息监测相关部门的职能作用

从目前全国情况看，以人社部门为主体，部门间统筹联动、分工合作，以及社会力量广泛参与的格局尚未形成。未来要充分发挥人才工作各相关部门的职能作用，充分发挥工会、共青团、行业协会等社团组织以及市场中介机构的作用，探索"政府＋社会组织＋市场机构"的运作模式，通过政府搭台、社会和市场组织唱戏，采用市场化手段，汇聚政府、市场、社会三方面的力量。

二　培育发展人力资源服务行业协会组织

从目前总体情况看，我国人力资源服务行业协会正处于快速发展阶段，行业协会的力量还不够强大。培育发展人力资源服务行业协会组织，加大人力资源服务协会培育力度，改进和完善行业协会的服务模式，借助行业协会内部的人力资源服务机构会员开展人力资源服务行业统计调查，了解人力资源市场动态，是人力资源服务行业协会采集信息的优势所在。

三　调动用人主体参与信息监测的积极性

用人单位是用工的主体，有针对性地开展用人单位用工需求调查，对准确把握人力资源市场需求和薪酬状况有非常重要的价值。按照《人力资源市场暂行条例》，用人单位发布或者向人力资源服务机构提供的单位基本情况、招聘人数、招聘条件、工作内容、工作地点、基本劳动报酬等招聘信息，应当真实、合法，不得含有民族、种族、性别、宗教信仰等方面的歧视性内容。因此，要充分发挥用人主体参与人力资源市场信息监测的积极性，进而形成人力资源市场信息监测工作的强大合力。

第四节　重视公共服务机构的作用

在经济高质量发展的宏观背景下，为适应我国人力资源结构调整的需要，人力资源公共服务机构要在现有职能基础上进一步提高公共服务质量和水平。

一　定期开展人力资源市场信息收集

如前所述，人力资源市场统计信息主要来源于我国各级人社部门所属的公共就业和人才服务机构的就业监测、市场监测等，如人社部"百城公共就业服务机构""一线观察"等人力资源市场信息采集点。因此，要发挥好公共服务机构在人力资源市场信息收集中的重要作用。同时，根据人力资源市场发展的需要，公共服务机构要不断扩展符合现阶段人力资源管理特点的人才公共信息服务内容，创新人才公共信息服务方式。

二　面向社会免费提供信息服务产品

按照《人力资源市场暂行条例》，公共人力资源服务机构提供人力资源供求、市场工资指导价位、职业培训等信息发布服务，不得收费。因此，公共人力资源服务机构应当加强信息化建设，不断提高服务质量和效率。同时，推动人力资源公共服务机构在提供统一的公共就业和人才公共服务项目外，可以结合劳动者需求的实际，面向重点产业和重点人群提供差异化、个性化的基本信息公共服务。

三　搭建人力资源信息公共服务平台

创新人力资源市场信息服务模式，形成并不断完善分行业、分专业、分职业的多层级人才供需对接平台。加强人力资源市场监测与预警，研究建立分行业、分专业、分职业的劳动者供给与需求指数。充分发挥新媒体作用，拓展劳动者获取用工需求信息渠道。开发运用求职者线上登记、注册等动态人力资源市场供给信息系统和线上培训交流系统。做好与国内知名高校间校企合作，完善留学生对接平台，深化国际交流与合作。

第五节　发挥第三方机构咨询功能

人力资源市场信息监测工作是一项复杂的系统工程，需要依靠组织人事、行业主管、科技、教育等部门的力量，也必须动员多方力量参与其中，进一步明确适合我国国情的人力资源市场信息监测体系建设主体。

一　探索第三方建设信息监测体系服务方式

在我国"放管服"改革的大背景下，可以委托专业调查机构或科研院所开展人力资源市场信息监测需求调查，还可以由多方人士组成专项课题组或调查组等方式进行调查，然后针对需求调查结果进行论证评估，形成人力资源市场信息监测服务的购买目录。尝试探索通过第三方建设人力资源市场信息监测体系的有效办法。探索授权、委托、项目资助或购买服务等多种第三方建设信息监测体系服务方式。

二 发挥高校和科研院所等智库的重要作用

高校和科研院所从事探索性、创造性科学研究活动,具有知识和人才的独特优势,是实施创新驱动发展战略、建设创新型国家的重要力量,要重视高校和科研院所等智库在人力资源市场信息监测体系建设工作中的重要作用。发挥高校、科研机构、高新技术企业的实验室、研发机构、企业技能创新工作室等机构作用,推动人力资源市场信息监测体系的研究与新一代信息技术在人力资源市场信息监测体系建设中的应用,及时优化人力资源市场信息监测内容体系,完善信息分析框架与模型,不断丰富信息分析产品。

第十二章

人力资源市场信息监测的监督体系设计

本章基于前述的人力资源市场信息监测体系的总体框架，主要就如何发挥政府的主体监管作用、弘扬行业协会的自律监管以及开展社会力量的他律监管等方面，对人力资源市场信息监测监督体系设计进行前瞻性思考。

第一节 发挥政府的主体监管作用

政府各个部门的监管行为，主要是通过依照相关法律法规，调整和约束人力资源市场信息监测行为，以维护市场秩序，保护市场主体合法权益，维护社会公共利益，保证人力资源市场健康、稳定运行。

一 发挥人社部门主体监管职能

按照《人力资源市场暂行条例》，人力资源和社会保障部负责全国性综合监测，县级以上地方人力资源和社会保障部门负责区域监测，人力资源市场信息监测的监管主体主要是各级人社部门。从目前情况看，人社部门涉及人力资源市场信息监测的部门较多，客观上存在着监管主体分散、协调困难的问题，这样就很难形成对人力资源市场信息监测进行监管的合力，必须明确人社部门的监管主体。

二 形成市场信息监管长效机制

从目前的人力资源市场信息监测的监管手段看，有些是临时性的，对规范人力资源市场缺乏常态化的工作机制和监管手段。基于此，人力资源市场信息监测的政府监管部门要健全严格的监督管理机制，加强对人力资源市场信息监测行为和各类人力资源市场信息收集、处理和应用活动的监督管理，规范人力资源市场秩序，逐步形成人力资源市场监管长效机制。

三　强化市场信息监管标准体系

建立规范的人力资源市场监督程序和科学的监督标准，监管部门应通过多种有效手段，如信息跟踪、市场巡查等，加大对人力资源市场的监管。同时，加强事中事后监管，完善日常监管制度，建立符合人力资源市场实际运行情况的监管程序。针对人力资源市场信息监测监管中存在的监管队伍人员素质不高、数量有限、构成复杂等问题，要以提升监管绩效为目标，加大对监管人员的培训力度。

第二节　弘扬行业协会的自律监管

人力资源服务行业协会是由从事人力资源服务的相关单位自愿组成的行业性社团组织，在人社部门与民政部门的业务指导和监督管理下开展促进行业健康发展的工作。

一　提升行业协会自律监管能力

行业协会是以市场和企业为基础，以某种形式组织起来既执行服务、自律、协调和监督职能，又能实现行业共同利益的组织。人力资源服务行业协会是介于政府、企业之间的社会中介组织，主要职能是为企业和政府提供服务、咨询、沟通、监督、公正、自律、协调，它的自律监督对人力资源服务行业具有规范的作用。从目前总体情况看，我国人力资源服务行业协会的力量还不够强大，亟须提升行业协会的自律监管能力。

二　发挥行业协会自律监管作用

人力资源服务行业协会是人力资源市场信息监测体系规范化发展不可或缺的助力，要不断改进和完善行业协会的服务模式，切实发挥好它们在行业自律监管方面的重要作用。按照《人力资源市场暂行条例》，人力资源服务行业协会应当依照法律、法规、规章及其章程的规定，制定行业自律规范，推进行业诚信建设，提高服务质量，对会员的人力资源服务活动进行指导、监督，依法维护会员合法权益，反映会员诉求，促进行业公平竞争。

第三节　开展社会力量的他律监管

人力资源市场信息监测要遵从以人民为中心的发展思想和为人民服务的根本宗旨，充分利用技术创新驱动，将人力资源市场信息监测的各项事务放置于阳光之下，置于群众监督之中，进一步推进治理过程的公平、公正、透明。因此，一个完整的人力资源市场信息监测监督体系建设，除了实现政府部门和行业协会的监管，还要扩大社会力量对人力资源市场信息监测工作的监管。

一　加强信用与诚信体系建设

信用与诚信是和谐社会的坚定基石，人力资源市场信息监测体系建设也离不开诚信体系建设。加强诚信管理，建立守信激励和失信惩戒机制，将用人单位、个人和经营性人力资源服务机构的信用数据和失信情况等纳入人力资源市场诚信建设体系，并实施信用分类监管。奖励诚信行为，惩罚不诚信行为，充分发挥政府、市场、行业、社会监督的作用，提升人力资源市场信息监测质量和效能。

二　发挥社团组织和公民个人的作用

完善社团组织和公民个人广泛参与的社会监督机制，明确接待、受理社会监督的机构和程序，在社会各监督主体之间、社会监督与政府监督之间建立起有效的信息沟通、协作机制，把公民监督、舆论监督、政府监督有机结合起来。充分发挥工会、共青团、行业协会等社会团体组织以及公民个人的作用，依据宪法和法律赋予的权力，通过多种方式，实现他们对人力资源市场信息监测组织体系的监督。

三 重视发挥舆论机构的作用

政府要建立人力资源市场信息监测监管信息系统，对人力资源市场信息监测的结果进行记录，并向社会公示，发挥舆论机构的作用，提高社会监督能力。建立完善人力资源市场信息定期发布制度，建立人力资源市场信息服务制度和人力资源市场预测监测机制，加强人力资源市场信息的汇总、发布和反馈，加强人力资源市场动态监控系统建设，推进人力资源市场监测信息化进程。

第十三章

人力资源市场信息监测的
人员保障体系设计

本章基于前述的人力资源市场信息监测体系的总体框架，主要提出建立专业化的人才队伍、加强从业人员能力建设、提升从业人员数据思维、吸纳高级专业技术人才在人员保障体系建设中的重要作用和未来建议。

第一节　建立专业化的人才队伍

从美国和日本的经验看，建立健全政府背景的组织机构、加强专业力量是人力资源市场各项统计监测信息能够得到及时准确收集、处理、分析、管理和发布的有力保证。

一　明确监测信息质量的主管部门

美国实行的政府部门各自承担其主管领域统计职能的分散型政府统计体制，建立健全专门的统计调查机构是加强统计调查的基本保障。劳工部劳工统计局是劳动力市场信息监测的主要职能部门，经过100多年的实践和发展，在劳动力市场信息监测方面已经形成了完善的架构、一体化的信息网络和流畅的工作流程，人力资源市场监测分工细致。当前，我国人力资源市场信息监测的实施主体是政府主管部门及其所属的事业单位，未来应在借鉴美国经验的基础上，进一步明确人力资源市场信息监测主管部门，整合现有人力资源市场信息监测的实施机构。

二 加强专业化监测人才队伍建设

从国外的经验看，人力资源市场信息监测需要投入大量人力。美国劳工部为实施劳工统计调查工作，下设 9 个部门、8 大地区办公室，仅联邦职员就有 2400 人，每年工作经费超过 6 亿美元。日本厚生劳动省统计情报部下设 5 个课（相当于处），分别负责不同的统计调查项目和信息处理发布。从近年来我国人力资源市场信息监测实践看，人员投入严重不足，负责信息治理工作的专职人员偏少，专业化程度也不高。未来应进一步明确人力资源市场信息监测工作的职责分工体系，加大相关专业人员的补充力度和能力建设。

第二节 加强从业人员能力建设

从国外的经验看，人力资源市场信息监测人才队伍应该以熟悉国内外人力资源市场运行规律、信息统计分析、新一代信息技术应用、社会治理理论与实践的团队为主体。

一 提高理论政策水平和业务能力

当前，我国人力资源市场已经进入了高标准建设时期，其治理水平也要逐步实现现代化。信息监测作为人力资源市场治理现代化的关键环节，人力资源市场信息监测相关业务人员的理论政策水平和业务能力提升至关重要。在这一过程中，人力资源市场信息监测相关业务人员要实现从传统治理手段向现代化的治理手段过渡，通过行业内部及企业内部等各种层次的培训弥补知识空窗，有针对性地提高理论政策水平，不断提升产品开发与营销、信息管理、沟通协调等紧缺能力。

二 提升新一代信息技术应用能力

如前所述，信息是人力资源市场监测的生命线，人力资源市场信息监测必须深度融合现代信息技术，才能极大地提升信息能力。在提升人力资源市场信息能力的过程中，提升相关从业人员应用新一代信息技术的能力非常重要。因此，要实现新技术在人力资源市场信息监测领域的推广应用，必须加强人力资源市场信息监测业务人员利用各种高新技术进行人力资源市场信息监测创新，特别是提升相关从业人员基于充足的信息对人力资源市场的掌控能力，譬如借助大型互联网平台，加强对新业态从业人员的就业统计和监测；利用大数据和云计算等技术，实时监测在线求职和招聘的动态等。

三 提高专业技术资格认证含金量

在我国，专业技术资格是指专业技术人员的专业技术水平、能力以及成就的等级称号，反映专业技术人员的学术和技术水平、工作能力和工作成就。在一些人力资源市场监测工作基础较好的地区，人力资源市场信息监测从业人员持有专业技术资格证书的比例较高，从业人员的职业发展有了比较顺畅的晋升机制。因此，在我国人力资源市场高标准建设时期，要提高人力资源市场信息监测相关专业技术评价的资格认证含金量，提升人力资源市场信息服务从业人员持有专业技术资格证书的比例，形成专业技术资格与职务晋升顺畅衔接的机制。

第三节　提升从业人员数据思维

人力资源市场信息监测工作涉及供给、需求、匹配、薪酬和流动等方面的重要信息及其未来走势，信息在人力资源市场供需主体决策过程中发挥着越来越重要的作用。数据和信息不同，信息是经过加工处理后的有用数据，二者的不同点主要在于"数据之间的连接（links）"。这种"连接"强调数据之间的"关系"，当一组"连接"是正确的，这时"数据"就生成了"信息"，然后就可以基于"信息"做出一些假设/判断，进而去开展行动。从人力资源市场信息监测的数据体量看，目前已积累到可以产生重大价值的数据化阶段。这就要求人力资源市场信息监测工作要具备"数据化"思维，即数据信息开放思维、数据信息整合思维及数据信息共享思维。

一 提升数据信息开放思维

数据开放是保护国家数据安全的重要手段之一。电子商务、社交网络、基础通信、国家各部委的数据，具备聚合的效应和产生核聚变价值的基础。这些重点领域的数据开放，可以构成人力资源市场信息监测的数据基础，按照大数据定律之一"数据之和的价值远远大于数据价值的和"来推断，来自不同领域的数据聚合在一起，开放给人力资源市场信息监测，将会产生类似核聚变一样的价值发现效应。开放是一种思维，更是一项能力，人力资源市场信息监测的管理者和业务人员都必须具备这种开放思维和能力。

二　提升数据信息整合思维

国家统计局曾联合百度、阿里巴巴在大数据整合方面做了探索性尝试，取得了非常好的效果，在一定程度上解决了"数据割据"现象。在"互联网+"背景下，人力资源市场信息包括人社部门与公安、卫计委、教育、农村农业部、金融等部门按照协议交换共享的交互信息，这类信息对于研究人口迁移、人力资源流动，甚至制定人力资源市场政策都具有至关重要的作用。这类交互数据如果能在人力资源市场信息监测中被很好地整合应用，一定会助推多领域的人力资源市场信息监测，从而推动人力资源市场信息监测的进步。基于此，人力资源市场信息监测的管理者和业务人员具备数据信息的整合思维和能力就显得尤为重要。

三　提升数据信息共享思维

在互联网时代，人力资源市场信息监测的管理者和业务人员要解放思想、开拓思维，用信息共享思维指导人力资源市场信息监测工作。所谓共享思维，首先是要敞开大门，引导全民参与，形成社会力量广泛参与的人力资源市场信息监测格局。其次是要创新服务，推动全社会共享，通过创新"互联网+人力资源市场信息"的新模式，构建在线学习平台、专业微信公众号、网络大数据精准推送组成等发布"矩阵"，不断提高精准性、互动性和针对性，努力让人力资源市场信息实现"裂变式"的精准传播与发布，从而为国家治理的现代化、政府的宏观决策、企业的人力资源开发、劳动者的能力提升、人力资源服务机构的业务优化等提供信息支持。

第四节　吸纳高级专业技术人才

从总体情况看，我国人力资源市场信息监测体系建设正迅速开展，但信息监测整体水平还不高。与发达国家人力资源市场信息监测的人员力量相比，我国人力资源市场信息监测方面从业人员的学历层次、知识结构、年龄结构、综合能力、信息化与数据化思维等方面仍有很大的差距。人力资源市场信息监测运作体系中高素质专业技术人才短缺已成为制约我国人力资源市场信息监测体系建设的关键问题，而且随着人力资源市场信息监测的科学化、个性化、便捷化和精细化发展，对从业人员专业性和职业化的要求也越来越高。基于此，必须采取有效政策激励和保障措施，营造良好的人力资源市场信息监测人才发展环境，广泛吸纳人力资源市场信息监测领域的高素质专业化人才，为我国人力资源市场信息监测体系建设与运行提供源源不断的发展动力。

一　吸纳高水平的社会治理人才

人力资源市场治理是社会治理的重要领域，人力资源市场信息监测是推进人力资源市场治理体系和治理能力现代化的具体实践。社会治理专业化的发达程度是衡量一个国家或地区社会治理水平的重要标志。要提高人力资源市场治理专业化，要求人力资源市场信息监测有专业的队伍、专业的理念、专业的技术和方法来进行人力资源市场治理和开展信息服务。因此，要加强人力资源市场信息监测专业化人才队伍建设，引进紧缺的人力资源市场领域的社会治理人才，培养造就一支数量充足、结构合理、素质优良的社会治理人才队伍。

二　吸纳现代信息技术应用人才

网络时代下，现代信息技术日益成为推进人力资源市场监测的重要方式和手段，要充分发挥现代信息技术在人力资源市场监测中的支撑作用，重视大数据、云计算、人工智能、区块链等信息技术手段的运用。但随着人力资源市场监测对信息处理的速度及准确性的要求越来越高，能够熟练使用现代信息技术的人才并不多，这就要求在人力资源市场信息监测领域引进紧缺的信息技术应用人才，主要包括高层次信息决策专家、信息管理与经营专家、信息技术与信息应用专家、高级信息技术人才以及高素质信息劳动者。

三 吸纳专业化的市场分析人才

人力资源市场信息监测体系构建是一项复杂的系统工程，需要一定的技术手段予以支撑。无论是人力资源市场指数分析体系构建及应用、信息采集体系设计等基础性工作，还是人力资源市场评价分析、预测预警、信息发布、政策建议等信息应用性工作，都是专业性非常强的工作。同时，统计分析与报告撰写也是一个专业性很强的过程，这都要求负责人力资源市场信息监测的业务人员具备一定的人力资源市场相关知识，并具有专业的市场分析能力。但从目前的情况看，人力资源市场监测领域具有较强的市场分析能力的人才不多，这就要求在该领域引进紧缺的人力资源市场分析人才。

第十四章

人力资源市场信息监测的技术支撑体系设计

本章基于前述的人力资源市场信息监测体系的总体框架，从深度使用和有效融合大数据技术、互联网技术以及人工智能技术的角度出发，探索加强人力资源市场信息监测技术支撑体系建设的发展思路。

第一节 广泛应用大数据技术

一 提升信息汇聚能力

从信息技术发展趋势和应用前景上看，大数据正在成为新的能力。目前，我国在人力资源市场信息汇聚方面，人力资源和社会保障部已有了一定的基础。首先，在统计工作方面，针对信息标准、基本工作体系已建立起了初步的制度框架。其次，在调查工作方面，近年来组织了大量的调查工作，探索了新的监测形式。但从总体上看，在人力资源市场信息监测领域，基于大数据的"互联网+"数据集聚能力还相当薄弱。基于此，人力资源市场信息汇聚能力的提升，必须紧紧抓住人力资源和社会保障部统一建设"人社电子档案袋"这一契机。一方面，可以通过大数据技术，归集个人的教育程度、技能水平、求职意向、期望薪酬等，形成个人电子档案袋；另一方面，可以归集企业的用工记录、职位空缺、承诺薪酬、工作经验要求、劳动保护等，形成企业电子档案袋。

二 提升需求感知能力

在人社领域，目前大数据的数量、多样性和复杂性都在快速增长，但人社部门已经具备的基础能力与这种不断激增的人社数据量之间存在巨大鸿沟，亟待提升基于大数据的基础能力（感知能力、发现能力和决策能力），其中感知能力尤为重要。所谓感知能力，就是基于人力资源和社会保障部门庞大而富有价值的数据，运用大数据技术对就业等业务和行为进行精准描绘，从而形成对大众公共服务个性化需求感知与预判的能力。譬如，可以通过提取、整合行政服务中心、人力资源中心等的数据，精准掌握市场紧缺职业，从而提供更具针对性的服务。基于此，利用大数据和人工智能技术开展数据关联分析，结合"个人电子档案袋"和"企业电子档案袋"的轨迹分析结果，形成对人力资源市场服务需求的实时感知与预判分析，提升人力资源市场信息需求感知能力。

三　强化信息引导服务

在《行动计划》中，"就业 D 图"与"人才供需指数"是各级人力资源和社会保障部门信息引导服务的重要方面。构建"就业 D 图"，旨在全方位、多维度地展现各地区、各行业、各工种人力资源市场供需状况；构造人才供需指数，旨在在线监测人才需求，及时公布人才供给与市场需求信息。基于此，各级人力资源和社会保障部门应围绕"就业 D 图"建设，利用大数据技术实现对各类群体就业信息的汇聚整合与关联分析，结合智慧地图、位置挖掘分析等技术，全方位、多维度地展现各地区、各行业、各工种的人力资源市场供需状况、就业景气指数、薪资水平等；围绕"人才供需指数"建设，汇集各行业、各领域人才信息，加强对各类人才需求的在线监测和大数据分析，编制人力资源市场供需指数，及时公布人才供给与市场需求信息及未来走势。

第二节　深度融合互联网技术

依托新技术优势，将技术融合于人力资源市场信息监测的全过程，是持续提升人力资源市场信息监测能力的关键环节。2016 年 4 月印发的《国务院办公厅关于转发国家发展改革委等部门推进"互联网 + 政务服务"开展信息惠民试点实施方案的通知》要求：2017 年，基本公共服务事项 80% 以上可在网上办理，人社业务也在加快从线下转线上。基于此，人社部门必须形成适应"互联网+"的人力资源市场信息监测工作新形态。

一　大力发展线上服务

从目前情况看，网络招聘已经成为十分重要的人力资源市场配置媒介，但从现行人力资源市场监测数据多来源于有形市场，网络等新兴市场监测的相关数据缺乏。按照《行动计划》，"网上人才服务"作为各级人力资源和社会保障部门"线上服务"的重要举措，各级人力资源和社会保障部门应大力发展网上招聘，运用网站、手机等多种渠道，在更大范围内发布招聘信息，帮助求职者随时随地查询到岗位信息，开展更为精准的网上就业服务。

二　积极做好主动服务

在《行动计划》中，将"就业精准扶持"作为"主动服务"的重要举措，基于此，在未来人力资源市场信息主动服务供给模式的选择上，各级人力资源和社会保障部门应整合就业信息资源，利用大数据分析，准确感知劳动者就业、创业需求，结合劳动者的就业意向、技能水平、文化程度等个人特征，为劳动者提供精准的就业、创业信息服务，开展在线职业评测与就业、创业指导，主动推送各项就业扶持政策信息。同时，积极引入信用机制，依托"人社信用体系"，分类设定创业担保贷款额和贷款周期等。

三　高度重视引导服务

客观把握各地区、各行业、各职业的人力资源存量和增量的现状与趋势，对于引导人力资源的有序流动和优化配置至关重要。在《行动计划》中，将"就业D图""人才供需指数""就业精准扶持"等作为各级人力资源和社会保障部门"引导服务"的重要举措。"就业D图"，旨在引导劳动者有序流动、理性择业，引导用人单位合理设置招聘计划，引导培训机构开发更具针对性的培训课程；"人才供需指数"，旨在引导劳动者合理制定职业发展规划，提升职业技能，引导用人单位优化人力资源结构。"就业精准扶持"旨在为劳动者提供精准的就业、创业信息引导和职业指导服务。

第三节　有效利用人工智能技术

从现实来说，网络技术、人工智能技术为国家治理体系的现代化不但提供了可能性，也提供了现实性，而且人工智能在国家治理的应用已经较为广泛。[①] 人工智能给人力资源市场信息监测提供了新的技术支持，人力资源市场信息监测体系现代化需要人工智能的助推，人工智能也将为人力资源市场信息监测体系建设的各个层面（运行机制、横向结构、纵向结构、组织形式等）提供技术性支撑。

一　拓展信息采集维度

近年来，我国人口流动迁徙持续活跃，人口流动率相当高，这种活跃的人口流动必将带来旺盛的择业就业需求，也为人力资源市场监管带来一些新的问题，急需新的管理手段加以解决。人工智能通过人脸识别、指纹识别、掌纹识别、专家系统、智能搜索以及大数据和算法定位并跟踪就业个体流动信息，既能及时了解他们的就业需求，又能及时掌握、跟踪和调控他们流动的方向和速度，并为国家就业政策调整及时提供支撑信息。

二　改进信息分析能力

目前，发展迅速并广泛应用的深度学习和机器学习技术是人工智能的典型代表，可以用于对复杂数据建模，对趋势变化进行预测。进入大数据时代之后，随着"智能数据分析"技术的广泛推广和飞速发展，人力资源市场信息监测也将进入一个精准服务的新时代。智能数据分析以数据分析为主线，旨在利用模糊集、粗糙集、遗传算法和机器学习等不确定人工智能方法分析数据间的依赖关系、概率因果关系、数据分类与聚类，并用于人力资源决策、对策及融合分析，有助于实现从"大数据"到"智能数据"的转变。

---

① 张爱军：《人工智能：国家治理的契机、挑战与应用》，《哈尔滨工业大学学报》（社会科学版）2020年第1期。

三 提升信息应用效能

人工智能"机器学习"的基本构成是"统计学"、"信息论"和"控制论",还有对"经验"的依赖性都是基于理性,就其本质而言是对人的思维的信息过程的功能性模拟,因此人工智能具有高度理性化。借助人工智能"机器学习"为技术手段的辅助决策系统,通过相关智能软件完成政策建议报告的撰写过程,运用人工智能等信息技术,定向、随时和连续地模拟社会热点和市场走势,为宏观管理和市场资源配置提供专家咨询服务。

第十五章

人力资源市场信息监测的信息服务平台设计

本章借助大数据、互联网和云计算等新一代信息技术,为推动人力资源市场信息服务产品和服务措施落地,提出人力资源市场大数据应用平台、人力资源市场信息录入网络平台、人力资源需求预测预警支撑平台和人力资源服务工作信息化平台等信息平台的搭建思路。

第一节 搭建人力资源市场大数据应用平台

紧紧抓住各级人力资源和社会保障部门共建"大数据应用平台"这一契机,搭建多部门集成融合的大数据应用平台、搭建多领域集成融合的大数据收集平台、搭建涵盖多种功能的大数据服务云平台。

一 搭建多部门集成融合的大数据应用平台

按照《人力资源市场暂行条例》,县级以上人民政府发展改革、教育、公安、商务、税务、市场监督管理等有关部门在各自职责范围内做好人力资源市场的管理工作。因此,人力资源市场信息监测体系的构建要协调人社部门与发展改革、教育、公安、卫计委、财政等各部门的关系,合理分工、加强合作,建立健全各部门横向统筹协调的工作机制,搭建多部门集成融合的人力资源市场大数据应用平台,只有这样才能保障人力资源市场信息监测工作有序开展、高效运行。

二 搭建多领域集成融合的大数据收集平台

积极拓展数据采集范围，利用好人社部门与公安、卫计委、税务、教育、农村农业部、金融等部门按照协议交换共享数据资源，探索引入市场化的人力资源服务机构、人力资源服务协会、互联网企业的数据资源，构建多领域集成融合的人力资源市场大数据收集平台。利用这类信息研究人口迁移、人力资源流动规律，不仅能拓展多领域的人力资源市场监测信息来源，还有助于政府人力资源市场相关政策的制定，从而推动人力资源市场信息监测工作的进步。

三 搭建涵盖多种功能的大数据服务云平台

建立健全人力资源存量数据库、人力资源需求数据库和专家数据库，依据国家职业标准分类和现有人力资源市场信息统计制度，集聚用人单位需求、政策体系、公共资源和社会市场资源，构建一个涵盖政府资讯与政策服务平台、人力资源公共服务平台、职业认证与培训平台、人才联合培养平台、人才供求信息发布平台、海外人才引进平台、人才诚信背景调查平台、人才生活服务平台等的云平台。形成大数据服务地图和动态监测体系，打造人力资源市场信息监测网格化服务系统。

第二节 搭建人力资源市场信息录入网络平台

在建立人力资源市场信息治理体系时，要保证能及时有效地进行信息分析及生成报告，信息录入是非常重要的一个环节，其中，开发人力资源市场数据录入网络平台、应用网络调查等现代信息化技术手段、优化人力资源市场信息采集内容体系等都非常关键。

一 开发人力资源市场数据录入网络平台

当前，我国人力资源市场信息采集与处理方式和手段相对落后，对计算机网络调查等现代信息化手段的应用严重不足。根据人力资源市场信息监测工作需要，开发相应的人力资源市场信息监测数据录入的网络平台，保证能及时有效地采集来自人社部门、公安、卫计委、税务、教育、农村农业部、金融等部门的共享数据，以及市场化人力资源服务机构、人力资源服务协会、互联网企业的数据资源，确保数据录入便捷化、及时化、有效化。

二 应用网络调查等现代信息化技术手段

随着互联网的普及，用户日益凸显的"网络居民"属性使得基于互联网获取公共服务将成常态。网络调查是互联网日益普及的背景下经常采用的调查方法，其优势在于可以在更为广泛的范围内对更多的人进行数据收集。在"互联网+"背景下，调查信息是人力资源市场信息的重要组成部分。一般而言，调查信息是指通过政府、社会组织和人力资源服务机构等针对特定指标通过问卷调查等方式获取的相关信息，这其中合理应用网络调查等现代信息化技术手段尤为重要。

三 优化人力资源市场信息采集内容体系

如前所述，人力资源市场信息采集指标体系设计要反映人力资源市场的4个主要矛盾，即"供求总量矛盾""结构性矛盾""薪酬价位矛盾""劳动关系矛盾"，基本能够体现人力资源市场的总体运行状况和未来发展趋势。但指标体系也不是一成不变的，要根据人力资源市场发展的总体要求相应建立指标体系动态调整机制，不断修改完善，逐步建立健全人力资源市场信息采集指标和内容体系。探索依托政府所属部门或第三方以及其他类型机构，及时优化人力资源信息采集内容体系。

第三节 搭建人力资源需求预测预警支撑平台

建立人力资源需求预测预警支撑平台，实行重大项目人力资源供需评估机制，对人力资源需求量大的项目提前做好前期储备，这对于保障我国经济的高质量发展至关重要。

一 建立中央和地方两级人力资源需求预测机制

建立与经济社会发展需求相适应的人力资源需求预测预警机制，有利于引导人力资源向重点行业、重点领域、战略性新兴产业集聚，优化区域、产业或行业的人力资源布局，推进产业结构转型升级和人力资源结构的动态调整。根据经济社会发展需要以及人力资源配置需求，人社部门要联合发展改革、教育、公安、市场监督管理等有关部门，建立中央和地方两级人力资源需求预测机制，形成行业、地方与国家人力资源需求预测有效结合的分层级、分布式网络体系。有效应用人力资源总量需求预测模型以及人力资源市场景气指数等技术手段，提升需求预测的科学性。

二　加强数据汇集和资源共享技术支撑平台建设

从目前人力资源需求预测预警工作的实践看，对人力资源需求与经济、科技、教育相关性分析缺乏有效办法，大数据、云计算等现代专业技术手段和统计分析预测模型运用不足，使得人力资源需求预测结果不能有效反作用于经济社会发展、产业结构转型升级和人才培养结构动态调整。因此，要加强全国、地方和行业人力资源需求预测基础数据和相关技术支撑平台的建设工作，利用现有信息采集渠道基础，建立全国人力资源需求预测工作基础数据汇集平台和资源共享平台，促进人力资源人才需求预测工作的上下联动和区域（行业）间的交流与合作。

三　推动人力资源需求预测方法创新和信息反馈

当前，由于预测预警方法手段的落后，各种数据缺少定期深度分析，人力资源市场运行中的潜在问题与经济组织中劳资关系的动态变化没有进行科学比对。未来要有效应用互联网、大数据、云计算、O2O、人工智能等先进技术手段，创新人力资源需求预测的方式方法。有效应用人力资源总量需求预测模型以及人力资源市场景气指数等技术手段，提升需求预测的科学性。建立信息核查反馈机制，加强对原始数据材料的审查，克服虚报、瞒报、漏报等不良现象。充分发挥新媒体的作用，扩大广大劳动者获取人力资源需求信息的渠道。

第四节　搭建人力资源服务工作信息化平台

搭建人力资源服务工作信息化平台是人力资源市场信息监测体系建设的"最后一公里"，这其中搭建开放式的知识学习平台、搭建人力资源公共培训平台以及搭建选育用留仿真模拟平台都非常重要。

一 搭建开放式的知识学习平台

利用现代信息技术，建立人力资源市场相关知识学习公共服务平台，打造便利的知识普及、知识查询、知识测试等各类公共服务产品，为广大劳动者爱知识、学知识、用知识提供精准服务。通过新一代信息技术手段与产品，提供各种学习与获得知识的信息化平台。借助现代信息技术平台宣传国家制度优势和政策优势，将人工智能技术植入人力资源市场信息监测服务工作之中，提升人力资源市场信息的服务效能和效率。

二 搭建人力资源公共培训平台

整合人社、教育和各行业主管部门的各类教育培训公共资源，以及企业实训基地和中介机构教育培训资源等，建立纵向贯通、横向相连的人力资源公共培训管理网络，在一定程度上实现共用共享。以提高从业人员能力素质为核心，通过整合社会优质教育资源，建立一整套培训服务机制和体系，搭建人力资源公共培训平台。培训打造专业化的人力资源市场信息监测人才队伍，使之准确解读并有力执行国家政策，进而提升人力资源市场治理能力。

三 搭建选育用留仿真模拟平台

创新人力资源市场信息服务模式，形成分行业、分职业（工种）、分区域的人力资源供需对接平台，同时加强人力资源市场监测与模拟，为有效的人岗匹配提供便捷的服务。搭建基于大数据的人力资源选育用留仿真模拟平台，建立人力资源发展的多元复合仿真模型，通过实时的人力资源满意度追踪、人力资源个性化需求分析、人力资源供需平衡状态分析、人力资源发展生态环境监测等，提供精准的人力资源需求对接服务。

应用篇

人力资源市场信息监测的实践探索

理论源于实践，理论又指导实践，理论的生命力就在于解释并回答实践当中的问题。人力资源需求配置机制，尤其是人力资源市场分析指数研究与应用，是目前国内外关注的热点问题。指数已成为观察人力资源市场动态变化的风向标，同时也是国家治理、政府决策、企业用人和劳动者就业的重要参考。近年来，围绕人力资源市场指数构建，笔者在加强基础理论研究的同时，对人力资源市场信息整合、数据挖掘、产品化等方面也做了一些探索。通过多年探索，初步构建了六位一体的人力资源市场指数体系，并通过与部分人力资源服务机构和地方政府合作，对所构建指数的有效性进行了试测。同时，还尝试运用大数据、互联网等信息技术，研究开发相关分析工具与技术支撑平台。本篇将对上述实践创新和试测结果进行阐述。

一是基于职业结构变迁视角的乡村人力资源需求配置机制研究。在分析我国农村职业结构变迁的基本特征和未来走势以及乡村振兴人力资源需求类型及其与劳动力职业结构对应关系的基础上，系统分析了乡村振兴人才资源配置机制，即市场配置机制、政府引导机制和城乡融合机制，并从优化体制环境、出台制度政策、实施保障措施等方面提出了乡村振兴人力资源合理配置的有效策略。

二是基于人力资源服务机构数据的人力资源市场指数试测。借助上海某大型人力资源服务机构2011—2015年度职位数据库、外包数据库和薪酬调查数据库，以及上海统计局的宏观经济统计数据等，对上海地区人力资源市场指数进行了试测，结果表明：作为经济先行指标，人力资源需求总量指数和薪酬指数，与 GDP、采购经理人指数（PMI）、CPI 的走势基本吻合。

三是基于人才市场数据的人力资源市场指数设计思考。从数据获取的可行性出发，设计了基于某人才市场历史数据进行试算的方案，并对前述设计的指标体系与权重进行了相应简化与调整。经初步检验，上述人力资源市场指数基本上与区域经济社会发展走势相符合。

四是基于人力资源服务产业园视域的人力资源市场指数创新。在前述研究的基础上，以人力资源服务为主线，重点关注人力资源服务自身供给和需求状况，以及由此反映的人力资源市场状况和人力资源服务对经济社会发展的贡献状况，进而形成了由人力资源服务指数、人力资源市场指数和人力资源服务贡献指数等三个分指数构成的指数体系。这种分指数与特色指数并行的指数体系，既从一个侧面反映了人力资源市场服务的动态变化，也能反映人力资源服务产业园视域下人力资源市场服务的特色、特点。

五是基于职业大数据的人力资源市场指数应用探索。基于青岛英才网职位大数据系统，利用可靠的动态数据和科学的量化方法，通过构建人力资源市场需求指数，深入分析了人力资源市场需求状况及未来走势，努力探寻人力资源市场需求与经济社会发展之间的相互关系。试测结果表明：需求指数与我国国内生产总值具有较强的正相关性，承诺薪酬指数与月度CPI指数具有较强的正相关性。

第十六章

基于职业结构变迁视角的
乡村人力资源需求配置机制研究

本章基于职业结构变迁的视角,在梳理我国乡村人力资源优化配置的重要意义、农村职业结构变迁的基本特征和未来走势以及乡村振兴人力资源需求类型及其与劳动力职业结构对应关系的基础上,分析乡村振兴人力资源配置机制,即市场配置机制、政府引导机制和城乡融合机制,最后从优化体制环境、出台制度政策、实施保障措施等方面提出乡村振兴人力资源合理配置的有效策略。

第一节 乡村职业结构变迁的特征与走势

"农村"的本意是从事农业的农民集中居住的地方。[①] 随着我国农村经济发展,农业已不再是农村区域唯一产业。按照乡村振兴战略中有关"产业兴旺"的要求,以及"加快推进农业农村现代化"的决策部署,实施乡村振兴战略不仅要实现农业现代化,还要推进农村现代化。在实现农业农村现代化的过程中,不但要大力发展农业,还必须发展其他产业并且达到现代化水平,正如党的十九大报告指出的"促进农村一二三产业融合发展,支持和鼓励农民就业创业,拓宽增收渠道",这就需要不断强化人力资源对农业农村现代化的支撑保障作用。但从农村劳动力职业结构来看,由于一定目标和资源的约束,农村现有劳动力的职业配置状况很难满

---

① 韩俊:《乡村振兴战略不是要否定城镇化》,2018 年 2 月 26 日,中国网财经(http://finance.china.com.cn/news/20180226/4551060.shtml)。

足农业农村现代化建设的要求，必须提升农村人力资源配置的合理性①。

一 农村职业结构变迁的基本特征

职业结构反映了一定社会经济条件下劳动力的职业配置状况，其变动反映了产业发展、技术进步等对劳动力职业分布的影响。② 回望历史，我国农村的产业结构经历了从单一的产业结构到产业结构丰富化再到产业结构深化三个重要阶段，产业结构趋于合理化。③ 随着农村经济快速发展，尤其是产业结构的调整变迁，劳动力的职业结构也随之发生了显著变化。依据《中华人民共和国职业分类大典（2015年版）》（以下简称《大典》）的规定，"职业"是指从业人员为获取主要生活来源而从事的社会工作类别，并强调：职业须同时具备以下五个基本特征，即目的性、社会性、稳定性、规范性、群体性。按照中国人口和就业统计年鉴，就业人员的职业构成主要包括单位负责人、专业技术人员、办事人员和有关人员、商业和服务业人员、农林牧渔水利业生产人员、生产运输设备操作人员及有关人员、其他等七类，与《大典》中的8个大类（除军人外）基本吻合。本文所述的职业结构，就是指就业人员在上述七类职业中分布的比例关系。

1. 职业结构中的职业配比未呈现高级化

职业结构变迁具有一定规律性，是一个不以社会成员个人意志为转移的变迁过程，④ 农村职业结构变迁也不例外。随着经济发展和社会变革，我国城镇和农村的社会分工也要不断优化调整。据统计，2017年我国就业人员总数为77640万人，较2008年增长了2076万人，累计增长2.7%，而乡村就业人员人数在减少，2017年为35178万人，较2008年减少了8283万人，累计下降19.1%（见图16—1）。从2015—2017年乡村职业结构变化趋势看，除了商业服务业人员、农林牧渔水利业生产人员和生产运输设备操作人员及有关人员

---

① 黄梅：《乡村振兴战略中人才资源配置机制与策略研究——基于职业结构变迁的视角》，《中国人事科学》2020年第2期。
② 郭宇强：《中国职业结构变迁研究》，首都经济贸易大学出版社2008年版。
③ 张馨：《基于农村产业结构调整变迁的农村职业教育发展探究》，《农村经济与科技》2016年第11期。
④ "当代中国社会结构变迁研究"课题组：《2000—2005年：我国职业结构和社会阶层结构变迁》，《统计研究》2008年第2期。

的占比有所提高外,单位负责人、专业技术人员、办事人员和有关人员等的占比则有不同幅度的降低。特别是各类专业技术人员下降明显,其占比从 2015 年度的 12.2% 下降到 2017 年的 3.3%,下降了近 9 个百分点(见表 16—1)。由此可见,我国乡村职业结构的变迁仍未呈现高级化趋势。

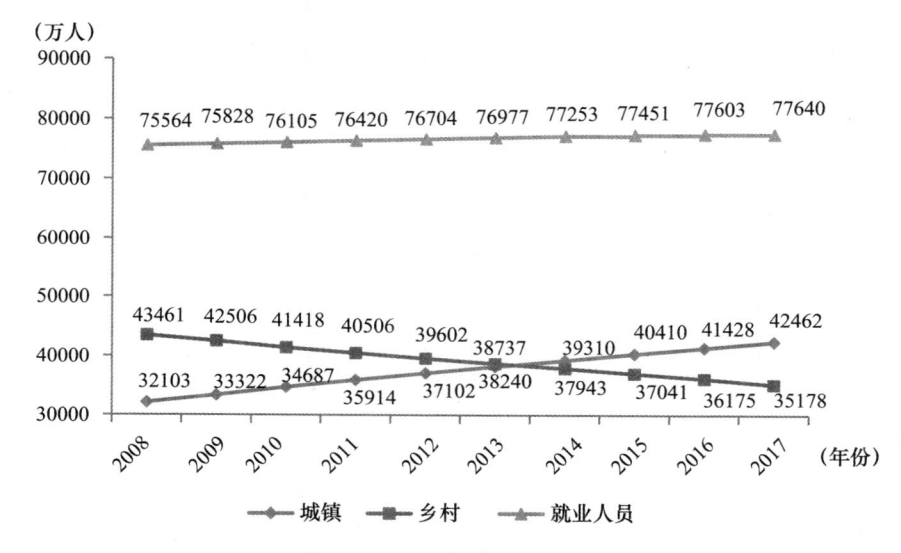

图 16—1　2008—2017 年我国城乡就业人员数量变化情况

资料来源:国家统计局人口和就业统计司编:《中国人口和就业统计年鉴—2018》,中国统计出版社 2018 年版。

表 16—1　　2015—2017 年我国乡村就业人员职业结构变化情况

年份	地域	项目	就业人员	单位负责人	专业技术人员	办事人员和有关人员	商业服务业人员	农林牧渔水利业生产人员	生产运输设备操作人员及有关人员	其他
2015	全国	百分比(%)	100.0	2.0	11.7	9.5	24.7	28.3	23.4	0.4
		数量(万人)	77451	1549	9062	7358	19130	21919	18124	310
	城镇	百分比(%)	100.0	1.6	11.2	11.3	42.9	4.2	28.2	0.6
		数量(万人)	40410	647	4526	4566	17336	1657	11396	242
	农村	百分比(%)	100.0	2.4	12.2	7.5	4.8	54.7	18.2	0.2
		数量(万人)	37041	902	4536	2792	1795	20262	6728	67

续表

年份	地域	项目	就业人员	单位负责人	专业技术人员	办事人员和有关人员	商业、服务业人员	农林牧渔水利业生产人员	生产运输设备操作人员及有关人员	其他
2016	全国	百分比（%）	100.0	2.0	11.3	9.9	25.3	27.5	23.5	0.5
		数量（万人）	77603	1552	8847	7683	19634	21341	18237	388
	城镇	百分比（%）	100.0	3.2	17.0	15.8	32.8	7.6	23.0	0.6
		数量（万人）	41428	1326	7043	6587	13588	3149	9528	249
	农村	百分比（%）	100.0	0.6	5.0	3.0	16.7	50.3	24.1	0.3
		数量（万人）	36175	226	1804	1096	6045	18192	8708	139
2017	全国	百分比（%）	100.0	1.7	9.0	9.3	30.1	27.6	21.7	0.6
		数量（万人）	77640	1320	6988	7221	23370	21429	16848	466
	城镇	百分比（%）	100.0	2.8	13.7	14.9	39.8	7.6	20.4	0.8
		数量（万人）	42462	1189	5817	6327	16900	3227	8662	340
	农村	百分比（%）	100.0	0.4	3.3	2.5	18.4	51.7	23.3	0.4
		数量（万人）	35178	131	1170	894	6470	18202	8186	126

说明：有关农村的数据是根据相关统计年鉴中有关全国和城市数据所进行的大致推算。

资料来源：国家统计局人口和就业统计司编：《中国人口和就业统计年鉴—2016》，中国统计出版社2016年版；国家统计局人口和就业统计司编：《中国人口和就业统计年鉴—2017》，中国统计出版社2017年版；国家统计局人口和就业统计司编：《中国人口和就业统计年鉴—2018》，中国统计出版社2018年版。

2. 职业结构中的产业分布逐步趋向合理化

所谓职业结构合理化，是指劳动力数量与比例能适应经济社会发展对劳动力的需求，主要指各职业分布的劳动力与产业发展的需求相适应。[①] 随着我国产业结构的调整，第一、二、三产业就业人员的比例由2015年的28.3∶29.3∶42.4转变为2017年的27.0∶28.1∶44.9，就业人员在三次产业中的布局日趋优化。从农村就业人员职业结构看，商业、服务业人员所占的比例从2015年的4.8%提升到2017年的18.4%，涉及第三产业的职业配置比例大幅提升；涉及农业的农林牧渔水利业生产人员所占的比

---

① 谢磊：《宁波市职业结构变迁特征及趋势分析》，《三江论坛》2016年第3期。

例从 2015 年的 54.7%下降到 2017 年的 51.7%（2016 年的比例略低于 2017 年），涉及第一产业的职业配置比例大幅降低，这一趋势与全国就业人员在三次产业中的分布走势大致相同。

3. 职业结构中的学历水平日益凸显低层次化

当前，我国农村职业结构变迁很大程度上仍是由经济发展的力量自发推动的，职业结构内的劳动力素质跟农村人口结构相关，总体上仍处于低层次水平，这在一定程度上已成为农村职业结构优化的硬约束。据测算，截至 2017 年年底，乡村就业人员中未上过学、小学、初中、高中、中等职业教育、高等职业教育、大学专科、大学本科、研究生等的占比分别为 4.5%、30.8%、49.9%、8.8%、2.7%、0.5%、2.1%、0.7%、0.0%，与 2015 年相比，大学专科及以上（含高等职业教育）占比下降了 10 个百分点。以专业技术人员的学历结构为例，2015—2017 年大学专科及以上（含高等职业教育）学历人员占比从 49.5%下降为 23.7%（见表 16—2）。2016 年第三次农业普查数据显示，农业生产经营人员初中及以下文化程度占比高达 91.7%。由此可见，在农村劳动力减少的过程中，农村专业技术人员的素质增长与农村经济社会发展需求是不同步的，在一定程度上也表明专业技术人员的数量和素质没有满足农村发展的需要。

表 16—2　2015—2017 年我国乡村就业人员按职业的受教育程度构成　（单位：%）

年份	受教育程度	就业人员	单位负责人	专业技术人员	办事人员和有关人员	社会生产服务和生活服务人员	农林牧渔业生产及辅助人员	生产制造及有关人员	其他
2015	总计	100	100	100	100	100	100	100	100
	未上过学	1.6	0.0	1.5	0.0	1.5	7.6	1.2	2.6
	小学	14.2	0.0	6.2	3.4	13.3	45.2	15.7	18.8
	初中	52.6	51.3	24.9	19.8	56.5	45.7	66.6	62.2
	高中	13.4	26.4	8.7	20.4	17.8	1.3	10.0	15.9
	中等职业教育	4.9	3.8	9.2	6.2	5.5	0.2	3.3	0.0
	高等职业教育	1.4	1.6	2.2	2.5	1.5	0.0	0.9	0.0

续表

年份	受教育程度	就业人员	单位负责人	专业技术人员	办事人员和有关人员	社会生产服务和生活服务人员	农林牧渔业生产及辅助人员	生产制造及有关人员	其他
2015	大学专科	6.8	16.4	20.4	25.1	3.9	0.0	2.0	0.0
	大学本科	4.6	0.5	23.9	21.2	0.0	0.0	0.2	0.0
	研究生	0.5	0.0	3.0	1.4	0.0	0.0	0.1	0.5
2016	总计	100	100	100	100	100	100	100	100
	未上过学	4.4	0.4	0.8	0.3	2.9	7.2	1.4	2.2
	小学	27.4	6.0	6.2	6.2	23.9	39.2	20.3	18.3
	初中	48.6	32.0	24.6	28.0	73.2	47.2	70.1	60.6
	高中	6.9	18.8	10.7	15.6	0.0	5.0	6.8	16.6
	中等职业教育	2.2	5.5	8.1	7.0	0.0	0.7	1.2	0.0
	高等职业教育	0.6	2.6	2.3	2.3	0.0	0.1	0.2	1.8
	大学专科	4.8	18.0	21.7	21.2	0.0	0.4	0.0	0.0
	大学本科	4.5	15.1	22.7	18.4	0.0	0.2	0.0	0.5
	研究生	0.6	1.6	2.9	1.2	0.0	0.0	0.0	0.0
2017	总计	100	100	100	100	100	100	100	100
	未上过学	4.5	0.1	1.4	0.2	1.6	6.6	2.2	2.9
	小学	30.8	11.1	9.9	12.7	14.8	39.2	29.1	39.2
	初中	49.9	54.0	39.2	52.3	62.6	48.1	42.9	0.0
	高中	8.8	22.4	13.8	15.3	11.8	4.9	16.3	25.5
	中等职业教育	2.7	5.5	12.0	7.7	4.2	0.7	4.8	9.5
	高等职业教育	0.5	1.2	3.2	1.5	0.7	0.1	0.8	1.1
	大学专科	2.1	5.7	14.9	7.5	3.2	0.3	2.9	14.3
	大学本科	0.7	0.0	5.6	2.3	1.1	0.1	1.0	7.4
	研究生	0.0	0.0	0.0	0.5	0.0	0.0	0.0	0.1

说明：有关农村的数据是根据相关统计年鉴中有关全国和城市数据所进行的大致推算。

资料来源：国家统计局人口和就业统计司编：《中国人口和就业统计年鉴—2016》，中国统计出版社 2016 年版；国家统计局人口和就业统计司编：《中国人口和就业统计年鉴—2017》，中国统计出版社 2017 年版；国家统计局人口和就业统计司编：《中国人口和就业统计年鉴—2018》，中国统计出版社 2018 年版。

二 乡村振兴战略中农村职业结构变迁基本走势判断

党的十九大报告中提出了我国乡村振兴战略"产业兴旺、生态宜居、乡风文明、治理有效、生活富裕"的总要求。要实现这个目标，需要足够的劳动力予以支撑，这对当前我国相对落后的农村职业结构会产生很大冲击。

1. 农村职业结构加快高级化进程

如前所述，2015—2017 年，我国农村劳动力中只有商业服务业人员、农林牧渔业生产和生产运输设备操作人员及有关人员的占比逐年有所提高，单位负责人、专业技术人员等其他职业的占比则都有不同程度的下降。但从我国乡村振兴战略的总体部署和要求看，未来农村对单位负责人（如私营企业主、公共文化单位负责人、基础教育机构校长等）、专业技术人员（农林牧渔业专业技术人员、乡村基础教育专业技术人员、公共文化专业技术人员、乡村医疗卫生专业技术人员、乡村社会治理专业技术人员）等职业将产生非常旺盛的需求。此外，近年来，农村商业服务业人员的占比虽有所提高，但从内部结构来看，从事文化、精神需求服务的文化、体育和娱乐业从业人数非常少，这也在一定程度上阻碍了乡村职业结构高级化进程。由此可见，仅凭农村现有人口推动职业结构步入高级化阶段的难度非常大，必须在全国范围内配置适宜的劳动力资源。

2. 农村职业结构日益趋向合理化

从总体来看，乡村职业结构调整仍然滞后于农村经济社会的发展，各职业从业人员的数量、质量和增长速度与农村产业结构的匹配程度有很大的提升空间。这种不合理的职业结构将对农村产业结构调整升级产生制约效应。按照乡村振兴战略中"产业兴旺"的要求，农村产业结构优化升级势在必行，与之对应的职业结构也必然发生调整，朝着产业布局合理化方向变迁：农村第一产业的就业比例仍将保持低速下降趋势；以农产品生产加工为代表的第二产业就业比例从短期的小幅上升必然过渡到大幅提升；第三产业的就业比例将出现大幅度上升的态势。也就是说，农村职业结构必须要满足农村相关产业发展的需要。当然，我国农村产业格局和职业结构的形成与发展是一个长期的过程，职业结构优化调整也必然是一个复杂的长期过程。

3. 新型职业农民职业化水平不断提升

据统计，2018 年全国农民工总量为 28836 万人，比 2017 年增加 184 万人，其中外出农民工 17266 万人，比 2017 年增加 81 万人。《2017 年农民工监测调查报告》显示，2017 年，农民工平均年龄为 39.7 岁，其中 40 岁及以下农民工所占比重最大（52.4%）。对于农业劳动力特别是素质相对较高的青壮年劳动力而言，离乡进城仍然是他们主要的就业选择。近年来，这种严重失衡的劳动力流动方式依然没有逆转，已危及我国现代农业发展的根基。从农民受教育程度来看，文化程度在初中及以下的农业劳动力占 83%，农业劳动生产率仅相当于第二产业的 1/8、第三产业的 1/4、世界平均水平的 1/2，农民素质水平难以支撑现代农业发展的重任。① 乡村振兴的关键在人，培育新型职业农民是乡村振兴重要的基础性工作。新型职业农民是以农业为职业、具有相应的专业技能、收入主要来自农业生产经营并达到相当水平的现代农业从业者。② 新型农民与传统农民不同，它不再是身份，而是一种主动选择的"职业"，③ 在农村职业结构变迁中必须予以重点关注。

第二节　人才资源配置在乡村职业结构跃迁中的作用

人力资源作用发挥和效能提升需要合理的流动配置。从当前我国农村人力资源配置的实际情况看，现阶段农村人才队伍规模、结构、素质和效能都已经成为全面推进乡村振兴战略的短板，不能为脱贫攻坚和乡村振兴提供强有力的支撑。

---

① 韩长赋：《大力培育新型职业农民　为建设现代农业提供人才支撑》，2013 年 11 月 18 日，农博网（http：//news.aweb.com.cn/20131118/542580952.shtml）。

② 农业部：《关于印发〈"十三五"全国新型职业农民培育发展规划〉的通知》，2018 年 1 月 5 日，农业部网站，（http：//jiuban.moa.gov.cn/zwllm/ghjh/201701/t20170122_5461506.htm）；陈磊：《大力培育新型职业农民》，2018 年 7 月 24 日，搜狐网（http：//www.sohu.com/a/243025463_626193）；习近平：《九字定义新型职业农民》，2017 年 4 月 13 日，央视网（http：//news.cctv.com/2017/04/13/ARTIvR6V1TPBozMlqIKZqGY8170413.shtml）。

③ 刘杰：《新型职业农民，怎么培育怎样成长》，《光明日报》2019 年 2 月 12 日第 15 版。

一 实施乡村振兴战略所需人才类型界定

人才资源作为劳动力资源中素质层次相对较高的部分，在乡村人力资源发展中具有重要的战略地位。按照党的十九大报告中提出的乡村振兴战略"产业兴旺、生态宜居、乡风文明、治理有效、生活富裕"的总要求，结合我国乡村振兴人才发展现状和未来需求，按照农村劳动力职业结构的划分标准，本章将乡村振兴人才主要分为乡村产业振兴人才、乡村基础教育人才、乡村社会治理人才、乡村文化事业人才、乡村医疗卫生人才和新型职业农民等六种类型（见图16—2）。其中，乡村产业振兴人才主要指农林种植业、畜牧养殖业、渔业养殖业和乡村旅游等产业振兴所需的各类人才；乡村基础教育人才主要指幼儿园、小学、初中和高中等乡镇基础教育机构的专任教师、行政人员、教辅人员和工勤人员等；乡村社会治理人才主要指乡村规划建设人员、乡村生态环保人员、就业指导与服务人员、移风易俗宣传人员、食品监督管理人员、法律服务人员、扫盲工作人员、科学普及人员和土地资源整治与管理人员等各种岗位类型的基层社会治理

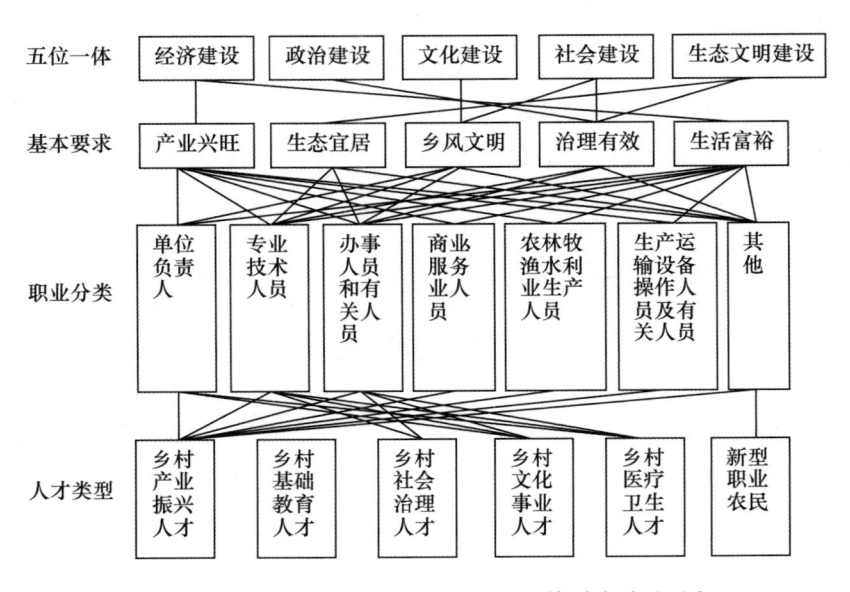

图16—2 乡村振兴人才与农村职业结构对应关系示意

人才；乡村文化事业人才主要指乡镇公共文化管理人才、公共文化专业技术人才、基层业余文化人才、公共文化服务志愿者等岗位类型；乡村医疗卫生人才主要指乡镇卫生机构执业医师、执业助理医师、见习医师、全科医生、注册护士、助产士、西药师（士）、中药师（士）、检验技师（士）、影像技师（士）、卫生监督员、公共卫生人员、村卫生室医生、管理人员和工勤技能人员等岗位类型；新型职业农民主要是指以农业为职业的经营型、服务型和生产型的农民。

二　人才资源合理配置助推乡村职业结构跃迁

自然资源部调查数据显示，2016年年末全国乡村实用人才总量近1900万人，占乡村就业人员总数的比例不到5%。[①] 职业结构上连产业布局，下接人力资源和人口资源调整。[②] 可以说，农村的职业结构与农村功能定位是分不开的，随着农村产业结构的变迁而变迁；同时，农村职业结构的调整，同样会带来人力资源的重新配置，这个过程中也许会伴随着人口迁徙。因此，在我国实现农业农村现代化的进程中，仅凭农村现有劳动力资源和人口资源，不仅难以承担农业现代化建设任务，更不可能承担农村现代化建设任务。在这种情况下，必须构建合理的人力资源配置机制，引导农村以外各方面人力资源参与农业农村现代化建设，推进城乡之间人力资源的双向流动，以人力资源集聚助力乡村职业结构跃升，进而推动农村产业发展和社会进步。

第三节　乡村振兴战略中人力资源配置机制的构建

当前，我国经济正处于由高速增长阶段向高质量发展阶段转变的关键期，制约人力资源配置中市场决定性作用的发挥以及更好地发挥政府作用的体制机制壁垒依然存在，直接影响着人力资源的配置效率。综观国内外

---

① 张雅光：《新时代推进乡村人才振兴的困境与对策》，《中国人才》2018年第11期。
② 董鑫、李岩、邹春霞：《京津冀发展要保持合理职业结构》，《北京青年报》2017年12月21日。

相关文献，目前关于乡村振兴战略下人力资源配置的研究大多局限于现状与趋势研究、乡村振兴战略实施关键点与路径等方面，针对乡村振兴战略下人力资源开发与配置方面的研究还很缺乏。"使市场在资源配置中起决定性作用和更好发挥政府作用"，这是以习近平同志为核心的党中央对马克思主义政治经济学的重大发展，也是我们党对"政府与市场关系"认识的一次质的飞跃。① 如前所述，我国乡村振兴的现实困境也决定了需要市场、政府和社会有机结合，在清晰界定各自的政策边界条件基础上，建立起相应的激励相容机制。因此，本文基于人力资源开发与配置的相关理论，在正确理解乡村振兴战略的目标定位和"政府与市场关系"的基础上，提出乡村人力资源配置的机制，即：人才资源市场配置机制、政府引导机制和城乡融合机制。

一 市场配置机制

从传统类型划分来看，人力资源的配置方式有计划和市场两种方式。人力资源配置需要政府和市场两种力量共同发挥作用，但市场机制的力量应当是基础性和决定性的，是人力资源配置的基本支撑。乡村振兴战略是解决我国社会主要矛盾的重要举措，具有全面性和长期性特征，这就内在决定了乡村人力资源振兴必须主要依赖完备的市场机制持续推进。实践已反复证明，人力资源作为重要的生产要素，在社会主义市场经济条件下，市场配置方式是一种更为行之有效的方式。因此，必须尊重客观规律，充分发挥市场在乡村人力资源配置中的决定性作用，将更多人力资源配置到农村经济社会发展的重点领域和薄弱环节，满足乡村振兴对人力资源要素的需求，发挥人力资源推动乡村振兴的积极作用。

二 政府引导机制

政府主导的计划配置是国家采用行政命令手段调配人力资源，人力资源的流动主要按照国家意志而不是劳动者本身意愿，因而很难实现人力资源自身价值及其社会收益的最大化。在我国社会主义市场经济体制下，人

---

① 张杰：《把握好政府和市场关系是建设现代化经济体系的核心》，2018年4月3日，人民网（http://theory.people.com.cn/n1/2018/0403/c40531-29904247.html）。

力资源配置不可能再走计划配置的老路,不能简单使用行政手段对人才进行"围追堵截"。但是,市场机制的有效运行必须以高效的政府制度供给为先决条件。就农村人力资源有效配置而言,人力资源市场制度是根本制度,但如果没有土地制度、农业经营制度、集体经济产权制度、法律制度、社会保障制度、收入分配制度等的供给,市场机制在乡村人力资源配置方面的作用就会受到市场自身缺陷的阻碍。① 当然,政府在制定乡村人力资源振兴规划和支持政策、建立乡村振兴人力资源监测评估机制等方面的重要作用也是不可替代的,但政府的作用边界应当有所限制,特别是不能再度以超强的行政手段高度集中和分配资源的非市场化方式来推进乡村人力资源发展,否则,乡村振兴的推进过程必然缺乏基本的稳定性和持续性。

三 城乡融合机制

城乡融合机制是农村人才资源配置的基本手段。② 乡村发展不充分、城乡之间发展不平衡,是当下我国社会主要矛盾的突出表现。乡村振兴不是封闭的,不能只是局限在乡村内部的重建和提升。在新的历史条件下,乡村人才振兴必然是开放性的,必须有城乡资源的集成融合,这其中既有农村内部人才资源的盘活激励,也有外部城市人才资源的整合集聚。通过融合实现城乡互利共赢是乡村振兴战略的基本要求,这其中构建推进城乡融合发展的人才要素融合机制是关键性的制度支撑。城乡融合并不是统筹城乡人才资源数量的分配过程,而是城乡互利共赢的过程。从另一角度看,以城乡融合实现乡村人才振兴具有多元政策目标,不仅要保障既有乡村人才,尤其是原有户籍乡村人口的基本权利和利益,也要保障新进入乡村发展人才群体的基本权利和利益。

第四节 乡村振兴战略中人才资源
合理配置的有效策略

综上所述,为弥补市场对人力资源配置的缺陷,提高我国农村人力资

---

① 谢玉梅:《我国乡村振兴战略的实施路径》,《光明日报》2018 年 3 月 21 日。
② 郭晓鸣:《乡村振兴战略的路径选择与突破重点》,《中国乡村发现》2018 年第 1 期。

源配置的效率，需要积极探寻合理配置人力资源的有效策略，从优化体制环境、出台制度政策、实施保障措施等方面采取若干调控措施。

一　优化城乡人力资源融合发展的体制环境

城乡二元体制作为我国现代化起步阶段规范城乡关系的制度安排，在一定程度上助推了资源从农村单向流向城市的基本格局，也客观上造成了城乡劳动力职业地位和收入水平的明显差别。这种二元体制下形成的户籍制度和人事制度，将农村人口中素质较高的新增劳动力选拔到城市，使得城市集聚了越来越多的受教育程度较高的人才；人力资源市场制度则将农村中青壮年劳动力大量吸引到城市成了"农民工"[①]。城乡"二元制"遗留下来的一些体制性障碍依然阻碍着城乡人力资源的合理流动。因此，在实施乡村振兴战略背景下，必须拆除城乡人力资源流动的体制性障碍，才能实现城乡人力资源融合发展。

二　制定城乡人力资源融合发展的政策体系

乡村振兴是以城乡融合为基本手段的重大战略选择，必须进一步打破城乡二元体制的壁垒，实现城乡之间人力资源要素的对等流动。实施乡村振兴战略，必须以城乡人力资源开发一体化的政策融合为基本指向，突破原有的城市与乡村相互分离脱节的两套政策框架，通过分析评估现有相关政策，从政策优化、整合和创新等维度精准发力，提升政策效力、强化政策合力，构建起与乡村振兴相适应的新的人才政策体系。[②] 研究制定鼓励和引导人才向农村流动的政策措施，加大户籍、土地、财政、税收、金融、社会保障等方面的政策供给，通过政策引导人力资源向农村地区流动。

三　实施乡村职业结构跃迁的制度安排

当前，我国总体的职业结构处于快速变迁期，而农村产业结构和职业

[①] 海皮：《十九大"乡村振兴战略"解读及建言》，2017年12月6日，澎湃网（https://www.thepaper.cn/newsDetail_forward_1890821）。

[②] 郭晓鸣：《乡村振兴战略的路径选择与突破重点》，《中国乡村发现》2018年第1期。

结构变迁还处于初级阶段，农村职业结构与经济发展很不相称。也就是说，配置比例应该扩大的职业的上层如商业服务业人员、办事人员、专业技术人员等还没有实质性提高，职业中间层的比例太小，大多数农村劳动力仍处于职业结构的中下层和底层。一般而言，职业结构变迁很大程度上是在社会制度和政策缺位的情况下由经济发展的力量自发推动。改革开放以后，我国一些社会制度和政策的调整催生了私营企业主、个体工商户、农民工等新的职业群体。乡村振兴战略背景下，新型职业农民这一群体应运而生。因此，形成有利于乡村职业结构跃迁的制度安排至关重要。

四　建立农村职业结构动态跟踪机制

围绕职业结构变迁，定期搜集整理近年来全国各类统计年鉴、人口普查和各类调查中有关农村职业结构的数据，建立农村职业结构变动基础信息数据库。利用大数据技术研究农村产业结构变动、相关制度变迁、劳动力素质变化对农村职业结构的影响，分析与预测农村产业结构变化、职业变动趋势、人口迁移规律，定期发布农村职业结构变动趋势报告。创建基于大数据和人工智能技术的职业结构变迁仿真模拟平台，针对农村不同职业群体的特点，借助实时的满意度追踪、个性化需求分析与供需平衡状态分析、劳动力发展环境监测等，建立农村劳动力职业结构演化的仿真模型，对接不同职业群体发展需求，服务劳动力开发配置。

五　探索农村人力资源需求动态监测机制

根据农村产业和社会发展需求，制定农村人力资源需求目录。依据国家标准职业分类和我国乡村振兴实际，完善乡村振兴人力资源统计制度。建立健全城市人力资源数据库、乡村人力资源数据库和乡村振兴重点领域专家数据库。鼓励社会力量参与建设兼顾农村、政府、企业等多方需求的农村人力资源信息开发云平台。运用大数据和人工智能等技术，搭建乡村人力资源需求预测预警仿真模拟平台，动态反映人力资源需求与紧缺状况。创新人力资源市场信息服务模式，形成并完善分行业、分专业、分职业的多层级农村人力资源供需对接平台。建立乡村人力资源供求市场化调节机制，依据农村产业发展调整人力资源引育方向和重点。

第十七章

基于人力资源服务机构数据的人力资源市场指数试测

本章借助上海某大型人力资源服务机构2011—2015年度职位库、外包和薪酬调查数据库，以及上海统计局的宏观经济统计数据等，以上海地区为研究对象，以2011年为基期，对简化的人力资源市场指数进行试算，以验证第八章设计的人力资源市场指数体系的实用性和有效性。

第一节 指数结构简化与调整

一 指标体系简化

鉴于现有数据很难支撑上述设计的指数体系，必须对人力资源市场指标体系进行相应简化与调整，以形成一个简化型的指标体系（见表17—1）。目前该指数仅包括基于职位数据库的需求指数、基于薪酬调查数据库的薪酬指数和基于外包数据库的流动指数三部分。同时，在指标体系简化以后，必须对各指标的权重也做出相应调整，以形成指标与权重之间的一一对应关系。鉴于最终进入指数运算的指标数量很少，故本研究对权重进行了简单化处理。

表17—1　　　　人力资源市场信息采集指标简化体系

一级指标	二级指标	三级指标	数据来源
需求指标	需求总量	需求总人数	职位库
	需求结构	不同行业需求人数	
		不同职位需求人数	
		不同学历需求人数	
		不同所有制单位需求人数	
薪酬指标	薪酬水平	总体实际薪酬平均水平	薪酬调查库
	薪酬结构	不同行业实际薪酬平均水平	薪酬调查库
		不同职位实际薪酬平均水平	
		不同所有制单位实际薪酬平均水平	
流动指标	流动速度	总体净雇佣率	外包库
	流动结构	不同行业净雇佣率	
		不同所有制单位净雇佣率	

二　指数构成调整

为适应人力资源市场指标体系构成的简化，基于历史数据测算的上海地区人力资源指数体系的构成也需进行相应的调整（见图17—1）。

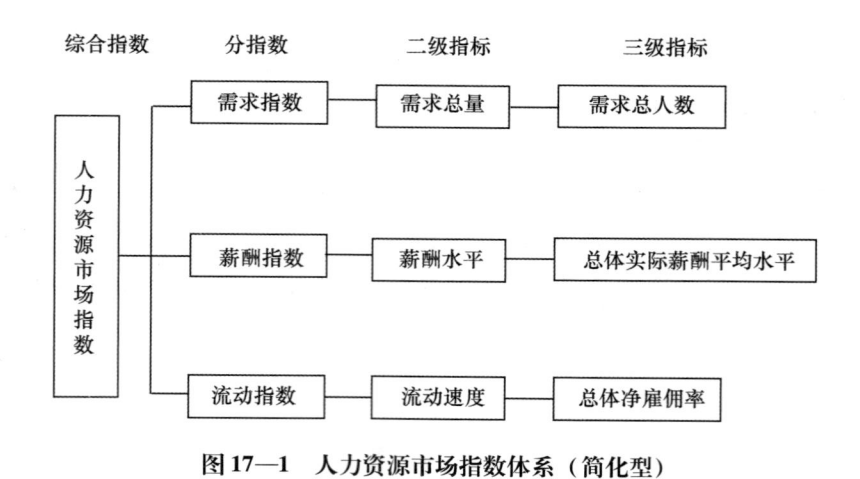

图17—1　人力资源市场指数体系（简化型）

需要说明的是，二级指标中需求结构、薪酬结构、流动结构和流动方向指标暂不进入需求指数、薪酬指数和流动指数等分指数的运算，而作为三级指标独立存在，并为图17—1中相应的需求指数、薪酬指数和流动指数的解释提供基础数据支撑。

三　指数基期确定

人力资源市场指数的周期，按其长短可以分为年度、季度、月度、周和实时等几种形式。对于具有重要决策意义的指数，应根据决策的周期需要来确定指数周期类型。从国内外的经验看，人力资源市场指数一般可采用月度、季度和年度几个周期为宜。所形成的不同周期的指数数列，既能反映市场的短期波动、季节变化，也能揭示中长期发展变化。因此，基于现有数据库的支撑情况，本指数测算将仅运用年度这种指数类型。为了方便计算，并考虑到基期的稳定性，结合相关专家的建议，以2011年作为年度指数的基期。

第二节　指数的具体测算结果

一　需求指数以及二级指标需求结构的测算

如前所述，在需求指数的测算中，二级指标中的需求结构指标暂不进入需求指数这一分指数的运算，而作为三级指标独立存在，因此需要对其进行单独测算，并以此为需求指数的解释提供基础数据支撑。在目前的需求指数测算中，仅包括二级指标中的需求总量指标（见图17—2）。

分指数	二级指标	三级指标
需求指数	需求总量	需求总人数

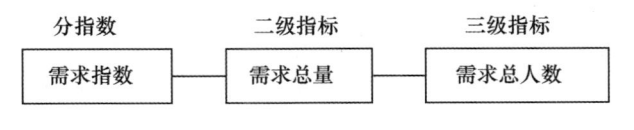

图17—2　人力资源市场需求指数结构（简化型）

1. 计算三级指标需求总人数的绝对数值

按年度整理企业招聘总职位数（2011—2015年），形成2011—2015年需求总人数表（见表17—2）。

表17—2   2011—2015年需求总人数

年份	2011	2012	2013	2014	2015
总职位数（人）	2284	2179	2436	2558	2386

2. 计算二级指标需求总量的绝对数值

由于目前需求总量指标对应的三级指标仅为需求总人数指标，无须进行相对化处理。对于需求总量指标$Y_{11}^{(n)}$的计算，可采用公式（17—1）。

$$Y_{11}^{(n)} = W_{111} \times Y_{111}^{(n)} \tag{17—1}$$

其中，$Y_{111}^{(n)}$代表各年度（2011—2015年）需求总量指标对应的三级指标需求总人数的具体数值，W_{111}代表需求总量该二级指标下三级指标需求总人数的权重（因为需求总量指标对应的三级指标仅有需求总人数这一个指标，故该权重值为1）。

基于此，形成2011—2015年需求总量表（此处，与2011—2015年需求总人数表相同，见表17—3）。

表17—3   2011—2015年需求总量

年份	2011	2012	2013	2014	2015
需求总量（公式）	$Y_{11}^{(0)}$	$Y_{11}^{(1)}$	$Y_{11}^{(2)}$	$Y_{11}^{(3)}$	$Y_{11}^{(4)}$
需求总量（人）	2284	2179	2436	2558	2386

3. 计算需求指数

首先进行无量纲处理（即相对化处理），本研究采用指数计算方法。对于需求指数$I_1^{(n)}$的计算，可采用公式（17—2）。

$$I_1^{(n)} = \left(W_{11} \times \frac{Y_{11}^{(n)}}{Y_{11}^{(0)}}\right) \times 100 \tag{17—2}$$

其中，$I_1^{(n)}$代表需求指数；W_{11}代表二级指标的权重（由于二级指标仅有需求总量一个，所以其权重为1）；$Y_{11}^{(n)}$为需求总量指标各年度（2011—2015年）的具体数值；$Y_{11}^{(0)}$为需求总量指标基期（2011年度）的具体数值。

基于此，形成以2011年度为基期的需求指数表（2011—2015年，见表17—4）。

表17—4　　　　　　　　2011—2015年需求指数

年份	2011	2012	2013	2014	2015
需求总量	$Y_{11}^{(0)}$	$Y_{11}^{(1)}$	$Y_{11}^{(2)}$	$Y_{11}^{(3)}$	$Y_{11}^{(4)}$
各年度需求指数	$I_{11}^{(0)}$ $I_{11}^{(0)} = \dfrac{Y_{11}^{(0)}}{Y_{11}^{(0)}}$ $\times 100$ 100	$I_{11}^{(1)}$ $I_{11}^{(1)} = \dfrac{Y_{11}^{(1)}}{Y_{11}^{(0)}}$ $\times 100$ 95	$I_{11}^{(2)}$ $I_{11}^{(2)} = \dfrac{Y_{11}^{(2)}}{Y_{11}^{(0)}}$ $\times 100$ 107	$I_{11}^{(3)}$ $I_{11}^{(3)} = \dfrac{Y_{11}^{(3)}}{Y_{11}^{(0)}}$ $\times 100$ 112	$I_{11}^{(4)}$ $I_{11}^{(4)} = \dfrac{Y_{11}^{(4)}}{Y_{11}^{(0)}}$ $\times 100$ 104

4. 二级指标需求结构的单独测算

对于二级指标需求结构的测算，只需计算其对应的各三级指标的绝对数值即可（见表17—5）。

表17—5　　　　二级指标需求结构对应的三级指标构成

二级指标	三级指标
需求结构	不同行业需求人数
	不同职位需求人数
	不同学历需求人数
	不同所有制单位需求人数

（1）不同行业需求人数

对于行业的划分，尽量保持三个数据库的统一，建议采用一级行业的划分标准（参照上海地区第三次经济普查的数据，可根据实际情况进行调整，参见附录1），然后计算各行业对应的需求人数指标（2011—2015年）的绝对数值即可。

基于此，形成2011—2015年不同行业需求人数表（见表17—6）。

表17—6　　　　　　2011—2015年度各行业需求人数　　　　　　单位：人

序号	行业分类	2011年	2012年	2013年	2014年	2015年
1	工业	987	906	1054	1090	1045
2	建筑业		1	4	1	7

续表

序号	行业分类	2011年	2012年	2013年	2014年	2015年
3	批发和零售业	489	380	433	405	333
4	交通运输、仓储和邮政业	107	95	157	108	93
5	住宿和餐饮业	20	7	18	16	3
6	信息传输、软件和信息技术服务业	118	115	115	133	92
7	金融业	173	301	285	422	451
8	房地产业	36	31	56	34	17
9	租赁和商务服务业	242	245	185	162	172
10	科学研究和技术服务业					
11	水利、环境和公共设施管理业	24	21	13	46	28
12	居民服务、修理和其他服务业	3	1	4	14	7
13	教育	15	13	7	15	7
14	卫生和社会工作	30	32	43	75	100
15	文化、体育和娱乐业	38	29	46	31	31
16	公共管理、社会保障和社会组织	2	2	16	6	

（2）不同职位需求人数

对于职位的划分，原则上要保持三个数据库的统一，但从实际情况看，做到职位的统一是比较困难的，所以三个数据库暂且可保持自己的职位划分方法，然后计算各职位对应的需求人数指标（2011—2015年）的绝对数值即可。

基于此，形成2011—2015年上述不同职位需求人数表（见表17—7）。

表17—7   2011—2015年度不同职位需求人数

序号	职位分类	2011年	2012年	2013年	2014年	2015年
1	计算机管理类	7	9	11	14	13
2	计算机软件开发	2	2	8	4	5
3	计算机硬件	37	25	56	47	26
4	计算机其他	19	15	17	17	16
5	互联网网站人员	17	6	10	28	13

续表

序号	职位分类	2011年	2012年	2013年	2014年	2015年
6	通信类		2	2	2	2
7	市场销售高级职位	13	7	16	23	21
8	市场销售经理	59	55	61	81	78
9	市场销售代表	195	166	186	202	208
10	市场销售助理	197	224	224	201	237
11	广告公关人员	20	11	10	9	9
12	高级财务人员	2	5	7	7	12
13	中级财务人员	25	20	14	34	27
14	一般财务人员	103	126	132	138	112
15	初级财务人员	166	161	152	153	103
16	金融服务人员	45	121	116	181	208
17	人事行政总监	1	2	8	1	3
18	人事行政经理	20	20	17	20	13
19	人事人员	145	107	127	156	132
20	行政人员	302	261	303	363	337
21	初级行政人员	377	361	414	374	334
22	总裁类	8	5	11	4	4
23	咨询顾问	21	23	20	11	19
24	企业物流	66	66	72	57	70
25	运输物流	39	35	35	26	22
26	采购	43	54	55	58	46
27	贸易	48	19	40	35	40
28	纺织品/服装	11	12	10	3	12
29	生产管理	19	20	12	21	3
30	生产技术	53	45	34	61	49
31	生产质量	27	33	21	35	33
32	生产设备	11	9	9	12	7
33	生产人员	7	2	1	6	12
34	生产类其他人员	2	6	5	4	12
35	工程管理	2	4	4	3	3
36	工程技术	23	8	17	10	12

续表

序号	职位分类	2011 年	2012 年	2013 年	2014 年	2015 年
37	工程质量	2	1			1
38	工程设计预算			1	1	
39	宾馆餐饮服务			15	1	
40	商业零售服务	6	3	23	5	18
41	娱乐体育服务				1	2
42	房地产	2	1	9	1	1
43	物业管理服务	11	10	3	2	2
44	文字编辑	5	5	2	2	2
45	艺术设计	11	12	7	20	13
46	律师法务	4	10	12	22	19
47	科研人员			3	1	4
48	教师	2	6	7		1
49	生物/化工/制药/医疗器械	5	9	12	16	13
50	医疗护理			2		
51	学生类	81	44	66	41	18
52	翻译类	15	15	13	8	10
53	其他类	8	13	26	35	31

（3）不同学历需求人数

对于学历的划分，可以按照博士、硕士、本科、大专/高职、高中及以下的划分方法。然后计算各学历层次对应的需求人数指标（2011—2015 年）的绝对数值即可。

基于此，形成 2011—2015 年上述不同职位需求人数表（见表17—8）。

表17—8　　　　2011—2015 年度不同学历需求人数　　　　（单位：人）

序号	学历类型	2011 年	2012 年	2013 年	2014 年	2015 年
1	高中及以下	177	160	183	157	191
2	大专	1024	985	944	946	836
3	本科	1070	1025	1292	1436	1355

续表

序号	学历类型	2011年	2012年	2013年	2014年	2015年
4	硕士	13	9	17	18	4
5	博士				1	

（4）不同所有制单位需求人数

对于所有制单位的统计，可以参照上海地区第三次经济普查的划分方法。然后计算各所有制类型单位对应的需求人数指标（2011—2015年）的绝对数值即可。

基于此，形成2011—2015年上述不同所有制类型企业需求人数表（见表17—9）。

表17—9　　2011—2015年度不同所有制类型企业需求人数

序号	所有制类型	2011年	2012年	2013年	2014年	2015年
1	内资企业	145	129	71	78	146
2	国有企业	120	118	65	60	130
3	集体企业	—	—	—	—	—
4	股份合作企业					
5	联营企业					
6	有限责任公司	—	—	—	—	—
7	股份有限公司	25	11	6	18	16
8	私营企业					
9	其他内资企业					
10	港、澳、台商投资企业	253	260	315	350	125
11	外商投资企业	1886	1790	2050	2130	2115

二　薪酬指数以及二级指标薪酬结构的测算

如前所述，在薪酬指数的测算中，二级指标中薪酬结构指标暂不进入薪酬指数这一分指数的运算，而作为三级指标独立存在，并以此为薪酬指数的解释提供基础数据支撑。在目前的薪酬指数测算中，仅包括二级指标中的薪酬水平指标（见图17—3）。必须说明的是，此处的薪酬指的是月薪，社会平均工资也是指月均工资。

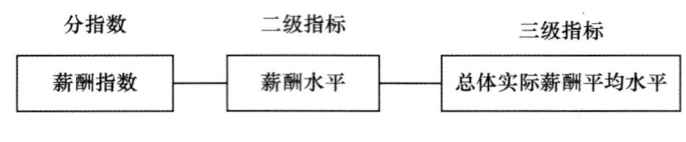

图17—3 人力资源市场薪酬指数结构（简化型）

1. 计算三级指标总体实际薪酬平均水平的绝对数值

在现有薪酬调查库中，按照加权平均的方法计算实际薪酬的加权平均值，即得出每个年度（2011—2015年）实际薪酬平均水平。

基于此，形成2011—2015年实际薪酬平均水平表（见表17—10）。

表17—10 2011—2015年实际薪酬水平 （单位：元）

	2011年	2012年	2013年	2014年	2015年
实际薪酬平均水平（公式）	$Y_{221}^{(0)}$	$Y_{221}^{(1)}$	$Y_{221}^{(2)}$	$Y_{221}^{(3)}$	$Y_{221}^{(4)}$
实际薪酬平均水平（数值）	5458	5820	6112	6538	6866

2. 计算二级指标薪酬水平的绝对数值

由于目前需求总量指标对应的三级指标为总体实际薪酬平均水平一个指标。对于薪酬水平指标$Y_{21}^{(n)}$的计算，可采用公式（17—3）。

$$Y_{21}^{(n)} = W_{211} \times Y_{211}^{(n)} \tag{17—3}$$

其中，$Y_{211}^{(n)}$代表各年度（2011—2015年）薪酬水平指标对应的三级指标总体实际薪酬平均水平的具体数值，W_{211}代表需求总量该二级指标下三级指标总体实际薪酬平均水平的权重（注：此处，W_{211}为1）。

基于此，形成2011—2015年薪酬水平表（见表17—11）。

表 17—11　　　　　　　　2011—2015 年薪酬水平　　　　　　（单位：元/月）

年份		2011	2012	2013	2014	2015
各年度薪酬水平 $Y_{21}^{(n)}$	公式	$Y_{21}^{(0)}$	$Y_{21}^{(1)}$	$Y_{21}^{(2)}$	$Y_{21}^{(3)}$	$Y_{21}^{(4)}$
	数值	5458	5820	6112	6538	6866

3. 计算薪酬指数

首先进行无量纲处理（即相对化处理），本项目采用指数计算方法。对于薪酬指数 $I_2^{(n)}$ 的计算，可采用公式（17—4）。

$$I_2^{(n)} = \left(W_{21} \times \frac{Y_{21}^{(n)}}{Y_{21}^{(0)}} \right) \times 100 \qquad (17—4)$$

其中，$I_2^{(n)}$ 代表薪酬指数；W_{21} 代表二级指标的权重（由于二级指标仅有薪酬水平一个，所以其权重为 1）；$Y_{21}^{(n)}$ 为薪酬水平指标各年度（2011—2015 年）的具体数值；$Y_{21}^{(0)}$ 为薪酬水平指标基期（2011 年）的具体数值。

基于此，形成以 2011 年为基期的薪酬指数表（见表 17—12）。

表 17—12　　　　　　　　2011—2015 年薪酬指数　　　　　　（单位：元/月）

年份		2011	2012	2013	2014	2015
各年度薪酬水平 $Y_{21}^{(n)}$	绝对值	$Y_{21}^{(0)}$	$Y_{21}^{(1)}$	$Y_{21}^{(2)}$	$Y_{21}^{(3)}$	$Y_{21}^{(4)}$
	权重	1	1	1	1	1
各年度薪酬指数 $I_2^{(n)}$ *	公式	$I_2^{(0)}$	$I_2^{(1)}$	$I_2^{(2)}$	$I_2^{(3)}$	$I_2^{(4)}$
	数值	100	103	105	108	111

* 注：$I_2^{(n)} = \frac{Y_{21}^{(n)}}{Y_{21}^{(0)}} \times 100$。

4. 二级指标薪酬结构的单独测算

对于二级指标薪酬结构的测算，只需计算其对应的各三级指标的绝对数值即可（见表 17—13）。

表 17—13　二级指标薪酬结构对应的三级指标构成

二级指标	三级指标
薪酬结构	不同行业实际薪酬平均水平
	不同职位实际薪酬平均水平
	不同所有制单位实际薪酬平均水平

（1）不同行业实际薪酬平均水平

对于行业的划分，参照上海市的一级行业的划分标准。然后，参照总体实际薪酬平均水平的计算方法，分别计算各行业对应的实际薪酬平均水平（2011—2015 年）的绝对数值即可。

基于此，形成 2011—2015 年上述不同行业实际薪酬平均水平表（见表 17—14）。

表 17—14　　2011—2015 年度各行业实际薪酬平均水平　　（单位：元/月）

序号	行业分类	2011 年	2012 年	2013 年	2014 年	2015 年
1	工业	5798	6137	6604	7284	7896
2	建筑业	5622	5859	6427	7264	8209
3	批发和零售业	4043	4292	4556	4918	5299
4	交通运输、仓储和邮政业	4155	4567	5237	6057	6864
5	住宿和餐饮业	2626	3003	3578	4272	4998
6	信息传输、软件和信息技术服务业	8502	8807	10377	12230	13958
7	金融业	12791	14129	15827	17443	19132
8	房地产业	4239	4510	5221	5928	6560
9	租赁和商务服务业	4493	5102	6058	6863	7444
10	科学研究和技术服务业	8889	10196	11925	13482	15259
11	水利、环境和公共设施管理业					
12	居民服务、修理和其他服务业					
13	教育					
14	卫生和社会工作					
15	文化、体育和娱乐业					
16	公共管理、社会保障和社会组织					

（2）不同职位实际薪酬平均水平

对于职位的划分，原则上要保持三个数据库的统一，但从实际情况看，做到职位的统一是比较困难的，所以三个数据库暂且可保持自己的职位划分方法。然后，参照总体实际薪酬平均水平的计算方法，计算各职位对应的实际薪酬平均水平指标（2011—2015 年）的绝对数值即可。

基于此，形成 2011—2015 年上述不同职位实际薪酬平均水平表（见表 17—15）。

表 17—15　　2011—2015 年度不同职位实际薪酬平均水平　　（单位：元/月）

序号	职位类型	2011 年	2012 年	2013 年	2014 年	2015 年
1	总经理	45768	50476	59306	61025	61967
2	总监	25023	27334	29208	31142	32715
3	部门经理	15348	16889	18006	19061	20476
4	主管	9681	10555	11056	12195	13049
5	专员	5876	6486	6869	7420	7967
6	助理	4048	4149	4324	4650	5047
7	高级工程师	12396	12848	13690	15331	16469
8	工程师	8097	8889	9285	10776	11579
9	技工	4284	4862	4942	5544	5812
10	操作工	3767	4242	4496	4621	4760

（3）不同所有制单位实际薪酬平均水平

对于所有制单位的统计，可以参照上海地区第三次经济普查的划分方法。然后，参照总体实际薪酬平均水平的计算方法，计算各所有制类型单位对应的实际薪酬平均水平指标（2011—2015 年，月均工资）的绝对数值即可。

基于此，形成 2011—2015 年上述不同所有制类型企业实际薪酬平均水平表（见表 17—16）。

表 17—16　2011—2015 年度不同所有制类型企业实际薪酬平均水平

（单位：元/月）

序号	所有制类型	2011 年	2012 年	2013 年	2014 年	2015 年
1	内资企业	4458	4636	5089	5233	5687
2	国有企业	5462	6296	6484	6871	6949
3	集体企业	3355	3703	4128	4538	4725
4	股份合作企业					
5	联营企业					
6	有限责任公司	3893	4382	4821	5048	5581
7	股份有限公司	4379	4892	5395	5883	6136
8	私营企业	3607	3680	3949	4254	4369
9	其他内资企业					
10	港、澳、台商投资企业	4015	4250	4631	4876	5021
11	外商投资企业	5761	6073	6437	6945	7146

三　流动指数以及二级指标流动结构和流动方向的测算

如前所述，在流动指数的测算中，二级指标中流动结构和流动方向指标暂不进入流动指数这一分指数的运算，而作为三级指标独立存在，并以此为流动指数的解释提供基础数据支撑。在目前的流动指数测算中，仅包括二级指标中的流动速度指标（见图 17—4）。

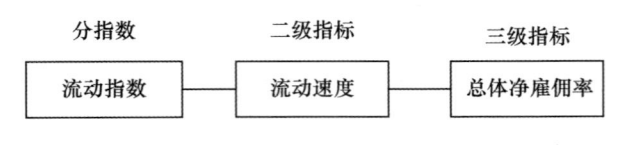

分指数　　　　　　二级指标　　　　　　三级指标

流动指数 —— 流动速度 —— 总体净雇佣率

图 17—4　人力资源市场流动指数结构（简化型）

1. 计算三级指标总体净雇佣率的绝对数值

按年度整理外包库中外包单位新进雇员与离职雇员（包括主动离职、被动离职）的数量；然后计算新进雇员与离职雇员的差值；最后计算上述差值占本年度初期在职人数的比重，即得到各年度总体净雇佣率指标的绝对数值（2011—2015 年）。

基于此，形成 2011—2015 年新进雇员与离职雇员数量以及总体净雇佣率表（见表17—17）。

表17—17　　　　　　　2011—2015年总体净雇佣率

年份	2011年	2012年	2013年	2014年	2015年
期初在职人数（人）	216232	274343	322492	349732	385095
新进雇员数量（人）	169091	180381	166238	192430	230068
离职雇员数量（人）	110980	132232	138998	157067	177361
总体净雇佣率*（%）	26.87	17.55	8.45	10.11	13.69

*注：各年度总体净雇用率 =（各年度外包单位新进雇员 - 离职雇员）/各年度初在职人数。

2. 计算二级指标流动速度的绝对数值

由于目前流动速度指标对应的三级指标仅为总体净雇佣率指标，故无须进行相对化处理。对于流动速度指标 $Y_{31}^{(n)}$ 的计算，可采用公式（17—5）。

$$Y_{31}^{(n)} = W_{311} \times Y_{311}^{(n)} \quad (17-5)$$

其中，$Y_{311}^{(n)}$ 代表各年度（2011—2015年）流动速度指标对应的三级指标总体净雇佣率的具体数值，W_{311} 代表流动速度该二级指标下三级指标总体净雇佣率的权重（因为流动速度指标对应的三级指标仅有总体净雇佣率这一个指标，故该权重值为1）。

基于此，形成2011—2015年流动速度表（此处，与2011—2015年总体净雇佣率相同，见表17—18）。

表17—18　　　　　　　2011—2015年流动速度

年份		2011	2012	2013	2014	2015
流动速度	公式	$Y_{31}^{(0)}$	$Y_{31}^{(1)}$	$Y_{31}^{(2)}$	$Y_{31}^{(3)}$	$Y_{31}^{(4)}$
	数值	26.87	17.55	8.45	10.11	13.69

3. 计算流动指数

首先进行无量纲处理（即相对化处理），本项目采用指数计算方法。对于需求指数 $I_3^{(n)}$ 的计算，可采用公式（17—6）。

$$I_3^{(n)} = \left(W_{31} \times \frac{Y_{31}^{(n)}}{Y_{31}^{(0)}}\right) \times 100 \qquad (17\text{—}6)$$

其中，$I_3^{(n)}$ 代表流动指数；W_{31} 代表二级指标的权重（由于二级指标仅有流动速度一个，所以其权重为1）；$Y_{31}^{(n)}$ 为流动速度指标各年度（2011—2015年）的具体数值；$Y_{31}^{(0)}$ 为流动速度指标基期（2011年）的具体数值。

基于此，形成以2011年度为基期的流动指数表（2011—2015年，见表17—19）。

表17—19　　　　　　　2011—2015年流动指数

年份	2011	2012	2013	2014	2015
流动速度	$Y_{31}^{(0)}$	$Y_{31}^{(1)}$	$Y_{31}^{(2)}$	$Y_{31}^{(3)}$	$Y_{31}^{(4)}$
各年度流动指数	$I_{31}^{(0)}$	$I_{31}^{(1)}$	$I_{31}^{(2)}$	$I_{31}^{(3)}$	$I_{31}^{(4)}$
	$I_{31}^{(0)} = \frac{Y_{31}^{(0)}}{Y_{31}^{(0)}} \times 100$	$I_{31}^{(1)} = \frac{Y_{31}^{(1)}}{Y_{31}^{(1)}} \times 100$	$I_{31}^{(2)} = \frac{Y_{31}^{(2)}}{Y_{31}^{(2)}} \times 100$	$I_{31}^{(3)} = \frac{Y_{31}^{(3)}}{Y_{31}^{(3)}} \times 100$	$I_{31}^{(4)} = \frac{Y_{31}^{(4)}}{Y_{31}^{(4)}} \times 100$
	100	65	31	38	51

4. 二级指标流动结构和流动方向的单独测算

对于二级指标流动结构的测算，只需计算其对应的各三级指标的绝对数值即可（见表17—20）。

表17—20　　　二级指标流动结构对应的三级指标构成

二级指标	三级指标
流动结构	不同行业净雇佣率
	不同所有制单位净雇佣率

（1）不同行业净雇佣率

对于行业的划分，参照一级行业的划分标准（见表17—21）。然后，参照总体净雇佣率的计算方法，分别计算各行业对应的净雇佣率（2011—2015年）的绝对数值即可。

表 17—21　　　　　　　　　行业的划分方法

序号	行业类型
1	工业
2	建筑业
3	批发和零售业
4	交通运输、仓储和邮政业
5	住宿和餐饮业
6	信息传输、软件和信息技术服务业
7	金融业
8	房地产业
9	租赁和商务服务业
10	科学研究和技术服务业
11	水利、环境和公共设施管理业
12	居民服务、修理和其他服务业
13	教育
14	卫生和社会工作
15	文化、体育和娱乐业
16	公共管理、社会保障和社会组织

基于此，形成 2011—2015 年上述不同行业净雇佣率表（见表 17—22）。

（2）不同所有制单位净雇佣率

对于所有制单位的统计，可以上海地区第三次经济普查的划分方法。然后，参照总体净雇佣率的计算方法，计算各所有制类型单位对应的净雇佣率指标（2011—2015 年）的绝对数值即可。

基于此，形成 2011—2015 年上述不同所有制类型单位净雇佣率表（见表 17—23）。

表17-22　2011—2015年度不同行业净雇佣情况

序号	行业分类	2011年(%)	2012年(%)	2013年(%)	2014年(%)	2015年(%)	2011年初人数(人)	2011新进人数(人)	2011离职人数(人)	2012年初人数(人)	2012新进人数(人)	2012离职人数(人)	2013年初人数(人)	2013新进人数(人)	2013离职人数(人)	2014年初人数(人)	2014新进人数(人)	2014离职人数(人)	2015年初人数(人)	2015新进人数(人)	2015离职人数(人)
1	工业	30.34	31.53	18.13	25.5	34.9	23502	20237	13107	30632	23411	13753	40290	23187	15882	47595	30590	18432	59753	43510	22659
2	公共管理、社会保障和社会组织	474.64	103.12	73.60	34.0	25.3	418	3999	2015	2402	2477	0	4879	3591	0	8470	2881	0	11351	4868	2002
3	建筑业	31.24	5.76	15.83	8.3	33.1	2871	2770	1873	3768	1879	1662	3985	2322	1691	4616	2521	2138	4999	3989	2336
4	交通运输、仓储和邮政业	15.70	11.07	-6.66	18.6	4.3	3912	2018	1404	4526	2134	1633	5027	1733	2068	4692	2455	1583	5564	1906	1668
5	金融/金融业	63.96	35.26	12.23	34.0	49.0	13436	21926	13332	22030	23181	15413	29798	19797	16153	33442	34941	23556	44827	53873	31889
6	居民服务、修理和其他服务业	26.69	6.44	0.33	2.1	7.8	77601	49023	28313	98311	42217	35886	104642	36323	35979	104986	35922	33721	107187	44768	15377
7	批发和零售业	110.89	54.96	54.32	14.1	31.1	3075	7766	4356	6485	8921	5357	10049	11789	6330	15508	11333	9151	17690	14674	36372
8	卫生和社会工作	-91.89	-29.17	35.29	30.4	126.7	296	76	348	24	7	14	17	6	0	23	9	2	30	43	9181
9	信息传输、软件和信息技术服务业	-18.92	-23.75	-32.50	-51.5	-86.3	25602	278	5123	20757	52	4982	15827	0	5144	10683	0	5504	5179	4	23828
10	医疗/生物/化工	19.28	4.71	6.89%	-1.9	-33.4	30874	21442	15490	36826	20162	18426	38562	20063	17408	41217	15451	16214	40454	0	14365
11	租赁和商务服务业	-89.94	-37.50	-50.00	0.0	560.0%	159	44	187	16	0	6	10	0	5	5	0	0	5	30	5

表 17—23 2011—2015 年度不同所有制单位净雇佣情况

序号	所有制类型	2011年(%)	2012年(%)	2013年(%)	2014年(%)	2015年(%)	2011年初人数(人)	2011新进人数(人)	2011离职人数(人)	2012年初人数(人)	2012新进人数(人)	2012离职人数(人)	2013年初人数(人)	2013新进人数(人)	2013离职人数(人)	2014年初人数(人)	2014新进人数(人)	2014离职人数(人)	2015年初人数(人)	2015新进人数(人)	2015离职人数(人)
1	内资企业	159.0	36.9	100.0	30.9	16.2	1848	3848	909	4787	3879	2115	6551	10217	3668	13100	11040	6989	17151	13206	10431
2	股份制企业	189.8	69.3	27.6	47.2	119.2	1158	4891	2693	3356	5801	3474	5683	5775	4206	7252	9726	6305	10673	23842	11125
3	国有企业	12.3	0.7	-12.5	-22.2	-13.8	94323	66927	55347	105903	63554	62814	106643	46451	59829	93265	30288	51023	72530	22326	32313
4	有限责任公司	373.7	137.8	27.5	70.2	23.2	1431	8255	2907	6779	13732	4394	16117	10925	6491	20551	25737	11315	34973	31179	23067
5	私营企业	62.5	31.8	21.1	52.4	46.1	4223	4317	1677	6863	5863	3683	9043	6358	4453	10948	13811	8077	16682	21208	13513
6	外商投资企业	29.5	21.7	14.7	13.9	13.5	113249	80853	47447	146655	87552	55752	178455	86512	60351	204616	101828	73358	233086	118307	86912
7	港、澳、台商投资企业	189.8	69.3	27.6	30.9	16.2	1158	4891	2693	3356	5801	3474	5683	5775	4206	7252	9726	6305	10673	23842	11125

第三节 2015年度指数分析报告
（以上海地区为例）

基于上述指数的测算结果，本研究应用样本数据模拟形成了2015年度上海地区人力资源指数报告。需要说明的是，该报告的分析只为验证指数有效性的需要，不代表上海地区的真实情况。

一 人力资源需求指数

1. 总体需求出现下滑

从上海地区人力资源需求指数来看，2012年至2014年年底，人力资源市场需求逐步增加，2014年达到"十二五"期间的最高点（112）。随后，2015年人力资源需求指数出现下降，为104（见图17—5）。

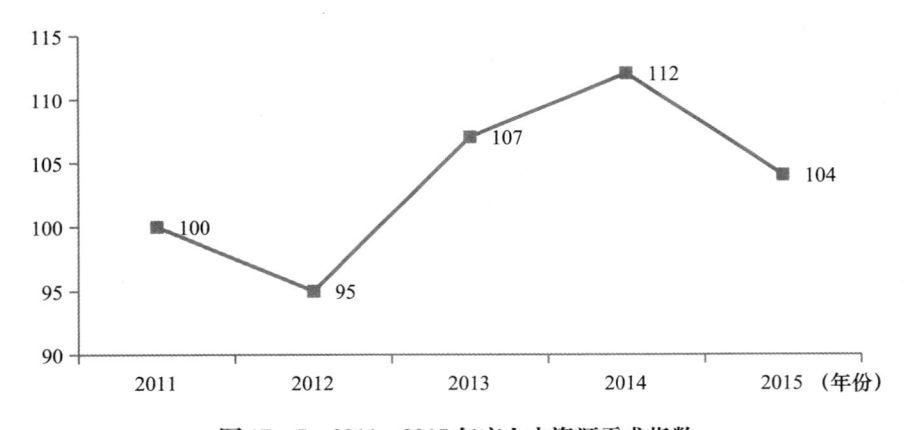

图17—5 2011—2015年度人力资源需求指数

注：该指数的测算是以2011年为基期（100），并基于样本机构职位数据库的数据进行的测算，下同。

据上海市统计局公布的上海地区GDP数值，2015年GDP同比增长率为6.9%，而2011—2014年GDP同比增长率依次为8.2%、7.5%、7.7%和7.0%（见图17—6），可见2015年上海地区经济放缓趋势依然存在。而人力资源需求指数于2015年出现下滑，这说明随着经济放缓，人力资源市场也逐步出现趋冷迹象。从整体上看，虽然上海地区随着我国整体经济增速放缓，人力资源市场需求也随之减少，但是并没有出现大面积的断崖式下跌，整体宏观经济发展正处于换挡期。

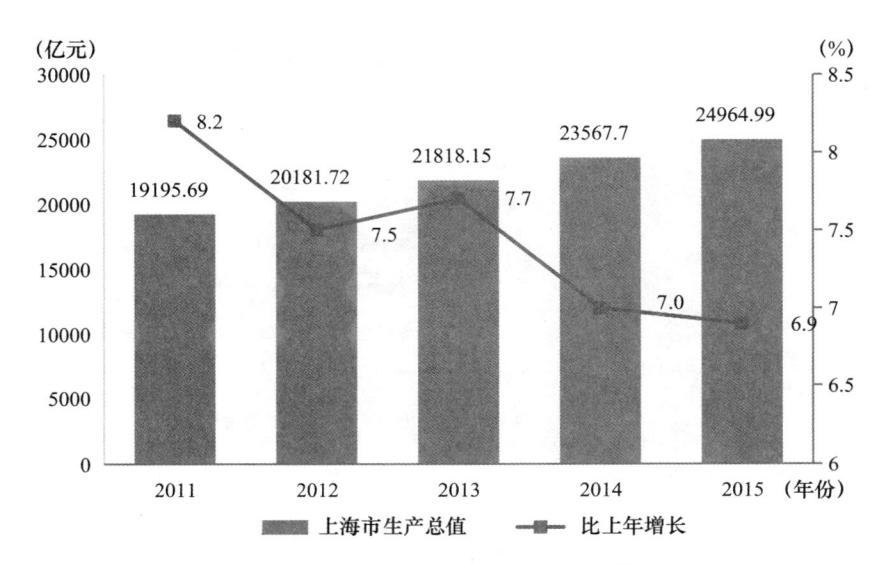

图17—6　2011—2015年上海市生产总值及其增长速度

2. 金融业需求强劲，房地产业出现大幅回落

从上海地区不同行业人力资源需求指数来看，2015年各行业人力资源需求状况有所差异（见图17—7、17—8、17—9）。

（1）金融业呈现强劲的需求态势

金融业、租赁和商务服务业、卫生和社会工作等服务业，展现了良好的人力资源需求态势，这与上海市统计局公布的2015年金融等服务业增长速度较快相呼应。2015年，上海地区金融行业用工需求同比增长6.9%。2015年上半年，上证指数涨至5000点以上，虽然在6月出现了一定回调，但是整个社会对股市及金融的关注度骤增，再加上上海国际金融中心地位的逐步确立，在一定程度上推动了券商、基金、私募、信托等金融机构用工量的迅猛增长。

（2）房地产业需求出现较大幅度回落

房地产业，水利、环境和公共设施管理业，信息传输、软件和信息技术服务业，批发和零售业，交通运输、仓储和邮政业等行业人力资源市场

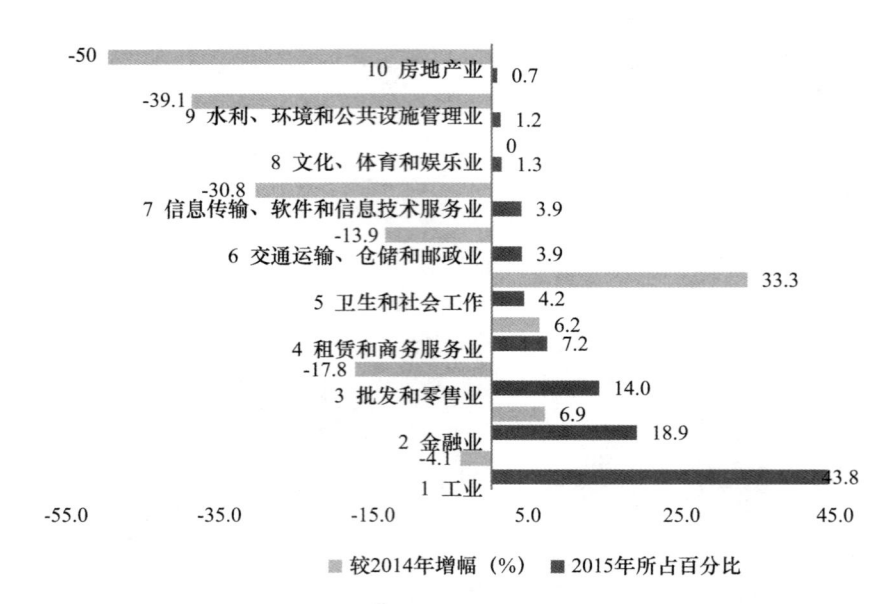

图17—7　2015年度上海地区人力资源需求数量排名前十位的行业

	农林牧渔业	工业	建筑业	批发和零售业	交通运输、仓储和邮政业	住宿和餐饮业	金融业	房地产业	信息传输、软件和信息技术服务业
较2014年增长	-13	0.5	8.5	4.3	7.3	-0.6	22.9	9	12
占GDP的比重	0.5	28.5	3.4	15.3	4.5	1.5	16.2	6.8	5.5

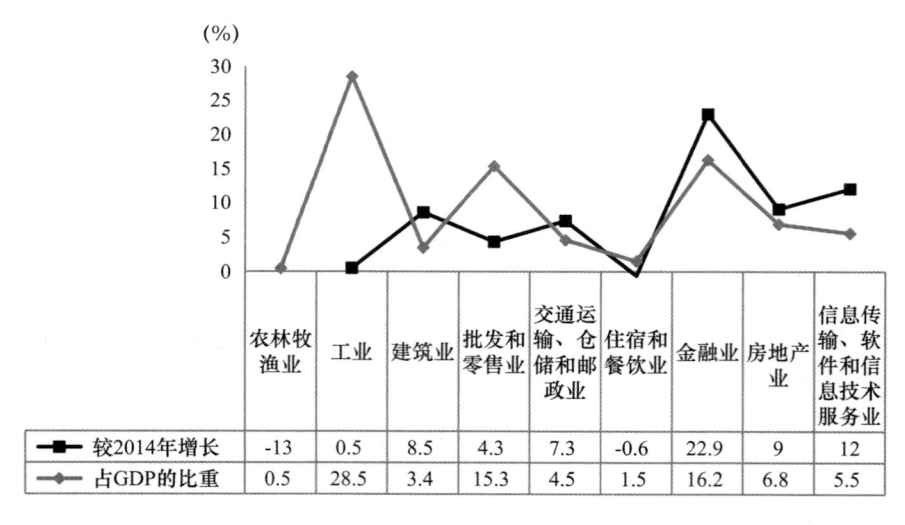

图17—8　2015年度上海地区重点行业产值占GDP的比重及较2014年增幅

需求出现较大回落，尤其是房地产业出现了大幅下滑。近年来，得益于公积金"松绑"和利率下调政策，2015年上海地区房地产行业产值较上年增长了9%，但是增长并未反映到实际的职位需求数据上来，2015年房地

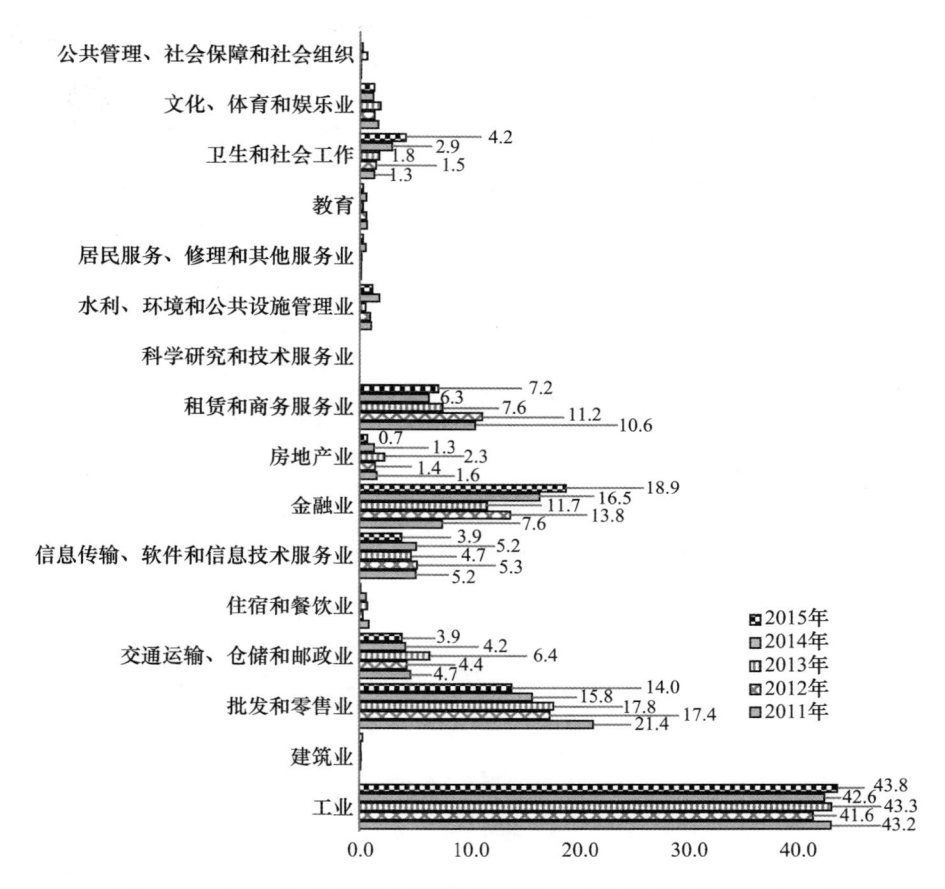

第十七章 基于人力资源服务机构数据的人力资源市场指数试测 / 243

图17—9 2011—2015年度上海地区各行业人力资源需求数量占比（%）

各行业数据（从上至下）：

- 公共管理、社会保障和社会组织
- 文化、体育和娱乐业
- 卫生和社会工作：2.9、1.8、4.2、1.5、1.3
- 教育
- 居民服务、修理和其他服务业
- 水利、环境和公共设施管理业
- 科学研究和技术服务业
- 租赁和商务服务业：6.3、7.2、7.6、11.2、10.6
- 房地产业：0.7、1.3、2.3、1.4、1.6
- 金融业：18.9、16.5、11.7、13.8、7.6
- 信息传输、软件和信息技术服务业：3.9、5.2、4.7、5.3、5.2
- 住宿和餐饮业
- 交通运输、仓储和邮政业：3.9、4.2、6.4、4.7、4.4
- 批发和零售业：14.0、15.8、17.8、17.4、21.4
- 建筑业
- 工业：43.8、42.6、43.3、41.6、43.2

图例：2015年、2014年、2013年、2012年、2011年

产业的人力资源需求数量同比依然出现了50%的下滑。房地产行业整体职位需求数量的下滑，再次反映了近两年来房地产市场呈现的疲软状态。

（3）工业需求出现小幅下降

从工业看，虽然整个行业需求基数仍然很大，人力资源市场需求总量依然排在首位，但从数量上却释放出了危险的信号，2015年的人力资源需求量较上年出现了4.1%的小幅下降。近年来，上海地区工业企业的用工需求经过就业市场的长期积累，能源和传统制造业的人才存量及供给量较多，同时受到"调结构、去产能"等宏观政策的影响，2015年人才招聘需求大幅减少，形成需求疲软的紧张局面。但大型设备/机电设备/重工业行业和汽车/摩托车行业依然是上海地区重点发展行业，依然保持以往对人才的高需求。

3. 金融服务人员竞争激烈，初级财务人员等职能岗位出现回落

从上海地区不同职位人力资源需求指数来看，2015年各职位竞争的激烈程度出现很大的差异。从总体情况看，在需求量排名前十位的职位中，较2014年增长幅度较大的有企业物流（22.8%）、市场销售助理（17.9%）和金融服务人员（14.9%）（见图17—10）。此外，市场销售代表的需求量也有一定的增幅。金融服务人员作为金融业发展的重要职位，受到上海地区金融业强劲发展的带动，人才需求量出现较大的增幅。企业物流人员和市场销售助理的职业流动性相对较强，所以用工需求量的增幅较大。而初级财务人员、一般财务人员和人事人员属于职能性部门，受总体用工需求出现大幅回落的影响，再加上这些职位的流动性相对较弱，所以职位需求量也随之出现大幅下降。

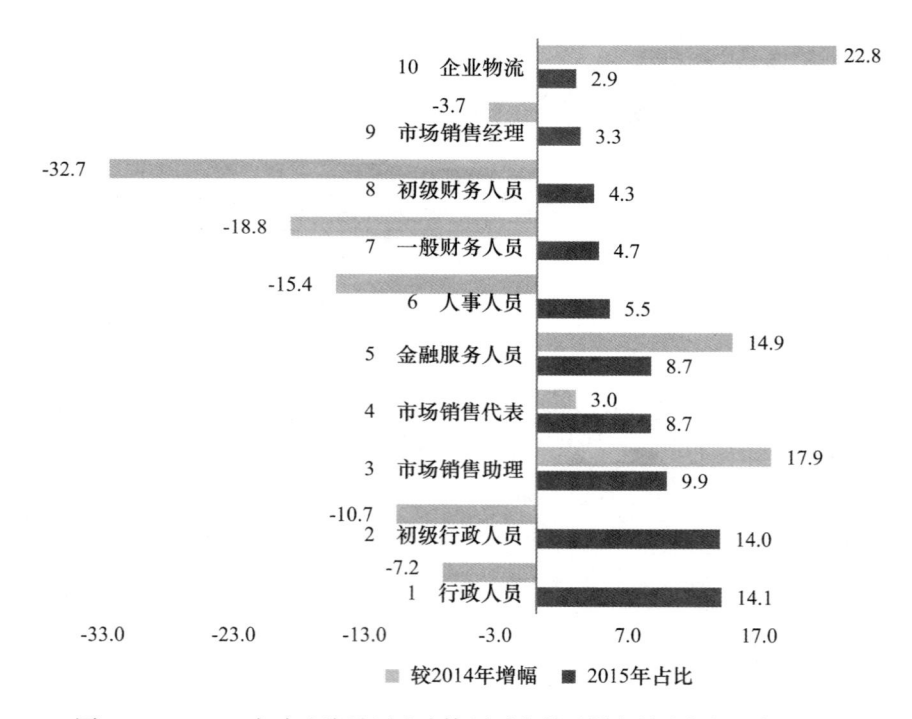

排名	职位	较2014年增幅	2015年占比
10	企业物流	22.8	2.9
9	市场销售经理	-3.7	3.3
8	初级财务人员	-32.7	4.3
7	一般财务人员	-18.8	4.7
6	人事人员	-15.4	5.5
5	金融服务人员	14.9	8.7
4	市场销售代表	3.0	8.7
3	市场销售助理	17.9	9.9
2	初级行政人员	-10.7	14.0
1	行政人员	-7.2	14.1

图17—10　2015年度上海地区人力资源需求数量排名前十位的职位（%）

4. 国有企业人力资源需求强劲增长，外商投资企业出现小幅回落

从不同所有制单位来看，2015年用人需求量从大到小依次为：外商投资企业，国有企业，港、澳、台商投资企业，股份制企业。但从用人需求量增幅来看，外商投资企业出现小幅回落（−0.7%），国有企业则出现了大幅增长，增幅达到116.7%（见图17—11）。2015年，上海地区国有经济保持了强劲的增长势头，据上海统计局的统计数据，2015年上海地区国有经济的固定资产投资额较上年增长9.9%，较外商及港澳台经济的固定资产增加值的增幅高了4.3个百分点（见表17—24）。随着国企改革逐步深入，一些过去垄断行业自上而下变革的逐步到位，也使得这些企业在用人方面的需求逐步释放。

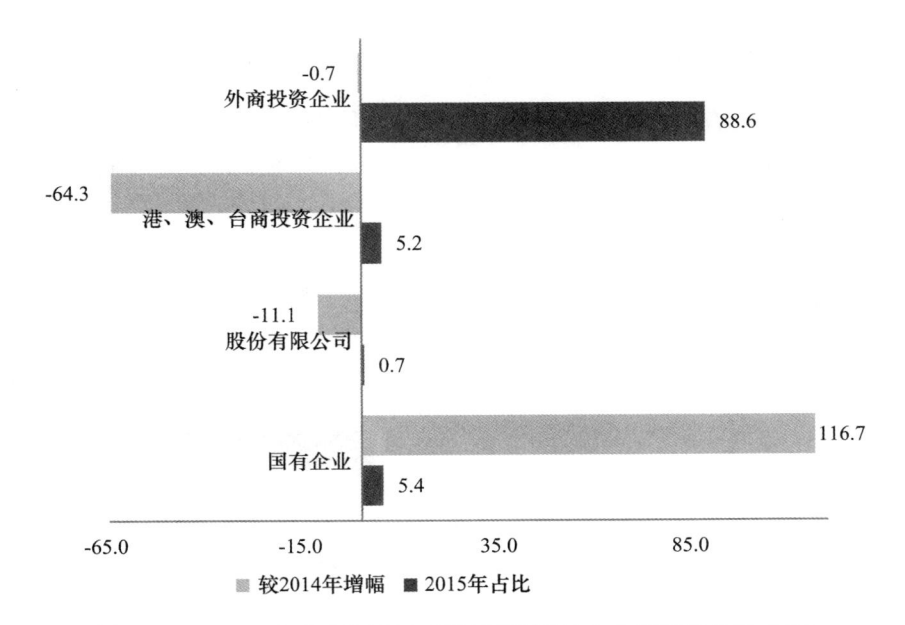

图17—11　2015年度上海地区不同所有制单位人力资源需求量（%）

表17—24　2015年按经济类型分全社会固定资产投资和GDP及其增速

指标	绝对值（亿元）	比上年增长（%）
全社会固定资产投资总额	6352.70	5.6
按经济类型分		
国有经济	1974.08	9.9

续表

指标	绝对值（亿元）	比上年增长（%）
非国有经济	4378.62	3.8
私营经济	1017.10	-16.6
股份制经济	2124.52	17.2
外商及港澳台经济	1237	5.6
上海市国民生产总值（GDP）	24964.99	6.9
公有制经济增加值	12045.56	5.7
非公有制经济增加值	12919.43	6.1

5. 本专科生依然是需求主体，高中以下技术工人的需求快速增长

从不同学历人员的需求来看，2015年本科生和专科生依然是用人的主体，但受总体用人需求量下滑的影响，这两类人员的需求出现了小幅下降。但从用人需求量增幅来看，高中及以下人员的需求量却未受到总体用人需求疲软的影响，出现了大幅增长，增幅达到21.7%（见图17—12）。

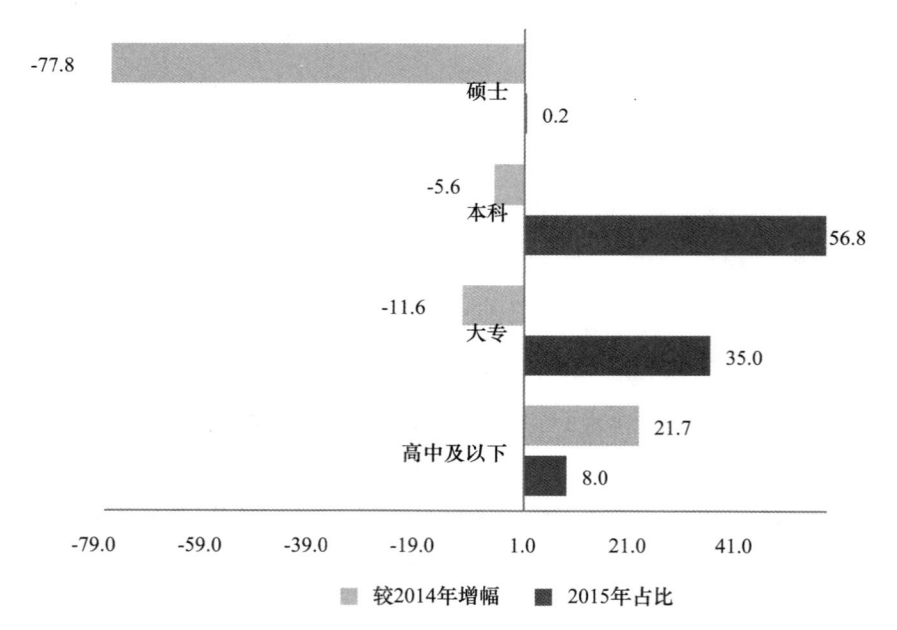

图17—12　2015年度上海地区不同学历人员需求量（%）

随着《中国制造2025》战略的逐步实施，上海地区的大型设备/机电设备/重工业行业和汽车/摩托车行业等新兴工业企业将快速崛起，这些行业将对高中及以下高素质技术工人产生旺盛需求。

二 人力资源薪酬指数

1. 总体薪酬水平稳步提升

从上海地区人力资源薪酬指数来看，2011年至2015年，人力资源薪酬水平稳步提升。与上海地区GDP指数、CPI指数和社会平均工资水平指数相比，薪酬指数与其他指数一样，也呈现平稳增长的特点，这与上海地区整体经济形势相契合（见图17—13）。从增速来看，薪酬的增幅虽略低于GDP和社会平均工资水平的增长，但略高于CPI的增长，这表明上海地区在经济结构调整中，更加关注民生。

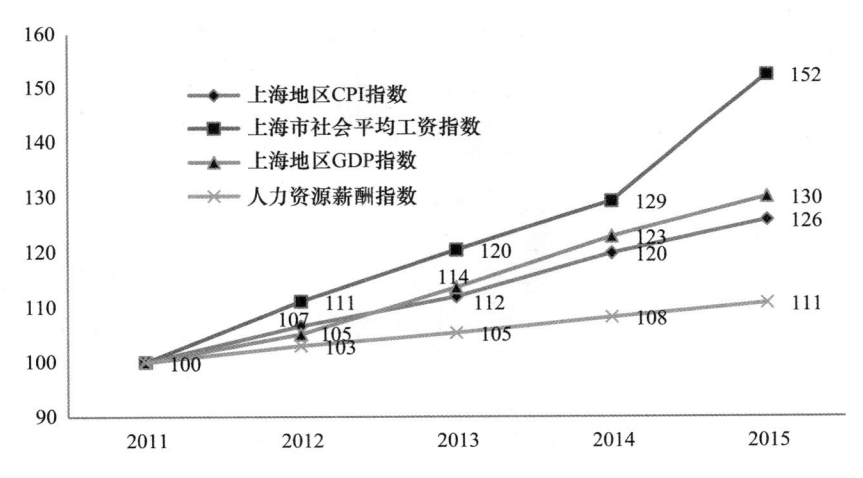

图17—13 2011—2015年度上海地区人力资源薪酬指数

注：人力资源薪酬指数的测算是以2011年为基期（100），并基于薪酬调查数据库的数据进行的测算，下同。其他指数皆是基于上海市统计局各年度数据进行的测算。

2. 金融业薪资水平最高，住宿和餐饮业薪资增幅最大

从上海地区不同行业人力资源薪酬指数来看，2015年各行业人力资源薪酬水平都有不同程度的提高。从月均实际薪酬水平看，金融业一直保持了领先地位，2015年月平均工资达到19132元，较上年增长了9.7%，

远远高于总体平均薪酬水平，这与金融业发展的强劲态势相吻合（见图17—14）。其次是科学研究和技术服务业，信息传输、软件和信息技术服务业，这两个行业属于高门槛、高投入、高收入的服务行业，对求职者的要求比较高，作为职业回报的平均薪资也相对较高。这些高薪行业通常意味着较大的工作压力、较高的专业壁垒，职位竞争也比较激烈。而从月均实际薪酬水平增幅来看，2015年住宿和餐饮业薪资虽比总体的薪酬水平低很多，但该行业保持了较强的薪资增长势头，较上年增长了17.0%，涨幅居各行业之首（见图17—15）。

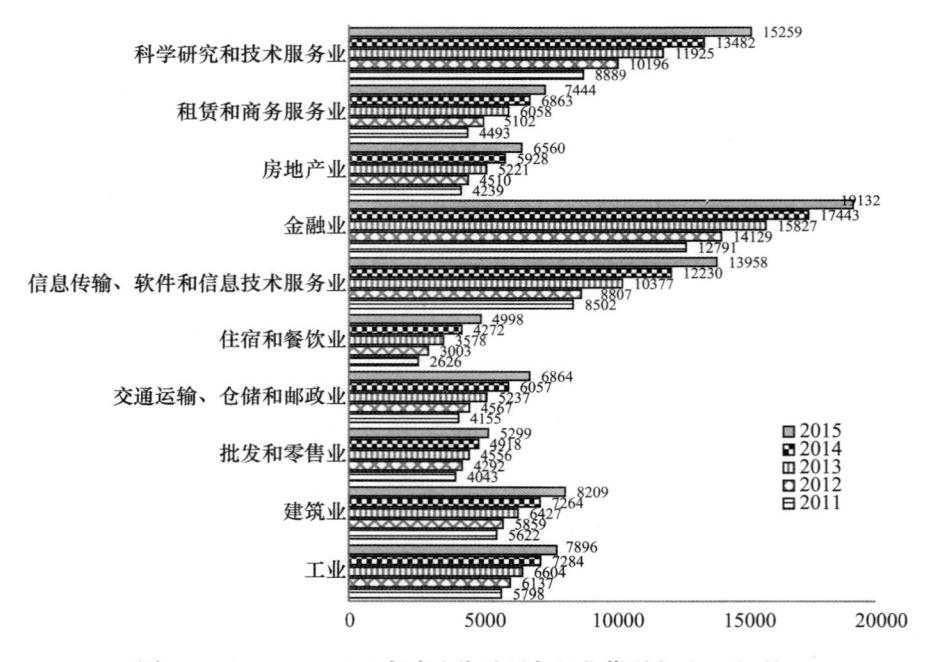

图17—14　2011—2015年度上海地区各行业薪酬水平（元/月）

3. 总经理薪资水平最高，助理职位薪资增幅最大

从上海地区不同职位薪酬指数来看，2015年不同职位的薪酬水平都有不同程度的提高。从月均实际薪酬水平看，总经理这一职位的薪酬位居榜首，每月高达61967元，是总体薪资平均水平的近10倍；其次是总监，平均月薪为32715元；再次是部门经理，平均月薪为20476元。总经理、总监、部门经理这三大职位都对应聘者的专业、组织、领导、沟通、协调

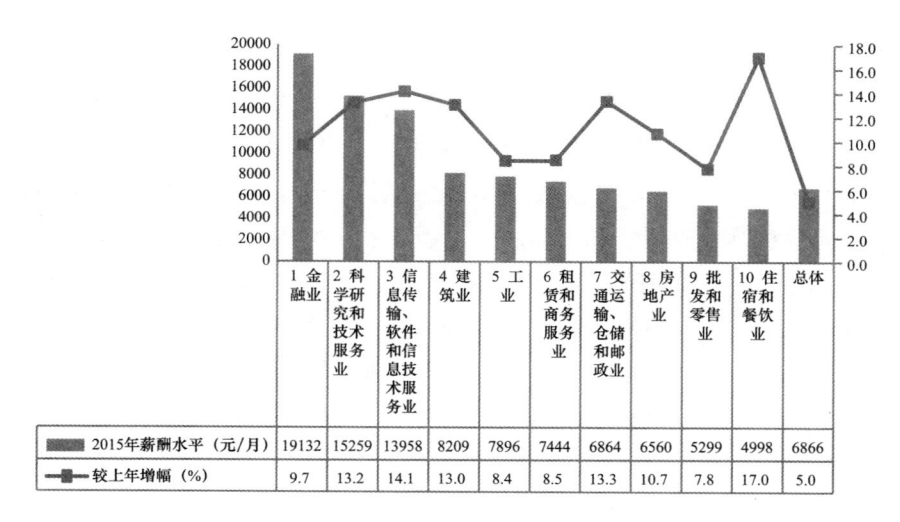

	1 金融业	2 科学研究和技术服务业	3 信息传输、软件和信息技术服务业	4 建筑业	5 工业	6 租赁和商务服务业	7 交通运输、仓储和邮政业	8 房地产业	9 批发和零售业	10 住宿和餐饮业	总体
2015年薪酬水平（元/月）	19132	15259	13958	8209	7896	7444	6864	6560	5299	4998	6866
较上年增幅（%）	9.7	13.2	14.1	13.0	8.4	8.5	13.3	10.7	7.8	17.0	5.0

图 17—15 2015 年度上海地区薪酬水平排名前十位行业

等各方面能力有非常高的要求，因此相应的薪酬回报也处于相对高位。而从月均实际薪酬水平增幅来看，2015 年助理职位的薪资虽比总体的薪酬水平低很多，但该职位薪资保持了很强的增长势头，较上年增长了 8.5%，涨幅居各职位之首（见图 17—16）。一般而言，助理这一职位的职业流动性相对较强，专业壁垒不高，所以在目前普遍"用工荒"的情况下，适度提高薪资水平是用人单位提升该职位吸引力的必然选择。

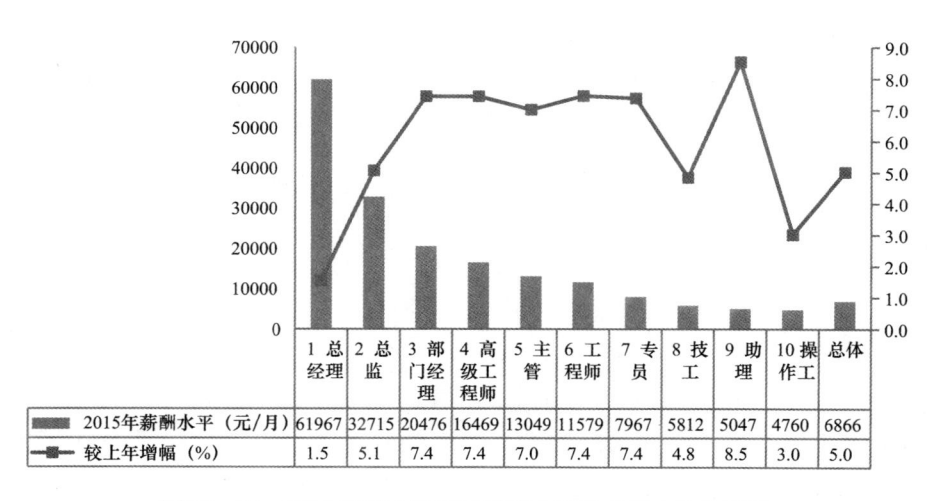

	1 总经理	2 总监	3 部门经理	4 高级工程师	5 主管	6 工程师	7 专员	8 技工	9 助理	10 操作工	总体
2015年薪酬水平（元/月）	61967	32715	20476	16469	13049	11579	7967	5812	5047	4760	6866
较上年增幅（%）	1.5	5.1	7.4	7.4	7.0	7.4	7.4	4.8	8.5	3.0	5.0

图 17—16 2015 年度上海地区薪酬水平排名前十位的职位

4. 外商投资企业依旧是薪酬高地，有限责任公司薪资增幅最大

从上海地区不同所有制类型企业薪酬指数来看，2015年不同所有制类型企业的薪酬水平都有不同程度的提高。从月均实际薪酬水平看，外商投资企业薪酬最高，每月高达7146元，其次是国有企业，月平均薪酬为6949元，私营企业薪酬最低。总体来看，薪酬高的企业仍然是外商投资企业和国有企业，而民营企业薪酬相对处于劣势。而从月均实际薪酬水平增幅看，2015年有限责任公司的薪资虽比总体的薪酬水平低很多，但该类型企业薪资保持了很强的增长态势，较上年增长了10.6%，涨幅居各类型企业之首（见图17—17）。

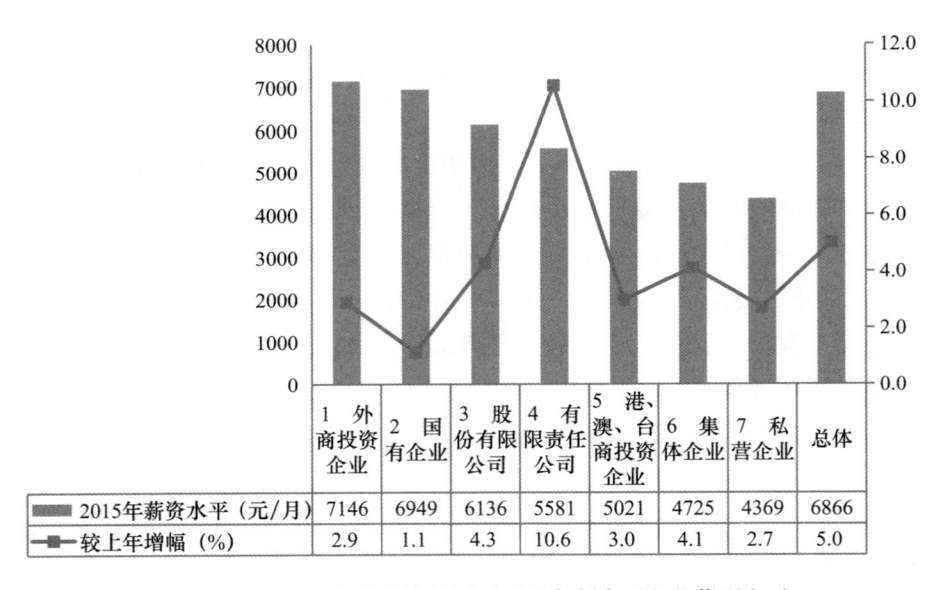

	1 外商投资企业	2 国有企业	3 股份有限公司	4 有限责任公司	5 港、澳、台商投资企业	6 集体企业	7 私营企业	总体
2015年薪资水平（元/月）	7146	6949	6136	5581	5021	4725	4369	6866
较上年增幅（%）	2.9	1.1	4.3	10.6	3.0	4.1	2.7	5.0

图17—17　2015年度上海地区不同所有制类型企业薪酬水平

三　人力资源流动指数

1. **总体净雇佣率不容乐观**

从上海地区人力资源流动指数来看，2011年以来，总体净雇佣率较2011年相比呈现下降的态势，2013年达到最低点（31），随后，则出现了一定程度的反弹，2015年达到51，但较2011年仍有较大差距（见图17—18）。从总体上看，员工跳槽意愿尚处于比较强烈的状态。2015年以

来，上海地区整体经济处于下行态势已是不争事实，已经适应了过去经济高速增长、就业机会丰富、收入逐年增加大环境的求职者，需要调整心态，提高就业的稳定性，减少因频繁跳槽可能带来的失业风险。

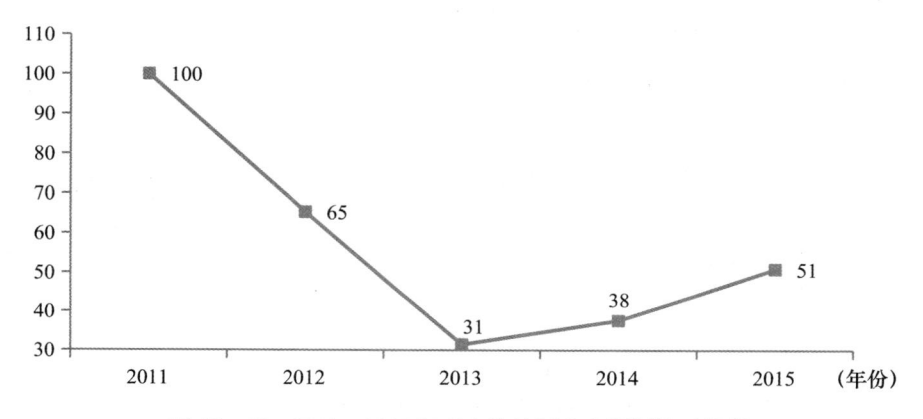

图 17—18　2011—2015 年度上海地区人力资源流动指数

注：该指数的测算是以 2011 年为基期（100），并基于外包数据库的数据进行的测算，下同。

2. 租赁和商务服务业雇佣情况非常乐观，信息传输、软件和信息技术服务业的离职率最高

从上海地区不同行业人力资源流动指数来看，2015 年各行业净雇佣率出现了很大程度的分化（见图 17—19）。从净雇佣率的数值看，租赁和商务服务业处于领先地位，2015 年净雇佣率高达 560%。虽然该行业属于求职者净流入率最高的行业，但由于总体流动人数较少，2015 年新进人员仅有 30 人，离职者为 5 人，所以该行业尚不属于净流入人数最高的行业，其对就业的吸纳能力还很有限。其次是卫生和社会工作行业，2015 年净雇佣率为 126.7%。这两个行业属于新兴服务行业，具有较好的雇佣前景。而从离职率看，2015 年信息传输、软件和信息技术服务业人员变动频繁，总体离职率居高不下，净雇佣率达到 -86.3%，较上年又出现了一定程度的恶化，离职率居各行业之首。其次是医疗/生物/化工行业，净雇佣率也达到 -33.4%。上述两个行业属于高新技术行业，人员跳槽频繁，给用人单位带来很大的雇佣风险。

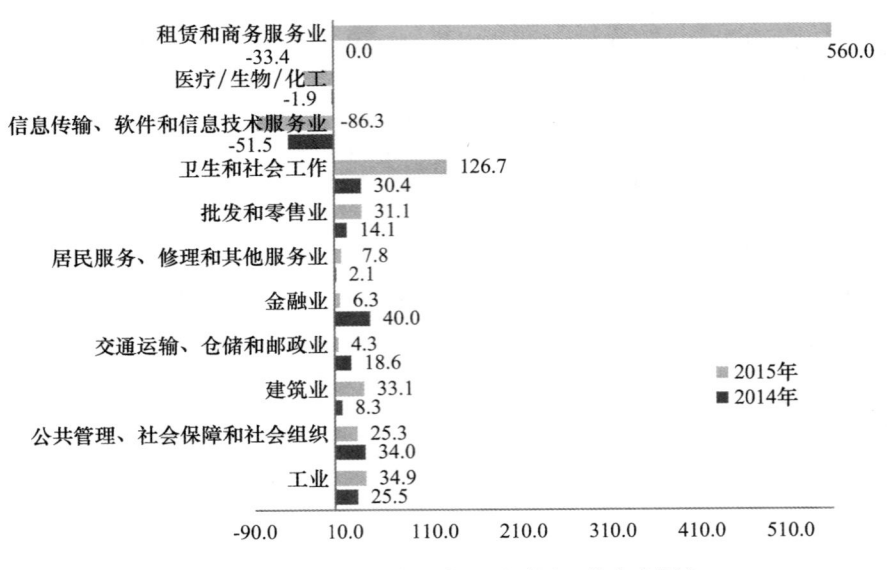

图17—19 2014—2015年度上海地区不同行业净雇佣率（%）

3. 股份制企业雇佣情况较为乐观，国有企业离职率最高

从上海地区不同所有制类型企业流动指数来看，2015年不同所有制类型企业人员流动情况存在很大程度的差异。从净雇佣率的数值看，股份制企业处于领先地位，2015年净雇佣率高达119.2%，该类型企业求职者净流入率最高。其次是私营企业，2015年净雇佣率达到46.1%（见图17—20）。2015年以来，中国大陆出现"全民创业"的热潮，再加上上海市政府对中小企业、小微企业甚至是微型企业的政策支持，使得私营企业逐步呈现较为乐观的雇佣前景。但从离职率来看，2015年国有企业人员变动频繁，总体离职率仍处于高位，虽然较2014年净雇佣率-22.2%有所改善，但仍处于-13.8%的水平，离职率仍居各类型企业之首，这与上海地区国有企业略显疲软的趋势相吻合。随着国企改革的逐步深入，一方面国有企业在用人方面趋于谨慎，另一方面员工跳槽的意愿也持续走高。

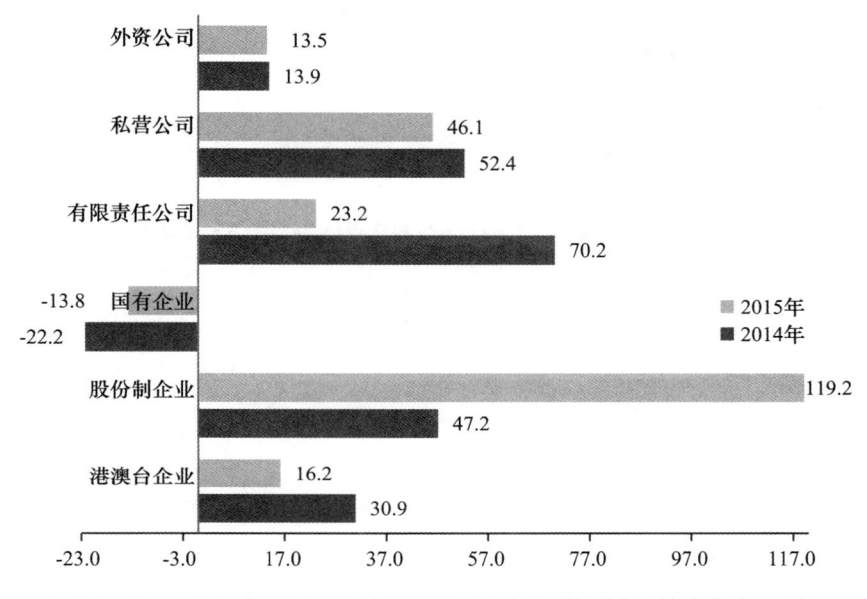

图 17—20 2014—2015 年度上海地区不同所有制类型企业净雇佣率（%）

第十八章

基于人才市场数据的人力资源市场指数设计

本章从数据获取的可行性出发,提出基于人才市场历史数据进行试算方案,重点对前述设计的指标体系与权重进行相应简化与调整,对指数具体测算进行说明,以及对数据采集体系特点进行考虑,从而为检验上述提出的人力资源市场指数体系是否能反映区域人力资源市场发展状况提供基础性探索。

第一节　指数简化与调整

一　指标体系简化与权重的调整

鉴于目前人才市场的历史数据难以支撑前述设计的较为理想的信息采集指标体系的运算,因此,有必要对指标体系进行相应简化,以形成一个过渡型的指标体系。在过渡型的指标体系二级指标中,由于供给信心和需求信心指标暂时没有相应的数据作为支撑,故暂时被简化掉;三级指标中,由于目前求职意向中没有企业类型和企业规模期望的数据,故企业类型求人倍率和企业规模求人倍率暂时被简化掉。指标体系简化以后,必须对各指标的权重也作出相应调整,以形成指标与权重之间的一一对应关系(见表18—1)。如果未来人才市场可采用新的数据采集体系,那时将与本研究设计的人力资源市场信息采集指标体系正式对接。但人力资源市场指数的编制测算要与本研究设计的指数体系构成真正吻合起来,还需要一定时间的历史数据积累,届时人力资源市场指数测算的基期也需进行相应的调整。所以,各月度人力资源市场指数的编制测算仍然基于目前过渡型的监测指标体系。需要说明的是,本章试测算采用的都是基于网络的数据。

表18—1　　　　　　　　指标体系简化与权重调整

一级指标	权重 W_i	二级指标	权重 W_{ij}	三级指标	权重 W_{ijk}
供给指标	0.21	供给总量	1.00	现场求职人数	0.55
				网络求职人数	0.45
需求指标	0.22	需求总量	1.00	现场招聘人数	0.51
				网络招聘人数	0.49
匹配指标	0.20	总量匹配	0.42	现场求人倍率	0.54
				网络求人倍率	0.46
		结构匹配（网络）	0.58	行业求人倍率	0.13
				职业求人倍率	0.18
				年龄求人倍率	0.14
				学历求人倍率	0.14
				专业求人倍率	0.16
				工作状态求人倍率	0.04
				工作经验求人倍率	0.17
薪酬指标（网络）	0.23	承诺薪酬水平	0.59	承诺薪酬平均水平	0.42
				职业承诺薪酬水平	0.58
		承诺与期望薪酬差异	0.41	承诺与期望薪酬平均水平差异	0.43
				职业承诺与期望薪酬水平差异	0.57
流动指标（网络）	0.14	流动速度	0.48	区域外流入率	1.00
		流动方向	0.52	行业变动率	0.53
				职业转换率	0.47

二　指数构成调整

基于人才市场历史数据的人力资源市场信息采集指标体系构成及权重都需要进行简化和调整,因此,基于历史数据测算的人力资源市场指数体系的构成也需要进行相应的调整(见图18—1)。

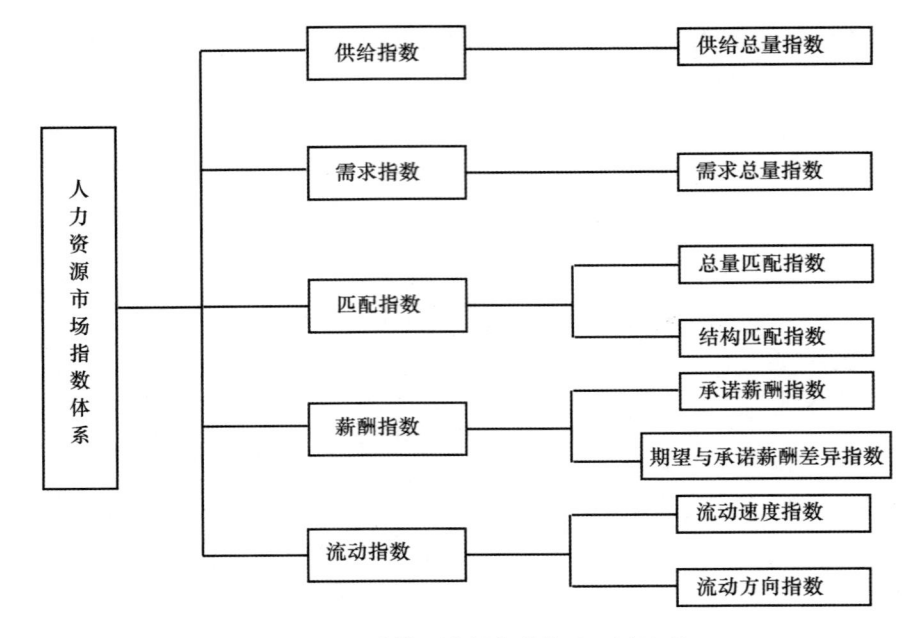

```
                    ┌─── 供给指数 ──────── 供给总量指数
                    │
                    ├─── 需求指数 ──────── 需求总量指数
人力                │
资源                │                  ┌── 总量匹配指数
市场 ───────────────┼─── 匹配指数 ─────┤
指数                │                  └── 结构匹配指数
体系                │
                    │                  ┌── 承诺薪酬指数
                    ├─── 薪酬指数 ─────┤
                    │                  └── 期望与承诺薪酬差异指数
                    │
                    │                  ┌── 流动速度指数
                    └─── 流动指数 ─────┤
                                       └── 流动方向指数
```

图 18—1 人力资源市场指数体系（过渡型）

在过渡型的指数体系中，在一级分指数供给指数和需求指数下面，分别简化了供给信心指数和需求信心指数两个二级分指数；在二级分指数结构匹配指数下面，简化了企业类型求人倍率指数和企业规模求人倍率指数两个三级分指数。

三 基期的确定

基期是指统计中计算指数等动态指标时，作为对比基础的时期，如1986年同1984年对比物价指数时，1984年为基期。与基期进行对比的时期叫作报告期。任何一个指数计算都可以指定任意时期为基期，基期的确定主要是为了方便后期计算而设立的。为方便计算，并考虑到基期的稳定性，本项目选择2008年6月作为基期。

第二节 指数具体测算说明

需要说明的是，以下涉及的相关数据都是指深圳地区的数据。

一 结构匹配指标数据格式转化

1. 关于求人倍率指标标准化处理

求人倍率指标属于望目指标,在进行指数合成时,必须进行同趋势化处理,本项目暂时采用简化的处理方式。以现场求人倍率 Y_{ijk} 为例,它的标准化处理如公式(18—1)所示。

$$\bar{Y}_{ijk} = \left| \frac{D}{S} - 1 \right| \qquad (18—1)$$

其中,D 表示报告期内现场招聘人数;S 表示报告期内现场求职人数。

2. 年龄求人倍率中年龄段的处理

在现有的数据中,需求信息中的年龄要求是一个区间,而求职者的年龄是一个具体的点。因此,必须对求职者的年龄进行分段处理,即按照需求信息中年龄要求的区间(20 岁以下、21—25 岁、26—30 岁、31—35 岁、36—40 岁、41 岁以上),将求职者的具体年龄划分到相应的区间中,并生成一个新的求职者年龄段的变量。

还比如,招聘信息要求年龄是 24—28 岁,而方案设计中划定的年龄段为 21—25 岁、26—30 岁这两个年龄统计段,关于这一点可按照临近的原则,将 24—28 岁划归到 26—30 岁这一年龄段。

3. 学历求人倍率中学历要求的处理

在现有的数据中,需求信息中的学历要求是一个范围,求职者的学历是一个具体值。因此,必须对需求信息中学历要求进行具体化处理,即选取学历要求中最低学历作为计算的参考,如学历要求中为本科以上学历,在计算时就认为它的学历要求是本科。

4. 工作经验求人倍率中工作年限要求的处理

在现有的数据中,需求信息中的工作经验是一个范围,求职者的工作经验是一个具体值。因此,必须对求职者的工作经验进行分段处理,即按照需求信息中工作经验要求的区间(无、1—2 年、3—5 年、5 年及以上),将求职者的具体工作经验划分到相应的区间中,并生成一个新的求职者工作经验区间的变量。

二　薪酬指标的计算过程

1. 承诺薪酬平均水平计算过程的确定

在现有的数据中，薪酬是以区间的形式出现的（例如，每月2000元以下、2001—3000元、3001—5000元、5001元及以上），因此在进行具体指标的运算时无法采用计算公式，必须首先对区间值进行转化，本项目根据深圳人力资源市场具体薪酬水平，将上述薪酬区间简化为具体薪酬值（每月2000元、2500元、4000元、5000元）。

其次，选取每个月度代表招聘人数80%的职业承诺薪酬数据，将单位职业承诺薪酬数据按照从大到小的顺序排序，并剔除排名前后各5%的最高和最低职业薪酬，计算承诺薪酬的算术平均值。

最后，将上述步骤得出的承诺薪酬的算术平均值除以上一年度社会平均工资，即得出报告期承诺薪酬平均水平。

2. 职业承诺薪酬水平计算过程的确定

类似于承诺薪酬平均水平的计算过程，职业承诺薪酬水平计算过程如下：

首先，进行薪酬区间的转化，将薪酬区间简化为具体薪酬值（每月2000元、2500元、4000元、5000元）。

其次，针对重点监测职业（参见附件5），将各个重点职业单位承诺薪酬数据按照从大到小的顺序排序，并剔除各个职业排名前后各5%的最高和最低职业薪酬，计算各个重点职业承诺薪酬的算术平均值。

然后，对各个重点职业薪酬的算术平均值进行加权计算，以得出职业平均承诺薪酬。对不同职业薪酬的算术平均值进行加权是基于以下假设，即认为不同职业薪酬对市场总体薪酬的影响程度是有差别的。对于每个重点职业权重值的确定，可以用每个重点职业招聘人数与重点职业招聘人数之和的比值来表示。

最后，将上述步骤得出的职业平均承诺薪酬除以上一年度社会平均工资，即得出报告期职业承诺薪酬水平。

3. 承诺与期望薪酬平均水平差异计算过程的确定

类似于承诺薪酬平均水平的计算过程，承诺与期望薪酬平均水平差异的计算过程如下：

首先，进行薪酬区间的转化，将薪酬区间简化为具体薪酬值（每月 2000 元、2500 元、4000 元、5000 元）。

其次，选取每个月度代表招聘人数 80% 的职业承诺薪酬数据，将单位承诺职业薪酬数据按照从大到小的顺序排序，并剔除排名前后各 5% 的最高和最低职业薪酬，计算承诺薪酬的算术平均值。

然后，选取每个月度代表求职人数 80% 的职业期望薪酬数据，将求职者期望职业薪酬数据按照从大到小的顺序排序，并剔除排名前后各 5% 的最高和最低职业薪酬，计算期望薪酬的算术平均值。

最后，将上述步骤得出的承诺薪酬的算术平均值除以期望薪酬的算术平均值，即得出报告期承诺与期望薪酬平均水平差异指标。

4. 职业承诺与期望薪酬水平差异计算过程的确定

类似于承诺与期望薪酬平均水平差异的计算过程，职业承诺与期望薪酬水平差异的计算过程如下。

首先，进行薪酬区间的转化，将薪酬区间简化为具体薪酬值（每月 2000 元、2500 元、4000 元、5000 元）。

其次，针对重点监测职业，将各个重点职业单位承诺薪酬数据按照从大到小的顺序排序，并剔除各个职业排名前后各 5% 的最高和最低职业薪酬，计算各个重点职业承诺薪酬的算术平均值；将各个重点职业求职者期望薪酬数据按照从大到小的顺序排序，并剔除各个职业排名前后各 5% 的最高和最低职业薪酬，计算各个重点职业期望薪酬的算术平均值。

然后，计算各个重点职业承诺与期望薪酬差异水平，即计算各个重点职业承诺薪酬的算术平均值与期望薪酬的算术平均值的比值。

最后，计算职业承诺与期望薪酬差异水平，即对各个重点职业承诺与期望薪酬差异水平进行加权计算。对于每个重点职业权重值的确定，可以用"每个重点职业招聘人数与重点职业招聘人数之和的比值"与"每个重点职业求职人数与重点职业求职人数之和的比值"的算术平均值来表示。

三 针对配置媒介不同，部分三级指标需下设四级指标

在指标体系中，出于简化指标体系的考虑，除了供给指标（供给总量已考虑求职媒介的影响、供给信心无须考虑求职媒介的不同）、需求指

标（需求总量已考虑招聘媒介的影响、需求信心无须考虑招聘媒介的不同）、匹配指标中的总量匹配是按不同求职媒介设计的之外，其他指标都尚未考虑数据来源不同的因素，实际上是在这些三级指标下省去了一层四级指标。

但在这些三级指标具体测算的过程中，必须考虑配置媒介不同，因为现场和网络所面对的求职群体和招聘企业是有所差异的。从目前人力资源市场运行的实际来看，基于人力资源服务机构现场的数据应该比基于人力资源中介服务网络的数据更真实、更可靠，因此在计算某一指标时，首先应该针对不同的配置媒介（现场、网络）各得出该指标的一个相应数值，然后对该指标基于现场和网络数据源的具体数值进行加权计算，即得出指标的具体数值，也就相当于在这些三级指标下设四级指标。此外，基于现场和网络数据来源的分指标权重可参考现场求职人数与网络求职人数的权重设置（0.55、0.45）（见表18—2）。

表18—2　　考虑不同配置媒介（数据源）的指标计算

二级指标	权重 W_{ij}	三级指标	权重 W_{ijk}	四级指标	权重 W_{ijkl}
总量匹配	0.42	现场求人倍率	0.55		
		网络求人倍率	0.45		
结构匹配	0.58	行业求人倍率	0.16	基于现场	0.55
				基于网络	0.45
		企业类型求人倍率	0.11	基于现场	0.55
				基于网络	0.45
		企业规模求人倍率	0.07	基于现场	0.55
				基于网络	0.45
		职业求人倍率	0.15	基于现场	0.55
				基于网络	0.45
		年龄求人倍率	0.12	基于现场	0.55
				基于网络	0.45
		学历求人倍率	0.12	基于现场	0.55
				基于网络	0.45

续表

二级指标	权重 W_{ij}	三级指标	权重 W_{ijk}	四级指标	权重 W_{ijkl}
结构匹配	0.58	专业求人倍率	0.13	基于现场	0.55
				基于网络	0.45
		工作状态求人倍率	0.03	基于现场	0.55
				基于网络	0.45
		工作经验求人倍率	0.14	基于现场	0.55
				基于网络	0.45
承诺薪酬水平	0.59	承诺薪酬平均水平	0.42	基于现场	0.55
				基于网络	0.45
		职业承诺薪酬水平	0.58	基于现场	0.55
				基于网络	0.45
承诺与期望薪酬差异	0.41	承诺与期望薪酬平均水平差异	0.43	基于现场	0.55
				基于网络	0.45
		职业承诺与期望薪酬水平差异	0.57	基于现场	0.55
				基于网络	0.45
流动速度	0.48	区域外流入率	1.00	基于现场	0.55
				基于网络	0.45
流动方向	0.52	行业变动率	0.53	基于现场	0.55
				基于网络	0.45
		职业转换率	0.47	基于现场	0.55
				基于网络	0.45

但必须要说明的是，从数据的可得性出发，试测采用的都是基于网络的数据。待基于现场的数据积累到一定的时间以后，重新选定基期后，再按照基于现场和机遇网络的权重分配比例进行测算。

四 结构匹配指标下各三级指标对应各种不同匹配条件的考虑

在指数试测中，结构匹配指标所对应的三级指标如行业求人倍率、企业类型求人倍率等，都是基于不同的匹配条件来设计的。因此，必须对不同匹配条件下求人倍率进行加权计算。此加权计算是基于以下假设，即认为不同匹配条件对其对应的求人倍率的影响程度是有差别的。对于每种匹配条件权重值的确定，可以用"每种匹配条件所对应的招聘人数与所有匹配条件对应的招聘人数之和的比值"与"每种匹配条件所对应的求职人数与所有匹配条件对应的求职人数之和的比值"的算术平均值来表示，以企业类型求人倍率的计算为例（见表18—3）。

表 18—3　　　　　　　　企业类型求人倍率的计算过程

三级指标	权重 W_{ijk}	四级指标	权重 W_{ijkl}	五级指标	权重* $W_{ijk\,lm}$
企业类型求人倍率	0.42	基于现场的企业类型求人倍率	0.55	基于现场的国有企业求人倍率	W_{32211}
				基于现场的集体企业求人倍率	W_{32212}
				基于现场的三资企业求人倍率	W_{32213}
				基于现场的私营企业求人倍率	W_{32214}
				基于现场的其他类型求人倍率	W_{32215}
		基于网络的企业类型求人倍率	0.45	基于网络的国有企业求人倍率	W_{32221}
				基于网络的集体企业求人倍率	W_{32222}
				基于网络的三资企业求人倍率	W_{32223}
				基于网络的私营企业求人倍率	W_{32224}
				基于网络的其他类型求人倍率	W_{32225}

*注：（1）在权重确定的过程中，不包括"无要求"和为缺失值的相关数据。

（2）W_{32211}，…，W_{32215} 是用"基于现场的每种匹配条件所对应的招聘人数与所有匹配条件对应的招聘人数之和的比值"来表示；W_{32221}，…，W_{32225} 是用"基于网络的每种匹配条件所对应的招聘人数与所有匹配条件对应的招聘人数之和的比值"来表示。

五　对供给期望或需求期望数据中"无要求"栏目数列的处理

在此次试测中，对于招聘单位需求期望信息包含"无要求"数据的处理方式，可以按照供给信息中相应栏目所占的比例将这些数据分配到相应的数据系列中。比如，对于需求期望信息中的学历栏目，先计算供给信息中博士、硕士、本科、大专/高职、高中及以下学历的求职人数占供给总量的百分比，然后按照这一比例将需求信息中学历期望为"无要求"的数据分配到相应学历层次的需求数据系列之中（见表18—4）。

表 18—4　　　　　需求总量对学历"无要求"处理示意

学历	需求总量	所在比重	供给总量	所占比重	调整后需求总量
博士	200	13.33%	150	9.74%	210
硕士	300	20.00%	280	18.18%	318
本科	400	26.67%	600	38.96%	439
大专/高职	300	20.00%	290	18.83%	319
高中及以下	200	13.33%	220	14.29%	214
无要求	100	6.67%	—	—	—

计算调整后的需求人数：

博士：$200 + 100 \times 9.74\% = 210$

硕士：$300 + 100 \times 18.18\% = 318$

本科：$400 + 100 \times 38.96\% = 439$

大专/高职：$300 + 100 \times 18.83\% = 319$

高中及以下：$200 + 100 \times 14.29\% = 214$

六　对求职者求职意向为"3个"的处理方式

在求职的时候，一般求职者的求职意向最多可以填3个，但在实际计算的过程中，这3个岗位的有效供给仅为1人，所以必须对这3个岗位有所取舍。在现实的求职中，一般而言，求职者的求职意向是按照重要程度从高到低的顺序依次填写的，第一个求职意向的重要程度最高，因此，我们在进行分析时暂且仅考虑第一个意向岗位，其余的2个可以暂时不必考虑。

第三节　数据采集体系思考

一　热门专业的选取

基于历史数据进行相关统计，选取2008年—2011年（以深圳为例，2011年截止到4月份的数据）十大热门招聘专业（按照招聘人数的多少来确定）作为重点监测的专业（见表18—5）。

表18—5　　2008—2011年十大招聘热门专业（以深圳为例）

	2008年	2009年	2010年	2011年
热门专业	会计学、市场营销、机械制造及其自动化、电子材料与元器件、人力资源管理、计算机应用技术、电子信息科学与技术、英语、国际经济与贸易、企业管理	市场营销、会计学、英语、电子材料与元器件、机械制造及其自动化、国际经济与贸易、电子信息科学与技术、计算机应用技术、贸易经济、企业管理	英语、会计学、市场营销、土木工程、机械制造及其自动化、平面设计、电子材料与元器件、国际经济与贸易、计算机应用技术、人力资源管理	英语、会计学、市场营销、电子材料与元器件、计算机应用技术、计算机网络与多媒体、机械制造及其自动化、工程造价、电路与系统、土木工程

二　问卷发放的形式

为了更清晰地了解求职者期望岗位信息和招聘单位招聘岗位相关信息，在设计问卷时要在问卷后面附加一些有关专业、行业、岗位的分类信息。此外，为提高问卷填写的准确性、问卷回收的有效性以及填答者的积极性，建议在问卷发放时采用网络填写的形式，或基于现场采用电子终端填答的方式。

三　现场求职者信息的采集

从目前历史数据来看，现场求职者个人的基本信息还处于空白的状态，所以建议未来加强对现场求职者信息的采集工作，可适当参考东莞智通公司的做法，采取现场求职者网上填报和现场激活填报信息相结合的方式，以便对现场求职者的情况有更清晰的了解。如果短期内难以实现的话，可暂且用抽样调查的方式代替总体，具体调查表可采用"求职者调查问卷"和"企业招聘情况调查问卷"，并严格按照科学的抽样比例选择调查样本。

第十九章

基于人力资源服务产业园视域的人力资源市场指数创新

本章基于前述的人力资源市场指数分析体系框架进行人力资源服务产业园视域下的人力资源指数应用创新,重点阐述由人力资源服务指数、人力资源市场指数和人力资源服务贡献指数等三个指数构成的人力资源市场指数体系,并借助上海市人力资源服务产业园的样本数据,进行指数的模拟运算,据此提出政策建议和保障措施。

第一节 研究概述

一 研究意义

人力资源市场服务指数作为观察、评价和分析人力资源市场服务状况工具,可为人力资源服务产业园视域范围内人力资源市场服务信息的整合、开发和利用提供一条理论与实践的路径。从现实的角度看,可提供基于一线人力资源服务机构来观测人力资源服务产业园区人力资源服务状况、人力资源市场状况以及人力资源对经济社会发展的贡献状况的新工具,为政府的宏观决策、企业的人力资源开发、劳动者的能力提升、人力资源服务机构的业务优化等提供支持。

二 概念界定

1. 人力资源市场服务指数概念

人力资源市场服务指数,是指数概念和方法在人力资源市场服务测量上的应用，即在借鉴其他指数编制方法的基础上，研究能够反映人力资源市场服务变动状况的相对数或数据序列，对未来人力资源市场服务发展趋势进行监督和测量。

本章所述的人力资源市场服务指数，是在人力资源服务产业园视域内，以人力资源服务为主线，综合反映一个地区人力资源服务状况以及人力资源市场状况与人力资源服务对经济社会发展贡献历史变化趋势的指数构成，具体包括人力资源服务指数、人力资源市场指数和人力资源服务贡献指数等三类指数。

2. 人力资源市场服务指数类型

统计指数按在指数数列中所采用的基期不同，可以分为定基指数、环比指数和同比指数。在本章中，以定基指数为主。

3. 人力资源市场服务指数周期

人力资源市场服务指数的周期，按其长短可以分为年度、季度、月度、周和实时等几种形式。根据未来指数应用的需要，本章将以年度指标为主。

三 指数特色

本章构建的指数具有三大特色：一是本指数的编制以国家职业分类大典为基础对岗位类型进行标准化；二是本指数综合了其他人力资源市场服务指数的特点，将人力资源服务贡献率等内容引入指标体系中，构建了人力资源服务指数、人力资源市场指数和人力资源服务贡献指数三位一体的人力资源市场服务指数体系；三是分指数与特色指数并行，既能从一个侧面反映人力资源市场服务的动态变化，也能反映人力资源服务产业园的特色、特点。

第二节 指数体系设计

一 指数构成

本章在前面研究的基础上，以人力资源服务为主线，重点关注人力资源服务自身供给和需求状况，以及由此反映的人力资源市场状况和人力资源服务对经济社会发展的贡献状况，由此就形成了三个分指数，即人力资源服务指数、人力资源市场指数和人力资源服务贡献指数（见图19—1）。

其中，人力资源服务指数，主要涵盖人力资源服务各业态供给和需求等；人力资源市场指数，主要涵盖人力资源市场供给、需求、匹配、薪酬和流动等；人力资源服务贡献指数，主要涵盖人力资源服务业对经济社会发展的贡献，主要包括产业增加值贡献率、拉动就业等。

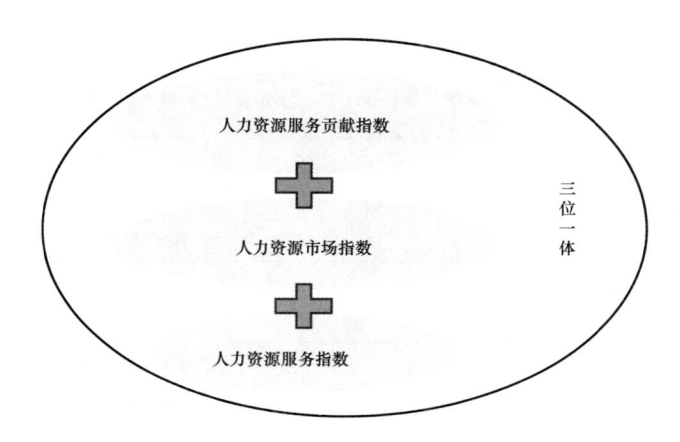

图 19—1　人力资源市场服务指标体系的总体结构

二　层次体系

先进的人力资源市场服务指数体系必须满足数据准确、代表性强、方法科学、传输及时的总体要求。基于此，本章形成了一套由 3 个一级指标、10 个二级指标、25 个三级指标支撑的人力资源市场服务指数指标体系（见表 19—1）。

表 19—1　　　　　　人力资源市场服务指数指标体系

一级指标	二级指标	三级指标
人力资源服务指数	人力资源服务供给（参照《人力资源服务机构能力指数》标准）	从业人员
		服务项目
		设备设施
		服务环境
		规章制度
	人力资源服务需求	获取难易程度
		整体满意程度

续表

一级指标	二级指标	三级指标
人力资源市场指数	人力资源供给	供给总量
		供给信心
	人力资源需求	需求总量
		需求信心
	人力资源供求匹配	总量匹配
		结构匹配
	人力资源薪酬水平	实际薪酬水平
		承诺薪酬水平
		承诺薪酬与期望薪酬差异
	人力资源流动	区域外流入率
		行业变动率
人力资源服务贡献指数	产业区域贡献	人力资源服务业增加值占区域生产总值的比重（弹性系数）
		人力资源服务业增加值占区域服务业总产值的比重（弹性系数）
	产业全国贡献	区域人力资源服务业增加值占全国人力资源服务业增加值的比重
		区域人力资源服务机构数量占全国人力资源服务机构总数的比重
		区域人力资源服务业从业人员总数占全国人力资源服务业从业人员总数的比重
	产业全球影响	全球人力资源服务业机构50强占比
		大中华区人力资源服务机构品牌100强占比

第三节　采集体系设计

一　总体设计

按照上述人力资源市场服务指数指标体系的总体框架设计，本节建立了由宏观统计数据、人力资源服务机构数据和调查数据构成的人力资源市场服务指数数据采集体系（见表19—2）。

表19—2　　　　人力资源市场服务指标数据采集渠道

二级指标	三级指标	采集渠道
人力资源服务供给	从业人员	人力资源服务机构信息采集
	服务项目	人力资源服务机构信息采集
	设备设施	人力资源服务机构信息采集
	服务环境	人力资源服务机构信息采集
	规章制度	人力资源服务机构信息采集
人力资源服务需求	获取难易程度	用人单位调查问卷
	整体满意程度	用人单位调查问卷
人力资源供给	供给总量	人力资源服务机构信息采集
	供给信心	求职者问卷调查
人力资源需求	需求总量	人力资源服务机构信息采集
	需求信心	用人单位问卷调查
人力资源供求匹配	总量匹配	人力资源服务机构信息采集
	结构匹配	人力资源服务机构信息采集
人力资源薪酬水平	实际薪酬水平	人力资源服务机构信息采集
	承诺薪酬水平	人力资源服务机构信息采集
	承诺薪酬与期望薪酬差异	人力资源服务机构信息采集
人力资源流动	区域外流入率	人社局社保统计数据
	行业变动率	人社局社保统计数据
产业区域贡献率	人力资源服务业年度增加值占区域年度生产总值的比重	统计年鉴 统计公报 人力资源服务统计数据
	人力资源服务业年度增加值占区域年度服务业总产值的比重	
	人力资源服务业从业人员总数占区域从业人员总数的比重	
	人力资源服务业从业人员总数占区域服务业从业人员总数的比重	

续表

二级指标	三级指标	采集渠道
产业行业贡献率	区域人力资源服务业年度总产值占全国人力资源服务业年度总产值的比重	统计年鉴 统计公报 人力资源服务统计数据
	区域人力资源服务机构数量占全国人力资源服务机构总数的比重	
	区域人力资源服务业从业人员总数占全国人力资源服务业从业人员总数的比重	

二 采集周期

由于人力资源市场和人力资源服务的周期性波动，再加上人力成本制约、问卷调查周期的限制等因素，实时统计和月度统计可能过于频繁，因此建议采用按年度采集数据。

第四节 政策体系设计

基于人力资源市场服务指数的政策建议体系主要为政府促进人力资源服务的创新发展提供决策支持。本章将借助上海市人力资源服务产业园的样本数据，进行指数的试算，并基于此进行政策体系设计模拟。需要说明的是，此处的测算只为研究之用，并不代表和反映上海市人力资源服务产业园的实际情况。

一 加大对人力资源服务业务转型的政策保障

从 2018 年税收规模来看，上海人力资源服务产业园占全国 15 个国家级产业园总税收的近 1/3。但从指数分析来看，2016—2018 年人力资源服务业总营业收入分指数明显低于全国人力资源服务业总营业收入、上海市人力资源服务业总营业收入的增幅。究其原因，这与近年来的上海人力资源服务业业务结构调整有关。从因素分析结果看，2016—2018 年劳务派遣对总营业收入的贡献分别排在第三位、第五位和第四位，劳务派遣的贡献率总体呈现下降趋势；而人力资源服务外包、人力资源培训和人力资源测评等业务对总营业收入的贡献率呈明显上升的态势，但这些业务的总体规模还相对较小见（图19—2）。因此，在上海人力资源服务业产业园业务转型关键期，应加大对贡献率日益提升业务的政策扶持力度。

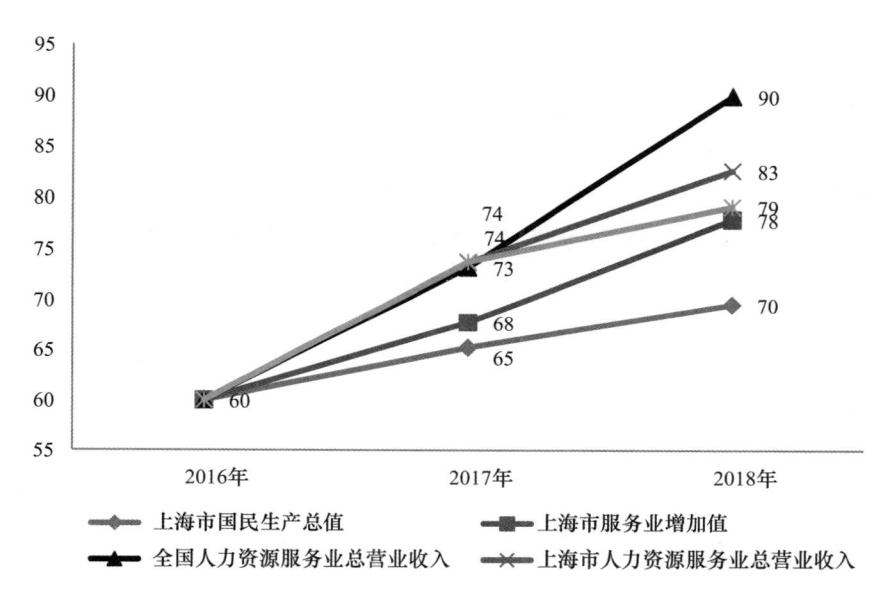

图19—2　2016—2018 年人力资源服务业总营业收入分指数与上海市人力资源服务业总营业收入指数等其他宏观指数比较

二　加大对民营人力资源服务企业的关注力度

从样本情况看，民营性质的服务企业有 77 家，占 82.8%，成为上海人力资源服务产业园人力资源服务供给的主体。无论从中高端人才推荐情况，还是从各业务对总营业收入的贡献来看，2016—2018 年民营性质服务企业中高端人才推荐合计最多，营业收入之和也最高。2016—2018 年，中高端人才推荐数量分别为 6520 人、10848 人和 14190 人，呈逐年增长态势；营业收入分别为 992133.5 万元、1034434.3 万元和 1192785.5 万元，也呈逐年增长态势（见图 19—3、19—4）。因此，在制定人力资源服务产业发展政策时，应加大对民营性质服务企业的政策扶持，使得对民营性质服务企业的支持力度与民营性质服务企业对上海市人力资源服务业乃至上海市经济社会发展的贡献相适应。

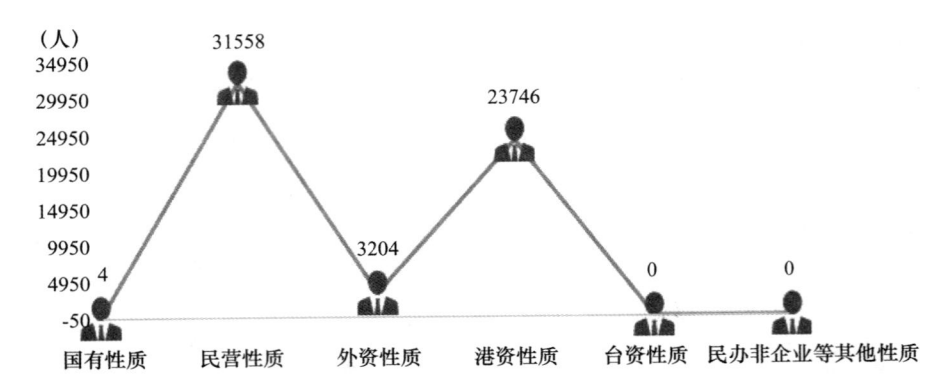

图 19—3　2016—2018 年不同单位性质服务机构中高端人才合计推荐情况

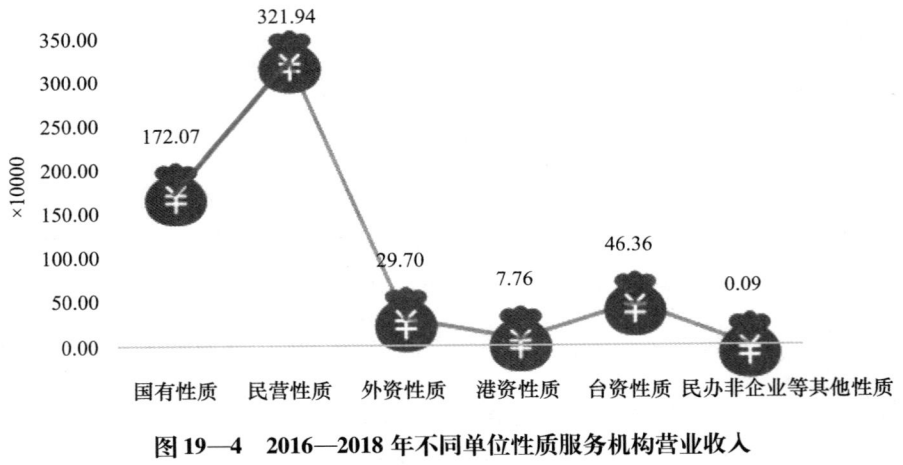

图 19—4　2016—2018 年不同单位性质服务机构营业收入合计情况

三　加大对在全国地域开展业务服务机构的引进

在上海市人力资源服务产业园样本人力资源服务机构中，主要业务在全国的占 64.13%，是人力资源服务机构的主体。从中高端人才推荐情况比较分析看，在全国地域开展业务的单位推荐人才力度较大，2016—2018 年合计推荐中高端人才 50637 人，每年分别推荐 13257 人、17502 人和 19878 人，呈逐年增长态势，在中高端人才配置方面发挥着越来越大的作用（见图 19—5、图 19—6）。因此，在制定上海市人力资源服务产业园发展政策时，应加大对全国性人力资源服务机构的引进力度，并根据业务转型发展的需要，重点引进人力资源服务外包、人力资源培训和人力资源测评等成长性好的全国性服务机构。

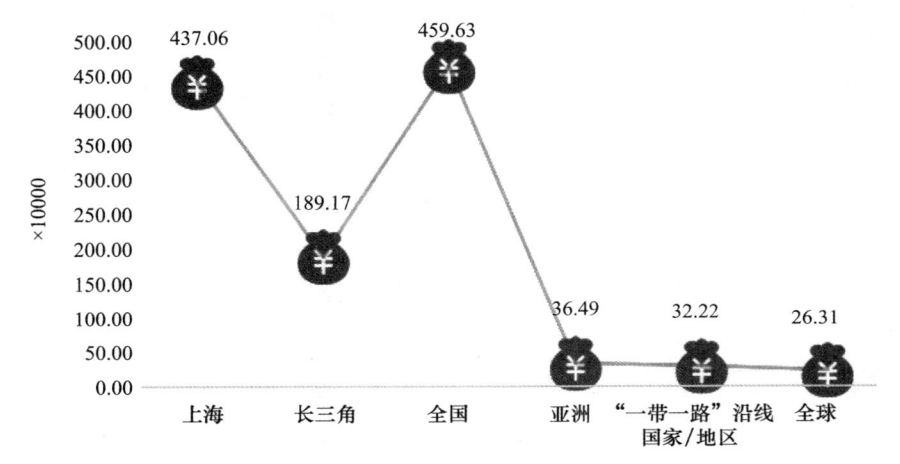

图 19—5　2016—2018 年不同业务地域范围服务机构营业收入合计情况

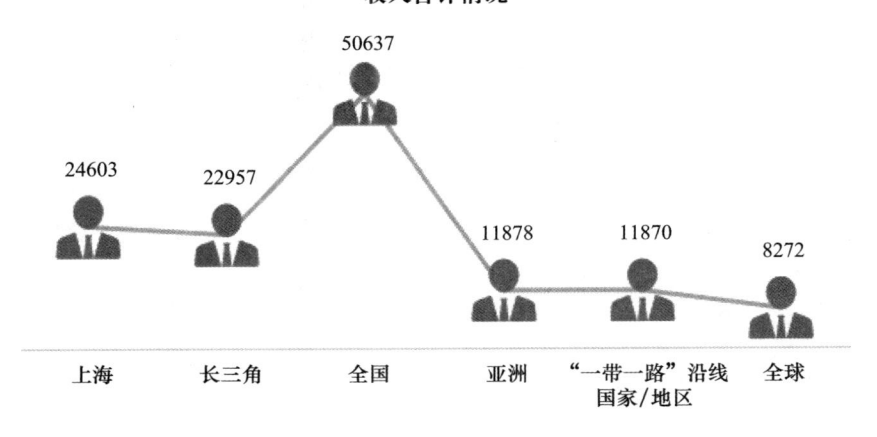

图 19—6　2016—2018 年不同业务地域范围服务机构中高端人才推荐合计

四　加大对人力资源服务机构高端人才引进的扶持

从 2016—2018 年人力资源服务从业人员数量指数上看，2017 年人力资源业务有所收缩，2018 年业务有所增长，基本与 2016 年持平。但从人力资源服务从业人员学历分指数看，博士和硕士增幅明显居前；从具有人力资源服务职业资格的总指数看,具有高级资格的指数排在首位;从具有海外留学或从业经历分指数看,2018年达到92,较2016年增长了54%。这在一定程度上说明,高层次人才正以较快的速度进入上海人力资源服务行业领域(见图19—7、19—8、19—9)。因此,在制定上海市人力资源

图 19—7　2016—2018年人力资源服务从业人员学历分指数

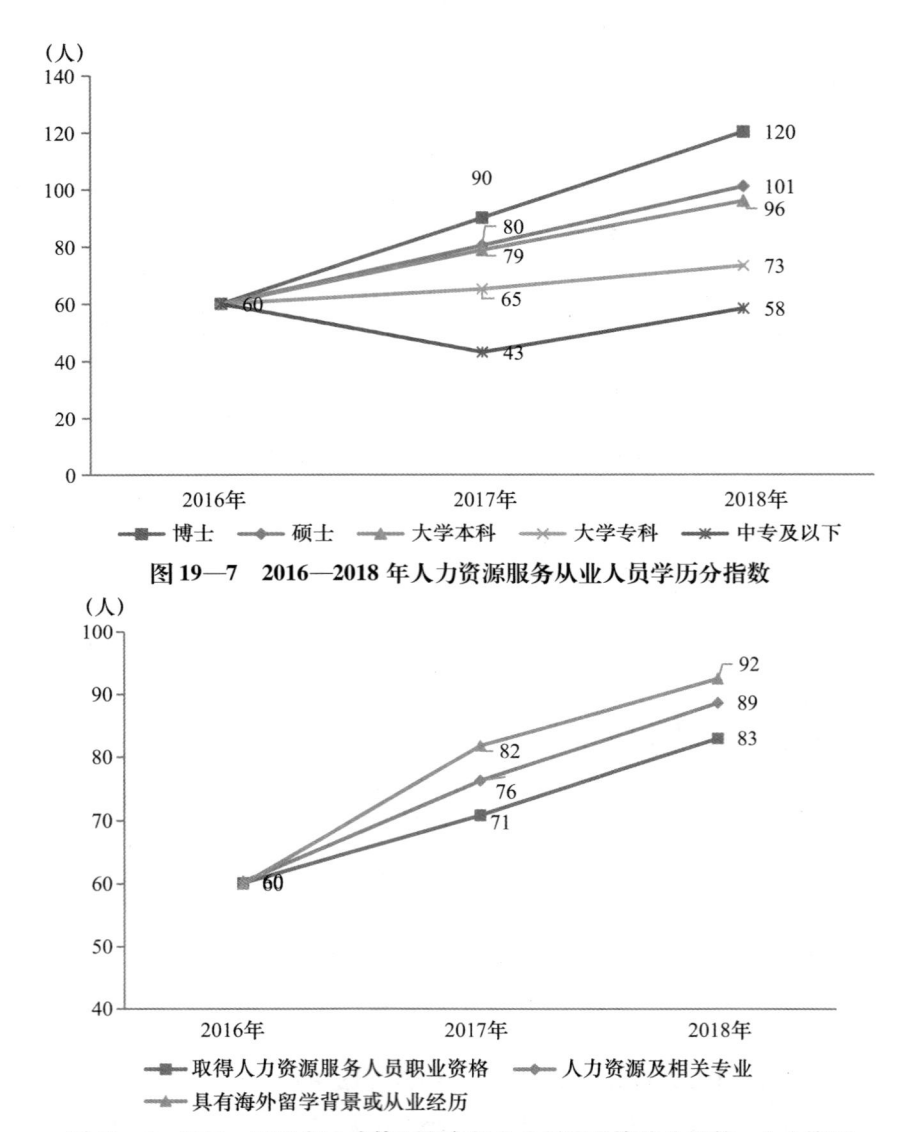

图 19—8　2016—2018年人力资源服务从业人员职业资格分指数、人力资源及相关专业分指数、海外经历分指数

服务产业园发展政策时，应加大对人力资源服务机构引进具有博士硕士学历、高级资格和海外经历的高层次人才的支持力度，更好地服务于上海人力资源服务产业园做大做强。

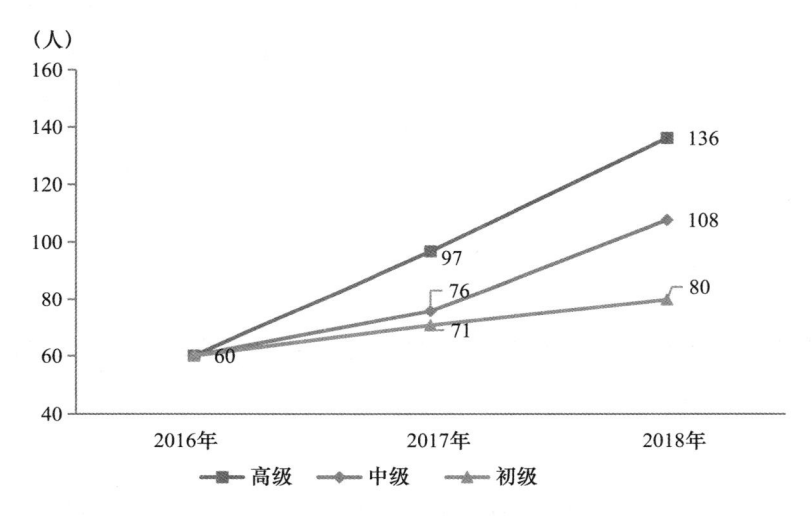

图19—9　2016—2018年职业资格级别分指数

五　加大对服务上海市重点工业行业的业务培育

按照上海市经济社会发展规划，电子信息产品制造业、汽车制造业、精品钢材制造业、石油化工及精细化工制造业、成套设备制造业和生物医药制造将成为上海重点工业行业领域。从服务重点行业指数情况看，制造业贡献指数增长相对较慢。而且，在被调查样本人力资源服务机构中，仅有39.8%的机构的业务涉及上海重点工业行业，其中涉及电子信息产品制造业29个、汽车制造业27个、生物医药制造23个、成套设备制造业14个、石油化工及精细化工制造业11个、精品钢材制造业8个（见图19—10）。因此，在制定上海市人力资源服务产业园发展规划时，应加大对上海市重点工业行业服务的人力资源业务培育和机构引进力度，更好地服务于上海重点工业行业发展。

六　加大对"一带一路"企业的人力资源服务供给

我国"一带一路"倡议的提出，为上海人力资源服务业发展提供了广阔的空间。但从本次调查情况看，在被调查的样本人力资源服务机构

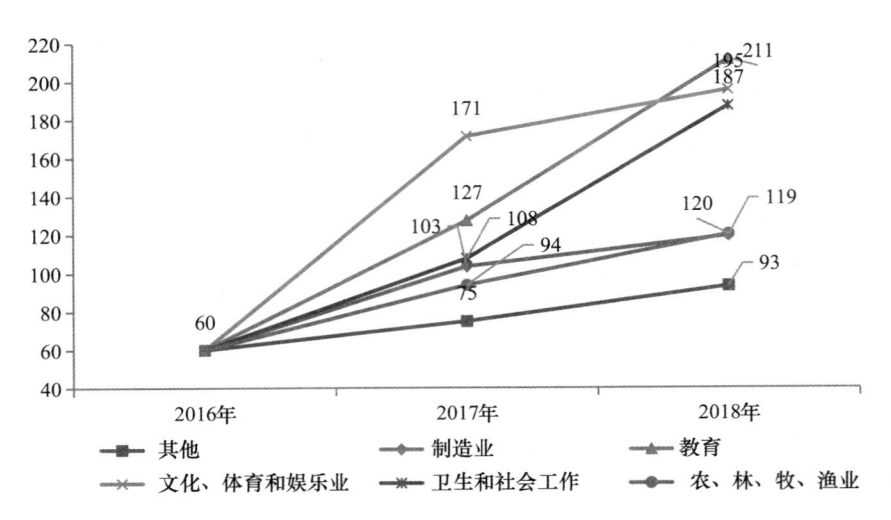

图 19—10 2016—2018 年对制造业、教育行业、文化、体育和娱乐业、卫生和社会工作行业、农、林、牧、渔业以及其他行业贡献分指数

中,服务"一带一路"国家/地区的机构仅占 5.43%。2016—2018 年,样本机构为上海地区的"一带一路"企业推荐的"走出去"人才数量分别为 101 人、136 人和 131 人,2017 年推荐的人才数量较 2016 年增加 34%,2018 年与 2017 年基本持平,从服务"一带一路"企业的效果看,配置"走出去"人才的能力还很有限(见图 19—11)。因此,在制定上

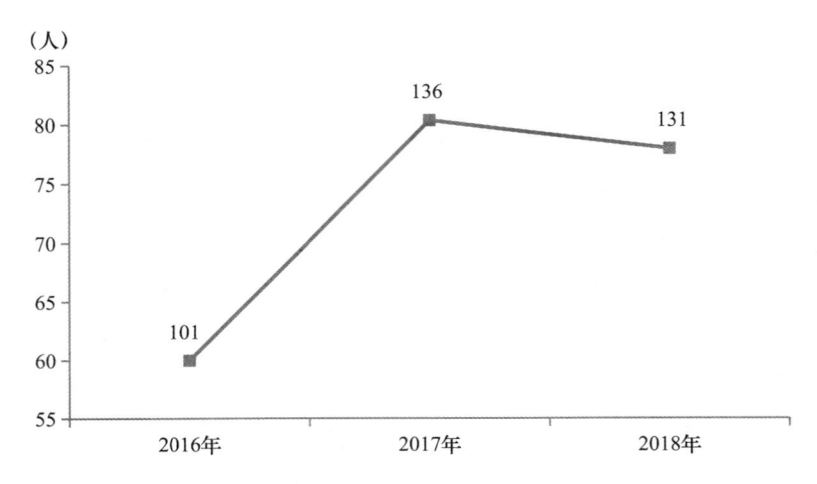

图 19—11 2016—2018 年为"一带一路"企业"走出去"人才推荐分指数

海市人力资源服务产业园发展规划时,要利用"一带一路"机遇,培育能直面风险、善于寻找机遇的人力资源服务行业企业家和创业者,引导人力资源服务机构开展面向"一带一路"企业服务需求的业务类型,推动上海市人力资源服务行业更好地与我国"一带一路"倡议对接。

第五节 保障体系设计

一个好的人力资源市场服务指数体系,必须能够客观反映人力资源服务产业园市场服务的真实状况,符合产业园特征,适应区域经济社会发展需要。因此,建立人力资源服务产业园人力资源市场服务指数,不仅要构建反映产业园特色的评价指标体系,更要结合客观实际形成一套行之有效的运行保障机制。

一 以凸显人力资源服务核心功能为导向

人力资源服务的核心功能是实现劳动者与工作岗位的有效匹配,既为社会生产提供动力,又促进人的价值的实现,在这一点上,无论人力资源服务发展到什么程度都不能变,否则就失去了其质的规定性。人力资源市场服务指数作为观测人力资源状况以及由此反映的经济景气状况的指数体系,其最核心的价值在于提高人力资源的配置效率,更好地发挥人力资源市场的信号功能,这也是人力资源服务核心功能的重要体现。因此,人力资源服务产业园视域下人力资源市场服务指数构建中,必须充分体现人力资源服务的核心功能,只有这样才能发挥市场在人力资源配置中的决定性作用和更好发挥政府作用。

二 以增强人力资源服务机构实力为目标

人力资源市场服务指数通过基于一线人力资源服务机构信息的整合、开发和利用,将成为观察、评价和分析区域人力资源服务产业园人力资源市场服务状况的新工具,对政府制定人力资源服务业发展的宏观决策、人力资源服务机构推进业务优化、劳动者实现优化配置等方面提供支持。因此,人力资源市场服务指数的设计,应以人力资源服务机构为基本的采集对象,重点关注人力资源服务自身供给和需求状况,以及由此反映的人力资源市场状况和人力资源服务对经济社会发展的贡献状况，进而直观反映人力资源服务产业园视域内人力资源服务发展状况及未来走势。

三　以建立多层次指标体系为基础

人力资源服务产业园视域下人力资源市场服务指数体系应是以人力资源服务体系建设的目标、内涵与特征为标准，从客观实际出发，运用科学合理的评价方法，科学反映人力资源服务产业园内人力资源服务发展的基本态势，为政府部门决策和调控提供多层次、立体化、复合型的指标体系，使得指数指标体系能对人力资源服务产业园人力资源服务发展情况做出多层次、立体化，以及全面、综合、系统的评价。在实践中要不断完善指标体系和测量方法，形成人力资源服务产业园范围的纵向、横向人力资源市场服务指数数据库，只有这样才能更好地发挥其对人力资源服务发展的引导作用。

四　以优化数据采集方法为手段

基于人力资源服务产业园视域下人力资源市场服务指数指标体系的设计，加强基础数据库的建设工作，以现有数据采集渠道为基础，不断丰富完善现有数据库内容，加快数据库更新周期，进行人力资源服务机构抽样时，能实现按业务类型、机构性质、业务范围等进行分层抽样。提高采集数据的准确性，科学界定各项指标的含义、评价标准，并据此确定指标数据采集的范围、条件和标准。合理确定数据采集的周期，根据指数周期（实时、月度、季度和年度等）确定数据采集的时机。建立数据核查反馈机制，加强对原始数据材料的审查，克服虚报、瞒报、漏报等不良现象。指数的有效性源于数据的真实性与全面性，这很大程度上依赖各人力资源服务机构信息的填报。

五　以构建动态网络体系为重点

构建人力资源服务产业园人力资源市场服务指数，必须建立区域多级运行保障机制，形成各层级有效结合的分布式指数网络体系，满足数据准确、代表性强、方法科学、传输及时的总体要求。最高层面要开展人力资源市场服务指数的综合评价，并积极推动人力资源服务行业协会等机构自主开展第三方评估。建立健全各层级和人力资源服务机构指数运行协调机制，保障人力资源服务产业园视域下人力资源市场服务指数运行的有序性、一致性、有效性。有效调动和吸引高校、科研院所的专家力量参与人力资源市场服务指数评价工作。

六 以建立指数监测制度为核心

人力资源服务产业园视域下人力资源市场服务指数评价要做到平时监测与定期监测相结合，因此要基于指数建立实时监测、月度监测、季度监测与年度监测四位一体的监测制度，既能反映市场服务的短期波动、季节变化，也能揭示人力资源市场服务中长期发展变化。实时指数监测的周期短，能反映现象的短期变化，其间包含了更多的短期随机因素。年度指数监测的周期较长，能反映现象的趋势变化，屏蔽了许多短期随机波动。根据决策的周期需要和未来指数应用的需要，确定指数周期具体类型和类型组合。

第二十章

基于职业大数据的人力资源市场指数应用探索

本章基于青岛英网职位大数据系统，利用可靠的动态数据和科学的量化方法，通过实现职位信息标准化和构建人力资源市场需求指数体系，以2014年11月为基期，对2014年11月—2016年11月人力资源市场需求指数进行分析，以探寻人力资源市场需求与经济社会发展之间的关系。

第一节 研究概述

随着互联网的普及，进一步推动了在线求职者数量的增加。据统计[①]，2014年中国网络招聘行业求职者规模达到11525.2万人，较2013年增长了10.9%。由于求职者数量体量已经非常庞大，近年来增速逐步减缓，2018年在线求职者达到1.6亿人。在网络招聘的求职者中，高学历群体占比呈下降趋势，其占比由2009年的89.7%下降至2014年的85.7%。随着互联网向三、四线城市及农村市场的渗透，未来低学历群体通过互联网求职的占比将会进一步提升。

从目前招聘网站的职位信息来看，信息庞大且繁杂。青岛英网职位大数据系统[②]整合了48家招聘网站的职位信息，涉及463个城市、52个行

---

① 艾瑞咨询：《2015年中国网络招聘行业发展报告》，2015年7月23日，艾瑞网（http://report.iresearch.cn/report/201507/2415.shtml）。

② 采用网络爬虫技术形成的招聘信息大数据库，数据主要来源于51job、中华英才、智通人才等48个网站（见附表1）。

业、11 类学历人群，共计 728 个职位。这些职位信息庞大、描述相对模糊，如客户经理、客户服务主管、客户服务总监等看起来相似的职位多处出现，仅从职位名称上很难了解职位内容和相应的职业信息。2015 年 7 月 29 日，国家职业分类大典修订工作委员会召开全体会议审议、表决通过并颁布了《中华人民共和国职业分类大典（2015 年版）》（以下简称《大典》）。本章旨在通过将青岛英网职位大数据系统中的职位信息与国家职业分类大典中的职业小类、细类进行匹配对标，为优化招聘网站的职位信息提供参考和依据。本章重点研究以下三个部分。

一是现有职位标准化：按照职业的性质、活动方式、技术要求和管理范围等，将青岛英网职位大数据系统中的职位信息与《大典》小类、细类进行匹配。

二是指数体系构建：在吸收国内外相关理论和先进实践经验的基础上，构建人力资源市场需求总量、需求结构、承诺薪酬三位一体的人力资源市场需求指数体系。

三是指数体系试测：基于青岛英网职位大数据系统，利用可靠的动态数据和科学的量化方法，通过构建人力资源市场需求指数，深入分析人力资源市场需求状况及未来走势，努力探寻人力资源市场需求与经济社会发展之间的关系。

第二节　职位标准化

为形成青岛英网原职位数据库与国家标准的细类和小类的映射关系，本章将青岛英网职位大数据系统中的职位信息与《大典》按照职业的性质、活动方式、技术要求和管理范围等进行小类、细类的匹配，从而为建立标准化职业分类数据库提供基础。

一　标准职业分类

1. 概念界定

职业是指从业人员为获取主要生活来源所从事的社会工作类别。职业分类是指以工作性质的同一性或相似性为基本原则，对社会职业进行的系统划分与归类。职业分类的实质是按照既定原则划分现行职业的层次类别。层次分明的职业类别划分，不仅是职业分类的技术要求，也是强化国家职能部门管理功能的需要，是国家实行职业现代化管理的前提。

2. 分类原则

2015版《大典》在修订时将职业分类的原则从1999版的"工作同一性"调整为"工作性质相似性为主、技能水平相似性为辅"。"工作性质同一性"侧重传统社会分工的本原，"工作性质相似性"则反映现代社会分工的复合性，更好地体现复杂职业活动的总体与部分的关系；依据"技能水平"的差异进行职业分类，增加了分类维度，提高了分类结果的合理性，有利于淡化职业的"身份"界限，促进从业者职业能力发展。

工作性质相似性原则是工作性质同一性概念的外延扩展，它与同一性的操作指标一致，最大区别在于工作内容相似性的聚合性提升，增加了职业分类原则的普适性，但一定程度上也损失具体职业分类的精确度。操作指标主要体现在工作方式、工作对象、工作工具、工作成果、工作内容、工作环境、工作流程和工作性质等八个方面的相似程度。

技能水平相似性是指从业者具备技能水平的相似性程度，具体指职业对从业者的普通教育水平、职业培训时间和实际工作经验三个要素的相似性程度，以此作为技能水平相似性原则的衡量指标，如符合则可将这些职业归为同类职业。

3. 分类方法

我国的职业分类由大类、中类、小类、细类四部分构成，由粗到细，进行结构化的描述。其中大类是"树状"体系的根本，宏观上反映着我国社会制度、产业结构、科技教育水平等社会发展状况，是职业分类结构中的最高层次，其划分需要考虑我国的政治制度、管理体制、科技水平和产业结构的现状与发展；中类是大类的子类，是对大类的分解，以职业活动所涉及的经济领域、知识领域以及所提供的产品和服务种类为主要参照；小类划分是中类划分的细化，与中类划分的原则基本一致；细类（职业）划分则主要以工作分析为基础，以职业活动领域和所承担的职责，工作任务的专门性、专业性与技术性，服务类别与对象的相似性，工艺技术、使用工具设备或主要原材料、产品用途等的相似性，同时辅之以技能水平相似性为依据，并按此先后顺序划分和归类。

4. 职业分类的功用

（1）职业分类作为一项国家标准，能够为劳动力需求、职业岗位变化等信息预测和规划提供依据。职业分类能够为国民经济信息统计提供依据，有利于开展劳动力需求、职业岗位变化等信息预测和规划，也有利于就业人口结构和发展趋势的调查统计与分析研究，规范准确地反映我国社会经济发展的进程态势。

（2）职业分类作为一种规范统一的职业岗位管理标准，能够为员工队伍的分类管理提供手段。职业分类揭示具有共同特点和规律的同一性质的工作，把性质相同的职业归为一类，有助于国家对劳动力进行分类管理。职业分类对各个职业的定义、活动的内容和形式以及工作活动的范围等作了具体描述，体现了职业分类的科学化和规范化特征。职业分类给每个职业确定了工作责任、履行职责及完成工作所需要的职业素质，为岗位责任制提供了依据，也是企业员工合理配置和考查管理的重要依据。

（3）职业分类作为一种操作性标准，能够为建立标准化职业分类数据库提供基础。在信息化时代的今天，建立标准化职业分类数据库是人力资源信息服务有效提供的核心条件，能够提高用人单位、求职者和中介机构之间相互识别的认同感、联系沟通的及时性和面试录用的成功率。如美国 O∗NET，其运用同样的职业分类指标衡量所有的职业，对职业分类加以深度开发，具有相近职业方向的细类专业根据社会生产实际再给予了分类细化，内容涵盖了职业和任职者的特征与要求等方面，由于其内容全面、分析规范详尽，并能提供职业发展趋势的相关数据，因此被社会用人单位和政府人力资源管理部门所认可和引用。

（4）职业分类作为一种基础性标准，能够为人力资源开发与管理提供支撑。从职业分类的效用看，除了在国民经济信息统计中的服务作用这一重要功用外，还包括在人力资源开发与管理中的基础作用、职业教育培训中的引导作用以及职业资格制度改革中的规范作用。在科学技术飞速发展的今天，适应经济发展、产业升级和技术进步的需要，密切跟踪劳动者职业活动领域的新发展新变化，认真研究职业发展规律，建立培训开发标准、专业教学标准、资格认证标准与职业标准联动开发机制与关联衔接机制，这是加强人力资源开发与管理，促进人才队伍建设的基础工作。

二　对应原则

据统计，青岛英网现有职位数据库拥有 52 个行业 728 种职位，而 2015 版《大典》按一定原则和方法将职业结构分类为 8 个大类、75 个中类、434 个小类、1481 个职业（细类）。研究发现，青岛英网现有数据库中的职位存在名称重叠、结构不统一、部分职位界定不清晰等问题，需要与国家职业分类标准进行对标。对标遵循以下原则。

1. 尊重现状

尊重现状即不改变机构和用人单位现有的职位分类。机构和用人单位现有的职位分类是在长期实践的过程中形成的，有相当多的受众，其社会认知度较高，为此，在对标的过程中首先应充分尊重现状。

2. 结构统一

结构统一即在小类、细类层次归类上，以《大典》结构为基准。《大典》作为职业分类的国家标准，凝结了上千名相关领域专家学者的智慧，具有科学规范、先进合理、内容完整、层次分明的特点，可以全面、客观、如实、准确反映当前社会职业发展实际状况和今后的发展趋势。因此，在小类和细类层次归类上，应以《大典》为准。

3. 灵活便利

灵活便利即能对应的，全部对应；不能全部对应的，整合或修正后对应；完全不对应的，暂时放弃。在对标的过程中，在尊重现状和《大典》结构的基础上，还应以灵活便利为前提。

三　对应结果

经过对标，发现青岛英网职位大数据库中的职位基本与国家标准职业分类中的第 1、2、3、4、6 大类中的小类和细类相对应，因此有必要将标准职业分类中小类和细类的划分情况作一介绍。

1. 小类和细类的划分方法

小类是在某一职业领域（中类）中，按工作的环境、条件、功能及相互关系的相似性等方面的聚合程度，将中类职业的工作领域再次划分若干工作范围，再次划分后的每一工作范围俗称小类。小类职业是我国职业体系结构的第三层级，其居于中类职业层级与细类职业层级之间。小类是中类职业的具体化职业，作为中类的子类，是对中类的分解。细类是整个职业分类体系中最基本、最具体的类别，是在每一个工作范围的基础上，按工作分析方法，根据工艺技术、工具和设备、原材料产品用途和劳动工作对象相似性的原则，结合《中华人民共和国工种分类目录》进行归并，所以又称为"职业"。具体划分方法如下。

第1大类的小类和细类。第1大类的小类和细类职业都是在各级国家权力机关、各政党、人民团体、社会组织、企事业单位等部门工作担任领导角色的职业，依据工作环境的相似性与工作职责相似性，这些岗位都是在特定的机构担任领导职务并具有决策权的人员，只要某些职业与工作环境、工作职责具有很大的相似性，就可以归类于第1大类的小类和细类。依据技能水平相似性原则，这些负责人也都需要具备一定的学历要求，并且具有在特定单位部门多年工作的经验，才能晋升到领导岗位，依据教育水平相似性原则、工作经验相似性原则进行职业分类，参照技能水平体系划分，其技能水平等级属于3—4级。

第2大类的小类和细类。第2大类的小类和细类职业需要特定的工作技能或某一方面的专长，依据上述子原则，只要某一职业或某些职业在工作领域、工作技能、工作对象、工作任务方面具有很大的相似性，就可以将这些职业归于第2大类某一种类的小类职业中。依据技能水平相似性原则的职业分类原则，某一领域的专业技术人员普遍具有相同的学历教育，或参加过这一专业领域的职业技能培训，才能胜任这一领域的工作。依据普通教育水平相似性、职业培训时间的相似性子原则，依据技能水平体系划分，其技能水平等级属于3—4级。

第3大类的小类和细类。第3大类的职业是在一般的行政机关、企事业单位从事具体事务，如从事行政事务、行政业务、从事维护国家安全和社会治安秩序，依据在工作内容、工作对象、工作领域等方面的相似性程度，若程度大，则可将某些职业划归于第3大类的各个小类和细类职业中。依据技能水平相似性原则进行职业划分，第3大类的小类和细类职业与第1大类的小类和细类职业相比，在实际工作能力、职业培训时间、教育水平等方面相比要求更低些，但仍然需要特定的普通教育水平与职业培训时间，依据这两个子原则相似性的大小，判定其职业技能水平，依据技能水平体系划分，其技能水平等级属于1—2级。

第 4 大类的小类和细类。第 4 大类的小类和细类职业一般都从事着商业、运输等服务性行业，依据在工作对象、工作内容、工作成果等方面的相似性程度，若程度大，则可将某些职业划分到第 4 大类的小类和细类职业中。按照技能水平相似性的职业分类原则，可以运用职业培训时间、实际工作能力子原则，依据子原则相似性程度的大小，判定其职业技能水平，依据技能水平体系划分，其技能水平等级属于 1—2 级。

第 5 大类的小类和细类。第 5 大类的小类和细类职业之间具有很强的相关性，依据操作工具、使用设备、工作成果、工艺技术、工作内容等原则判定某些职业的相似性程度，相似性程度高则可以统一归于某一小类和细类或构建新的小类和细类职业。按照技能水平相似性的职业分类原则，运用普通教育水平、职业培训时间、实际工作能力指标，依据这些子原则相似性程度的大小，判定其职业技能水平，依据技能水平体系划分，其技能水平等级属于 1—2 级。

2. 职位对标结果

按照上述对应原则，课题组将青岛英网职位大数据库的 728 种职位，对应了《国家职业分类大典》中的 292 个小类职业、417 个细类职业（见图 20—1，横坐标是职位代码，具体详见附表 2）。青岛英网原职位数据库与国家标准的细类和小类的映射关系详见附表 3。

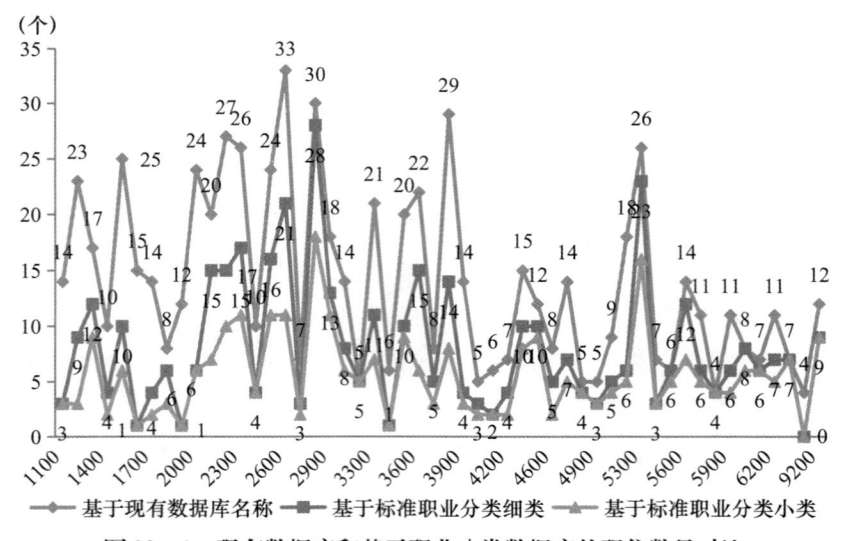

图 20—1　现有数据库和基于职业分类数据库的职位数量对比

第三节　人力资源市场需求指数体系构建

需求作为人力资源市场的主导者，其变动情况直接决定着市场供给变化和劳动力配置。因此，对其展开客观、科学的观测和分析，具有重要的现实意义。人力资源市场需求指数作为观察、评价和分析宏观人力资源市场需求状况的指数体系，可以直观反映人力资源需求发展状况及未来走势，为政府的宏观决策、劳动者的能力提升、人力资源服务机构的业务优化等提供支持。人力资源市场需求指数的构建，旨在从大数据的视角，利用可靠的动态数据和科学的量化方法，深入分析人力资源市场需求状况及未来走势，努力探寻人力资源市场需求与经济社会发展之间的相互关系。

一　相关概念界定

1. 人力资源市场需求

人力资源市场需求，主要是指在报告期内用人单位依托人力资源服务机构愿意并且能够提供招聘职位的数量，具体包括线下需求和线上需求两部分。线下需求是指报告期内用人单位通过人力资源服务机构现场招聘人员的数量。线上需求是指报告期内用人单位通过人力资源中介服务网络招聘人员的数量。本项目所述的人力资源市场需求主要是指线上需求，即在报告期内青岛英网采用网络爬虫技术在51job、中华英才、智通人才等48个网站搜索到的用人单位招聘人员的数量。

考虑到青岛英网目前职位数据库的结构，从数据的可得性出发，选取两个主体指标（需求总量和需求结构）与一个辅助指标（承诺薪酬）对需求进行表征。需求总量指标属于定量指标，从数量上反映人力资源市场的需求状态；需求结构指标也属于定量指标，从结构（中心城市、区域、行业、职业、学历等）上反映人力资源市场的需求状态。承诺薪酬指标也属于定量指标，从薪酬价位上反映人力资源市场的需求态势。

2. 人力资源市场需求指数

人力资源市场需求指数（Human resources market demand index），是指数概念和方法在人力资源市场需求测量上的应用，即采用多种指数法，从不同的侧面、不同的视角观察、反映、评价人力资源市场需求状况。本章所述的人力资源市场需求指数,就是在借鉴其他指数编制方法的基础上,研究能够反映人力资源市场需求变动状况的相对数或数据序列,其中包含需求总量指数、需求结构指数、承诺薪酬指数等三类分指数,反映人力资源市场需求历史变化趋势,对未来人力资源市场需求发展趋势进行监督和测量。其中,需求总量指数和需求结构指数反映人力资源市场需求的动态发展变化;承诺薪酬指数反映和评价当期人力资源市场竞争状况。

二 人力资源市场需求指数体系

1. 指标构成

在吸收国内外相关理论和先进实践经验的基础上,依据人力资源市场需求的实际情况,从人力资源市场需求本身出发,围绕影响需求变化的长期趋势和短期变动,紧紧抓住影响人力资源市场需求变动的薪酬因素,本章构建人力资源市场需求总量、结构、承诺薪酬三位一体的人力资源市场需求指标体系(见图20—2)。其中,需求结构作为人力资源市场需求的补充性指标,是对需求总量的进一步结构化说明;承诺薪酬作为人力资源市场需求的辅助性指标,是对需求总量和结构指标的有益补充,在一定程度上可反映人力资源市场的竞争态势。

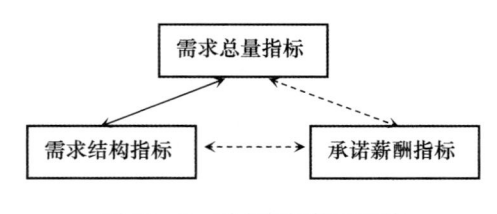

图20—2 需求指标体系结构

基于此,本章形成了一套由3个一级指标、11个二级指标、33个三级指标支撑的人力资源市场需求指标体系(见表20—1、图20—3)。

需要说明的是,图20—3中所述的中心城市包括北京、上海、天津、重庆、广州、成都和深圳;不同区域包括东部、中部、西部和东北;重点行业是指2016年11月这一时点招聘人数排在前五位的行业;重点职业是指2016年11月这一时点招聘人数排在前五位的职位(此处仅统计原有职位);不同学历包括初中、高中、中技、中专、大专、本科、硕士、博士和其他。

表 20—1　　　　　　　　人力资源市场需求指标层次体系

目标	一级指标	二级指标	三级指标
人力资源市场需求	需求总量指标	需求人数总量	原有职位需求人数
			细类职业需求人数
			小类职业需求人数
	需求结构指标	中心城市需求人数	原有职位需求人数
			细类职业需求人数
			小类职业需求人数
		不同区域需求人数	原有职位需求人数
			细类职业需求人数
			小类职业需求人数
		重点行业需求人数	原有职位需求人数
			细类职业需求人数
			小类职业需求人数
		重点职业需求人数	原有职位需求人数
			细类职业需求人数
			小类职业需求人数
		不同学历需求人数	原有职位需求人数
			细类职业需求人数
			小类职业需求人数
	承诺薪酬指标	总体承诺薪酬水平	原有职位承诺薪酬
			细类职业承诺薪酬
			小类职业承诺薪酬
		中心城市承诺薪酬	原有职位承诺薪酬
			细类职业承诺薪酬
			小类职业承诺薪酬
		不同区域承诺薪酬	原有职位承诺薪酬
			细类职业承诺薪酬
			小类职业承诺薪酬
		重点行业承诺薪酬	原有职位承诺薪酬
			细类职业承诺薪酬
			小类职业承诺薪酬
		重点职业承诺薪酬	原有职位承诺薪酬
			细类职业承诺薪酬
			小类职业承诺薪酬

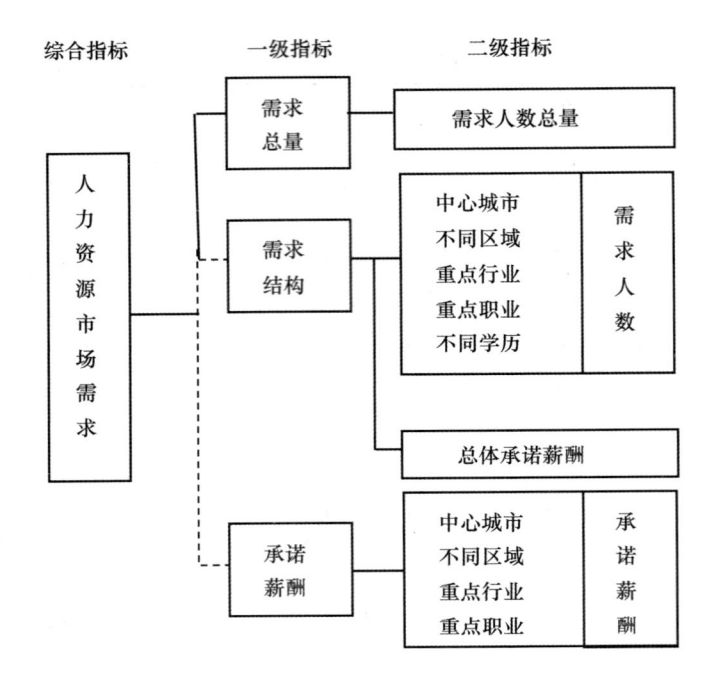

```
综合指标          一级指标          二级指标

                  ┌──────┐      ┌──────────┐
              ┌───│需求总量│──────│需求人数总量│
              │   └──────┘      └──────────┘
              │
              │                 ┌──────┐ ┌──┐
              │   ┌──────┐      │中心城市│ │需│
  ┌──┐        │   │需求  │      │不同区域│ │求│
  │人│        │   │      │──────│重点行业│ │人│
  │力│        ├───│结构  │      │重点职业│ │数│
  │资│        │   └──────┘      │不同学历│ │  │
  │源│────────┤                 └──────┘ └──┘
  │市│        │
  │场│        │                 ┌──────────┐
  │需│        ┊                 │总体承诺薪酬│
  │求│        ┊                 └──────────┘
  └──┘        ┊
              ┊   ┌──────┐      ┌──────┐ ┌──┐
              ┊   │承诺  │      │中心城市│ │承│
              └┄┄┄│      │──────│不同区域│ │诺│
                  │薪酬  │      │重点行业│ │薪│
                  └──────┘      │重点职业│ │酬│
                                └──────┘ └──┘
```

图 20—3　人力资源市场需求指标体系结构

注：图中实线表示直接构成关系，虚线表示辅助构成关系。

2. 指数体系

按照上述指标体系结构，本章所述的人力资源市场需求指数就是指需求总量指数，而需求结构指数（包括中心城市、不同区域、重点行业、重点职业和不同学历需求总量指数）是对需求总量指数的解释提供关键性基础数据支撑，承诺薪酬指数是对需求总量指数的有益补充（见图20—4）。

三　人力资源市场需求指数基期

1. 概念界定

从类型上看，统计指数按在指数数列中所采用的基期不同，可以分为定基指数、环比指数和同比指数。人力资源需求指数和人力资源供给指数受季节性影响还是比较大的，测算以定基指数为主。

2. 基期确定

人力资源市场需求指数的周期，按其长短可以分为年度、季度、月

```
综合指数        一级指数              二级指数

人          ┌── 需求总量指数
力          │
资          │                    ┌── 中心城市需求总量指数
源          │                    ├── 不同区域需求总量指数
市          ├── 需求结构指数 ────┼── 重点行业需求总量指数
场          │                    ├── 重点职业需求总量指数
需          │                    └── 不同学历需求总量指数
求          │
指          │                    ┌── 承诺薪酬总指数
数          │                    ├── 中心城市承诺薪酬指数
            └── 承诺薪酬指数 ────┼── 不同区域承诺薪酬指数
                                 ├── 重点行业承诺薪酬指数
                                 └── 重点职业承诺薪酬指数
```

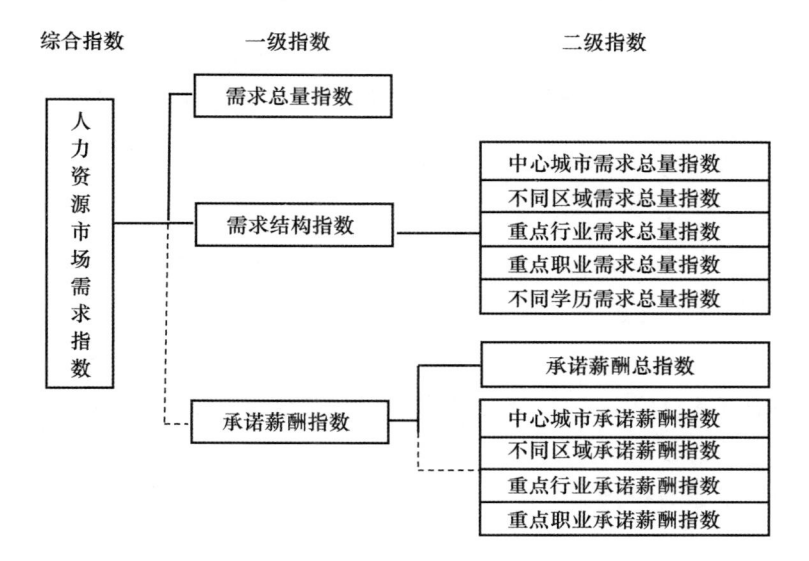

图 20—4　人力资源市场需求指数体系结构

注：图中实线表示直接构成关系，虚线表示辅助构成关系。

度、周和实时等几种形式。对于具有重要决策意义的指数，应根据决策的周期需要来确定指数周期类型。从国内外的经验看，人力资源指数一般可采用月度、季度和年度几个周期为宜。所形成的不同周期的指数数列，既能反映市场的短期波动、季节变化，也能揭示中长期发展变化。因此，基于现有职位大数据的支撑情况，指数测算将采用月度指数。为了方便计算，并考虑到基期的稳定性，结合相关专家的建议，以 2014 年 11 月作为月度指数的基期。

四　人力资源市场需求指数测算

1. 编制方法

人力资源市场需求指数属于数量指标综合指数，在编制过程中既可采用拉氏数量指数方法来编制定基指数，也可采用帕氏数量指数方法来编制同比和环比指数。通过归纳已有相关研究文献，人力资源市场需求指数编制原理可总结为：一是长期趋势预测未来变化；二是微观基础上的宏观模型。

参照商品零售价格指数和居民消费价格指数计算方法，根据对比基期的不同，人力资源市场需求指数又可分为定基指数、环比指数、同比指数等。本章所述的人力资源市场需求指数主要采取定基指数，计算如公式（20—1）所示。

$$I_n = \frac{Y_n}{Y_0} \tag{20—1}$$

其中，I_n 为某指标的定基指数，Y_n 为报告期该指标的具体数值，Y_0 为基期该指标的具体数值。

2. 指数测算

考虑到权重确定的难度和指数结果的可读性，本章中关于指数的测算只考虑各分指数。

（1）需求总量指数。在需求总量指数这个一级指数的测算中，二级和三级指标是绝对指标，并以此为需求总量指数的测算提供基础数据（见图20—5）。

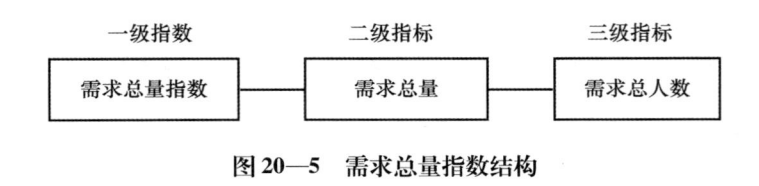

图20—5 需求总量指数结构

1）计算三级指标需求总人数的绝对数值

按月度整体招聘总人数（2014年11月—2016年11月）。

2）计算二级指标需求总量的绝对数值

由于目前需求总量指标对应的三级指标仅为需求总人数指标，无须进行相对化处理。对于需求总量指标 $Y_{11}^{(n)}$ 的计算，可采用公式（20—2）。

$$Y_{11}^{(n)} = W_{111} \times Y_{111}^{(n)} \tag{20—2}$$

其中，$Y_{111}^{(n)}$ 代表各月度（2014年11月—2016年11月）需求总量指标对应的三级指标需求总人数的具体数值，W_{111} 代表需求总量该二级指标下三级指标需求总人数的权重（因为需求总量指标对应的三级指标仅有需求总人数这一个指标，故该权重值为1）。

3）计算需求总量指数

首先进行无量纲处理（即相对化处理），本项目采用指数计算方法。

对于需求总量指数$I_1^{(n)}$的计算,可采用公式(20—3)。

$$I_1^{(n)} = \left(W_{11} \times \frac{Y_{11}^{(n)}}{Y_{11}^{(0)}}\right) \times 100 \qquad (20—3)$$

其中,$I_1^{(n)}$代表需求指数;W_{11}代表二级指标的权重(由于二级指标仅有需求总量一个,所以其权重为1);$Y_{11}^{(n)}$为需求总量指标各月度(2014年11月—2016年11月)的具体数值;$Y_{11}^{(0)}$为需求总量指标基期(2014年11月)的具体数值。

(2)需求结构指数。对于需求结构指数的测算,只需计算这个一级指数对应的二级指数即可(见表20—2)。对于中心城市需求总量指数、不同区域需求总量指数、重点行业需求总量指数、重点职业需求总量指数和不同学历需求总量指数等二级指数的测算方法,参照需求总量指数。

表20—2　　　　　　　　需求结构指数的构成

一级指数	二级指数(相对数)	三级指标(绝对数)
需求结构指数	中心城市需求总量指数	中心城市需求总人数
	不同区域需求总量指数	不同区域需求总人数
	重点行业需求总量指数	重点行业需求总人数
	重点职业需求总量指数	重点职业需求总人数
	不同学历需求总量指数	不同学历需求总人数

(3)承诺薪酬指数。对于承诺薪酬指数的测算,只需计算这个一级指数对应的二级指数(承诺薪酬总指数和承诺薪酬结构指数)即可(见表20—3)。对于承诺薪酬总指数、中心城市承诺薪酬指数、不同区域承诺薪酬指数、重点行业承诺薪酬指数和重点职业承诺薪酬指数等二级指数的测算方法,参照需求总量指数。必须说明的是,此处的薪酬指的是平均月薪。

表20—3　　　　　　　　承诺薪酬指数的构成

一级指数	二级指数（相对数）	三级指标（绝对数）
承诺薪酬指数	承诺薪酬总指数	总体承诺薪酬水平
	中心城市承诺薪酬指数	中心城市承诺薪酬水平
	不同区域承诺薪酬指数	不同区域承诺薪酬水平
	重点行业承诺薪酬指数	重点行业承诺薪酬水平
	重点职业承诺薪酬指数	重点职业承诺薪酬水平

第四节　人力资源市场需求指数测算结果

本章以青岛英网职位大数据和全国经济社会发展宏观数据为基础，采用月度指数，并以2014年11月为基期（以100为基点），对2014年11月—2016年11月人力资源市场需求指数（包括需求总量指数、需求结构指数、承诺薪酬指数，以及这些指数对应的中心城市、区域、行业、职业、学历等分指数）进行了分析。同时，还对影响人力资源市场需求指数的主要因素，如国内（地区）生产总值、CPI等做了相关性分析。分析结果显示：2016年11月，全国需求总量指数为58.5，较2014年11月下降了41.5%；薪酬总指数达到141.4，较2014年11月上升了41.4%，承诺薪酬从月薪4267元提高到6035元。从全国需求总量指数与相关影响因素的分析看，需求指数与我国国内生产总值具有较强的正相关性，承诺薪酬指数与月度CPI指数具有较强的正相关性。2014年11月—2016年11月，我国人力资源市场需求随着经济放缓逐步出现下降的态势；承诺薪酬指数与月度CPI指数一样，也呈现平稳增长的态势，其增幅略高于CPI的增幅。

一　需求总量指数

从需求总量指数来看，2014年11月—2016年11月，人力资源市场需求整体呈现波动下行的趋势，这与我国整体经济发展放缓的趋势相吻合（见图20—6、图20—7）。从各年度指数的波动情况看，招聘高峰一般出现在春节后1个月，也就是3月份，另一个招聘高峰出现在12月份，而每年的 2 月份和 7 月份出现招聘低谷。从需求总量指数的周期来看，它的走势跟我国人力资源市场需求的周期基本一致，能很好地解释我国人力资源市场需求的变化规律。

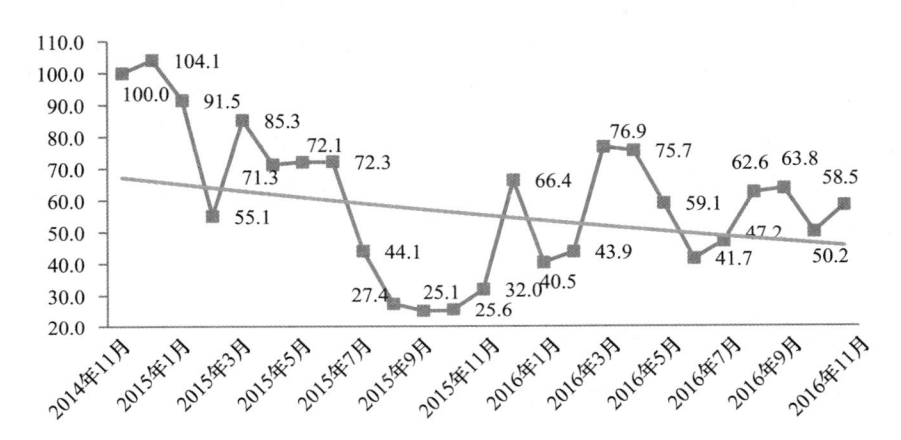

图 20—6　2014 年 11 月—2016 年 11 月需求总量指数（基于现有职位）

注：该指数是以 2014 年 11 月为基期（100），并基于"小职了"职位大数据库的数据进行的测算。备注：由于基于现有职位、标准细类和标准小类的职位需求总量指数具有相同趋势。

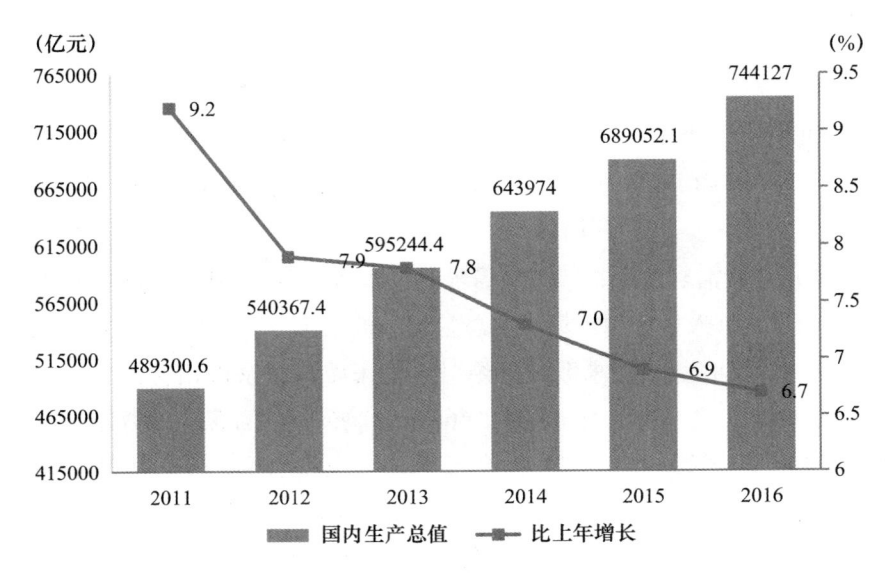

图 20—7　2011—2016 年我国国内生产总值及其增长速度

二 需求结构指数

1. 中心城市需求总量指数

中心城市需求总量指数体系主要包括北京、上海、天津、广州、重庆、成都和深圳等 7 个中心城市。从需求的绝对数量上看，2016 年 11 月需求量从高到低依次是北京、上海、广州、成都、深圳、天津和重庆（见图 20—8），各中心城市人力资源市场需求波动趋势大致相同（见图 20—9）。本部分重点分析北京、上海、广州这 3 个需求量排名前三位的中心城市。

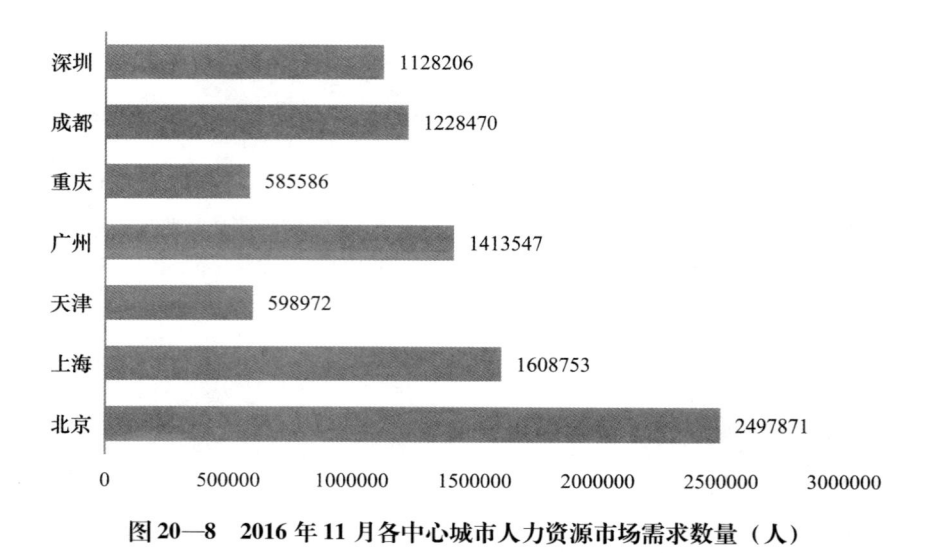

图 20—8　2016 年 11 月各中心城市人力资源市场需求数量（人）

（1）北京需求总量指数。从需求总量指数来看，2014 年 11 月—2016 年 11 月，北京人力资源市场需求总量指数波动上行，2016 年 4 月达到了最高点（192.8）。从需求数量的绝对数值来看，北京市招聘需求量位居各中心城市首位。2016 年 11 月，666763 个招聘职位需求人数总量高达 2497871 人，比 2014 年 11 月提高了 62.4%（见图 20—10）。从整体上看，虽然北京同全国经济增速一样呈现趋缓的态势，但北京人力资源市场需求水平仍然出现了一定程度的增长（见图 20—11）。

（2）上海需求总量指数。从需求总量指数来看，2014 年 11 月—2016

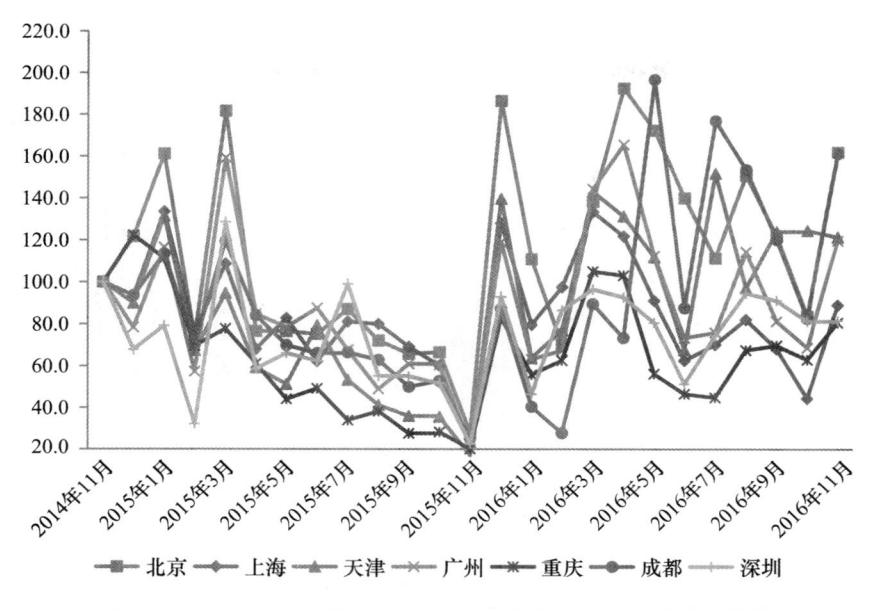

图 20—9 2014 年 11 月—2016 年 11 月各中心城市需求总量指数

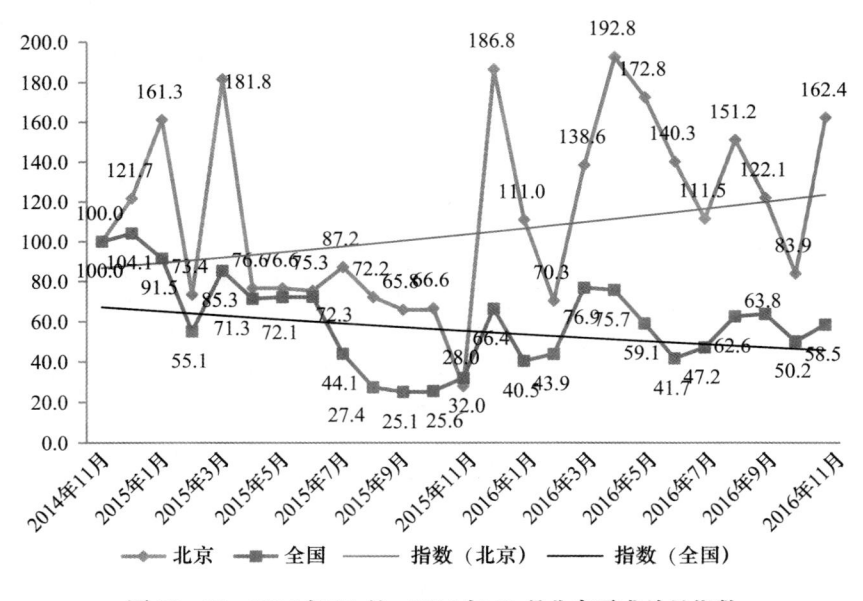

图 20—10 2014 年 11 月—2016 年 11 月北京需求总量指数

年 11 月，上海人力资源市场需求波动下行，2015 年 11 月达到这两年来

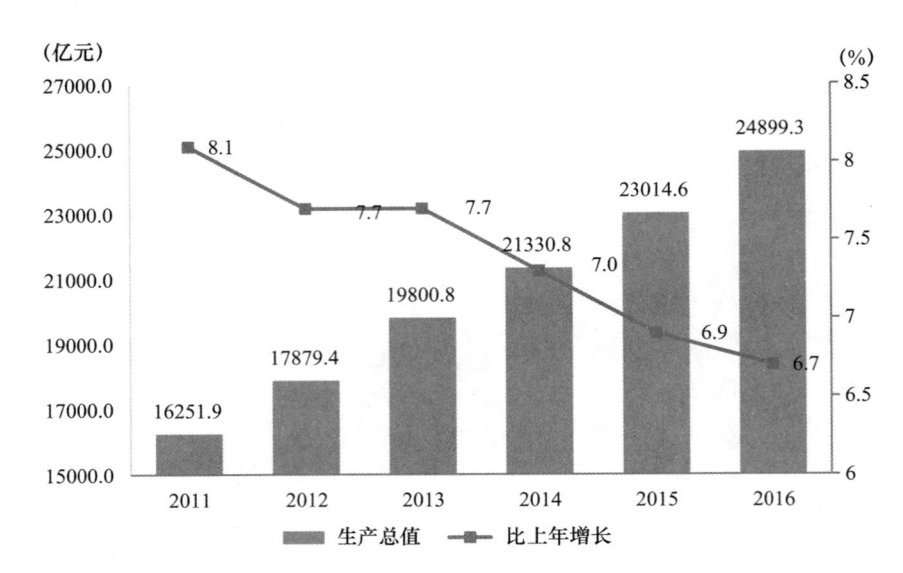

图 20—11　2011—2016 年北京地区生产总值及其增长速度

的最低点（21.0）。2016 年 3 月达到最高点（133.6），随后，市场需求指数出现下降，到 2016 年 10 月降为 44.4（见图 20—12）。据上海市统计局公布的上海地区生产总值数值看，2011—2016 年生产总值同比增长率依次为 8.2%、7.5%、7.7%、7.0%、6.9% 和 6.8%，2016 年上海地区经

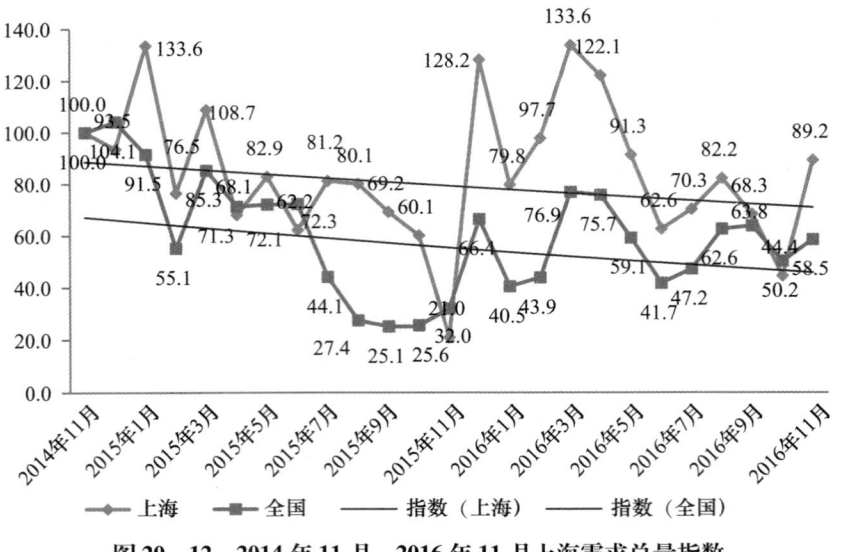

图 20—12　2014 年 11 月—2016 年 11 月上海需求总量指数

济放缓趋势依然存在（见图20—13）。人力资源市场需求总量指数于2015年、2016年持续下滑，这说明随着经济放缓，上海人力资源市场正逐步震荡下行。

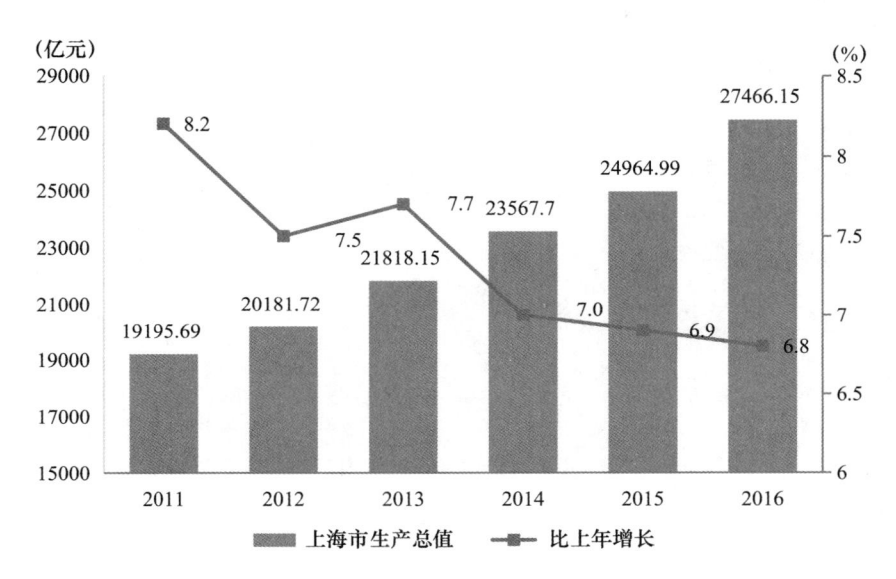

图20—13　2011—2016年上海地区生产总值及其增长速度

（3）广州需求总量指数。从需求总量指数来看，2014年11月—2016年11月，广州人力资源市场需求波动上行，增长的幅度明显低于北京。2016年4月达到最高点（165.9），随后，市场需求指数出现下降，到2016年6月降为73.5，2016年10月降为68.8，到2016年11月又反弹至120.0（见图20—14）。据广州市统计局公布的广州生产总值数值看，2011—2016年地区生产总值同比增长率除2013年外，整体呈下降趋势，可见2016年广州地区经济虽稳中有升，高于全国的增长率，但经济持续回升基础仍不牢固，放缓趋势依然存在（见图20—15）。随着未来经济放缓，广州人力资源市场需求指数可能出现下跌的态势。

2. 不同区域需求总量指数

不同区域需求总量指数体系主要包括东部、中部、西部和东北等4个

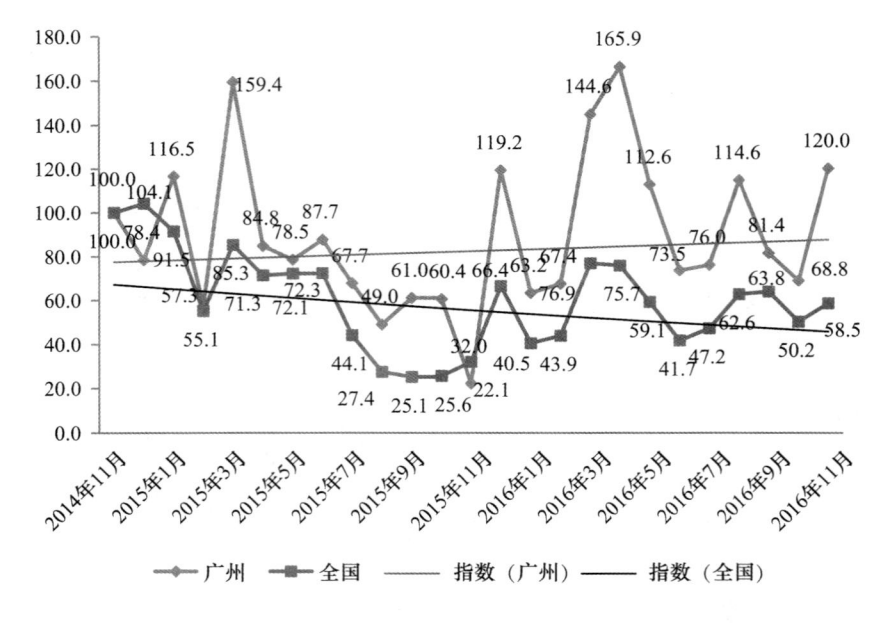

图 20—14　2014 年 11 月—2016 年 11 月广州需求总量指数

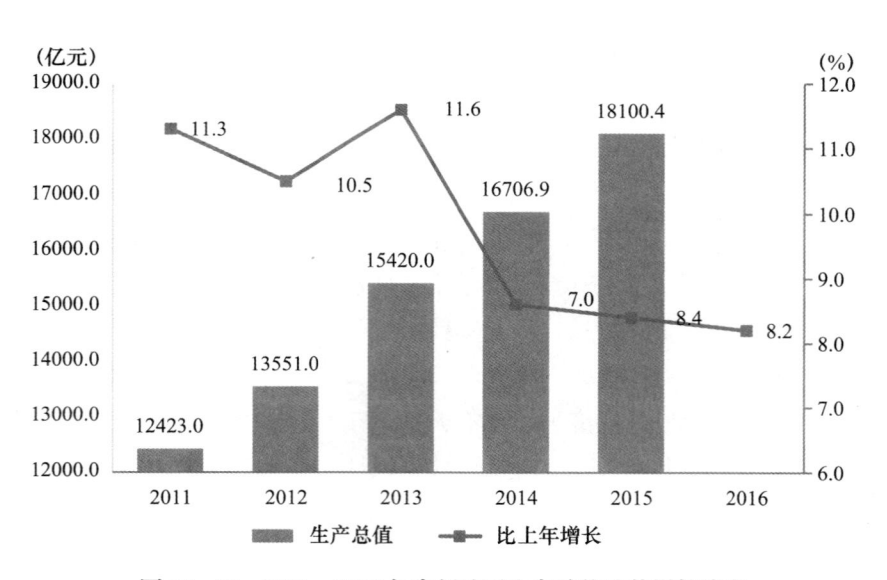

图 20—15　2011—2016 年广州地区生产总值及其增长速度

区域①。从需求的绝对数量上看，2016 年 11 月，东部、中部、西部和东北的需求量分别为 16890027、13548060、10322055 和 4931518 人（见图 20—16）。从波动情况看，不同区域人力资源市场需求波动趋势大致相同（见图 20—17）。

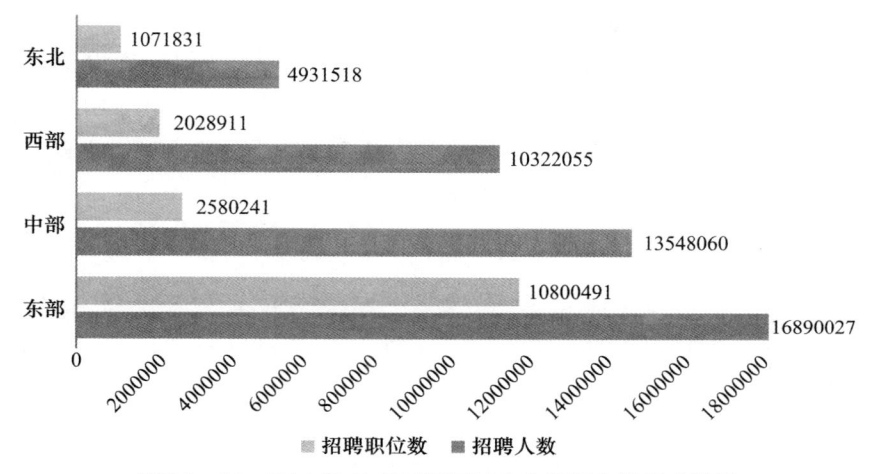

图 20—16　2016 年 11 月不同区域人力资源市场需求数量

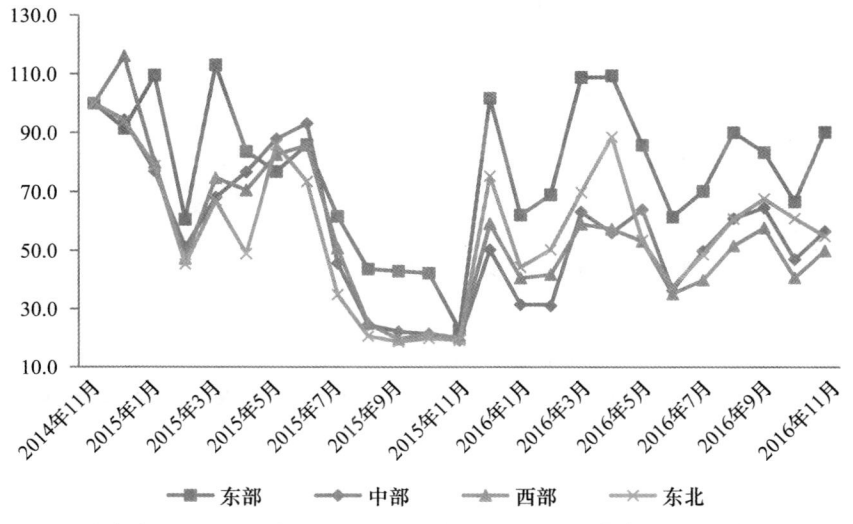

图 20—17　2014 年 11 月—2016 年 11 月不同区域需求总量指数

---

① 东部包括北京、天津、河北、上海、江苏、浙江、福建、山东、广东和海南等 10 个省（自治区、直辖市）；中部包括山西、安徽、江西、河南、湖北和湖南等 6 个省（自治区、直辖市）；西部包括内蒙古、广西、重庆、四川、贵州、云南、西藏、陕西、甘肃、青海、宁夏和新疆等 12 个省（自治区、直辖市）；东北包括辽宁、吉林和黑龙江等 3 个省（自治区、直辖市）。

本部分重点分析东部、中部和西部人力资源市场需求总量指数的波动情况。

（1）东部需求总量指数。从需求总量指数来看，2014年11月—2016年11月东部人力资源市场需求总量指数波动下行，波动的幅度明显强于全国平均水平。从需求数量的绝对数值来看，2016年11月，10800491个职位招聘人数高达16890027人，与2014年11月基本持平，比2015年11月提高了约4倍（见图20—18）。从整体上看，虽然东部地区随着我国整体经济增速放缓，人力资源市场需求也随之减少，但是下跌的幅度趋缓。

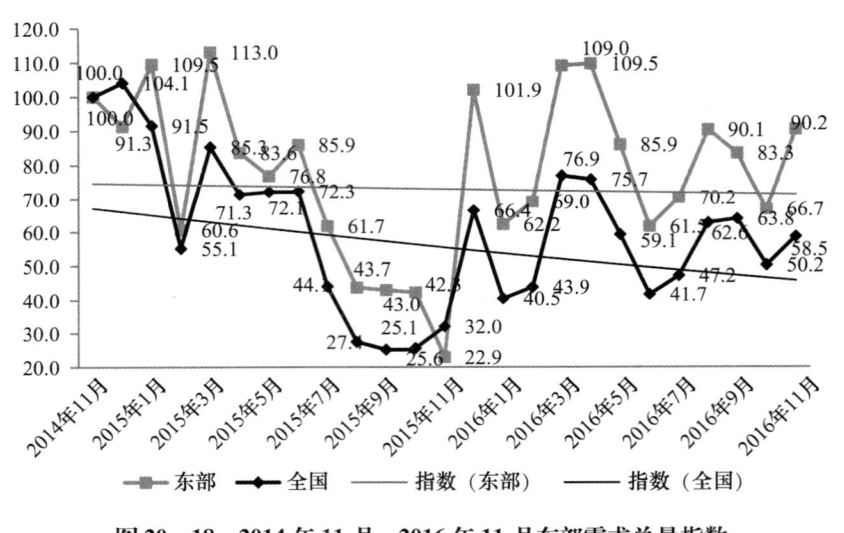

图20—18　2014年11月—2016年11月东部需求总量指数

（2）中部需求总量指数。从需求总量指数来看，2014年11月—2016年11月中部人力资源市场需求总量指数波动下行，波动的幅度略强于全国平均水平，而波动的趋势与全国大致相当。从需求数量的绝对数值来看，2016年11月，累计2580241个职位招聘人数高达13548060人，较2014年11月下降了近一半，比2015年11月提高了1倍多（见图20—19）。

（3）西部需求总量指数。从需求总量指数来看，2014年11月—2016年11月西部人力资源市场需求总量指数波动下行，下降的幅度明显快于全国平均水平。从需求数量的绝对数值来看，2016年11月，2028911个

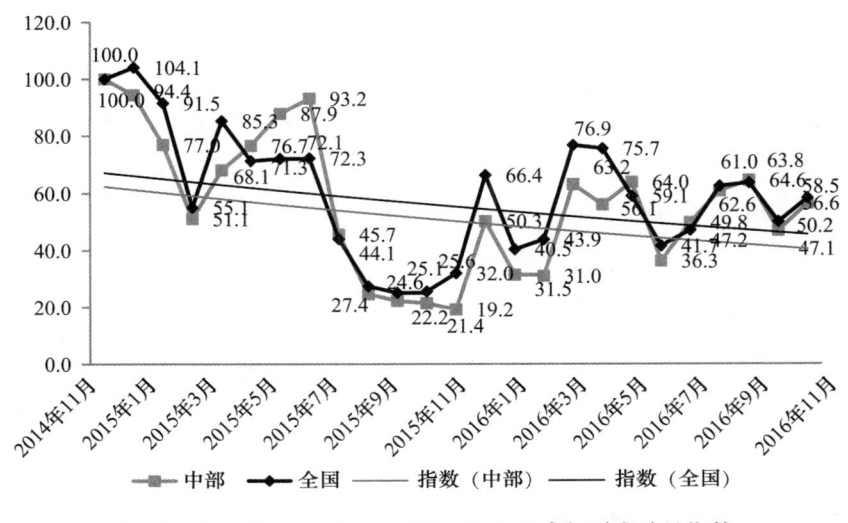

图 20—19 2014 年 11 月—2016 年 11 月中部需求总量指数

职位招聘人数高达 10322055 人，较 2014 年 11 月下降 1/2，比 2015 年 11 月提高了 1 倍多（见图 20—20）。从整体上看，随着我国整体经济增速放缓，西部地区人力资源市场需求也随之减少，且下跌的幅度更大。

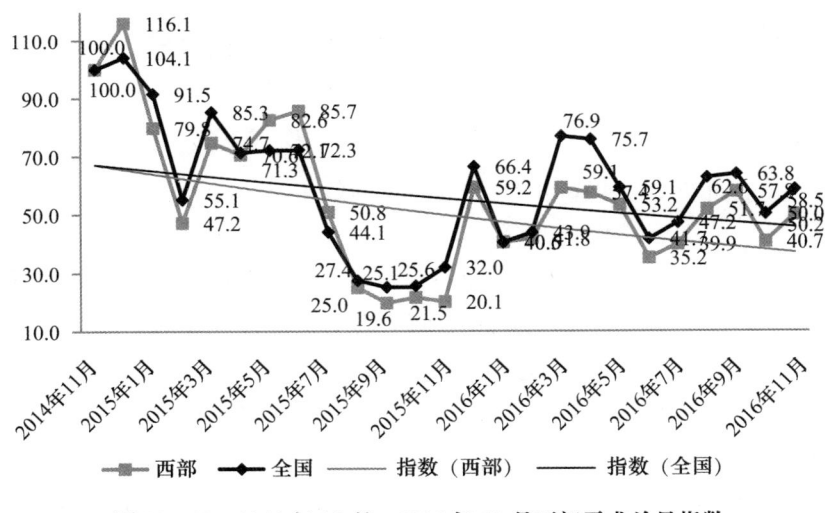

图 20—20 2014 年 11 月—2016 年 11 月西部需求总量指数

3. 重点行业需求总量指数

2016年11月，重点行业需求指数体系主要包括互联网/电子商务、金融/银行/投资/基金/证券、中介服务、教育/培训、房地产/建筑/建材/工程等招聘人数排名前五位的行业（见图20—21）。从重点行业需求总量指数来看，2014年11月—2016年11月各个重点行业需求状况有所差异，从总体上看，互联网/电子商务、金融/银行/投资/基金/证券和房地产/建筑/建材/工程等行业展现了良好的人力资源需求态势，中介服务、教育/培训等行业需求指数出现一定程度的回落（见图20—23）。本部分重点分析互联网/电子商务、金融/银行/投资/基金/证券和房地产/建筑/建材/工程这三个代表性行业。

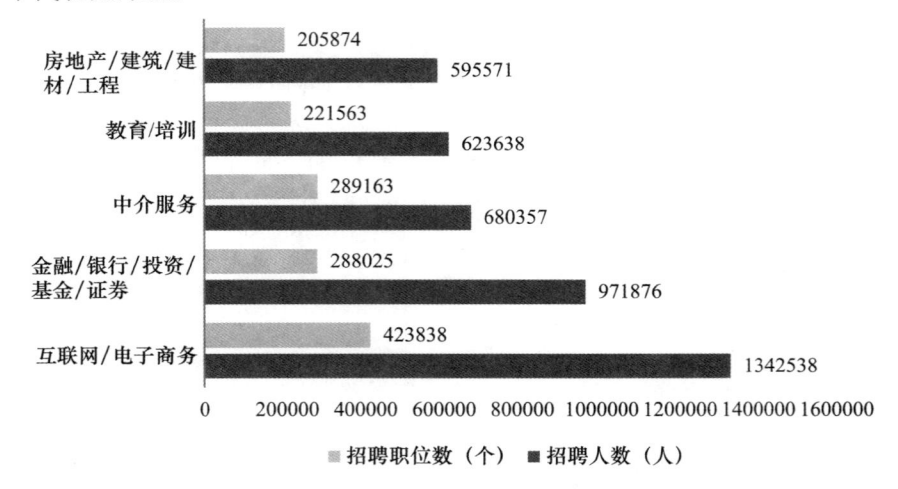

行业	招聘职位数（个）	招聘人数（人）
房地产/建筑/建材/工程	205874	595571
教育/培训	221563	623638
中介服务	289163	680357
金融/银行/投资/基金/证券	288025	971876
互联网/电子商务	423838	1342538

图20—21　2016年11月招聘人数排名前五位行业需求数量

（1）互联网/电子商务需求总量指数。从需求总量指数上看，2014年11月—2016年11月，互联网/电子商务人力资源需求呈现了良好的增长态势，增幅在这五个行业中排名第一。2016年3月需求总量指数达到最高点（212.8），较2014年11月上升了112.8%，随后波动下行，2016年10月降到最低点（116.1），随后出现一定程度的反弹，到2016年11月升至139.3（见图20—22）。随着"互联网+"与各行各业的跨界融合，互联网与实体经济找到了优势互补的契合点，也引发了旺盛的人才需求。作为带动未来经济发展的主要手段和调节力量，2016年"互联网+"的

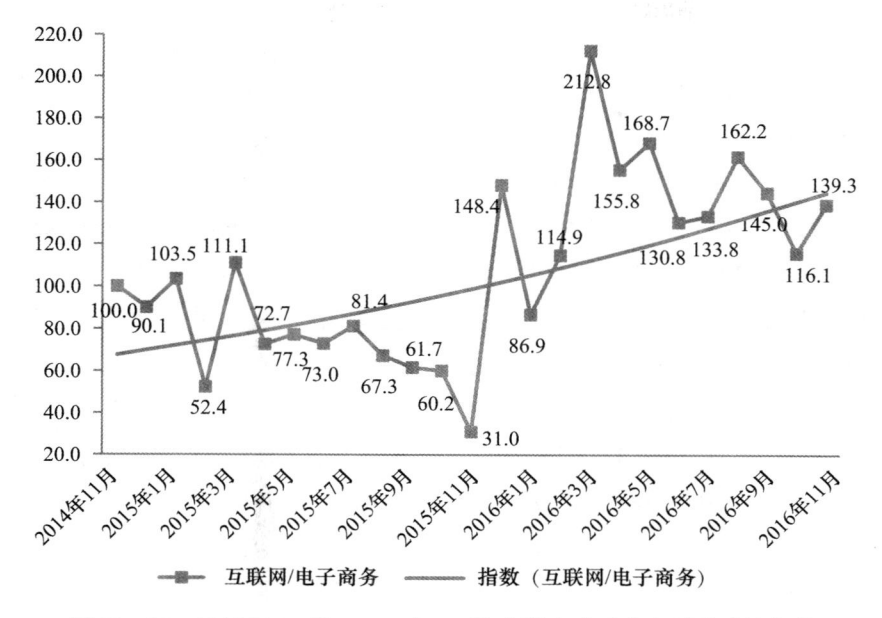

图20—22 2014年11月—2016年11月互联网/电子商务需求总量指数

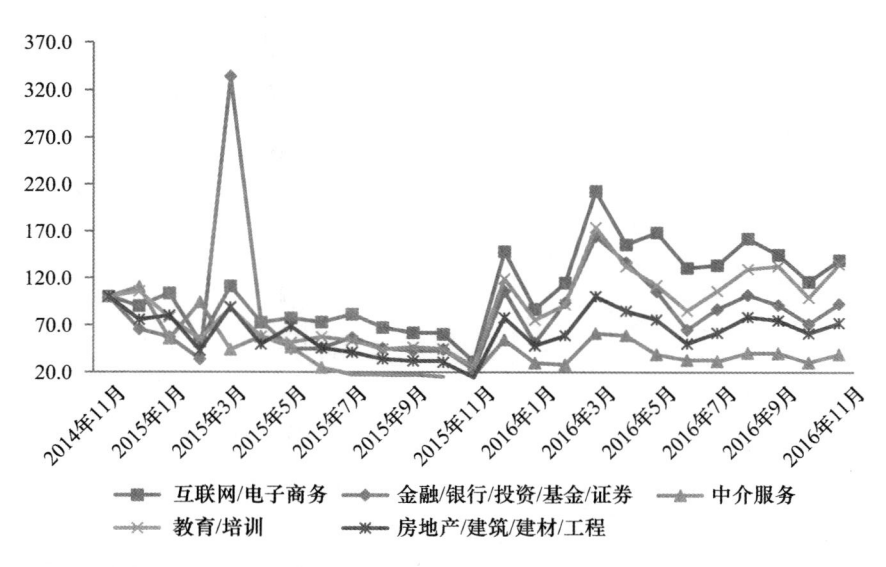

图20—23 2014年11月—2016年11月重点行业需求总量指数

政策红利依旧持续，就业市场人气逐步走强。值得注意的是，在互联网行业内部也出现了需求结构性矛盾。从细分行业来看，互联网/电子商务的人才需求同比增幅最高，这表明了电子商务依旧是互联网领域最热门的商业模式。然而计算机硬件、IT服务（系统/数据/维护）需求在制造业整体遇冷以及经济下行的背景下，互联网行业内部也出现了转型发展的变化趋势，行业现有的人才供给超出了市场需求，因此出现了市场趋冷现象。

（2）金融/银行/投资/基金/证券需求总量指数。从需求总量指数上看，2014年11月—2016年11月，金融/银行/投资/基金/证券业人力资源需求呈现较大的波动。2015年3月需求总量指数达到最高点（334.0），较2014年11月上升了234.0%，随后出现大幅下跌，2015年11月达到了最低点（23.1），从2015年12月逐步走出低谷，呈现稳步上升的态势，2016年11月升至92.7（见图20—24）。在我国经济进入新常态的背景下，互联网金融服务实体经济、助推供给侧改革的效应愈加明显，行业或将迎来新一轮发展契机。随着我国政府大力支持互联网金融、绿色金融等新金融行业的发展，基金/证券/期货/投资行业对人才的需求量不断加大，也将吸引大量人才进入。在金融行业整体形势依旧向好的情况下（见表20—4），相关人才或将迎来更好的发展机遇。

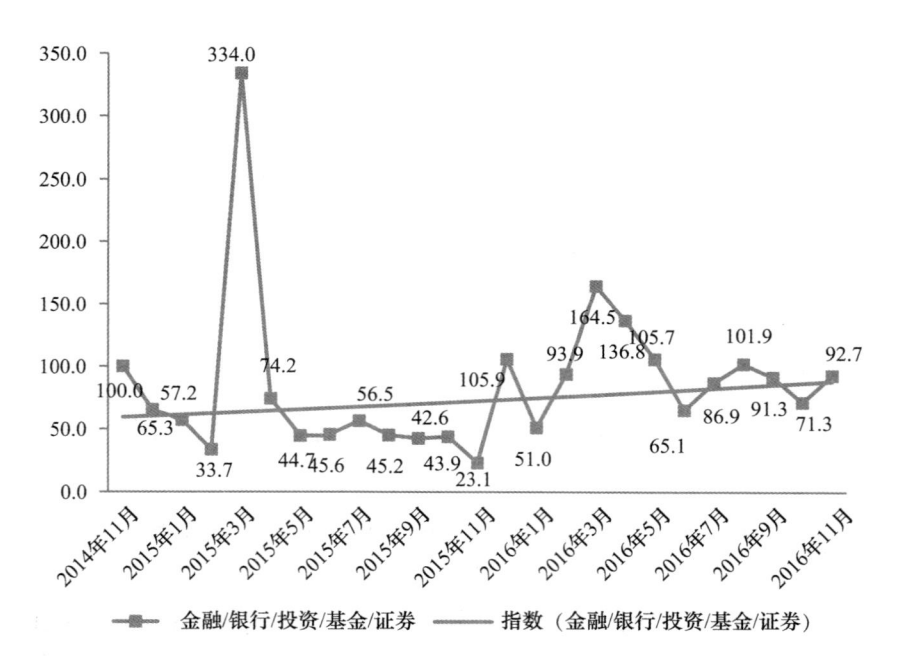

图20—24　2014年11月—2016年11月金融/银行/投资/基金/证券业需求总量指数

表 20—4　　　　　　　　2011—2015 年金融业增加值指数

	2015 年	2014 年	2013 年	2012 年	2011 年
金融业增加值指数（上年＝100）	116.0	109.9	110.6	109.4	107.7

（3）房地产/建筑/建材/工程需求总量指数。从需求总量指数上看，2014 年 11 月—2016 年 11 月，房地产/建筑/建材/工程业需求总量水平处于低位震荡，2015 年 11 月跌至最低点（14.6），随后出现了一定程度的反弹，2016 年 3 月达到最高点（100.5），而后又出现不同程度下跌，2016 年 11 月跌至 72.3。近年来，得益于公积金"松绑"和利率下调政策，2015 年我国房地产行业产值较 2014 年增长了 1.2%，但增速较前几年明显放缓，且增长并未反映到实际的职位需求数据上来，2015 年房地产业的需求总量指数较 2014 年依然出现了一定程度的下滑（见图 20—25、表 20—5）。房地产业整体职位需求数量的下滑，再次反映了近两年来房地产市场呈现的疲软状态。虽然整个房地产/建筑/建材/工程行业需

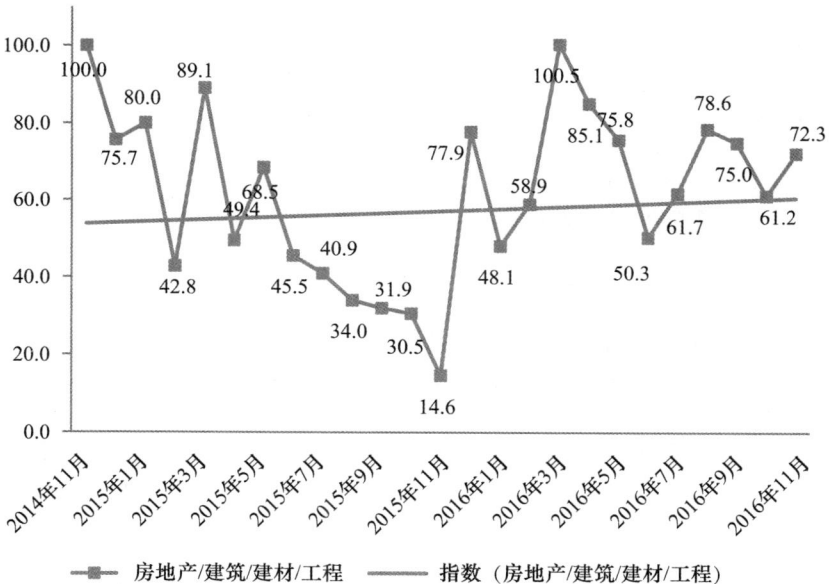

图 20—25　2014 年 11 月—2016 年 11 月房地产/建筑/建材/工程业需求总量指数

求基数仍然很大，招聘需求总量指数依然排在第一梯队，但从需求走势上看却释放出了危险的信号。

表20—5　2011—2015年房地产业和建筑业增加值指数

	2015年	2014年	2013年	2012年	2011年
房地产业增加值指数 （上年=100）	103.2	102.0	107.2	104.7	107.4
建筑业增加值指数 （上年=100）	106.8	109.1	109.7	109.8	109.7

4. 重点职业需求总量指数

重点职业需求总量指数体系分为三种类型，分别为基于现有职位、基于国家标准职业小类和基于国家标准职业细类。基于现有职位主要指2016年11月招聘人数排名前五位的职位：销售代表、客户代表、商务代表、促销员/业务员和电话销售（见图20—26）；基于国家标准职业小类主要指2016年11月招聘人数排名前五位的职位：销售人员、商务专业人员、商务咨询服务人员、信息和通信工程技术人员和管理（工业）工程技术人员（见图20—27）；基于国家标准职业细类主要指招聘人数排名前

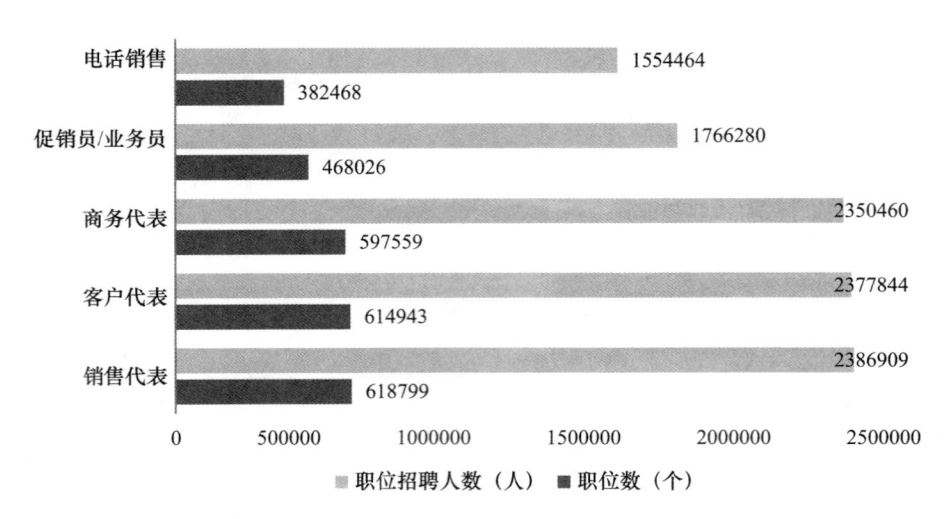

图20—26　2016年11月招聘人数排名前五位职位需求量（基于现有职位）

电话销售　1554464　382468
促销员/业务员　1766280　468026
商务代表　2350460　597559
客户代表　2377844　614943
销售代表　2386909　618799

（职位招聘人数（人）　职位数（个））

五位的职位：营销员、客户服务管理员、商品营业员、市场营销专业人员和项目管理工程技术人员（见图20—28）。

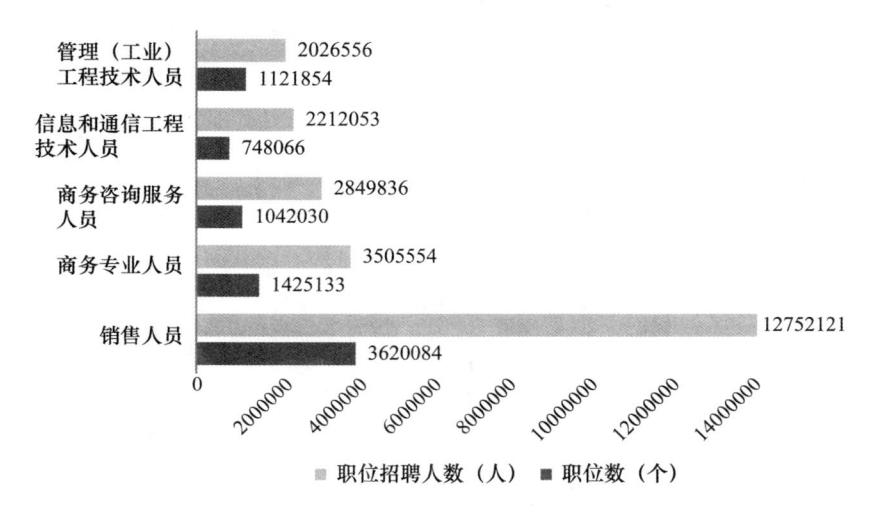

职位	职位招聘人数（人）	职位数（个）
管理（工业）工程技术人员	2026556	1121854
信息和通信工程技术人员	2212053	748066
商务咨询服务人员	2849836	1042030
商务专业人员	3505554	1425133
销售人员	12752121	3620084

图20—27　2016年11月招聘人数排名前五位的职位需求量（基于标准小类）

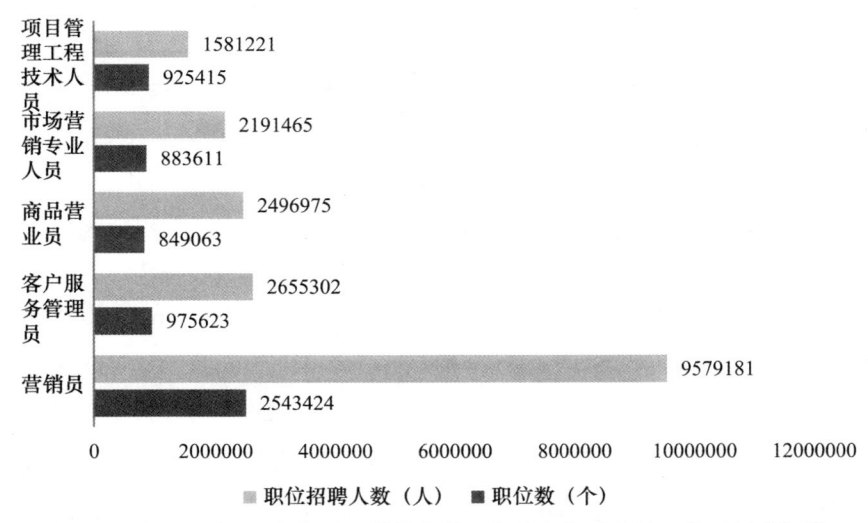

职位	职位招聘人数（人）	职位数（个）
项目管理工程技术人员	1581221	925415
市场营销专业人员	2191465	883611
商品营业员	2496975	849063
客户服务管理员	2655302	975623
营销员	9579181	2543424

图20—28　2016年11月招聘人数排名前五位的职位需求量（基于标准细类）

为了简化分析，本部分以现有职位为例进行重点论述。从排名前五位的职位来看，这几个职位都是相对低端的营销类岗位，接近一半的招聘对学历没有要求，而在有学历要求的招聘中，一般以大专（约25%）和高中（约11%）居多（见图20—29）。从重点职业需求总量指数来看，

2016年11月各职位需求量的变动程度大致相当。从总体上看，在2016年11月需求量排名前五位的职位中，需求指数较2014年11月增长幅度最大的是电话销售（45.6%），而销售代表、客户代表和商务代表等岗位需求总量指数增幅也都在15%以上（见图20—30）。本部分重点分析销售代表、客户代表和商务代表这三个代表性职位。

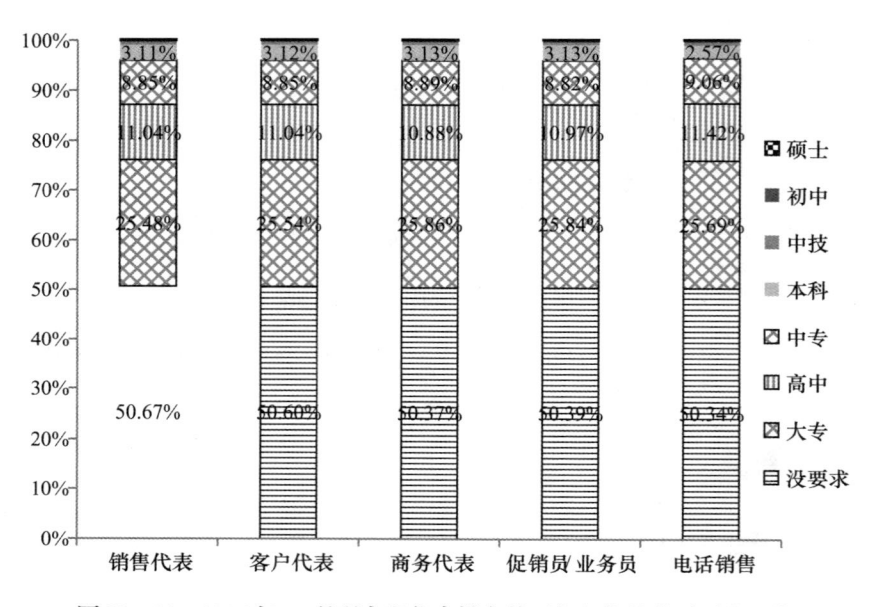

图20—29　2016年11月现有职位中排名前五位职位的学历要求结构

（1）销售代表需求总量指数。从需求总量指数上看，2014年11月—2016年11月，销售代表需求总量指数出现了一定程度的上涨。2016年11月，该指数达到115.2，较2014年11月上升了15.2%（见图20—31）。销售代表作为销售产品，传承制造、经销与消费的纽带，在整体经济低迷的大环境下，企业要完成既定的销售目标，销售代表的用工需求量必定会出现较大的增幅。再加上销售代表的职业流动性相对较强，所以其需求总量指数总体呈现波动上行的趋势。

（2）客户代表需求总量指数。从需求总量指数上看，2014年11月—2016年11月，客户代表需求总量指数也出现了一定程度的上涨。2014年12月，该指数达到了最高点（138.0），随后出现了大幅度下降（跌幅达

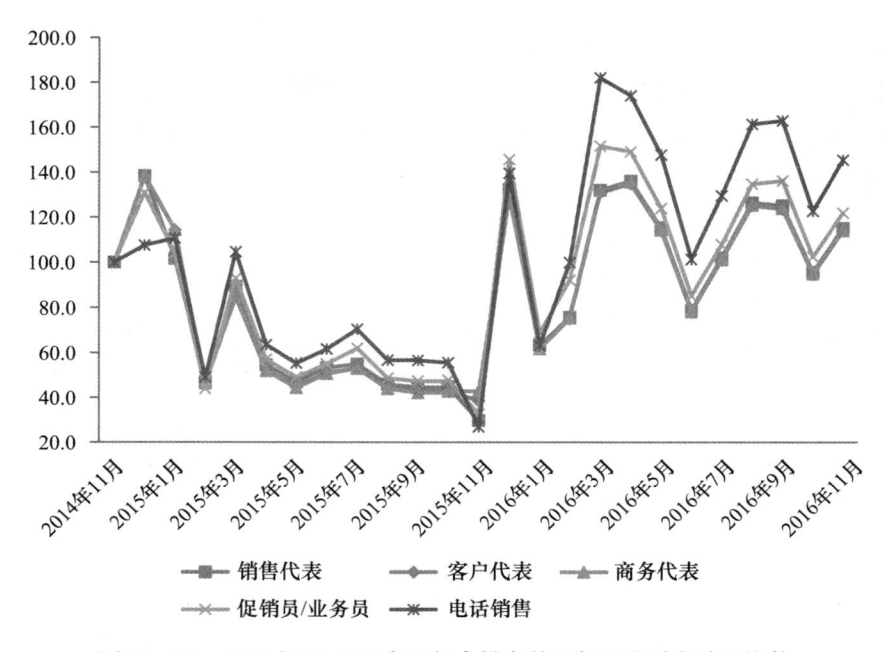

图 20—30 2016 年 11 月现有职位中排名前五位职业需求总量指数

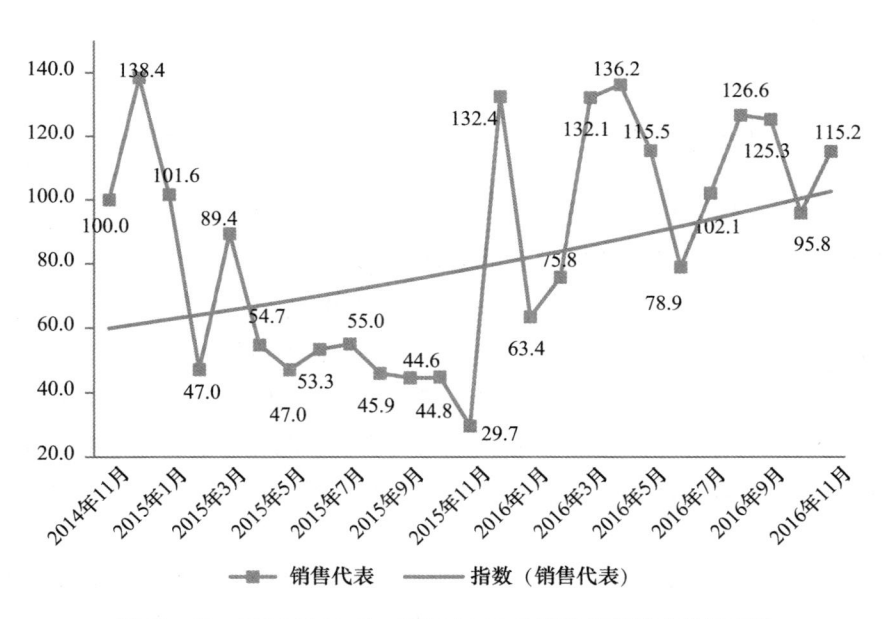

图 20—31 2014 年 11 月—2016 年 11 月销售代表需求总量指数

到 70%），2015 年 12 月跌为最低点（38.5），而后出现了一定程度的反弹，2016 年 11 月达到 114.0（见图 20—32）。客户代表作为建立和维持客户联系的重要岗位，与销售代表属同类型的岗位，所以其需求量的波动与销售代表大致相同。

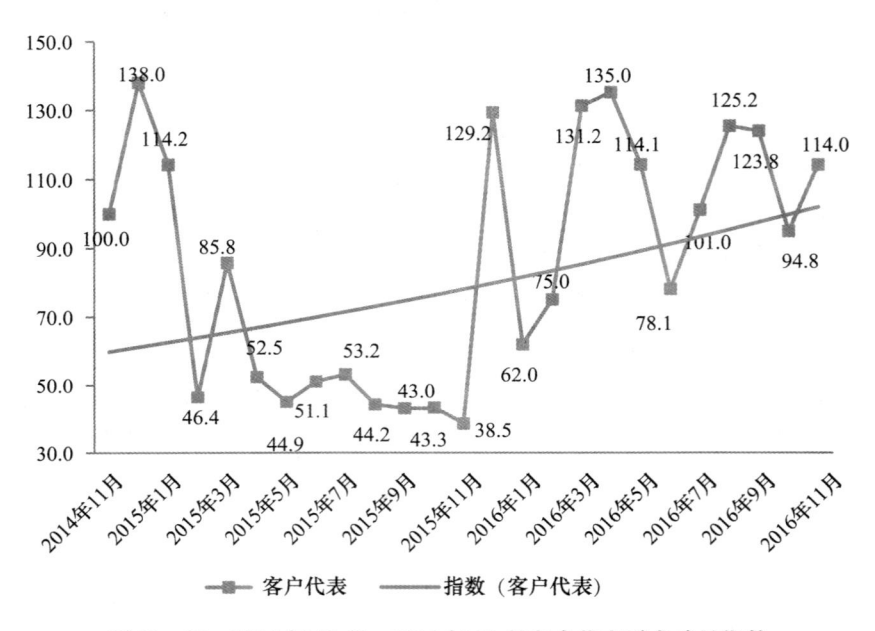

图 20—32　2014 年 11 月—2016 年 11 月客户代表需求总量指数

（3）商务代表需求总量指数。从需求总量指数上看，2014 年 11 月—2016 年 11 月，商务代表需求总量指数也出现了一定程度的上涨。2014 年 12 月，该指数达到了最高点（138.7），随后出现了大幅度下降（跌幅近 70%），2015 年 9 月跌至最低点（42.1），随后出现了一定程度的反弹，2016 年 11 月达到 114.1（见图 20—33）。商务代表作为企业营销业务的执行者，是企业开展商品业务推广的代表人，可以说它是销售代表的前端岗位，所以其需求量的波动与销售代表大致相同。

5. 不同学历需求总量指数

不同学历需求总量指数体系主要包括初中、高中、中技、中专、大专、本科、硕士和博士。从不同学历需求总量的绝对数来看，2016 年 11 月专科生和本科生依然是用人的主体（见图 20—34）。从不同学历需求总

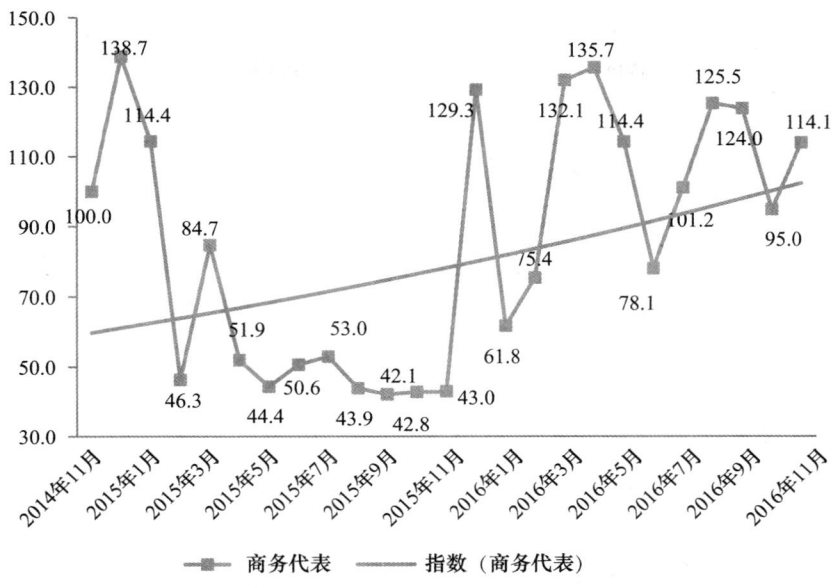

图 20—33　2014 年 11 月—2016 年 11 月商务代表需求总量指数

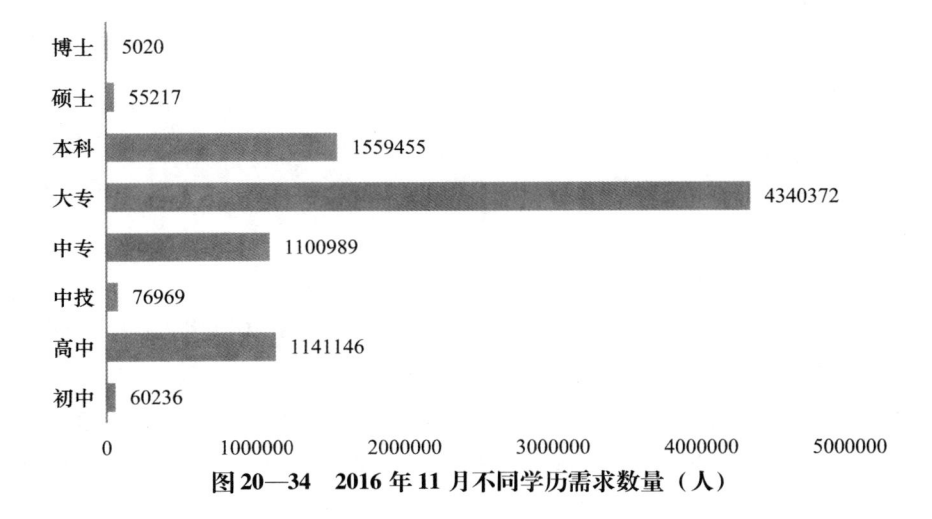

图 20—34　2016 年 11 月不同学历需求数量（人）

量指数来看，2014 年 11 月—2016 年 11 月，初中和高中学历需求总量指数波动下行，初中学历需求波动的幅度更大；而博士、硕士、中技和本科学历需求总量指数则波动上行，博士学历需求波动的幅度最大（见图20—35）。本部分重点分析本科、大专和中技这三种代表性学历。

（1）本科需求总量指数。从 2014 年 11 月—2016 年 11 月需求总量指

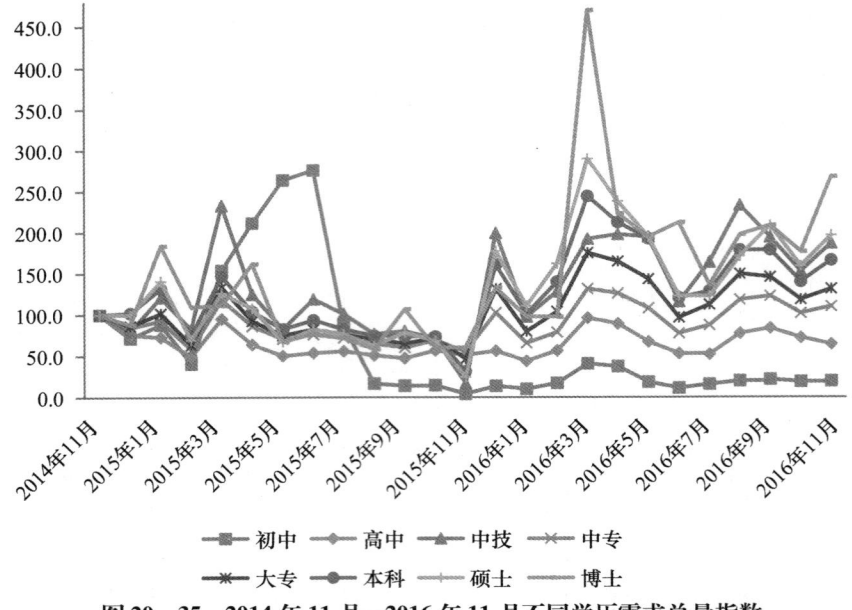

图 20—35　2014 年 11 月—2016 年 11 月不同学历需求总量指数

数上看，本科需求总量指数在 2015 年 11 月达到最低点（31.1）之后，随后出现了较大幅度上升，2016 年 3 月升至最高点（243.8），但从 2016 年 4 月起出现了小幅回落，到 2016 年 6 月跌至 120.3，2016 年 7 月又逐渐上升（见图 20—36）。从总体上看，本科生需求总量指数呈震荡上行趋势，本科生依然有强劲的市场需求。

（2）大专需求总量指数。从 2014 年 11 月—2016 年 11 月需求总量指数上看，专科需求总量指数呈现震荡上行的态势。在 2015 年 11 月达到最低点（46.2）之后，随后出现了较大幅度上升，2016 年 3 月升至最高点（174.8），但从 2016 年 4 月起出现了小幅回落，到 2016 年 6 月跌至 96.3，2016 年 8 月又升至 149.2，随后缓慢下行，到 2016 年 11 月又升至 131.0（见图 20—37）。近年来，大专生虽然仍是当前企业用工的主体，但大专学历需求指数上升的幅度要明显低于本科及以上学历的需求指数。

（3）中技需求总量指数。从 2014 年 11 月—2016 年 11 月需求总量指数上看，中技需求总量指数出现了很大程度的跌宕起伏。2015 年 3 月需求总量指数达到最高点（232.9），同年 11 月降到最低点（16.7），随后呈现大幅度上升，2016 年 8 月上升到 232.7，接近前期最高点（见图

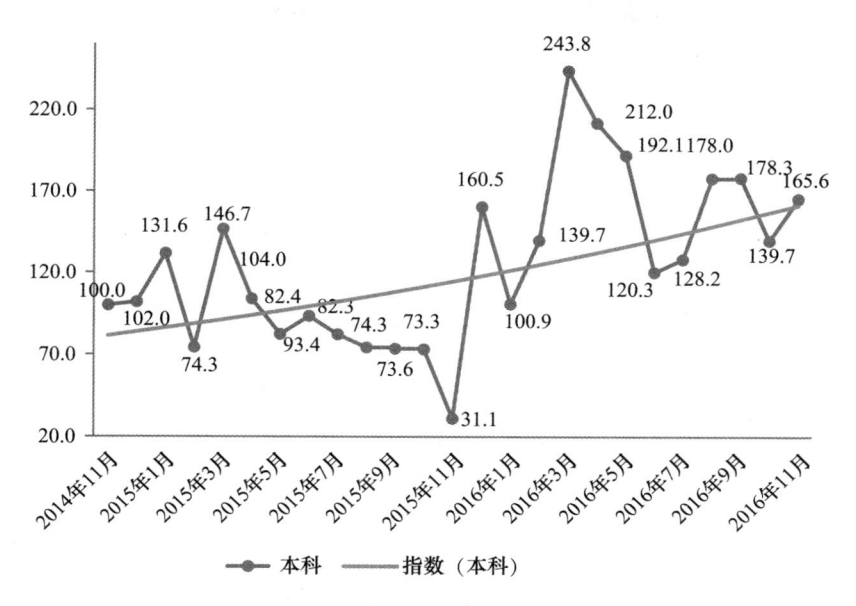

图 20—36　2014 年 11 月—2016 年 11 月本科需求总量指数

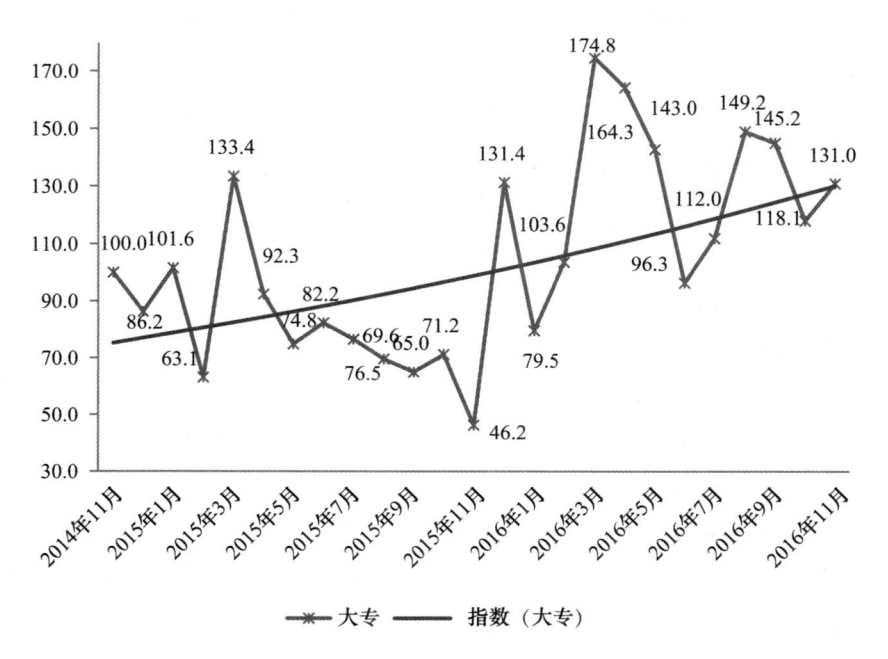

图 20—37　2014 年 11 月—2016 年 11 月大专需求总量指数

20—38）。随着《中国制造 2025》战略的逐步实施，大型设备、机电设备、重工业行业和汽车、摩托车行业等新兴工业企业将快速崛起,这些行业将对中技高素质技术工人产生旺盛需求。

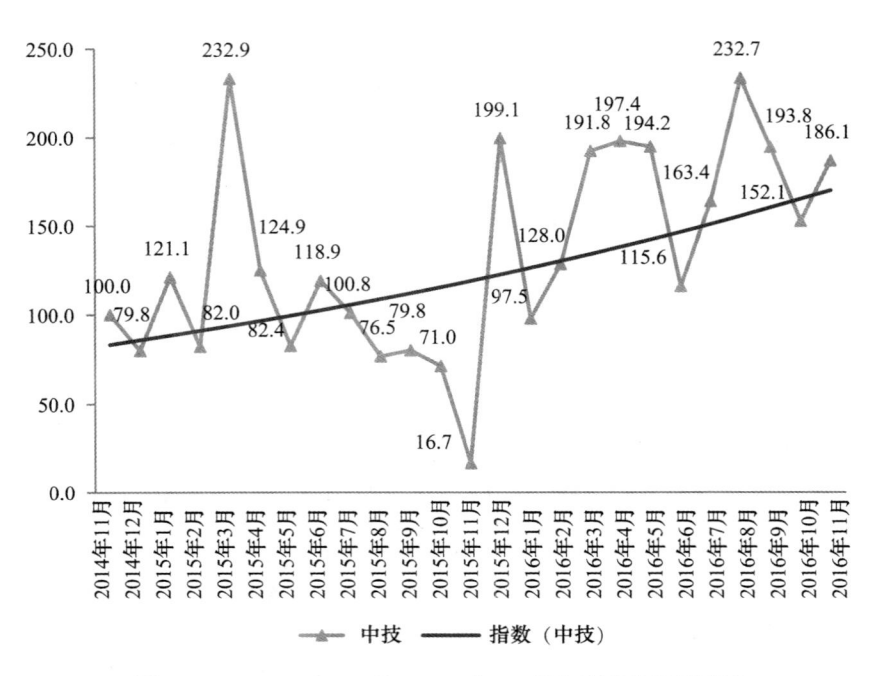

图20—38　2014年11月—2016年11月中技需求总量指数

三　承诺薪酬指数

1. 承诺薪酬总指数

从承诺薪酬总指数来看,2014年11月—2016年11月,承诺薪酬水平波动上行,2016年11月薪酬总指数达到141.4,较2014年11月上升了41.4%,承诺薪酬从月薪4267元提高到6035元(见图20—39)。与全国月度CPI指数相比,承诺薪酬总指数也呈现平稳增长的特点,这与全国整体经济形势相契合。从增速来看,2016年11月薪酬总指数较2014年11月的增幅略高于CPI指数(104.2),如图20—40所示。这充分表明了我国在经济结构调整中,更加关注民生。

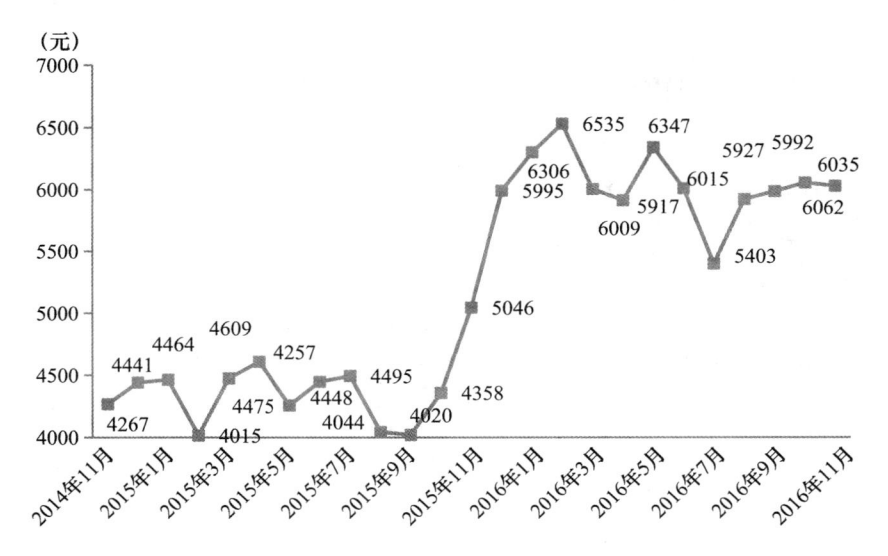

图 20—39　2014 年 11 月—2016 年 11 月承诺薪酬平均值

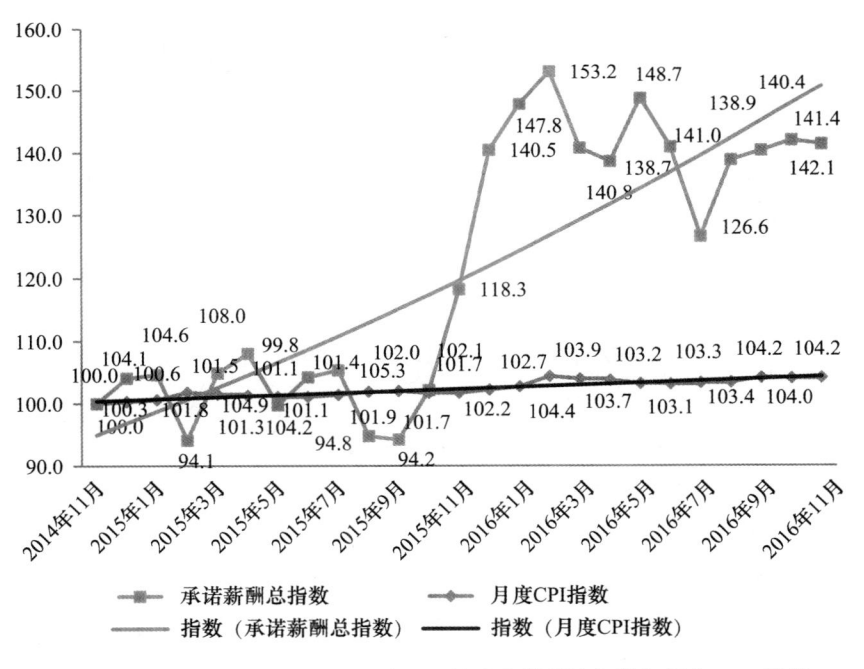

图 20—40　2014 年 11 月—2016 年 11 月承诺薪酬总指数与月度 CPI 指数

2. 中心城市承诺薪酬指数

中心城市承诺薪酬指数体系主要包括北京、上海、天津、广州、重庆、成都和深圳等7个中心城市。从整体上看，各中心城市的薪酬水平都有不同程度的提高（见图20—41）。从月均承诺薪酬水平看，北京一直保持了领先地位，远远高于总体平均薪酬水平（6035元/月），其次是上海；从承诺薪酬指数增长来看，各中心城市承诺薪酬波动趋势大致相同，而波动的幅度有很大差异，重庆保持了较强的承诺薪资增长势头，2016年11月较2014年11月增长了23.0%，涨幅居中心城市之首（见图20—42）。本部分重点分析北京、上海、重庆这三个中心城市。

	北京	上海	天津	广州	重庆	成都	深圳
2016年11月承诺薪酬平均值（元/月）	8395	8319	5909	6892	6276	6527	7380
较2014年11月增长率（%）	20.6	14.6	21	16.9	23	21.2	13.5

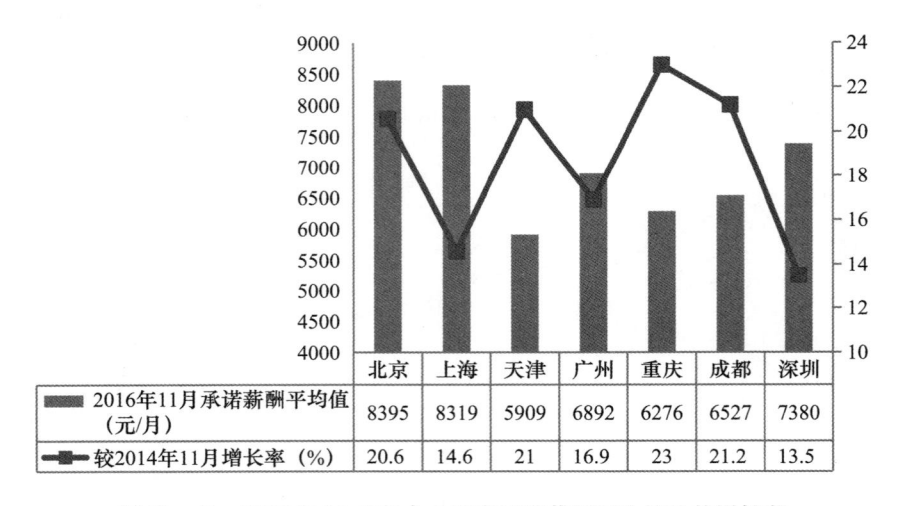

图20—41　2016年11月各中心城市承诺薪酬平均值及其增长率

（1）北京承诺薪酬指数。从承诺薪酬指数上看，2014年11月—2016年11月，北京这一数值稳步提升，增幅虽然低于全国以及重庆等中心城市，但从实际薪酬水平绝对数值来看，北京一直保持了领先地位，这与经济发展态势相吻合。2016年11月，北京承诺薪酬指数达到120.6，较2014年11月上升了20.6%（见图20—43），这与北京市月度CPI指数的增长态势相一致。

（2）上海承诺薪酬指数。从承诺薪酬指数上看，2014年11月—2016年11月，上海市承诺薪酬水平逐步提升，增幅虽然低于全国以及重庆、

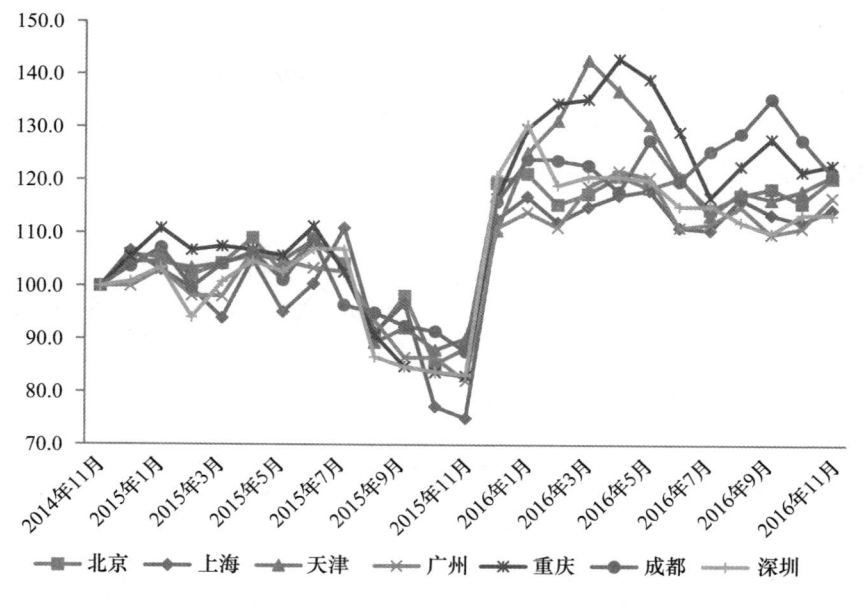

第二十章 基于职业大数据的人力资源市场指数应用探索 / 319

图20—42 2014年11月—2016年11月各中心城市承诺薪酬总指数

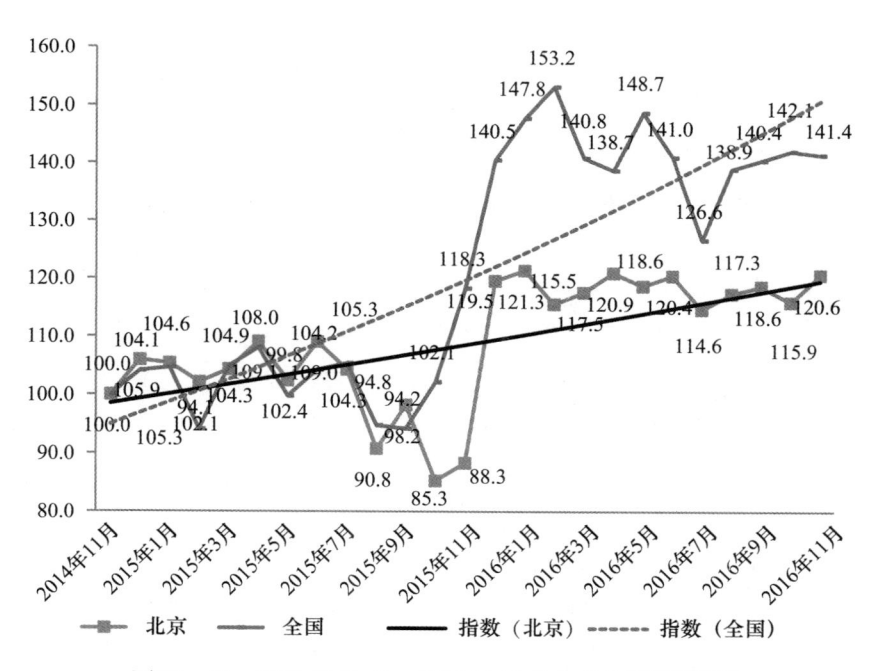

图20—43 2014年11月—2016年11月北京承诺薪酬指数

北京等中心城市，但从实际薪酬水平绝对数值来看，上海仅次于北京位列第二。从增速来看，2016年11月较2014年11月上升了14.6%（见图20—44），略高于上海市月度CPI指数的增长，这表明上海地区在经济结构调整中，更加关注民生。

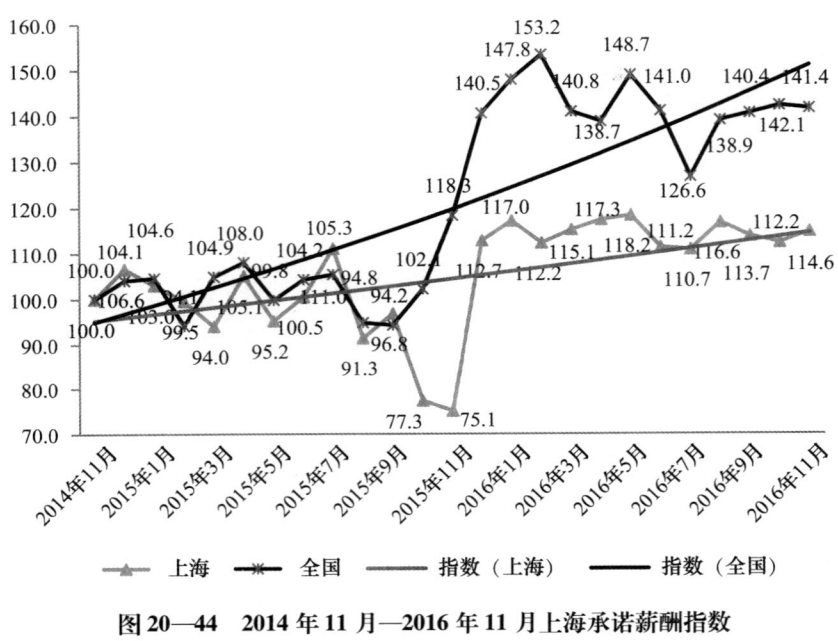

图20—44　2014年11月—2016年11月上海承诺薪酬指数

（3）重庆承诺薪酬指数。从承诺薪酬指数上看，2014年11月—2016年11月，重庆承诺薪酬水平大幅提升，增幅居各中心城市之首，但从实际薪酬水平绝对数值来看，重庆一直处于低位（6272元/月），仅高于天津。从增幅上看，2016年11月重庆承诺薪酬指数达到123.0，较2014年11月上升了23.0%（见图20—45），这与重庆市月度CPI指数的增长态势相一致，增幅略高于CPI指数的增长。

3. 不同区域承诺薪酬指数

不同区域承诺薪酬指数体系主要包括东部、中部、西部和东北等4个区域。从月均承诺薪酬水平看，东部一直保持了领先地位（6441元/月），远远高于总体平均薪酬水平（6035元/月），其次是西部；从承诺薪酬指数增长来看，各区域承诺薪酬波动趋势大致相同，而波动的幅度有很大差

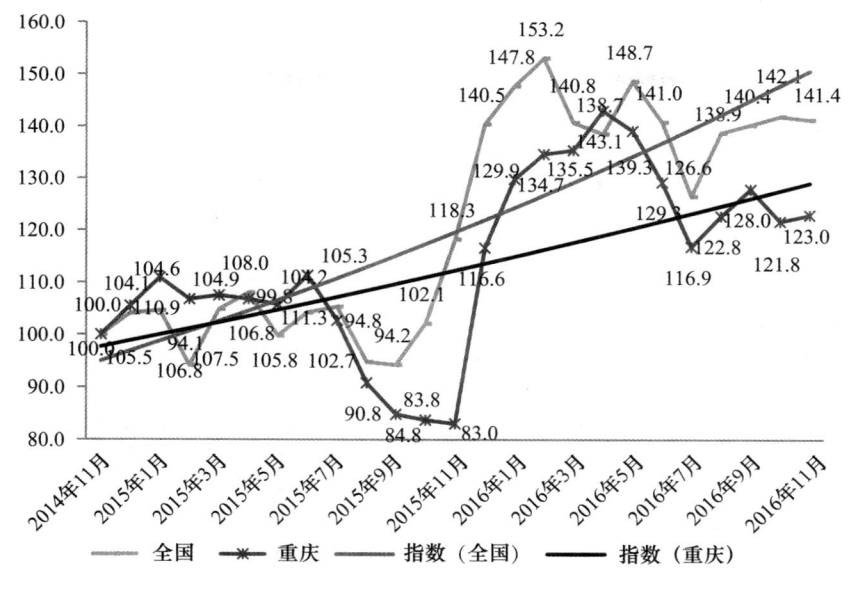

图 20—45 2014 年 11 月—2016 年 11 月重庆承诺薪酬指数

异,西部保持了强劲的增长势头,2016 年 11 月较 2014 年 11 月增长了 45.8%,涨幅居各区域之首(见图 20—46、图 20—47)。本部分重点分析东部、中部和西部承诺薪酬指数的波动情况。

	东部	中部	西部	东北
2016年11月承诺薪酬平均值(元/月)	6441	5805	5849	5176
较2014年11月增长率(%)	39.8	43.3	45.8	35.1

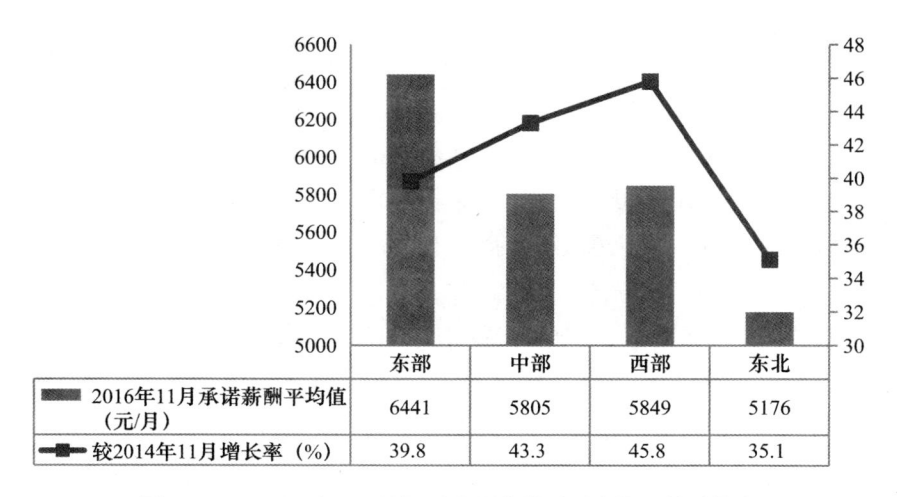

图 20—46 2016 年 11 月各区域承诺薪酬平均值及其增长率

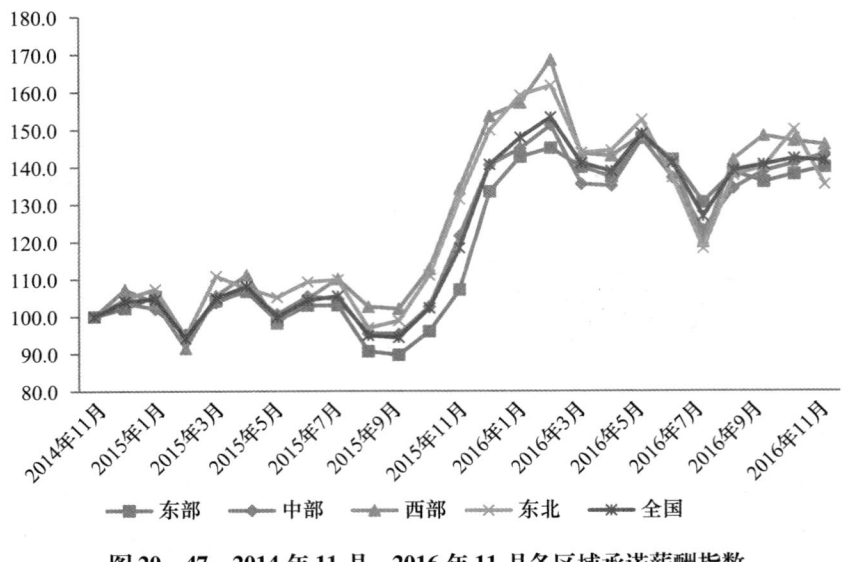

图 20—47　2014 年 11 月—2016 年 11 月各区域承诺薪酬指数

（1）东部承诺薪酬指数。从承诺薪酬指数上看，2014 年 11 月—2016 年 11 月，东部的这一指数稳步提升，增幅虽然低于全国以及中西部等区域，但从实际薪酬水平绝对数值来看，东部一直保持了领先地位（6441 元/月），远远高于总体平均薪酬水平（6035 元/月），这与东部地区经济发展态势相吻合。2016 年 11 月，东部承诺薪酬指数达到 139.8，较 2014 年 11 月上升了 39.8%（见图 20—48），略低于全国增长率（41.4%），但明显低于西部地区（45.8%）。

（2）中部承诺薪酬指数。从承诺薪酬指数上看，2014 年 11 月—2016 年 11 月，中部承诺薪酬水平增幅高于全国平均增长幅度，仅次于西部，居各区域第二位。从实际薪酬水平绝对数值来看，中部一直处于谷底（5805 元/月），明显低于东部地区。从增幅上看，2016 年 11 月中部承诺薪酬指数达到 143.3，较 2014 年 11 月上升了 43.3%（见图 20—49），适度提高薪资水平是中部地区吸引人才的重要手段。

（3）西部承诺薪酬指数。从承诺薪酬指数上看，2014 年 11 月—2016 年 11 月，西部承诺薪酬水平大幅提升，增幅居各区域首位，也高于全国平均增长幅度，但从实际薪酬水平绝对数值来看，西部一直处于低位（5849 元/月），略高于中部。从增幅上看，2016 年 11 月西部承诺薪酬指

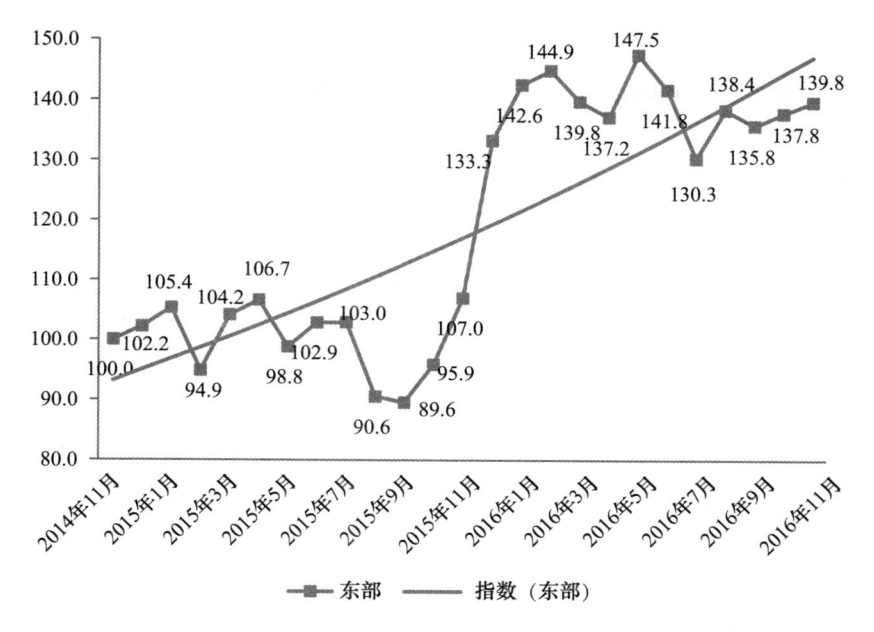

图 20—48　2014 年 11 月—2016 年 11 月东部承诺薪酬指数

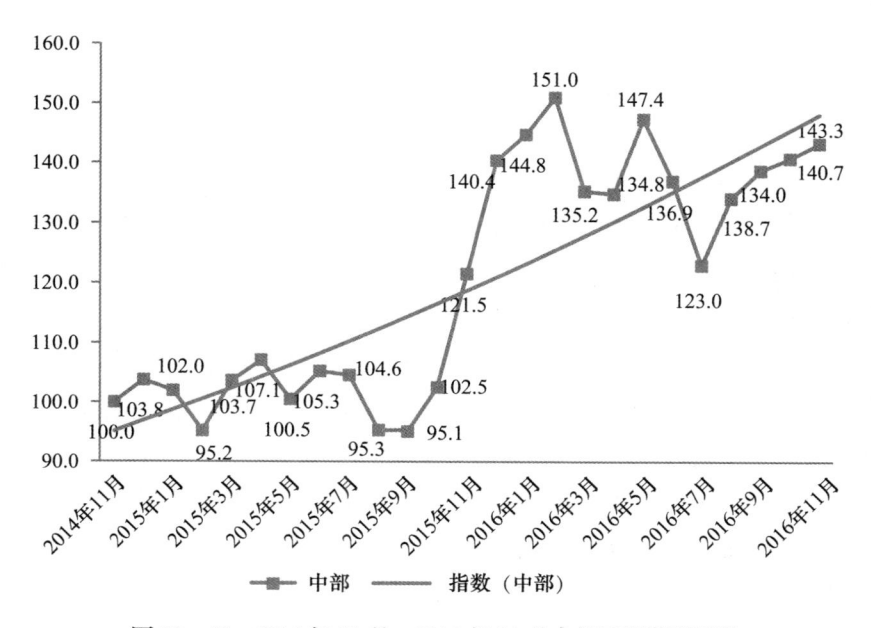

图 20—49　2014 年 11 月—2016 年 11 月中部承诺薪酬指数

数达到 145.8，较 2014 年 11 月上升了 45.8%（见图 20—50），在目前

"孔雀东南飞"人才流动形势下，适度提高薪资水平是西部地区吸引人才的有效选择之一。

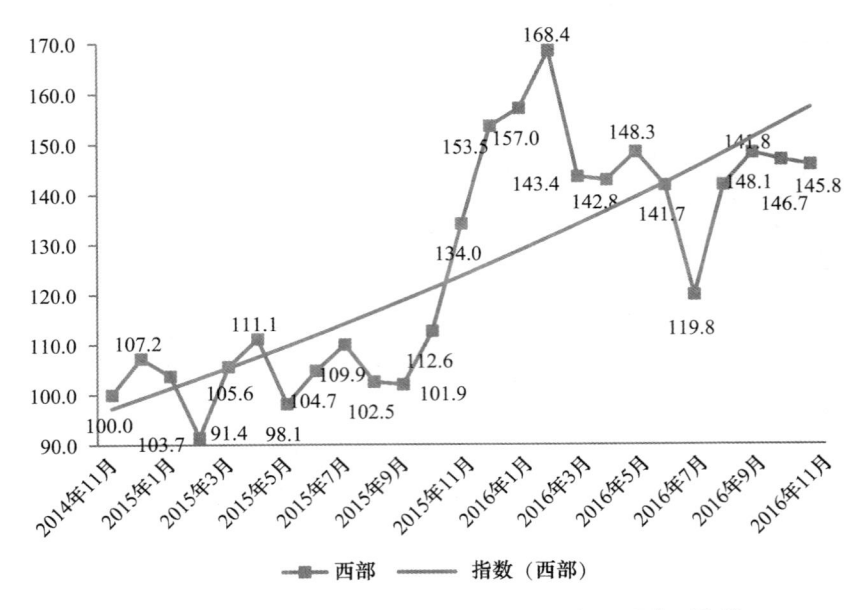

图 20—50　2014 年 11 月—2016 年 11 月西部承诺薪酬指数

4. 重点行业承诺薪酬指数

重点行业承诺薪酬指数体系主要包括互联网/电子商务、金融/银行/投资/基金/证券、中介服务、教育/培训、房地产/建筑/建材/工程等招聘人数排名前五位的行业（2016 年 11 月），如图 20—51 所示。从总体上看，2016 年 11 月这五个行业承诺薪酬水平都有不同程度的波动。从月均实际薪酬水平看，金融/银行/投资/基金/证券一直保持了领先地位，远远高于总体平均薪酬水平，其次是房地产/建筑/建材/工程；从承诺薪酬指数增长来看，2016 年 11 月金融/银行/投资/基金/证券保持了较强的薪资增长势头，较 2014 年 11 月增长了 29.8%，涨幅居这五个行业之首，而教育/培训、中介服务这两个行业的承诺薪酬水平出现了一定程度的下降，教育/培训降幅最大，达到 22.1%（见图 20—52）。本部分重点分析金融/银行/投资/基金/证券、教育/培训和房地产/建筑/建材/工程这三个代表性行业。

	互联网/电子商务	金融/银行/投资/基金/证券	中介服务	教育/培训	房地产/建筑/建材/工程
2016年11月承诺薪酬平均值（元/月）	5248	6469	5320	4500	5663
较2014年11月增长率（%）	8.8	29.8	-7.5	-22.1	17.8

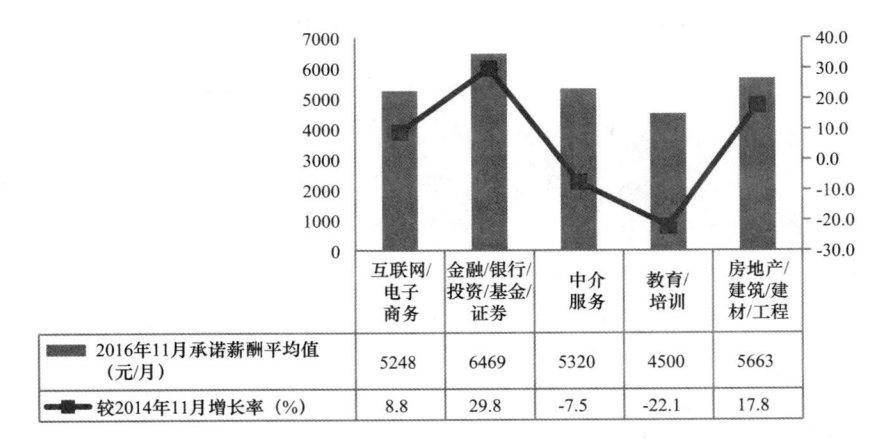

图 20—51　2016 年 11 月重点行业承诺薪酬平均值及其增长率

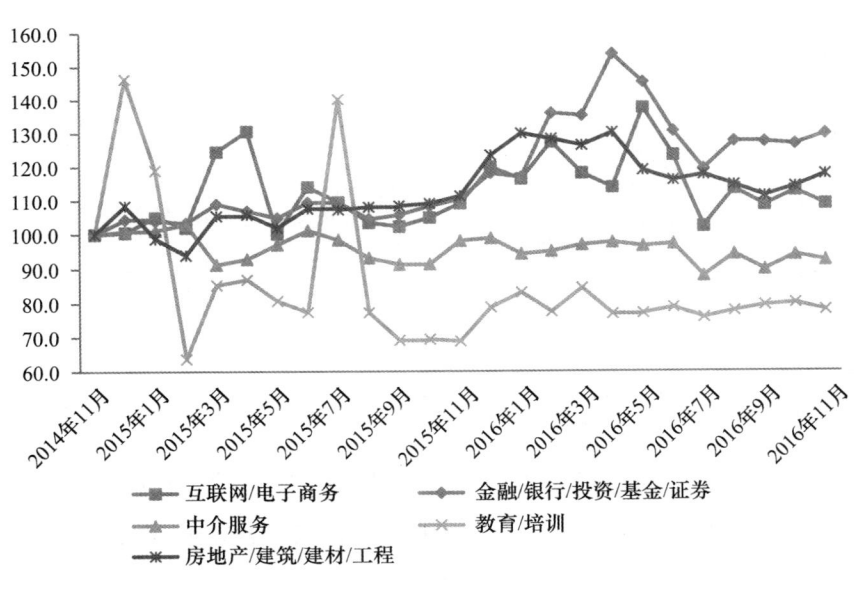

图 20—52　2014 年 11 月—2016 年 11 月各行业承诺薪酬指数

（1）金融/银行/投资/基金/证券承诺薪酬指数。从承诺薪酬指数上看，2014 年 11 月—2016 年 11 月，金融/银行/投资/基金/证券业稳步提升，增幅居这五个行业之首，从实际薪酬水平绝对数值来看，金融/银行/投资/基金/证券业也居各行业之首（6469 元/月），远远高于全国总体平均薪酬水平（6035 元/月），这与金融业的发展态势相吻合。2016 年 4

月，金融/银行/投资/基金/证券业承诺薪酬指数达到最高点（153.8），较 2014 年 11 月上升了 53.8%（见图 20—53），随后出现了一定程度的下降，2016 年 11 月调整为 129.8。金融业属于高门槛、高投入、高收入的行业，对求职者的要求比较高，作为职业回报的平均薪资也相对较高。随着我国政府大力支持互联网金融、绿色金融等新金融行业的发展，这些行业通常意味着较大的工作压力、较高的专业壁垒，一些含金量高的职业（如行业分析师、行业研究人员以及投行项目经理等）将愈加紧俏，这类职业承诺薪酬的增幅将更大。

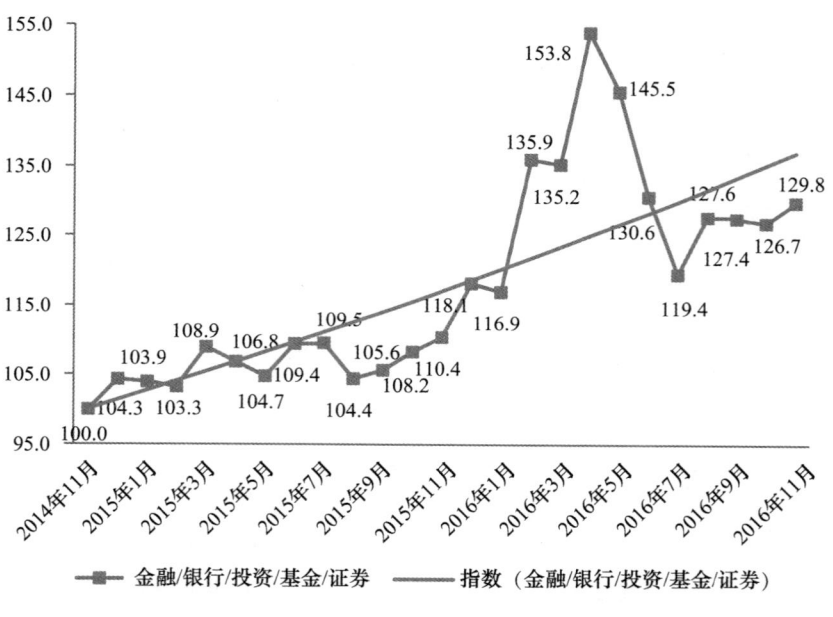

图 20—53 2014 年 11 月—2016 年 11 月金融/银行/投资/基金/证券业承诺薪酬指数

（2）教育/培训业承诺薪酬指数。从承诺薪酬指数上看，2014 年 11 月—2016 年 11 月，教育/培训业承诺薪酬指数波动下行，下降的幅度超过中介服务业。而且，从承诺薪酬水平绝对数值来看，教育/培训业最低，位居最后一位。2014 年 12 月，教育/培训业承诺薪酬指数达到峰值（146.4），较 2014 年 11 月上升了 46.4%，随后出现了下降态势，2015 年 2 月降为 63.6，在经过一段低位波动之后，2015 年 7 月快速升至 140.2，随后承诺薪酬指数一直处于低位，2016 年 11 月下降到 77.9（见图 20—54）。近年来，随着教育/培训业的快速发展，市场上中低端的教育/培训机构逐渐增多，这些机构在招聘员工时对专业和学历要求并不高，因此承诺薪资水平出现了一定程度的下降。

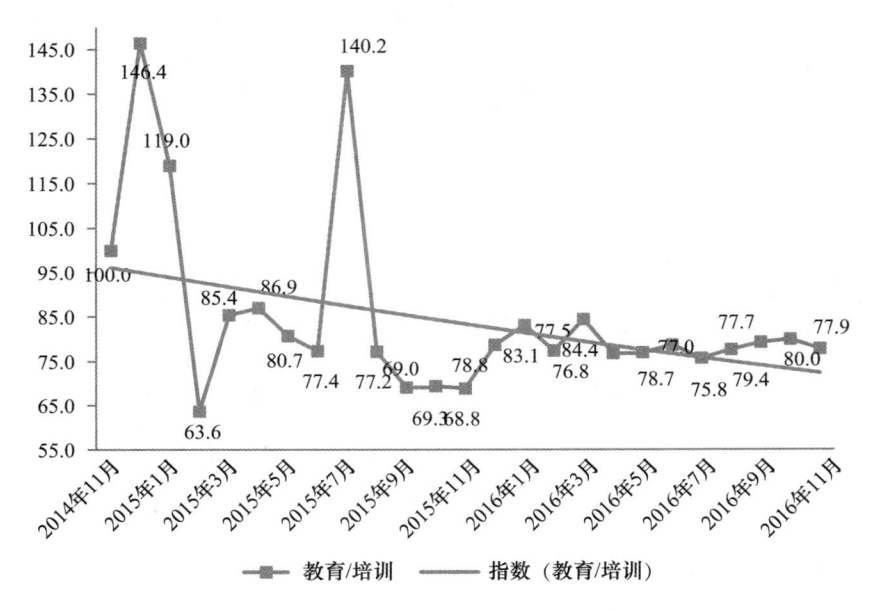

图 20—54　2014 年 11 月—2016 年 11 月教育/培训业承诺薪酬指数

（3）房地产/建筑/建材/工程业承诺薪酬指数。从承诺薪酬指数上看，2014 年 11 月—2016 年 11 月，房地产/建筑/建材/工程业稳步提升，增幅仅次于金融/银行/投资/基金/证券业，位居第二位。从实际薪酬水平绝对数值来看，房地产/建筑/建材/工程业虽也位居第二位（5663 元/月），但却低于全国总体平均薪酬水平（6035 元/月）。2016 年 4 月，房地产/建筑/建材/工程业承诺薪酬指数达到最高点（130.2），较 2014 年 11 月上升了 30.2%，随后出现了一定程度的下降，2016 年 11 月调整为 117.8（见图 20—55）。房地产行业具有专业性强、风险高、投资额大、投资回收期长、工作关系复杂等特点，对求职者的要求比较高，作为职业回报的平均薪资也相对较高。而建筑业的专业壁垒不高，但行业流动性相对较强，在目前普遍"用工荒"的情况下，适度提高薪资水平是用人单位提高该职位稳定性的有效选择。

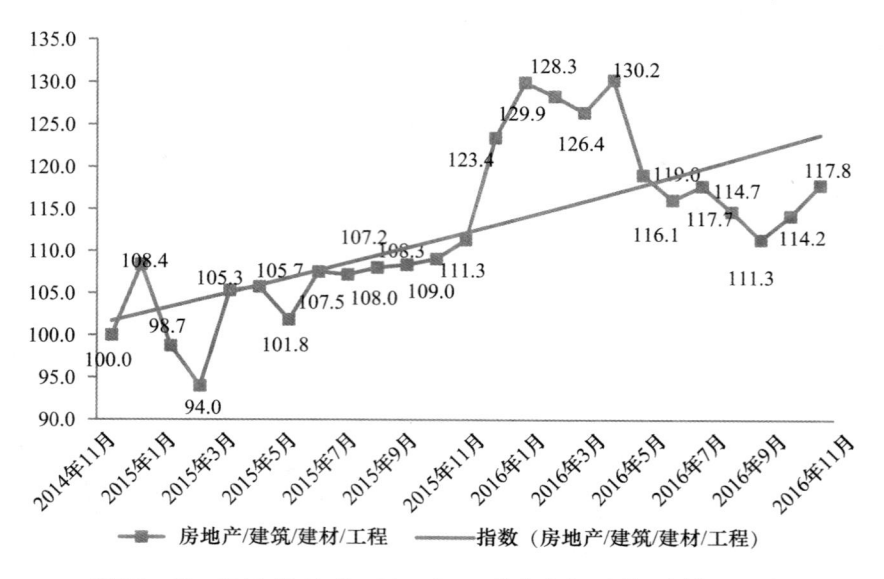

图 20—55　2014 年 11 月—2016 年 11 月房地产/建筑/建材/工程业承诺薪酬指数

5. 重点职业承诺薪酬指数

重点职业承诺薪酬指数体系也分为三种类型，即基于现有职位、基于国家标准职业小类和基于国家标准职业细类，具体排名前五的职位同重点职业需求总量指数体系（见图 20—56、图 20—57、图 20—58）。为了简化分析，本部分以现有职位为例进行重点论述。从重点职业承诺指数来看，由于这五个职业都属于销售类职位，所以 2016 年 11 月各职位承诺薪酬的变动程度大致相当。从总体上看，在 2016 年 11 月需求量排名前五位的职位中，承诺薪酬指数较 2014 年 11 月增长幅度最大的是促销员/业务员（30.1%），而销售代表、客户代表和商务代表等岗位需求总量指数增幅也都在 20% 以上（见图 20—59）。本部分重点分析销售代表、客户代表和商务代表这三个代表性职位。

第二十章 基于职业大数据的人力资源市场指数应用探索 / 329

	销售代表	客户代表	商务代表	促销员/业务员	电话销售
2016年11月承诺薪酬平均值（元/月）	5285	5263	5249	5238	5306
较2014年11月增长率（%）	22.4	25.5	26.0	30.1	24.5

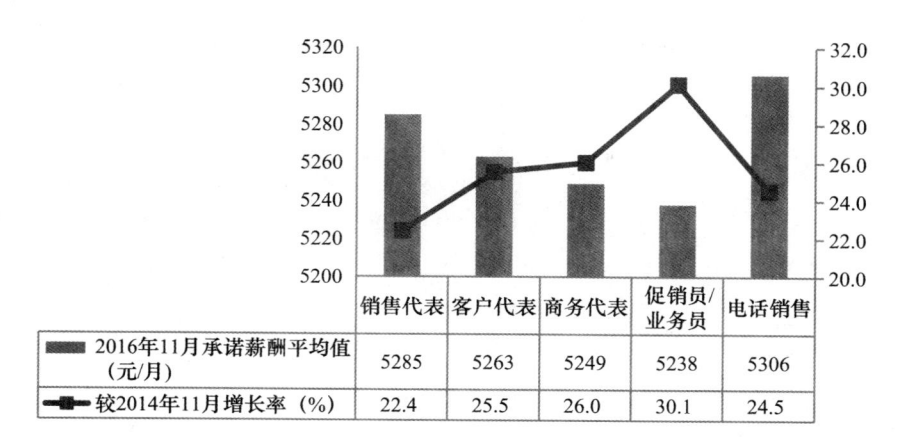

图 20—56　2016 年 11 月重点职业承诺薪酬平均值及增长率
（基于现有职位）

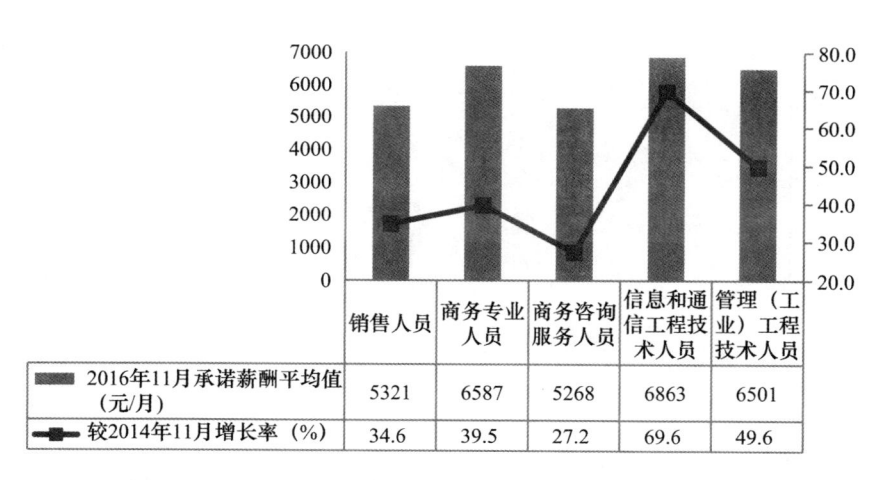

	销售人员	商务专业人员	商务咨询服务人员	信息和通信工程技术人员	管理（工业）工程技术人员
2016年11月承诺薪酬平均值（元/月）	5321	6587	5268	6863	6501
较2014年11月增长率（%）	34.6	39.5	27.2	69.6	49.6

图 20—57　2016 年 11 月重点职业承诺薪酬平均值及增长率
（基于标准小类）

（1）销售代表承诺薪酬指数。从承诺薪酬指数上看，2014 年 11 月—2016 年 11 月，销售代表的这一指数呈现一定程度的上涨。2016 年 11 月，该指数达到 122.4，较 2014 年 11 月上升了 22.4%（见图 20—60）。销售代表承诺薪酬指数稳步提升，增幅虽小于促销员/业务员、商务代表和客户代表，但从实际薪酬水平绝对数值来看，销售代表这一职位的承诺薪酬

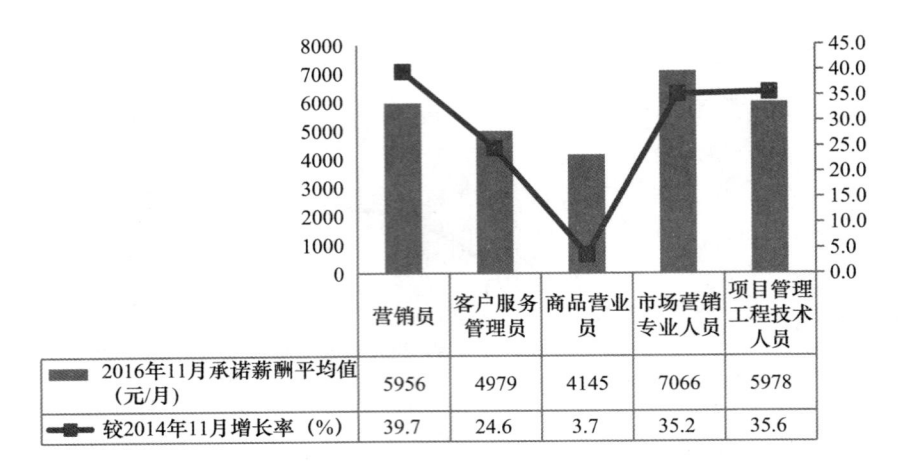

	营销员	客户服务管理员	商品营业员	市场营销专业人员	项目管理工程技术人员
2016年11月承诺薪酬平均值（元/月）	5956	4979	4145	7066	5978
较2014年11月增长率（%）	39.7	24.6	3.7	35.2	35.6

图 20—58　2016 年 11 月重点职业承诺薪酬平均值及增长率
（基于国家标准细类）

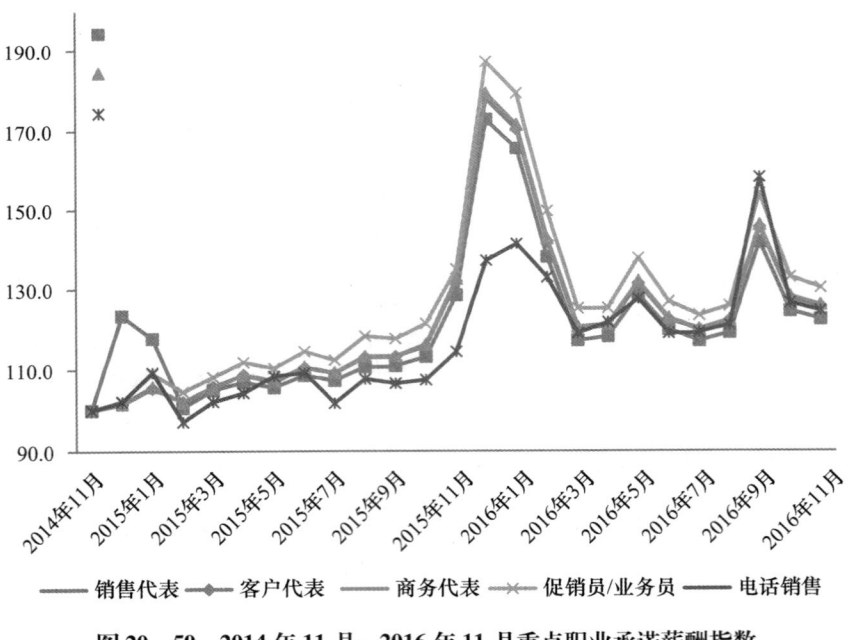

图 20—59　2014 年 11 月—2016 年 11 月重点职业承诺薪酬指数
（基于现有职位）

位却高于这三个职业。销售代表这一职位作为传承制造、经销与消费的纽带，对应聘者的组织、沟通、协调等各方面能力有非常高的要求，因此相应的薪酬回报也处于相对高位。

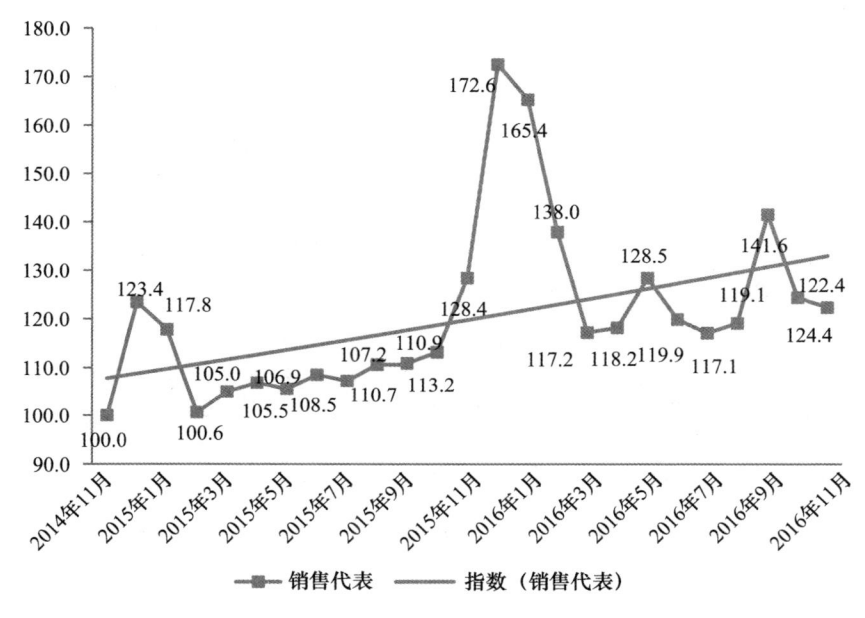

图20—60　2014年11月—2016年11月销售代表承诺薪酬指数

（2）客户代表承诺薪酬指数。从承诺薪酬指数上看，2014年11月—2016年11月客户代表的这一数值呈现一定程度的上涨。2015年12月，该指数达到了最高点（177.7），随后出现了大幅度下降（跌幅达到50%），2016年11月跌为125.5，较2014年11月仅仅上升了25.5%（见图20—61）。客户代表作为建立和维持客户联系的重要岗位，与销售代表都属于销售类岗位，所以其承诺薪酬的波动与销售代表大致相同。

（3）商务代表承诺薪酬指数。从承诺薪酬指数上看，2014年11月—2016年11月，商务代表的这一数值也出现了一定程度的上涨。2015年12月，该指数达到了最高点（179.0），随后出现了大幅度下降（跌幅近70%），2016年11月跌为126.0，较2014年11月仅仅上升了26.0%（见图20—62）。商务代表作为销售代表的前端岗位，所以其承诺薪酬的波动与销售代表大致相同。

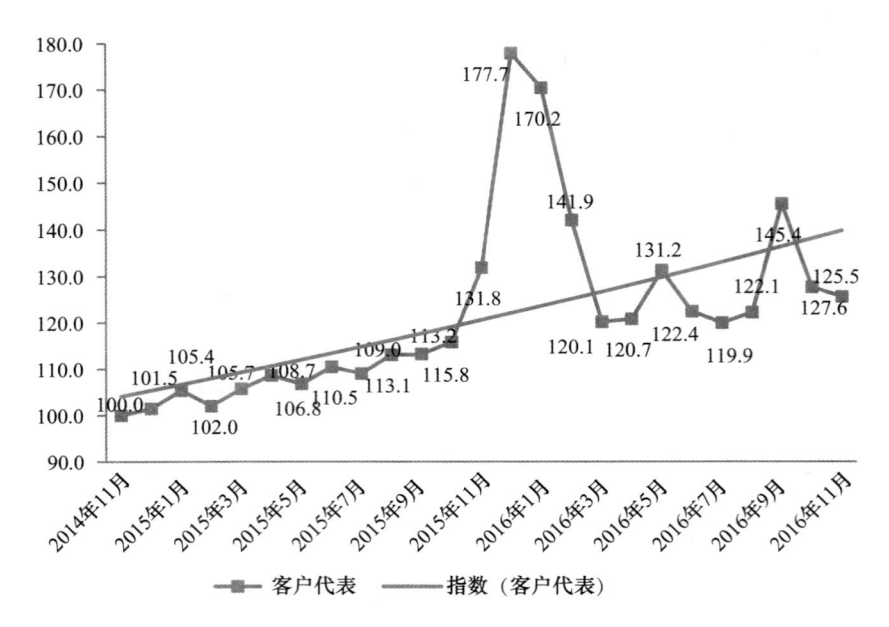

图 20—61　2014 年 11 月—2016 年 11 月客户代表承诺薪酬指数

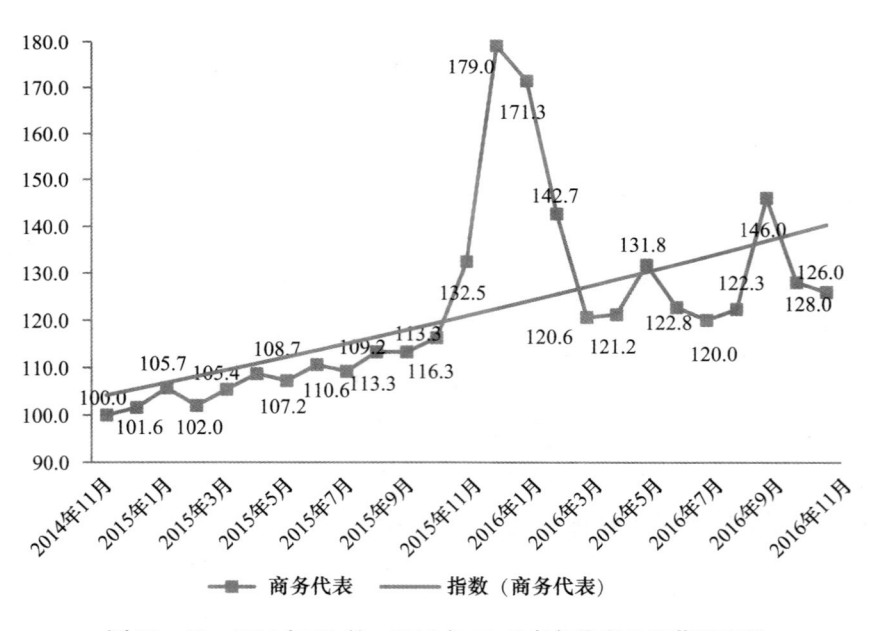

图 20—62　2014 年 11 月—2016 年 11 月商务代表承诺薪酬指数

附表1　青岛英网职位大数据信息来源

青岛英网信息来源网站集合——共计48个	
编号	网站名称
1	赶集
2	51job
3	58同城
4	招聘
5	中华英才
6	卓博人才
7	一览英才
8	智通人才
9	南方人才网
10	杭州人才
11	528招聘
12	五亿人才
13	太原人才
14	福州多才
15	拉勾
16	猎聘
17	北方人才
18	天基人才
19	俊才招聘
20	纳杰人才
21	华聘

续表

青岛英网信息来源网站集合——共计48个	
编号	网站名称
22	597人才
23	南京人才
24	三合招聘网
25	浙江人才网
26	华跃人才网
27	湖南人才网
28	成都人才网
29	华中人才网
30	汇博
31	029招聘网
32	乐职
33	中国外语人才网
34	宁夏英才网
35	诺亚人才网
36	云南招聘
37	桂林人才网
38	珠海人才网
39	河北人才网
40	云企招聘网
41	内蒙古人才网
42	珠三角人才网
43	西部工作网
44	广东人才网
45	医疗人才网
46	最佳东方网
47	美容人才网
48	e成

附表 2 现有数据库和基于职业分类数据库的职位数量对比

职位编码	职位名称	基于现有数据库名称	基于标准职业分类细类	基于标准职业分类小类
1100	高级管理	14	3	3
1200	计算机软件/系统集成	23	9	3
1300	电子/通信类专业人员	17	12	9
1400	销售/业务类	10	4	2
1500	市场/营销	25	10	6
1600	客户服务/售前/售后支持	15	1	1
1700	人力资源	14	4	2
1800	文职类	8	6	3
1900	翻译类（口译与笔译）	12	1	1
2000	财务/审计/统计/税务	24	6	6
2100	美术/设计/创意	20	15	7
2200	生产/加工/制造	27	15	10
2300	金融/证券/期货/投资	26	17	11
2400	律师/法务/合规	10	4	4
2500	机械专业人员	24	16	11
2600	建筑装修/市政建设/土建类	33	21	11
2700	咨询/顾问	7	3	2
2800	医疗/护理/保健类	30	28	18
2900	技工类	18	13	11
3000	教育/培训	14	8	6
3200	海洋	5	5	5

附表 2　现有数据库和基于职业分类数据库的职位数量对比

续表

职位编码	职位名称	基于现有数据库名称	基于标准职业分类细类	基于标准职业分类小类
3300	物流/仓储	21	11	7
3400	环境科学/环保	6	1	1
3500	生物/制药/医疗器械	20	10	9
3600	互联网/电子商务/网游	22	15	6
3700	IT支持及其他	8	5	3
3800	电子/电气/半导体/仪器仪表	29	14	8
3900	销售管理	14	4	3
4000	销售支持/商务	5	3	2
4100	公关/媒介	6	2	2
4200	行政/后勤/文秘	7	4	2
4400	广告/会展	15	10	8
4500	服装/纺织/食品/饮料	12	10	9
4600	银行	8	5	2
4700	保险	14	7	5
4800	房地产开发/经纪/中介	5	4	4
4900	物业管理	5	3	3
5000	质控/安防	9	5	4
5100	汽车/摩托车制造	18	6	5
5300	传媒/影视/报刊/出版/印刷	26	23	16
5400	保安/家政/普通劳动力	7	3	3
5500	保健/美容/美发/健身	6	6	5
5600	酒店/餐饮/旅游/娱乐	14	12	7
5700	零售/百货/超市	11	6	5
5800	交通运输	4	4	4
5900	采购/贸易	11	6	4
6000	能源/矿产/地质勘查	8	8	6
6100	公务员/事业单位/科研机构	7	6	6
6200	化工	11	7	5
6300	农/林/牧/渔业	7	7	7
6400	毕业生/实习生/培训生	4	0	0
9200	其他专业人员	12	9	9
合计		728	417	292

附表3 现有数据库职位与国家标准的细类和小类对应结果

职位编码	职位名称	职业分类大典细类编号	职业分类大典细类名称	职业分类大典小类编号	职业分类大典小类名称
1100	高级管理				
1111	首席执行官 CEO/总裁/总经理	1-06-01-02	企业经理	1-06-01	企业负责人
1112	首席技术官 CTO/首席信息官 CIO	1-06-01-02	企业经理	1-06-01	企业负责人
1113	总裁助理/总经理助理	3-01-02-02	秘书	3-01-02	行政事务处理人员
1114	分公司经理	1-06-01-02	企业经理	1-06-01	企业负责人
1117	总经理助理	3-01-02-02	秘书	3-01-02	行政事务处理人员
1118	企管部经理/管理顾问	1-06-01-02	企业经理	1-06-01	企业负责人
1119	企业管理人员	3-01-99	其他办事人员	3-01-99	其他办事人员
1121	投资管理	3-01-99	其他办事人员	3-01-99	其他办事人员
1123	副总裁/副总经理	1-06-01-02	企业经理	1-06-01	企业负责人
1124	首席运营官 COO/运营总监	1-06-01-02	企业经理	1-06-01	企业负责人
1125	项目总监	3-01-99	其他办事人员	3-01-99	其他办事人员
1128	渠道/分销总监	3-01-99	其他办事人员	3-01-99	其他办事人员
1129	首席财务官 CDO	1-06-01-02	企业经理	1-06-01	企业负责人
1130	合伙人	1-06-01-02	企业经理	1-06-01	企业负责人

续表

职位编码	职位名称	职业分类大典细类编号	职业分类大典细类名称	职业分类大典小类编号	职业分类大典小类名称
1200	计算机软件/系统集成				
1206	项目经理	2-02-30-04	项目管理工程技术人员	2-02-30	管理（工业）工程技术人员
1207	系统分析员	2-02-10-05	信息系统分析工程技术人员	2-02-10	信息和通信工程技术人员
1208	软件工程师	2-02-10-03	计算机软件工程技术人员	2-02-10	信息和通信工程技术人员
1209	高级软件工程师	2-02-10-03	计算机软件工程技术人员	2-02-10	信息和通信工程技术人员
1210	软件测试工程师	2-02-10-03	计算机软件工程技术人员	2-02-10	信息和通信工程技术人员
1213	嵌入式研发工程师	2-02-10-06	嵌入式系统设计工程技术人员	2-02-10	信息和通信工程技术人员
1214	系统工程师	2-02-10-08	信息系统运行维护工程技术人员	2-02-10	信息和通信工程技术人员
1215	实施工程师	2-02-10-08	信息系统运行维护工程技术人员	2-02-10	信息和通信工程技术人员
1218	多媒体设计与开发	2-02-09-05	广播视听设备工程技术人员	2-02-10	信息和通信工程技术人员
1219	计算机辅助设计与绘图	2-02-10-03	计算机软件工程技术人员	2-02-10	信息和通信工程技术人员
1220	数据库开发与管理	2-02-10-03	计算机软件工程技术人员	2-02-10	信息和通信工程技术人员
1221	系统集成/支持	2-02-10-02	计算机硬件工程技术人员	2-02-10	信息和通信工程技术人员
1223	Internet/WEB/电子商务	2-02-10-04	计算机网络工程技术人员	2-02-10	信息和通信工程技术人员
1224	ERP技术/应用顾问	2-02-10-04	计算机网络工程技术人员	2-02-10	信息和通信工程技术人员

续表

职位编码	职位名称	职业分类大典细类编号	职业分类大典细类名称	职业分类大典小类编号	职业分类大典小类名称
1228	售前支持	2-02-10-08	信息系统运行维护工程技术人员	2-02-10	信息和通信工程技术人员
1229	售后支持	2-02-10-08	信息系统运行维护工程技术人员	2-02-10	信息和通信工程技术人员
1231	仿真应用工程师	2-02-10-08	信息系统运行维护工程技术人员	2-02-10	信息和通信工程技术人员
1232	需求工程师	2-02-10-08	信息系统运行维护工程技术人员	2-02-10	信息和通信工程技术人员
1233	文档工程师	2-02-10-08	信息系统运行维护工程技术人员	2-02-10	信息和通信工程技术人员
1236	网站维护工程师	2-02-10-04	计算机网络工程技术人员	2-02-10	信息和通信工程技术人员
1237	信息技术专员	2-02-10-08	信息系统运行维护工程技术人员	2-02-10	信息和通信工程技术人员
1239	标准化工程师	2-02-29-01	标准化工程技术人员	2-02-29	标准化、计量、质量和认证认可工程技术人员
1240	技术文员/助理	2-02-10-08	信息系统运行维护工程技术人员	2-02-10	信息和通信工程技术人员
1300	电子/通信类专业人员				
1301	项目经理/主管	2-02-30-04	项目管理工程技术人员	2-02-30	管理（工业）工程技术人员
1308	无线/射频通信工程师	4-04-02-05	无线电监测与设备运维员	4-04-02	信息通信网络维护人员
1309	通信电源工程师	2-02-10-01	通信工程技术人员	2-02-10	信息和通信工程技术人员
1310	移动通信工程师	4-04-02	信息通信网络维护人员	4-04-02	信息通信网络维护人员

附表 3　现有数据库职位与国家标准的细类和小类对应结果

续表

职位编码	职位名称	职业分类大典细类编号	职业分类大典细类名称	职业分类大典小类编号	职业分类大典小类名称
1311	电信网络工程师	4-04-02	信息通信网络维护人员	4-04-02	信息通信网络维护人员
1312	电信交换工程师	4-04-02	信息通信网络维护人员	4-04-02	信息通信网络维护人员
1313	数据通信工程师	4-04-02	信息通信网络维护人员	4-04-02	信息通信网络维护人员
1314	有线传输工程师	4-04-02	信息通信网络维护人员	4-04-02	信息通信网络维护人员
1315	标准化工程师	2-02-29-01	标准化工程技术人员	2-02-29	标准化、计量、质量和认证认可工程技术人员
1317	研发工程师	2-02	工程技术人员	2-02-10	信息和通信工程技术人员
1318	单片机/DLC/DSP/底层软件开发	4-04-05	软件和信息技术服务人员	4-04-05	软件和信息技术服务人员
1320	智能大厦/综合布线/弱电	4-07-05-03	智能楼宇管理员	4-07-05	安全保护服务人员
1321	电气	6-29-03-02/08	电气设备安装工/电力电气设备安装工	6-29-03	建筑安装施工人员
1322	电力	6-28-01/2-02-12-05	电力、热力生产和供应人员/电力工程安装工程技术人员	6-28-01	电力和热力生产和供应人员
1325	质量管理经理	2-02-29-03	质量管理工程技术人员	2-02-29	标准化、计量、质量和认证认可工程技术人员
1328	变压器与磁电工程师	2-02-12-03	变电工程技术人员	2-02-12	电力工程技术人员
1335	测试工程师	2-02-29-05	可靠性工程技术人员	2-02-29	标准化、计量、质量和认证认可工程技术人员

续表

职位编码	职位名称	职业分类大典细类编号	职业分类大典细类名称	职业分类大典小类编号	职业分类大典小类名称
1400	销售/业务类				
1413	销售代表	4-01-02-01	营销员	4-01-02	销售人员
1414	客户代表	4-01-02-01	营销员	4-01-02	销售人员
1415	商务代表	4-01-02-01	营销员	4-01-02	销售人员
1416	涉外业务	4-01-02-01	营销员	4-01-02	销售人员
1417	促销员/业务员	4-01-02-03	商品营业员	4-01-02	销售人员
1418	医药销售代表	2-06-07-07/4-01-05-02	医药代表/医药商品购销员	4-01-05	特殊商品购销人员
1419	网站推广	4-01-02-02	电子商务师	4-01-02	销售人员
1420	团购业务	4-01-02-01	营销员	4-01-02	销售人员
1423	销售工程师	4-01-02-01	营销员	4-01-02	销售人员
1424	电话销售	4-01-02-01	营销员	4-01-02	销售人员
1500	市场/营销				
1510	营销总监	2-06-07-02	市场营销专业人员	2-06-07	商务专业人员
1511	市场/营销经理	2-06-07-02	市场营销专业人员	2-06-07	商务专业人员
1512	市场助理/专员	4-01-02-01	营销员	4-01-02	销售人员
1513	产品/品牌企划	2-06-07-04	品牌专业人员	2-06-07	商务专业人员
1514	市场通路企划	2-06-07-02	市场营销专业人员	2-06-07	商务专业人员
1515	价格企划	2-06-01-03	价格专业人员	2-06-01	经济专业人员
1516	广告企划	4-08-08-08	广告设计师	4-08-08	专业化设计服务人员
1517	市场总监	2-06-07-02	市场营销专业人员	2-06-07	商务专业人员
1518	市场推广/拓展/合作	4-01-02-01	营销员	4-01-02	销售人员
1519	市场分析/调研	4-01-02-01	营销员	4-01-02	销售人员
1522	广告创意/设计/策划	4-08-08-08	广告设计师	4-08-08	专业化设计服务人员
1523	展会展览	2-06-07-05	会展策划专业人员	2-06-07	商务专业人员
1526	项目主管	2-02-30-04	项目管理工程技术人员	2-02-30	管理（工业）工程技术人员

续表

职位编码	职位名称	职业分类大典细类编号	职业分类大典细类名称	职业分类大典小类编号	职业分类大典小类名称
1527	市场拓展经理/主管	2-06-07-02	市场营销专业人员	2-06-07	商务专业人员
1528	市场拓展专员/助理	4-01-02-01	营销员	4-01-02	销售人员
1529	市场营销专员/助理	4-01-02-01	营销员	4-01-02	销售人员
1530	产品/品牌经理	2-06-07-04	品牌专业人员	2-06-07	商务专业人员
1531	产品/品牌主管	2-06-07-04	品牌专业人员	2-06-07	商务专业人员
1532	产品/品牌专员/助理	2-06-07-04	品牌专业人员	2-06-07	商务专业人员
1533	市场主管	4-07-06	市场管理服务人员	2-06-07	商务专业人员
1534	市场调研与分析	2-06-07-02	市场营销专业人员	2-06-07	商务专业人员
1535	市场策划/企划经理/主管	2-06-07-02	市场营销专业人员	2-06-07	商务专业人员
1536	市场策划/企划专员/助理	2-06-07-02	市场营销专业人员	2-06-07	商务专业人员
1537	促销督导	4-01-02	销售人员	4-01-02	销售人员
1538	会务专员	4-07-07	会议及展览服务人员	4-07-07	会议及展览服务人员
1600	客户服务/售前/售后支持				
1610	客户服务总监	4-07-02-03	客户服务管理员	4-07-02	商务咨询服务人员
1611	客户服务经理	4-07-02-03	客户服务管理员	4-07-02	商务咨询服务人员
1612	客户培训	4-07-02-03	客户服务管理员	4-07-02	商务咨询服务人员
1613	客户关系管理	4-07-02-03	客户服务管理员	4-07-02	商务咨询服务人员
1614	售前/售后技术支持管理	4-07-02-03	客户服务管理员	4-07-02	商务咨询服务人员
1615	客户数据库维护	4-07-02-03	客户服务管理员	4-07-02	商务咨询服务人员
1616	客户分析	4-07-02-03	客户服务管理员	4-07-02	商务咨询服务人员
1617	客户渠道	4-07-02-03	客户服务管理员	4-07-02	商务咨询服务人员
1618	客户关系/投诉/协调人员	4-07-02-03	客户服务管理员	4-07-02	商务咨询服务人员
1619	投诉监控	4-07-02-03	客户服务管理员	4-07-02	商务咨询服务人员

附表 3　现有数据库职位与国家标准的细类和小类对应结果

续表

职位编码	职位名称	职业分类大典细类编号	职业分类大典细类名称	职业分类大典小类编号	职业分类大典小类名称
1620	客户咨询热线/呼叫中心人员	4-07-02-03	客户服务管理员	4-07-02	商务咨询服务人员
1621	VIP 专员	4-07-02-03	客户服务管理员	4-07-02	商务咨询服务人员
1622	客户服务主管	4-07-02-03	客户服务管理员	4-07-02	商务咨询服务人员
1623	客户服务专员/助理	4-07-02-03	客户服务管理员	4-07-02	商务咨询服务人员
1624	售前/售后技术支持工程师	4-07-02-03	客户服务管理员	4-07-02	商务咨询服务人员
1700	人力资源	4-07-03	人力资源服务人员	4-07-03	人力资源服务人员
1711	人力资源总监	2-06-08	人力资源专业人员	2-06-08	人力资源专业人员
1712	人力资源主管	2-06-08	人力资源专业人员	2-06-08	人力资源专业人员
1715	人力资源经理	2-06-08	人力资源专业人员	2-06-08	人力资源专业人员
1716	招聘经理/主管	2-06-08-01	人力资源管理专业人员	2-06-08	人力资源专业人员
1717	培训经理/主管	2-06-08-01	人力资源管理专业人员	2-06-08	人力资源专业人员
1718	薪酬福利经理/主管/专员	2-06-08-01	人力资源管理专业人员	2-06-08	人力资源专业人员
1719	绩效考核经理/主管/专员	2-06-08-01	人力资源管理专业人员	2-06-08	人力资源专业人员
1720	人事主管/助理/专员	4-07-03	人力资源服务人员	4-07-03	人力资源服务人员
1721	人力资源信息系统专员	4-07-03	人力资源服务人员	4-07-03	人力资源服务人员
1722	企业文化/员工关系/工会管理	2-06-08-01	人力资源管理专业人员	2-06-08	人力资源专业人员
1723	人力资源专员/助理	4-07-03	人力资源服务人员	4-07-03	人力资源服务人员
1724	招聘专员/助理	2-06-08-01	人力资源管理专业人员	2-06-08	人力资源专业人员
1725	培训专员/助理/培训师	2-06-08-01	人力资源管理专业人员	2-06-08	人力资源专业人员

续表

职位编码	职位名称	职业分类大典细类编号	职业分类大典细类名称	职业分类大典小类编号	职业分类大典小类名称
1726	猎头顾问/助理	2-06-08-02	人力资源服务专业人员	2-06-08	人力资源专业人员
1800	文职类				
1811	图书情报/资料/文档管理	2-10-06-01	图书资料专业人员	2-10-06	图书资料与微缩摄影专业人员
1812	资料/文档的撰写/编辑	2-10-02-01	文字编辑	2-10-02	编辑
1813	文秘/高级文员	3-01-02-02	秘书	3-01-02	行政事务处理人员
1814	文员/电脑录入/校对	3-01-02-05	打字员	3-01-02	行政事务处理人员
1815	前台/接待/礼仪	3-01-02	行政事务处理人员	3-01-02	行政事务处理人员
1816	热线咨询	3-01-02	行政事务处理人员	3-01-02	行政事务处理人员
1817	公关人员	3-01-02-03	公关员	3-01-02	行政事务处理人员
1818	电脑操作/打字员	3-01-02-05	打字员	3-01-02	行政事务处理人员
1900	翻译类（口译与笔译）				
1911	英语	2-10-05-01	翻译	2-10-05	翻译人员
1912	日语	2-10-05-01	翻译	2-10-05	翻译人员
1913	法语	2-10-05-01	翻译	2-10-05	翻译人员
1914	德语	2-10-05-01	翻译	2-10-05	翻译人员
1915	朝鲜语	2-10-05-01	翻译	2-10-05	翻译人员
1916	西班牙语	2-10-05-01	翻译	2-10-05	翻译人员
1917	俄语	2-10-05-01	翻译	2-10-05	翻译人员
1918	其他外语	2-10-05-01	翻译	2-10-05	翻译人员
1919	韩语	2-10-05-01	翻译	2-10-05	翻译人员
1920	意大利语	2-10-05-01	翻译	2-10-05	翻译人员
1921	葡萄牙语	2-10-05-01	翻译	2-10-05	翻译人员
1922	阿拉伯语	2-10-05-01	翻译	2-10-05	翻译人员
2000	财务/审计/统计/税务				

附表3 现有数据库职位与国家标准的细类和小类对应结果

续表

职位编码	职位名称	职业分类大典细类编号	职业分类大典细类名称	职业分类大典小类编号	职业分类大典小类名称
2010	财务总监/CFO	1-06-01-02	企业经理	1-06-01	企业负责人
2011	财务经理/副经理/主任	1-06-01-02	企业经理	1-06-01	企业负责人
2012	会计师	2-06-03-00	会计专业人员	2-06-03	会计专业人员
2013	注册会计师	2-06-03-00	会计专业人员	2-06-03	会计专业人员
2014	会计经理/主管	2-06-03-00	会计专业人员	2-06-03	会计专业人员
2015	会计	2-06-03-00	会计专业人员	2-06-03	会计专业人员
2017	管理会计	2-06-03-00	会计专业人员	2-06-03	会计专业人员
2018	出纳	2-06-03-00	会计专业人员	2-06-03	会计专业人员
2019	审计经理/主管	2-06-04-00	审计专业人员	2-06-04	审计专业人员
2020	统计	2-06-02-00	统计专业人员	2-06-02	统计专业人员
2021	财务主管/总账主管	1-06-01-02	企业经理	1-06-01	企业负责人
2022	财务分析经理/主管	1-06-01-02	企业经理	1-06-01	企业负责人
2023	财务分析员	2-06-99	其他经济和金融专业人员	2-06-99	其他经济和金融专业人员
2024	固定资产会计	2-06-03-00	会计专业人员	2-06-03	会计专业人员
2025	成本经理/主管	2-06-99	其他经济和金融专业人员	2-06-99	其他经济和金融专业人员
2026	成本管理员	2-06-99	其他经济和金融专业人员	2-06-99	其他经济和金融专业人员
2027	税务经理/主管	2-06-05-00	税务专业人员	2-06-05	税务专业人员
2029	成本会计	2-06-03-00	会计专业人员	2-06-03	会计专业人员
2030	审计专员/助理	2-06-04-00	审计专业人员	2-06-04	审计专业人员
2031	财务助理/会计助理	2-06-03-00	会计专业人员	2-06-03	会计专业人员
2032	资产/资金管理	2-06-99	其他经济和金融专业人员	2-06-99	其他经济和金融专业人员
2033	税务专员/助理	2-06-05-00	税务专业人员	2-06-05	税务专业人员
2034	统计员	2-06-02-00	统计专业人员	2-06-02	统计专业人员
2035	财务分析员	2-06-99	其他经济和金融专业人员	2-06-99	其他经济和金融专业人员

续表

职位编码	职位名称	职业分类大典细类编号	职业分类大典细类名称	职业分类大典小类编号	职业分类大典小类名称
2100	美术/设计/创意				
2101	创意指导/总监	2-09-06	工艺美术与创意设计专业人员	2-09-06	工艺美术与创意设计专业人员
2107	展示/装潢设计	2-09-06	工艺美术与创意设计专业人员	2-09-06	工艺美术与创意设计专业人员
2108	店面/陈列/展览设计	2-09-06-09	陈列展览设计人员	2-09-06	工艺美术与创意设计专业人员
2109	印刷排版/制版	6-08-01-01	印前处理和制作人员	6-08-01	印刷人员
2110	设计管理人员				
2111	美术/图形设计	2-10-02-02	美术编辑	2-10-02	编辑
2112	工业/产品设计	2-02-34-01	产品设计工程技术人员	2-02-34	工业产品设计工程技术人员
2113	工艺品设计	2-09-06-06	工艺美术专业人员/工艺美术品设计师	2-09-06	工艺美术与创意设计专业人员
2114	室内外装修/装潢设计	4-08-08-06/6-29-04	装潢美术设计师/建筑装饰人员	4-08-08	专业化设计服务人员
2115	纺织服装设计	2-09-06-02	服装设计人员	2-09-06	工艺美术与创意设计专业人员
2116	家具/珠宝设计	4-08-08-12/4-08-08-11	家具设计师/首饰设计师	4-08-08	专业化设计服务人员
2117	形象设计	4-08-08-20	形象设计师	4-08-08	专业化设计服务人员
2118	电脑绘图	3-01-02-07	制图员	3-01-02	行政事务处理人员
2122	玩具设计	4-08-08-10	玩具设计师	4-08-08	专业化设计服务人员
2123	产品包装设计	4-08-08-09	包装设计师	4-08-08	专业化设计服务人员
2125	船舶设计	2-02-07-12	船舶工程技术人员	2-02-07	机械工程技术人员

续表

职位编码	职位名称	职业分类大典细类编号	职业分类大典细类名称	职业分类大典小类编号	职业分类大典小类名称
2126	平面设计	2-09-06-03	动画设计人员	2-09-06	工艺美术与创意设计专业人员
2127	动画/3D设计	2-09-06-03	动画设计人员	2-09-06	工艺美术与创意设计专业人员
2128	多媒体设计	2-09-06-03	动画设计人员	2-09-06	工艺美术与创意设计专业人员
2130	CAD专业制图	3-01-02-07	制图员	3-01-02	行政事务处理人员
2200	生产/加工/制造				
2201	厂长/副厂长	1-06-01-02	企业经理	1-06-01	企业负责人
2202	生产总监/经理/车间主任	3-01-01-01	行政办事人员	3-01-01	行政业务办理人员
2203	项目经理/主管	2-02-30-04	项目管理工程技术人员	2-02-30	管理（工业）工程技术人员
2210	质量管理	2-02-29-03	质量管理工程技术人员	2-02-29	标准化、计量、质量和认证认可工程技术人员
2211	生产管理/督导/组长	3-01-01-01	行政办事人员	3-01-01	行政业务办理人员
2212	工程管理	2-02-30-01	工业工程技术人员	2-02-30	管理（工业）工程技术人员
2213	品质管理	6-31-03-05	质检员	6-31-03	检验试验人员
2214	物料管理	6-31-99	其他生产辅助人员	6-31-99	其他生产辅助人员
2215	物流管理	2-02-30-02	物流工程技术人员	2-02-30	管理（工业）工程技术人员
2216	设备管理	6-31-99	其他生产辅助人员	6-31-99	其他生产辅助人员
2217	采购管理	4-01-01-00	采购员	4-01-01	采购人员
2218	仓库管理	6-31-99	其他生产辅助人员	6-31-99	其他生产辅助人员
2219	计划/调度员	6-31-99	其他生产辅助人员	6-31-99	其他生产辅助人员
2220	化验/检验员	6-31-03-06	试验员	6-31-03	检验试验人员
2221	跟单/单证员	6-31-99	其他生产辅助人员	6-31-99	其他生产辅助人员

续表

职位编码	职位名称	职业分类大典细类编号	职业分类大典细类名称	职业分类大典小类编号	职业分类大典小类名称
2222	PMC/SMT 技术员	6-99-00	其他生产制造及有关人员	6-99-00	其他生产制造及有关人员
2223	技术支持	6-99-00	其他生产制造及有关人员	6-99-00	其他生产制造及有关人员
2224	工业工程师	2-02-30-01	工业工程技术人员	2-02-30	管理（工业）工程技术人员
2225	工程机械绘图员	3-01-02-07	制图员	3-01-02	行政事务处理人员
2226	制造工程师	6-99-00	其他生产制造及有关人员	6-99-00	其他生产制造及有关人员
2227	项目工程师	6-99-00	其他生产制造及有关人员	6-99-00	其他生产制造及有关人员
2228	维修工程师	6-99-00	其他生产制造及有关人员	6-99-00	其他生产制造及有关人员
2229	铸造/锻造/注塑工程师	6-18-02-01/02/	铸造工/锻造工	6-18-02	机械热加工人员
2230	生产计划	6-99-00	其他生产制造及有关人员	6-99-00	其他生产制造及有关人员
2231	产品开发/技术/工艺	2-02-34-01	产品设计工程技术人员		
2232	包装工程师	6-31-05-00	包装工		
2233	材料工程师	6-99-00	其他生产制造及有关人员	6-99-00	其他生产制造及有关人员
2300	金融/证券/期货/投资				
2311	金融/投资	2-06-99	其他经济和金融专业人员	2-06-99	其他经济和金融专业人员
2312	信贷/证券	2-06-09-05/ 2-06-11	信贷审核专业人员/证券专业人员	2-06-09	银行专业人员
2313	期货经济	4-05-03-00	期货交易员	4-05-03	期货服务人员

续表

职位编码	职位名称	职业分类大典细类编号	职业分类大典细类名称	职业分类大典小类编号	职业分类大典小类名称
2314	外汇	2-06-09-03	银行外汇市场业务专业人员	2-06-09	银行专业人员
2315	资产评估	2-06-06-01	资产评估专业人员	2-06-06	评估专业人员
2318	预结算人员	2-06-03-00	会计专业人员	2-06-03	会计专业人员
2319	稽核员	2-06-04-00	审计专业人员	2-06-04	审计专业人员
2320	报关员	2-06-07-12	报关专业人员	2-06-07	商务专业人员
2325	融资	2-06-99	其他经济和金融专业人员	2-06-99	其他经济和金融专业人员
2326	拍卖师	2-06-07-09	拍卖专业人员	2-06-07	商务专业人员
2327	进出口/信用证结算	2-06-99	其他经济和金融专业人员	2-06-99	其他经济和金融专业人员
2328	证券总监/部门经理	2-06-11	证券专业人员	2-06-11	证券专业人员
2329	证券/期货/外汇经纪人	2-06-07-11	经纪与代理专业人员	2-06-07	商务专业人员
2330	证券分析/金融研究	2-06-11-03	证券投资专业人员	2-06-11	证券专业人员
2331	客户经理/主管	4-05-01-03	银行客户业务员	4-05-01	银行服务人员
2332	投资/理财服务	2-06-11-04	理财专业人员	2-06-11	证券专业人员
2333	项目经理/主管	2-06-99	其他经济和金融专业人员	2-06-99	其他经济和金融专业人员
2334	融资总监	2-06-99	其他经济和金融专业人员	2-06-99	其他经济和金融专业人员
2335	投资银行业务	2-06-99	其他经济和金融专业人员	2-06-99	其他经济和金融专业人员
2336	融资经理/融资主管/专员	2-06-99	其他经济和金融专业人员	2-06-99	其他经济和金融专业人员
2337	股票/期货操盘手	4-05-02-01/ 4-05-03-00	证券交易员/期货交易员	4-05-02/ 4-05-03	证券服务人员/期货服务人员
2338	风险管理/控制/稽查	4-07-02-01	风险管理师	4-07-02	商务咨询服务人员

续表

职位编码	职位名称	职业分类大典细类编号	职业分类大典细类名称	职业分类大典小类编号	职业分类大典小类名称
2339	基金管理	2-06-99	其他经济和金融专业人员	2-06-99	其他经济和金融专业人员
2340	外汇交易/基金/国债经理人	2-06-99	其他经济和金融专业人员	2-06-99	其他经济和金融专业人员
2341	担保/拍卖/典当业务	2-06-07-09/4-05-05	拍卖专业人员/典当服务人员	2-06-07	商务专业人员
2342	储备经理人	2-06-99	其他经济和金融专业人员	2-06-99	其他经济和金融专业人员
2400	律师/法务/合规				
2412	法律顾问	2-07-07-00	法律顾问	2-07-07	法律顾问
2413	法务助理	2-07-99	其他法律、社会和宗教专业人员	2-07-99	其他法律、社会和宗教专业人员
2414	律师助理	2-07-03-00	律师	2-07-03	律师
2415	法务经理	2-07-99	其他法律、社会和宗教专业人员	2-07-99	其他法律、社会和宗教专业人员
2416	法务主管/专员	2-07-99	其他法律、社会和宗教专业人员	2-07-99	其他法律、社会和宗教专业人员
2417	知识产权/专利顾问/专员	2-06-12	知识产权专业人员	2-06-12	知识产权专业人员
2418	法务经理/主管	2-07-99	其他法律、社会和宗教专业人员	2-07-99	其他法律、社会和宗教专业人员
2419	律师/合规部经理/主任	2-07-03-00	律师	2-07-03	律师
2420	产权/专利顾问/专业代理	2-06-12	知识产权专业人员	2-06-12	知识产权专业人员
2499	其他				
2500	机械专业人员				
2501	工程机械经理	2-02-30-04	项目管理工程技术人员	2-02-30	管理（工业）工程技术人员

续表

职位编码	职位名称	职业分类大典细类编号	职业分类大典细类名称	职业分类大典小类编号	职业分类大典小类名称
2502	工程机械主管	2-02-30-04	项目管理工程技术人员	2-02-30	管理（工业）工程技术人员
2505	工程/设备工程师	2-02-07-04	设备工程技术人员	2-02-07	机械工程技术人员
2506	技术研发工程师	2-02-07-01	机械设计工程技术人员	2-02-07	机械工程技术人员
2507	技术文档工程师	2-02-99	其他工程技术人员	2-02-99	其他工程技术人员
2508	产品工艺/制程工程师	2-02-34-01	产品设计工程技术人员	2-02-34	工业产品设计工程技术人员
2509	气动工程师	2-02-07	机械工程技术人员	2-02-07	机械工程技术人员
2510	维修工程师	6-31-01-09	工程机械维修工	6-31-01	机械设备维修人员
2511	机械工程师	2-02-07	机械工程技术人员	2-02-07	机械工程技术人员
2512	模具工程师	6-18-04-01	模具工	6-18-04	工装工具制造加工人员
2513	机电工程师	2-02-11	电气工程技术人员	2-02-11	电气工程技术人员
2514	机械设计	2-02-07-01	机械设计工程技术人员	2-02-07	机械工程技术人员
2515	机械制图	2-02-07-01	机械设计工程技术人员	2-02-07	机械工程技术人员
2516	精密机械仪器仪表	2-02-07-03	仪器仪表工程技术人员	2-02-07	机械工程技术人员
2517	机电一体化/自动化控制	2-02-07-07	自动控制技术人员	2-02-07	机械工程技术人员
2518	船舶工程	2-02-07-12	船舶工程技术人员	2-02-07	机械工程技术人员
2519	检测技术及仪器	2-02-07-03	仪器仪表工程技术人员	2-02-07	机械工程技术人员
2520	机械与汽车维修	4-12-01-01	汽车维修工	4-12-01	汽车摩托车修理技术服务人员
2521	结构工程师	2-02-07	机械工程技术人员	2-02-07	机械工程技术人员
2522	铸造/锻造工程师	6-18-02-01/02	铸造工/锻造工	6-18-02	机械热加工人员

续表

职位编码	职位名称	职业分类大典细类编号	职业分类大典细类名称	职业分类大典小类编号	职业分类大典小类名称
2523	注塑工程师/技师	6-18-99	其他机械制造基础加工人员	6-18-99	其他机械制造基础加工人员
2524	夹具工程师	6-18-99	其他机械制造基础加工人员	6-18-99	其他机械制造基础加工人员
2525	CNC/数控工程师	2-02-07-07	自动控制技术人员	2-02-07	机械工程技术人员
2526	飞行器设计与制造	2-02-08-01	飞行器设计工程技术人员	2-02-08	航空工程技术人员
2600	建筑装修/市政建设/土建类				
2611	高级建筑工程师/总工	2-02-18-03	土木工程建筑工程技术人员	2-02-18	建筑工程技术人员
2613	建筑/结构工程师	2-02-18-03	土木工程建筑工程技术人员	2-02-18	建筑工程技术人员
2614	工程监理/质量工程师	2-02-30-07	监理工程技术人员	2-02-30	管理（工业）工程技术人员
2615	工程预决算	2-06-03-00	会计专业人员	2-06-03	会计专业人员
2616	给排水工程/暖通/制冷工程	6-11-01-04	制冷工	6-11-01	化学产品生产通用工艺人员
2617	水电管理	6-29-99	其他建筑施工人员	6-29-99	其他建筑施工人员
2618	建筑施工管理	6-29-99	其他建筑施工人员	6-29-99	其他建筑施工人员
2619	制冷暖通	6-11-01-04	制冷工	6-11-01	化学产品生产通用工艺人员
2620	物业管理	4-06-01-01	物业管理员	4-06-01	物业管理服务人员
2621	工民建	6-29-99	其他建筑施工人员	6-29-99	其他建筑施工人员
2622	路桥工程	2-02-18-09	道路与桥梁工程技术人员	2-02-18	建筑工程技术人员
2623	管道	6-29-02-15	管道工	6-29-02	土木建筑施工人员
2624	绘图/建筑制图	2-02-18-03	土木工程建筑工程技术人员	2-02-18	建筑工程技术人员

续表

职位编码	职位名称	职业分类大典细类编号	职业分类大典细类名称	职业分类大典小类编号	职业分类大典小类名称
2625	基础地下工程/岩土工程	2-02-18-06	工程勘察与岩土工程技术人员	2-02-18	建筑工程技术人员
2626	港口与航道工程	2-02-18-10	港口与航道工程技术人员	2-02-18	建筑工程技术人员
2627	室内装潢/设计	4-08-08-07	室内装饰设计师	4-08-08	专业化设计服务人员
2628	建筑材料与制品	2-02-18-02	建筑和市政设计工程技术人员	2-02-18	建筑工程技术人员
2629	工程造价员	2-02-30-10	工程造价工程技术人员	2-02-30	管理（工业）工程技术人员
2630	注册造价师	2-02-30-10	工程造价工程技术人员	2-02-30	管理（工业）工程技术人员
2631	土木/土建工程师	2-02-18-03	土木建筑工程技术人员	2-02-18	建筑工程技术人员
2632	幕墙工程师	6-29-04-02	建筑门窗幕墙安装工	6-29-04	建筑装饰人员
2633	城市规划与设计	2-02-18-01	城乡规划工程技术人员	2-02-18	建筑工程技术人员
2634	园艺/园林/景观设计	2-02-18-04	风景园林工程技术人员	2-02-18	建筑工程技术人员
2635	建筑工程验收	2-02-18-03	土木工程建筑工程技术人员	2-02-18	建筑工程技术人员
2636	电气设计	2-02-11	电气工程技术人员	2-02-11	电气工程技术人员
2637	造价师/预算师	2-02-30-10	工程造价工程技术人员	2-02-30	管理（工业）工程技术人员
2638	项目管理/招投标	2-02-30-04	项目管理工程技术人员	2-02-30	管理（工业）工程技术人员
2639	市政工程师	2-02-18-02	建筑和市政设计工程技术人员	2-02-18	建筑工程技术人员

续表

职位编码	职位名称	职业分类大典细类编号	职业分类大典细类名称	职业分类大典小类编号	职业分类大典小类名称
2640	智能大厦/布线/弱电/安防	4-07-05-03	智能楼宇管理员	4-07-05	安全保护服务人员
2641	测绘/测量/制图	2-02-18-06	工程勘察与岩土工程技术人员	2-02-18	建筑工程技术人员
2642	铁路/道路/桥梁技术	2-02-18-09	道路与桥梁工程技术人员	2-02-18	建筑工程技术人员
2643	安全管理/安全员	4-07-05	安全保护服务人员	4-07-05	安全保护服务人员
2644	施工员	6-29-99	其他建筑施工人员	6-29-99	其他建筑施工人员
2700	咨询/顾问				
2710	咨询总监	3-01-02	行政事务处理人员	3-01-02	行政事务处理人员
2711	咨询经理	3-01-02	行政事务处理人员	3-01-02	行政事务处理人员
2712	咨询员/顾问	4-07-02-03	客户服务管理员	4-07-02	商务咨询服务人员
2714	信息中介	4-07-02-02	科技咨询师	4-07-02	商务咨询服务人员
2715	培训师	4-07-02-02	科技咨询师	4-07-02	商务咨询服务人员
2716	调研员	4-07-02-02	科技咨询师	4-07-02	商务咨询服务人员
2717	情报信息分析人员	4-07-02-02	科技咨询师	4-07-02	商务咨询服务人员
2800	医疗/护理/保健类				
2811	中/西医师	2-05	卫生专业技术人员		
2812	医药技术员	2-02-07-05	医学设备管理工程技术人员	2-02-07	机械工程技术人员
2813	护士/护理人员	2-05-08	护理人员	2-05-08	护理人员
2814	医/药学检验员	4-08-05-04	药物检验员	4-08-05	检验、检测和计量服务人员
2815	兽医/宠物医生	2-03-06-01/03	兽医/宠物医师	2-03-06	兽医和兽药技术人员
2816	心理医生	2-05-07-14	心理治疗技师	2-05-07	医疗卫生技术人员
2817	药剂师	2-05-06-01	药师	2-05-06	药学技术人员
2818	麻醉师	2-05-01-13	麻醉科医师	2-05-01	临床和口腔医师
2819	卫生防疫	2-05-05-01	疾病控制医师	2-05-05	公共卫生与健康医师

续表

职位编码	职位名称	职业分类大典细类编号	职业分类大典细类名称	职业分类大典小类编号	职业分类大典小类名称
2820	妇幼保健	2-05-01-21	妇幼保健医师	2-05-01	临床和口腔医师
2821	针灸推拿	2-05-02-10/11	针灸医师/中医推拿医师	2-05-02	中医医师
2822	化妆/美容师	2-09-04-04/4-10-03-01	化妆师/美容师	2-09-04	舞台专业人员
2823	化工制药	6-12-01-00	化学合成制药工	6-12-01	化学合成制药工
2824	外科	2-05-08-04/2-05-01-02	外科护士/外科医师	2-05-01/2-05-08	临床和口腔医师/护理人员
2825	内科	2-05-08-01/2-05-01-01/2-05-03-01/2-05-02-01	内科护士/内科医师/中西医结合内科医师/中医内科医师	2-05-01/2-05-08/2-05-03/2-05-02	临床和口腔医师/护理人员/中西医结合医师/中医医师
2826	骨科	2-05-03-05/2-05-02-07	中西医结合骨伤科医师/中医骨伤科医师	2-05-03/2-05-02	中西医结合医师/中医医师
2827	放射科	2-05-01-15	放射科医师	2-05-01	临床和口腔医师
2828	五官科	2-05-01-06	耳鼻咽喉科医师	2-05-01	临床和口腔医师
2829	医疗				
2830	临床医学	4-14-01-00	医疗临床辅助服务员	4-14-01	医疗辅助服务人员
2836	口腔医师	2-05-01-07	口腔科医师	2-05-01	临床和口腔医师
2837	理疗师	2-05-07-13	康复技师	2-05-07	医疗卫生技术人员
2838	营养师	2-05-07-08	临床营养技师	2-05-07	医疗卫生技术人员
2839	眼科医生/验光师	2-05-01-05/4-14-03-03	眼科医师/眼镜验光员	2-05-01/4-14-03	临床和口腔医师/康复矫正服务人员
2840	医药代表	2-06-07-07	医药代表	2-06-07	商务专业人员
2841	医生/医师	2-05-01	临床和口腔医师	2-05-01	临床和口腔医师
2842	儿科医生	2-05-01-03	儿科医师	2-05-01	临床和口腔医师
2843	牙科医生	2-05-01-07	口腔科医师	2-05-01	临床和口腔医师
2844	药库主任/药剂师	2-05-06	药学技术人员	2-05-06	药学技术人员

续表

职位编码	职位名称	职业分类大典细类编号	职业分类大典细类名称	职业分类大典小类编号	职业分类大典小类名称
2845	医疗管理人员	2-05-99	其他卫生专业技术人员	2-05-99	其他卫生专业技术人员
2900	技工类				
2911	钳工/钣工	6-18-99	其他机械制造基础加工人员	6-18-99	其他机械制造基础加工人员
2912	电焊工/铆焊工	6-18-02-04	焊工	6-18-02	机械热加工人员
2913	车工/磨工/铣工/冲床/锣床	6-18-01-01/04/02	车工/磨工/铣工	6-18-01	机械冷加工人员
2914	模具工	6-18-04-01	模具工	6-18-04	工装工具制造加工人员
2915	水工/木工/油漆工	6-06-03-01	手工木工	6-06-03	木制品制造人员
2916	电工	6-31-01-03	电工	6-31-01	机械设备维修人员
2917	铲车/叉车工	6-30-05-05	挖掘铲运和桩工机械司机	6-30-05	通用工程机械操作人员
2918	空调工/电梯工/锅炉工	6-29-03-05/03/06	制冷空调系统安装维修工/电梯安装维修工/锅炉设备安装工	6-29-03	建筑安装施工人员
2919	裁剪车缝熨烫	6-05-01-02/03/04	裁剪工/缝纫工/缝纫品整型工	6-05-01	纺织品和服装剪裁缝纫人员
2920	普工				
2921	操作工				
2922	铸造/锻造/技师	6-18-02-01/02	铸造工/锻造工	6-18-02	机械热加工人员
2923	注塑工	6-18-99	其他机械制造基础加工人员	6-18-99	其他机械制造基础加工人员
2924	夹具工	6-18-99	其他机械制造基础加工人员	6-18-99	其他机械制造基础加工人员
2925	冲压工	6-18-01-12	冲压工	6-18-01	机械冷加工人员
2926	轨道工	6-18-99	其他机械制造基础加工人员	6-18-99	其他机械制造基础加工人员

续表

职位编码	职位名称	职业分类大典细类编号	职业分类大典细类名称	职业分类大典小类编号	职业分类大典小类名称
2927	飞机维修	6-23-03-13	飞机外场调试与维护工	6-23-03	航空产品装配、调试人员
2928	汽车修理工/机修工	4-12-01-01	汽车维修工	4-12-01	汽车摩托车修理技术服务人员
3000	教育/培训				
3017	职业教育/家教	2-08-02-00	中等职业教育教师	2-08-02	中等职业教育教师
3018	体育类	2-08-99	其他教学人员	2-08-99	其他教学人员
3019	培训师/讲师	2-08-99	其他教学人员	2-08-99	其他教学人员
3020	招生/课程顾问	2-08-99	其他教学人员	2-08-99	其他教学人员
3021	教练	2-09-07-01	教练员	2-09-07	体育专业人员
3022	教学/教务管理人员	2-08-99	其他教学人员	2-08-99	其他教学人员
3023	教育产品开发	2-08-99	其他教学人员	2-08-99	其他教学人员
3025	校长	1-06	企事业单位负责人		
3026	大学教师	2-08-01-00	高等教育教师	2-08-01	高等教育教师
3027	高中教师	2-08-03-01	中学教育教师	2-08-03	中小学教育教师
3028	职业中专/技校教师	2-08-02-00	中等职业教育教师	2-08-02	中等职业教育教师
3029	初中教师	2-08-03-01	中学教育教师	2-08-03	中小学教育教师
3030	小学教师	2-08-03-02	小学教育教师	2-08-03	中小学教育教师
3031	幼教	2-08-04-00	幼儿教育教师	2-08-04	幼儿教育教师
3200	海洋				
3211	海洋生物与制药	2-02-32-00	制药工程技术人员	2-02-32	制药工程技术人员
3212	海洋工程	2-02-22-04	海洋工程勘察设计工程技术人员	2-02-22	海洋工程技术人员
3213	海洋运输	2-02-15-02	船舶运用工程技术人员	2-02-15	道路和水上运输工程技术人员
3214	海洋化工	2-02-06	化工工程技术人员	2-02-06	化工工程技术人员
3215	海洋水产	4-08-02-04	海洋生物调查员	4-08-02	海洋服务人员
3300	物流/仓储				
3301	物流外贸员	2-06-07-01	国际商务专业人员	2-06-07	商务专业人员

续表

职位编码	职位名称	职业分类大典细类编号	职业分类大典细类名称	职业分类大典小类编号	职业分类大典小类名称
3302	物流采购员	4-01-01-00	采购员	4-01-01	采购人员
3303	物流总监	2-02-30-02	物流工程技术人员	2-02-30	管理（工业）工程技术人员
3304	物流主管	2-02-30-02	物流工程技术人员	2-02-30	管理（工业）工程技术人员
3305	供应链总监	2-02-30-02	物流工程技术人员	2-02-30	管理（工业）工程技术人员
3306	物流总监/经理	4-02-06-03	物流服务师	4-02-06	仓储人员
3307	操作员	4-02-06-03	物流服务师	4-02-06	仓储人员
3308	物流专员/助理	4-02-06-03	物流服务师	4-02-06	仓储人员
3309	供应链经理	2-02-30-02	物流工程技术人员	2-02-30	管理（工业）工程技术人员
3310	供应链主管/专员	2-02-30-02	物流工程技术人员	2-02-30	管理（工业）工程技术人员
3311	物料经理	2-02-30-02	物流工程技术人员	2-02-30	管理（工业）工程技术人员
3312	物料主管/专员	2-02-30-02	物流工程技术人员	2-02-30	管理（工业）工程技术人员
3313	仓库管理员	4-02-06-01	仓库管理员	4-02-06	仓储人员
3314	运输经理/主管	2-02-30-02	物流工程技术人员	2-02-30	管理（工业）工程技术人员
3315	货运代理	4-02-05-03	运输代理服务员	4-02-05	装卸搬运和运输代理服务人员
3316	集装箱业务	2-02-30-02	物流工程技术人员	2-02-30	管理（工业）工程技术人员
3317	单证员	2-06-07-12	报关专业人员	2-06-07	商务专业人员
3318	快递员	4-02-07-08	快递员	4-02-07	邮政和快递服务人员

附表3 现有数据库职位与国家标准的细类和小类对应结果 / 359

续表

职位编码	职位名称	职业分类大典细类编号	职业分类大典细类名称	职业分类大典小类编号	职业分类大典小类名称
3319	调度员	4-02-01-06/4-02-02-05	轨道交通调度员、道路运输调度员	4-02-01/02	轨道交通运输服务人员/道路运输服务人员
3320	理货员	4-02-06-02	理货员	4-02-06	仓储人员
3321	搬运工	4-02-05-01	装卸搬运工	4-02-05	装卸搬运和运输代理服务人员
3400	环境科学/环保				
3401	环保工程师	2-02-27	环境保护工程技术人员	2-02-27	环境保护工程技术人员
3402	污水处理工程师	2-02-27	环境保护工程技术人员	2-02-27	环境保护工程技术人员
3403	环境工程技术/园林景区	2-02-27	环境保护工程技术人员	2-02-27	环境保护工程技术人员
3404	环境管理/保护	2-02-27	环境保护工程技术人员	2-02-27	环境保护工程技术人员
3405	环保技术	2-02-27	环境保护工程技术人员	2-02-27	环境保护工程技术人员
3406	EHS管理	2-02-27	环境保护工程技术人员	2-02-27	环境保护工程技术人员
3500	生物/制药/医疗器械				
3501	生物工程/生物制药	6-12-05	生物药品制造人员	6-12-05	生物药品制造人员
3503	医药技术研发管理人员	2-02-32-00	制药工程技术人员	2-02-32	制药工程技术人员
3504	医药技术研发人员	2-02-32-00	制药工程技术人员	2-02-32	制药工程技术人员
3505	临床研究员	2-05-07-04	临床检验技师	2-05-07	医疗卫生技术人员
3506	临床协调员	2-05-07-08	临床营养技师	2-05-07	医疗卫生技术人员
3507	药品注册	2-06-12-08	商标管理专业人员	2-06-12	知识产权专业人员

续表

职位编码	职位名称	职业分类大典细类编号	职业分类大典细类名称	职业分类大典小类编号	职业分类大典小类名称
3508	药品生产/质量管理	2-02-29-03	质量管理工程技术人员	2-02-29	标准化、计量、质量和认证认可工程技术人员
3509	药品市场推广经理	4-01-02-01	营销员	4-01-02	销售人员
3510	药品市场推广主管/专员	4-01-02-01	营销员	4-01-02	销售人员
3511	医药招商	2-02-30-04	项目管理工程技术人员	2-02-30	管理（工业）工程技术人员
3512	医药销售经理/主管	4-01-02-01	营销员	4-01-02	销售人员
3513	医药销售代表	4-01-02-01	营销员	4-01-02	销售人员
3514	医疗设备注册	2-06-12-08	商标管理专业人员	2-06-12	知识产权专业人员
3515	医疗设备生产/质量管理	6-21-06-01	医疗器械装配工	6-21-06	医疗器械制品和康复辅具生产人员
3516	医疗器械市场推销	4-01-02-01	营销员	4-01-02	销售人员
3517	医疗器械销售	4-01-02-01	营销员	4-01-02	销售人员
3518	医疗器械维修人员	4-12-99	其他修理及制作服务人员	4-12-99	其他修理及制作服务人员
3519	产品研发/注册	2-02-32-00	制药工程技术人员	2-02-32	制药工程技术人员
3520	项目经理/主管	2-02-30-04	项目管理工程技术人员	2-02-30	管理（工业）工程技术人员
3521	招商经理/主管	2-02-30-04	项目管理工程技术人员	2-02-30	管理（工业）工程技术人员
3600	互联网/电子商务/网游				
3611	网站营运专员	4-04-04-03	信息通信信息化系统管理员	4-04-04	信息通信网络运行管理人员
3612	网站运营管理	2-02-30-04	项目管理工程技术人员	2-02-30	管理（工业）工程技术人员
3613	产品经理	2-02-30-03	战略规划与管理工程技术人员	2-02-30	管理（工业）工程技术人员

续表

职位编码	职位名称	职业分类大典细类编号	职业分类大典细类名称	职业分类大典小类编号	职业分类大典小类名称
3614	电子商务/SEO	4-01-02-02	电子商务师	4-01-02	销售人员
3615	网络管理员	4-04-04-01	信息通信网络运行管理员	4-04-04	信息通信网络运行管理人员
3616	网站信息编辑	2-10-02-05	网络编辑	2-10-02	编辑
3617	网络工程	2-02-10-04	计算机网络工程技术人员	2-02-10	信息和通信工程技术人员
3618	网站策划	2-02-10-04	计算机网络工程技术人员	2-02-10	信息和通信工程技术人员
3619	网页设计/制作	2-10-02-02	技术编辑	2-10-02	编辑
3620	互联网研发工程师	2-02-10-04	计算机网络工程技术人员	2-02-10	信息和通信工程技术人员
3621	系统安全管理	4-04-04-02	网络与信息安全管理员	4-04-04	信息通信网络运行管理人员
3622	系统架构设计师	2-02-10-05	信息系统分析工程技术人员	2-02-10	信息和通信工程技术人员
3623	网络与信息安全工程师	2-02-10-07	信息安全工程技术人员	2-02-10	信息和通信工程技术人员
3624	语音/视频/图形	2-09-06-07	数字媒体艺术设计人员	2-09-06	工艺美术与创意设计专业人员
3625	UI/UE 设计师/顾问	2-02-10-03	计算机软件工程技术人员	2-02-10	信息和通信工程技术人员
3626	三维/3D 设计/制作	2-09-06-03	动画设计人员	2-09-06	工艺美术与创意设计专业人员
3627	Flash 设计/开发	2-09-06-03	动画设计人员	2-09-06	工艺美术与创意设计专业人员
3628	游戏设计/开发	2-09-06-07	数字媒体艺术设计人员	2-09-06	工艺美术与创意设计专业人员
3629	计算机硬件/设备	2-02-10-02	计算机硬件工程技术人员	2-02-10	信息和通信工程技术人员

续表

职位编码	职位名称	职业分类大典细类编号	职业分类大典细类名称	职业分类大典小类编号	职业分类大典小类名称
3630	高级硬件工程师	2-02-10-02	计算机硬件工程技术人员	2-02-10	信息和通信工程技术人员
3631	硬件工程师	2-02-10-02	计算机硬件工程技术人员	2-02-10	信息和通信工程技术人员
3632	硬件测试工程师	2-02-10-02	计算机硬件工程技术人员	2-02-10	信息和通信工程技术人员
3700	IT支持及其他				
3711	首席技术官CTO/首席信息官CIO	2-02-30-08	信息管理工程技术人员	2-02-30	管理（工业）工程技术人员
3712	技术总监/经理	2-02-10-04	计算机网络工程技术人员	2-02-10	信息和通信工程技术人员
3713	信息技术经理/主管	2-02-30-08	信息管理工程技术人员	2-02-30	管理（工业）工程技术人员
3714	信息技术专员	2-02-30-08	信息管理工程技术人员	2-02-30	管理（工业）工程技术人员
3715	技术支持/维护经理	2-02-10-08	信息系统运行维护工程技术人员	2-02-10	信息和通信工程技术人员
3716	技术支持/维护工程师	2-02-10-08	信息系统运行维护工程技术人员	2-02-10	信息和通信工程技术人员
3717	项目经理/主管	2-02-30-04	项目管理工程技术人员	2-02-30	管理（工业）工程技术人员
3718	质量工程师	2-02-29-03	质量管理工程技术人员	2-02-29	标准化、计量、质量和认证认可工程技术人员
3800	电子/电气/半导体/仪器仪表				

续表

职位编码	职位名称	职业分类大典细类编号	职业分类大典细类名称	职业分类大典小类编号	职业分类大典小类名称
3811	电路设计/电子测试/半导体技术	2-02-09-01/02/04	电子材料工程技术人员/电子元器件工程技术人员/电子仪器与电子测量工程技术人员	2-02-09	电子工程技术人员
3812	研发工程师	2-02-09	电子工程技术人员	2-02-09	电子工程技术人员
3813	无线电工程师	4-04-02-05	无线电监测与设备运维员	4-04-02	信息通信网络维护人员
3814	测试/可靠性工程师	2-02-09-04	电子仪器与电子测量工程技术人员	2-02-09	电子工程技术人员
3815	项目执行/协调人员	2-02-30-04	项目管理工程技术人员	2-02-30	管理（工业）工程技术人员
3816	项目管理/产品管理	2-02-30-04	项目管理工程技术人员	2-02-30	管理（工业）工程技术人员
3817	产品工艺/规划/制程工程师	2-02-30-03	战略规划与管理工程技术人员	2-02-30	管理（工业）工程技术人员
3818	灯光/照明	2-02-11-03	光源与照明工程技术人员	2-02-11	电器工程技术人员
3819	电声音响工程师	2-02-09-05	广播视听设备工程技术人员	2-02-09	电子工程技术人员
3820	版图设计工程师	2-02-09-02	电子元器件工程技术人员	2-02-09	电子工程技术人员
3821	激光/光电子技术	2-02-09-02	电子元器件工程技术人员	2-02-09	电子工程技术人员
3822	仪器/仪表/计量	2-02-09-04	电子仪器与电子测量工程技术人员	2-02-09	电子工程技术人员
3823	IC验证工程师	2-02-09-04	电子仪器与电子测量工程技术人员	2-02-09	电子工程技术人员
3824	集成电路IC设计/应用工程师	2-02-09-02	电子元器件工程技术人员	2-02-09	电子工程技术人员

续表

职位编码	职位名称	职业分类大典细类编号	职业分类大典细类名称	职业分类大典小类编号	职业分类大典小类名称
3825	家用电器/数码产品研发	2-02-11-01	电工电器工程技术人员	2-02-11	电器工程技术人员
3826	FAE 现场应用工程师	2-02-09-04	电子仪器与电子测量工程技术人员	2-02-09	电子工程技术人员
3827	设备工程师（调试/安装/维护）	2-02-09-04	电子仪器与电子测量工程技术人员	2-02-09	电子工程技术人员
3828	嵌入式硬件/软件工程师	2-02-10-07	嵌入式系统设计工程技术人员	2-02-10	信息和通信工程技术人员
3829	电子/电气工程师	2-02-09-02	电子元器件工程技术人员	2-02-09	电子工程技术人员
3830	电子/电器维修	4-12-03-01	家用电器产品维修工	4-12-03	家用电子电器产品维修人员
3831	电路工程师/技术员	2-02-09-02	电子元器件工程技术人员	2-02-09	电子工程技术人员
3832	机电工程师	2-02-09-02	电子元器件工程技术人员	2-02-09	电子工程技术人员
3833	电子元器件工程师	2-02-09-02	电子元器件工程技术人员	2-02-09	电子工程技术人员
3834	电池、电源开发	2-02-09-02	电子元器件工程技术人员	2-02-09	电子工程技术人员
3835	自动控制	2-02-07-07	自动控制工程技术人员	2-02-07	机械工程技术人员
3836	自动化工程师	2-02-07-08	自动控制工程技术人员	2-02-07	机械工程技术人员
3837	音频/视频工程师/技术员	2-09-06-07	数字媒体艺术设计人员	2-09-06	工艺美术与创意设计专业人员
3838	模拟电路设计/应用工程师	2-02-09-02	电子元器件工程技术人员	2-02-09	电子工程技术人员
3839	空调工程/设计	2-02-09	电子工程技术人员	2-02-09	电子工程技术人员
3900	销售管理				

附表3 现有数据库职位与国家标准的细类和小类对应结果

续表

职位编码	职位名称	职业分类大典细类编号	职业分类大典细类名称	职业分类大典小类编号	职业分类大典小类名称
3911	销售总监	2-06-07-02	市场营销专业人员	2-06-07	商务专业人员
3912	销售经理/主任	2-06-07-02	市场营销专业人员	2-06-07	商务专业人员
3913	销售主管/代表	2-06-07-02	市场营销专业人员	2-06-07	商务专业人员
3914	商务经理/主管	2-06-07-03	商务策划专业人员	2-06-07	商务专业人员
3915	客户经理	4-07-02-03	客户服务管理员	4-07-02	商务咨询服务人员
3916	客户主管	4-07-02-03	客户服务管理员	4-07-02	商务咨询服务人员
3917	区域销售总监/经理	2-06-07-02	市场营销专业人员	2-06-07	商务专业人员
3918	渠道/分销总监	2-06-07-02	市场营销专业人员	2-06-07	商务专业人员
3920	业务分析经理/主管	2-06-07-02	市场营销专业人员	2-06-07	商务专业人员
3921	渠道/分销经理/主管	2-06-07-02	市场营销专业人员	2-06-07	商务专业人员
3922	业务拓展经理/主管	2-06-07-02	市场营销专业人员	2-06-07	商务专业人员
3923	团购经理/主管	4-07-02-03	客户服务管理员	4-07-02	商务咨询服务人员
3924	售前/售后管理	4-07-02-03	客户服务管理员	4-07-02	商务咨询服务人员
3925	零售/百货/连锁管理	2-02-30-04	项目管理工程技术人员	2-02-30	管理（工业）工程技术人员
4000	销售支持/商务				
4011	销售行政经理/主管	2-06-07-02	市场营销专业人员	2-06-07	商务专业人员
4012	销售助理	3-01-01-02	行政办事员	3-01-01	行政业务办理人员
4013	商务经理/主管	2-06-07-03	商务策划专业人员	2-06-07	商务专业人员
4014	业务分析专员/助理	2-06-07-03	商务策划专业人员	2-06-07	商务专业人员
4015	销售培训讲师	2-06-07-02	市场营销专业人员	2-06-07	商务专业人员
4100	公关/媒介				
4111	公关总监	3-01-02-01	公关员	3-01-02	行政事务处理人员
4112	公关经理/主管	3-01-02-02	公关员	3-01-02	行政事务处理人员
4113	公关专员	3-01-02-03	公关员	3-01-02	行政事务处理人员
4114	新闻媒介策划	2-06-07-03	商务策划专业人员	2-06-07	商务专业人员
4115	媒介经理/主管	2-06-07-03	商务策划专业人员	2-06-07	商务专业人员
4116	媒介专员/媒介购买	2-06-07-03	商务策划专业人员	2-06-07	商务专业人员
4200	行政/后勤/文秘				

续表

职位编码	职位名称	职业分类大典细类编号	职业分类大典细类名称	职业分类大典小类编号	职业分类大典小类名称
4211	行政总监	3-01-01-02	行政办事员	3-01-01	行政业务办理人员
4212	行政主管/助理	3-01-01-02	行政办事员	3-01-01	行政业务办理人员
4213	办公室主任	3-01-01-02	行政办事员	3-01-01	行政业务办理人员
4214	行政秘书/行政专员	3-01-02-02	秘书	3-01-02	行政事务处理人员
4215	助理/秘书	3-01-02-02	秘书	3-01-02	行政事务处理人员
4216	后勤人员	3-01-02-08	后勤管理员	3-01-02	行政事务处理人员
4217	合同管理	3-01-02-01	机要员	3-01-02	行政事务处理人员
4400	广告/会展				
4411	客户总监/经理	4-07-02-03	客户关系管理员	4-07-02	商务咨询服务人员
4412	客户主管/专员	4-07-02-04	客户关系管理员	4-07-02	商务咨询服务人员
4413	项目管理	2-02-30-04	项目管理工程技术人员	2-02-30	管理（工业）工程技术人员
4414	业务拓展	2-06-07-04	品牌专业人员	2-06-07	商务专业人员
4415	广告设计/策划	4-08-08-08	广告设计师	4-08-08	专业化设计服务人员
4416	文案/媒体策划	2-09-06-07	数字媒体艺术专业人员	2-09-06	工艺美术与创意设计专业人员
4417	广告设计与制作	4-08-08-08	广告设计师	4-08-08	专业化设计服务人员
4418	媒介策划/管理	2-09-06-07	数字媒体艺术专业人员	2-09-06	工艺美术与创意设计专业人员
4419	设计/创意管理	2-09-06-07	数字媒体艺术专业人员	2-09-06	工艺美术与创意设计专业人员
4420	会展策划/设计	4-07-07-01	会展设计师	4-07-07	会议及展览服务人员
4421	企业策划人员	2-06-07-03	商务策划专业人员	2-06-07	商务专业人员
4422	文案策划	2-06-07-03	商务策划专业人员	2-06-07	商务专业人员
4423	婚礼策划服务	4-10-05-02	婚礼策划师	4-10-05	婚姻服务人员
4424	美术指导	2-09-06-06	工艺美术专业人员	2-09-06	工艺美术与创意设计专业人员

续表

职位编码	职位名称	职业分类大典细类编号	职业分类大典细类名称	职业分类大典小类编号	职业分类大典小类名称
4425	制作执行	6-09-03	工艺美术品制作人员	6-09-03	工艺美术品制作人员
4500	服装/纺织/食品/饮料				
4511	服装/店面/纺织设计	2-02-23-05、2-09-06-02、2-02-23-01	服装工程技术人员、服装设计人员、纺织工程技术人员	2-02-23、2-09-06	纺织服装工程技术人员、工艺美术与创意设计专业人员
4512	服装工艺品设计	2-02-23-05	服装工程技术人员	2-02-23	纺织服装工程技术人员
4513	面料辅料开发/采购	4-01-01-00	采购员	4-01-01	采购人员
4514	服装打样/制版	6-05-01-01	服装制版师	6-05-01	纺织品和服装剪裁缝纫人员
4515	项目经理/主管	2-02-30-04	项目管理工程技术人员	2-02-30	管理（工业）工程技术人员
4516	生产管理	2-02-30-04	项目管理工程技术人员	2-02-30	管理（工业）工程技术人员
4517	服装/纺织/皮革跟单	6-31-99	其他生产辅助人员	6-31-99	其他生产辅助人员
4518	销售/市场推广	4-01-02-01	营销员	4-01-02	销售人员
4519	质量管理/验货员（QA/QC）	2-02-29-03	质量管理工程技术人员	2-02-29	标准化、计量、质量和认证认可工程技术人员
4520	样衣工	2-02-23-05	服装工程技术人员	2-02-23	纺织服装工程技术人员
4521	裁床	6-05-01-02	裁剪工	6-05-01	纺织品和服装剪裁缝纫人员
4522	食品/饮料研发检验	2-02-24-00	食品工程技术人员	2-02-24	食品工程技术人员
4600	银行				
4611	银行经理/主任	1-06-01-02	企业经理	1-06-01	企业负责人
4612	银行会计/柜员	4-05-01-01	银行综合柜员	4-05-01	银行服务人员

续表

职位编码	职位名称	职业分类大典细类编号	职业分类大典细类名称	职业分类大典小类编号	职业分类大典小类名称
4613	银行柜员	4-05-01-01	银行综合柜员	4-05-01	银行服务人员
4614	信用卡/银行卡业务	4-05-01-04	银行信用业务员	4-05-01	银行服务人员
4615	信贷管理/资信评估	4-05-01-02	银行信贷员	4-05-01	银行服务人员
4616	客户服务	4-05-01-03	银行客户业务员	4-05-01	银行服务人员
4617	公司业务	4-05-01-03	银行客户业务员	4-05-01	银行服务人员
4618	个人业务	4-05-01-03	银行客户业务员	4-05-01	银行服务人员
4700	保险				
4711	业务经理/主管	2-02-30-04	项目管理工程技术人员	2-02-30	管理（工业）工程技术人员
4712	项目经理/主管	2-02-30-04	项目管理工程技术人员	2-02-30	管理（工业）工程技术人员
4713	保险代理/经纪人/客户经理	4-05-04-01	保险代理人	4-05-04	保险服务人员
4714	保险顾问/财务规划师	4-05-04-01	保险代理人	4-05-04	保险服务人员
4715	保险产品开发/项目策划	2-06-07-03	商务策划专业人员	2-06-07	商务专业人员
4716	保险培训师	4-05-04-01	保险代理人	4-05-04	保险服务人员
4717	契约管理	4-05-04-02	保险保全员	4-05-04	保险服务人员
4718	核保理赔	2-06-10-03	保险理赔专业人员	2-06-10	保险专业人员
4719	受理	2-06-10-03	保险理赔专业人员	2-06-10	保险专业人员
4720	精算/投资/稽核/律师/法务/合规	2-06-10-01	精算专业人员	2-06-10	保险专业人员
4721	保险精算师	2-06-10-01	精算专业人员	2-06-10	保险专业人员
4722	客户服务/续期管理	4-05-04-01	保险代理人	4-05-04	保险服务人员
4723	保险内勤	3-01-02-04	秘书	3-01-02	行政事务处理人员
4724	储备经理人	4-05-04-01	保险代理人	4-05-04	保险服务人员
4800	房地产开发/经纪/中介				

续表

职位编码	职位名称	职业分类大典细类编号	职业分类大典细类名称	职业分类大典小类编号	职业分类大典小类名称
4811	房地产中介/交易	4-06-02-01	房地产经纪人	4-06-02	房地产中介服务人员
4812	房地产开发/策划	2-06-07-06	房地产开发专业人员	2-06-07	商务专业人员
4813	房地产评估/交易	2-06-06-02	房地产估价专业人员	2-06-06	评估专业人员
4814	房产项目配套工程师	2-06-07-06	房地产开发专业人员	2-06-07	商务专业人员
4815	房地产项目招标专员	2-02-30-04	项目管理工程技术人员	2-02-30	管理（工业）工程技术人员
4900	物业管理				
4911	物业经理/主管	2-06-07-10	物业经营管理专业技术人员	2-06-07	商务专业人员
4912	物业管理专员/助理	4-06-01-01	物业管理员	4-06-01	物业管理服务人员
4913	招商经理/主管	2-06-07-10	物业经营管理专业技术人员	2-06-07	商务专业人员
4914	物业招商/租赁/租售	2-06-07-10	物业经营管理专业技术人员	2-06-07	商务专业人员
4915	物业维修	4-12-99	其他修理及制作服务人员	4-12-99	其他修理及制作服务人员
5000	质控/安防				
5011	质量管理/测试经理（QA/QC经理）	2-02-29-03	质量管理工程技术人员	2-02-29	标准化、计量、质量和认证认可工程技术人员
5012	质量管理/测试主管（QA/QC主管）	2-02-29-03	质量管理工程技术人员	2-02-29	标准化、计量、质量和认证认可工程技术人员
5013	质量检验员/测试员	2-02-31-01	产品质量检验工程技术人员	2-02-31	检验检疫工程技术人员

续表

职位编码	职位名称	职业分类大典细类编号	职业分类大典细类名称	职业分类大典小类编号	职业分类大典小类名称
5014	质量管理/测试工程师（QA/QC工程师）	2-02-29-03	质量管理工程技术人员	2-02-29	标准化、计量、质量和认证认可工程技术人员
5015	安全消防	3-02-03-04	消防安全管理员	3-02-03	消防和应急救援人员
5016	认证/体系工程师/审核员	2-02-29-04	质量认证认可工程技术人员	2-02-29	标准化、计量、质量和认证认可工程技术人员
5017	供应商/采购设备与材料质量管理	2-02-29-03	质量管理工程技术人员	2-02-29	标准化、计量、质量和认证认可工程技术人员
5018	安全管理	6-31-06-00	安全员	6-31-06	安全生产管理人员
5019	HSE工程师	6-31-06-00	安全员	6-31-06	安全生产管理人员
5100	汽车/摩托车制造				
5111	项目工程管理	2-02-30-04	项目管理工程技术人员	2-02-30	管理（工业）工程技术人员
5112	设计工程师	2-02-07-11	汽车工程技术人员	2-02-07	机械工程技术人员
5113	研发工程师	2-02-07-11	汽车工程技术人员	2-02-07	机械工程技术人员
5114	发动机/地盘/总装工程师	2-02-07-11	汽车工程技术人员	2-02-07	机械工程技术人员
5115	机械工程师	2-02-07-01	机械设计工程技术人员	2-02-07	机械工程技术人员
5116	电子工程师	2-02-09-01	电子材料工程技术人员	2-02-09	电子工程技术人员
5117	安全性能工程师	2-02-15-01	汽车运用工程技术人员	2-02-15	道路和水上运输工程技术人员
5118	装配工艺工程师	2-02-07-11	汽车工程技术人员	2-02-07	机械工程技术人员

续表

职位编码	职位名称	职业分类大典细类编号	职业分类大典细类名称	职业分类大典小类编号	职业分类大典小类名称
5119	理赔专员/顾问	2-06-10-03	保险理赔专业人员	2-06-10	保险专业人员
5200	汽车销售与服务				
5211	销售/经纪人	4-01-02-01	营销员	4-01-02	销售人员
5212	汽车/摩托车修理	4-12-01-01/02	汽车修理工/摩托车修理（汽车摩托车修理技术服务人员）	4-12-01	汽车摩托车修理技术服务人员
5213	售后服务/客户服务	4-07-02-03	客户服务管理员	4-07-02	商务咨询服务人员
5214	4S店管理	2-02-30-04	项目管理工程技术人员	2-02-30	管理（工业）工程技术人员
5215	零配件销售	4-01-02-01	营销员	4-01-02	销售人员
5216	装饰美容	4-08-08-07	室内装饰设计师	4-08-08	专业化设计服务人员
5217	检验检测	4-08-05-05	机动车检测工	4-08-05	检验、检测和计量服务人员
5218	二手车评估师	2-06-06-01	资产评估专业人员	2-06-06	评估专业人员
5300	传媒/影视/报刊/出版/印刷				
5311	新闻采编/记者/摄影	2-10-01-01/02	文字记者/摄影记者	2-10-01	记者
5312	导演/编导/影视制作	2-09-01-06	导演	2-09-01	文艺创作与编导人员
5313	影视策划/制作	4-13-02	广播、电影、电视和影视录音制作人员	4-13-02	广播、电视、电影和影视录音制作人员
5314	表演人员	2-09-02-02	电影电视演员	2-09-02	音乐指挥与演员
5315	总编/副总编	2-09-01-06	导演	2-09-01	文艺创作与编导人员
5316	艺术指导/舞美设计	2-09-01-08	舞美设计	2-09-01	文艺创作与编导人员

续表

职位编码	职位名称	职业分类大典细类编号	职业分类大典细类名称	职业分类大典小类编号	职业分类大典小类名称
5317	摄影师/摄像师	2-09-03-03	电影电视摄影师	2-09-03	电影电视制作专业人员
5318	后期制作/音效师	2-09-04-02	音像师	2-09-04	舞台专业人员
5319	主持人/演员/模特/配音	2-10-04-02、2-09-02-02、4-07-07-03	节目主持人、电影电视演员、模特	2-10-04、2-09-02、4-07-07	播音员及节目主持人、音乐指挥与演员、会议及展览服务人员
5320	节目主持/DJ/播音	2-10-04-03	节目主持人	2-10-04	播音员及节目主持人
5321	音效师	2-09-04-02	音像师	2-09-04	舞台专业人员
5322	作家/撰稿人	2-09-01-03	剧作家	2-09-01	文艺创作与编导人员
5323	编辑/撰稿	2-10-02-01	文字编辑	2-10-02	编辑
5325	文案/策划	2-10-02-01	文字编辑	2-10-02	编辑
5326	校对/录入	2-10-03-00	校对员	2-10-03	校对员
5327	出版/发行	2-09-03-04	电影电视片发行人	2-09-03	电影电视制作专业人员
5328	印刷排版/制版	6-08-01-01	印前处理和制作人员	6-08-01	印刷人员
5329	数码直印/菲林输出	2-02-33-00	印刷复制工程技术人员	2-02-33	印刷复制工程技术人员
5330	排版设计/完稿/美编	2-10-02-02	美术编辑	2-10-02	编辑
5331	印刷操作	6-08-01-02	印刷操作工	6-08-01	印刷人员
5332	化妆师/造型师/服装/道具	2-09-04-04、2-09-04-06	化妆师、服装道具师	2-09-04	舞台专业人员
5333	经纪人/星探	4-13-05-01	文化经纪人	4-13-05	文化、娱乐、体育经纪代理人员
5334	打稿机操作员	3-01-02-05	打字员	3-01-02	行政事务处理人员

续表

职位编码	职位名称	职业分类大典细类编号	职业分类大典细类名称	职业分类大典小类编号	职业分类大典小类名称
5335	调墨技师	6-21-02-00	印刷设备装配调试工	6-21-02	印刷生产专用设备制造人员
5336	晒版/拼版/装订/烫金技工	6-08-01-03	印后制作员	6-08-01	印刷人员
5337	艺术/设计总监	2-09-06	工艺美术与创意设计专业人员	2-09-06	工艺美术与创意设计专业人员
5400	保安/家政/普通劳动力				
5411	保安	4-07-05-01	保安员	4-07-05	安全保护服务人员
5412	保洁	4-09-08-01	保洁员	4-09-08	环境卫生服务人员
5414	寻呼/声讯	4-07-05-01	保安员	4-07-05	安全保护服务人员
5416	保镖	4-07-05-01	保安员	4-07-05	安全保护服务人员
5417	家政人员	4-10-01-06	家政服务员	4-10-01	生活照料服务人员
5418	家政服务/保姆	4-10-01-06	家政服务员	4-10-01	生活照料服务人员
5419	其他				
5500	保健/美容/美发/健身				
5511	美发/发型师	4-10-03-02	美发师	4-10-03	美容美发和浴池服务人员
5512	健身/美体/舞蹈教练	2-09-07-01	教练员	2-09-07	体育专业人员
5513	整形/美容/美甲	4-10-03-01	美容师	4-10-03	美容美发和浴池服务人员
5514	按摩/足疗	4-10-04-02	保健按摩师	4-10-04	保健服务人员
5515	体育健身	4-13-04-01	社会体育指导员	4-13-04	健身和娱乐场所服务人员
5516	宠物护理/美容	4-10-07-01	宠物健康护理员	4-10-07	宠物服务人员
5600	酒店/餐饮/旅游/娱乐				

续表

职位编码	职位名称	职业分类大典细类编号	职业分类大典细类名称	职业分类大典小类编号	职业分类大典小类名称
5611	宾馆酒店	2-02-30-04	项目管理工程技术人员	2-02-30	管理（工业）工程技术人员
5612	大堂经理/领班	2-02-30-04	项目管理工程技术人员	2-02-30	管理（工业）工程技术人员
5613	前厅接待/礼仪/迎宾	4-03-01-01	前厅服务员	4-03-01	住宿服务人员
5614	娱乐餐饮	2-02-30-04	项目管理工程技术人员	2-02-30	管理（工业）工程技术人员
5615	宴会管理	2-02-30-04	项目管理工程技术人员	2-02-30	管理（工业）工程技术人员
5616	服务员	4-03-01、4-03-02	住宿服务人员、餐饮服务人员	4-03-01、4-03-02	住宿服务人员、餐饮服务人员
5617	客房服务	4-03-01-02	客房服务员	4-03-01	住宿服务人员
5618	厨师/面点师	4-03-02-02、4-03-02-04	中式面点师、西式面点师	4-03-02	餐饮服务人员
5619	调酒师/茶艺师	4-03-02-07、4-03-02-09	茶艺师、调酒师	4-03-02	餐饮服务人员
5620	营养师	4-03-02-06	营养配餐员	4-03-02	餐饮服务人员
5621	旅游/导游/票务	4-07-04-01	导游	4-07-04	旅游及公共游览场所服务人员
5622	旅游顾问	4-07-04-04	旅游咨询员	4-07-04	旅游及公共游览场所服务人员
5623	计划调度/旅游产品	4-07-04-03	旅行社计调	4-07-04	旅游及公共游览场所服务人员
5624	主持/司仪	2-10-04-02	节目主持人	2-10-04	播音员及节目主持人
5625	救生员	4-13-04-03	游泳救生员	4-13-04	健身和娱乐场所服务人员
5700	零售/百货/超市				
5711	店员/营业员/导购员	4-01-02-03	商品营业员	4-01-02	销售人员

附表3 现有数据库职位与国家标准的细类和小类对应结果

续表

职位编码	职位名称	职业分类大典细类编号	职业分类大典细类名称	职业分类大典小类编号	职业分类大典小类名称
5712	店长/卖场经理	4-01-02-04	商品营业员	4-01-02	销售人员
5713	理货员	4-02-06-02	理货员	4-02-06	仓储人员
5714	陈列员/收货员	4-01-02-03	商品营业员	4-01-02	销售人员
5715	收银员	4-01-02-04	收银员	4-01-02	销售人员
5716	兼职店员	4-01-02-03	商品营业员	4-01-02	销售人员
5717	防护员/内保	3-02-02-00	保卫管理员	3-02-02	行政事务处理人员
5718	招商经理/主管	2-02-30-04	项目管理工程技术人员	2-02-30	管理（工业）工程技术人员
5719	奢侈品业务	4-01-02-03	商品营业员	4-01-02	销售人员
5720	品类管理	4-01-02-03	商品营业员	4-01-02	销售人员
5721	食品加工/处理	6-02	食品、饮料生产加工人员		
5800	交通运输				
5811	司机/驾驶员	4-02-01-01、6-30-05-01、6-30-01-00、2-04-01-01、4-02-02-01、4-02-02-02、4-02-03-01	轨道列车司机、挖掘铲运和桩工机械司机、专用车辆驾驶员、飞行驾驶员、道路客运汽车驾驶员、道路货运汽车驾驶员、客运船舶驾驶员	4-02-01、6-30-05、6-30-01、2-04-01、4-02-02、4-02-03	轨道交通运输服务人员、通用工程机械操作人员、专业车辆操作人员、飞行人员和领航人员、道路运输服务人员、水上运输服务人员
5812	航空/列车/船舶操作维修/船舶乘务	4-02-04-01、4-02-01-02	民航乘务员、铁路列车乘务员	4-02-04、4-02-01	航空运输服务人员、轨道交通运输服务人员
5813	公交/地铁	4-02-02-03、4-02-01-03	道路客运服务员、铁路车站客运服务人员	4-02-02、4-02-01	道路运输服务人员、轨道交通运输服务人员
5814	飞机/列车/船舶设计与制造	2-02-34-01	产品设计工程技术人员	2-02-34	工业（产品）设计工程技术人员
5900	采购/贸易				
5911	采购总监/经理	4-01-01-00	采购员	4-01-01	采购人员

续表

职位编码	职位名称	职业分类大典细类编号	职业分类大典细类名称	职业分类大典小类编号	职业分类大典小类名称
5912	采购主管	4-01-01-00	采购员	4-01-01	采购人员
5913	采购专员/助理	4-01-01-00	采购员	4-01-01	采购人员
5914	外贸/贸易专员/助理	2-06-07-01	国际商务专业人员	2-06-07	商务专业人员
5915	外贸/贸易经理/主管	2-06-07-01	国际商务专业人员	2-06-07	商务专业人员
5916	业务跟单	4-07-02-03	客户服务管理员	4-07-02	商务咨询服务人员
5917	船务	4-02-03-02	船舶业务员	4-02-03	水上运输服务人员
5918	国内贸易	2-06-07-02	市场营销专业人员	2-06-07	商务专业人员
5919	服装国贸	2-06-07-01	国际商务专业人员	2-06-07	商务专业人员
5920	报关员	2-06-07-12	报关专业人员	2-06-07	商务专业人员
5921	国际贸易	2-06-07-01	国际商务专业人员	2-06-07	商务专业人员
6000	能源/矿产/地质勘查				
6011	地质/矿产	2-02-01-04	地质矿产调查工程技术人员	2-02-01	地质勘探工程技术人员
6012	项目经理/主管	2-02-30-04	项目管理工程技术人员	2-02-30	管理(工业)工程技术人员
6013	石油天然气技术人员	2-02-04-01、2-02-04-02	石油天然气开采技术人员、石油天然气储运技术人员	2-02-04	石油天然气工程技术人员
6014	空调/热能工程师	4-06-01-02	中央空调系统运行操作员	4-06-01	物业管理服务人员
6015	核力/火力工程师	2-02-30-06	能源管理工程技术人员	2-02-30	管理(工业)工程技术人员
6016	电力工程师/技术员	2-02-12-05	电力工程安装工程技术人员	2-02-12	电力工程技术人员
6017	地质勘查/选矿/采矿	2-02-01	地质勘探工程技术人员	2-02-01	地质勘探工程技术人员

续表

职位编码	职位名称	职业分类大典细类编号	职业分类大典细类名称	职业分类大典小类编号	职业分类大典小类名称
6018	水利/水电工程师	2-02-18-13、2-02-21-03	水利水电建筑工程技术人员、水利工程管理工程技术人员	2-02-18、2-02-21	建筑工程技术人员、水利工程技术人员
6100	公务员/事业单位/科研机构				
6111	公务员/事业单位				
6112	科研管理人员	2-02-30-04	项目管理工程技术人员	2-02-30	管理（工业）工程技术人员
6113	科研人员	2-01	科学研究人员	2-01	科学研究人员
6114	人文/社会科学	2-01-01-00	哲学研究人员	2-01-01	哲学研究人员
6115	航空航天	2-02-08	航空工程技术人员	2-02-08	航空工程技术人员
6116	声光学技术/激光技术	2-02-10-01	通信工程技术人员	2-02-10	信息和通信工程技术人员
6117	气象	2-02-25	气象工程技术人员	2-02-25	气象工程技术人员
6200	化工				
6211	化学分析测试员	6-31-03-01	化学检验员	6-31-03	检验试验人员
6212	化工工程师	2-02-06	化工工程技术人员	2-02-06	化工工程技术人员
6213	化学分析	6-31-03-01	化学检验员	6-31-03	检验试验人员
6214	化学制剂研发	2-01-06-03	化学研究人员	2-01-06	自然科学和地球科学研究人员
6215	化学操作	2-02-06	化工工程技术人员	2-02-06	化工工程技术人员
6216	化学技术	2-02-06	化工工程技术人员	2-02-06	化工工程技术人员
6217	研发工程师	2-02-06-02	化工设计工程技术人员	2-02-06	化工工程技术人员
6218	项目经理/主管	2-02-30-04	项目管理工程技术人员	2-02-30	管理（工业）工程技术人员
6219	塑料工程师	2-02-36-05	塑料加工工程技术人员	2-02-36	轻工工程技术人员

续表

职位编码	职位名称	职业分类大典细类编号	职业分类大典细类名称	职业分类大典小类编号	职业分类大典小类名称
6220	实验技术员/研究员	2-02-06-01	化工实验工程技术人员	2-02-06	化工工程技术人员
6221	油漆/化工涂料	2-02-06-02	化工设计工程技术人员	2-02-06	化工工程技术人员
6300	农/林/牧/渔业				
6311	农林牧渔	5	农、林、牧、渔业生产	5	农、林、牧、渔业生产
6312	园林/园艺	2-02-20-03、2-03-04-00	园林绿化工程技术人员、园艺技术人员	2-02-20、2-03-04	林业工程技术人员、园艺技术人员
6313	环境/城市规划	2-02-18-01	城乡规划工程技术人员	2-02-18	建筑工程技术人员
6314	饲料业务	6-01-02-00	饲料加工	6-01-02	饲料加工人员
6315	养殖人员	5-03-03-02、2-03-08-01、5-03-03-03	实验动物养殖员、水产养殖技术人员、特种动物养殖员	5-03-03、2-03-08	特种经济动物饲养人员、水产技术人员
6316	农艺师	5-01-02-01	农艺师	5-01-02	农作物生产人员
6317	畜牧师	5-03-02	畜禽饲养人员	5-03-02	畜禽饲养人员
6400	毕业生/实习生/培训生				
6411	志愿者				
6412	培训生				
6413	实习生				
6414	储备干部				
9200	其他专业人员				
9215	动力/能源	2-02-30-06	能源管理工程技术人员	2-02-30	管理（工业）工程技术人员
9216	声光学技术	2-02-10-01	通信工程技术人员	2-02-10	信息和通信工程技术人员

附表3 现有数据库职位与国家标准的细类和小类对应结果

续表

职位编码	职位名称	职业分类大典细类编号	职业分类大典细类名称	职业分类大典小类编号	职业分类大典小类名称
9217	化工技术	2-02-06	化工工程技术人员	2-02-06	化工工程技术人员
9218	测绘技术	4-08-03	测绘服务人员	4-08-03	测绘服务人员
9219	道桥技术	2-02-18-09	道路与桥梁工程技术人员	2-02-18	建筑工程技术人员
9222	粮食/食品/糖酒	2-02-24-00	食品工程技术人员	2-02-24	食品工程技术人员
9223	纺织服装	2-02-23-05	服装工程技术人员	2-02-23	纺织服装工程技术人员
9224	包装/印刷/造纸	4-08-08-09、6-08-01-02、2-02-36-01	包装设计师、印刷操作员、制浆造纸工程技术人员	4-08-08、6-08-01、2-02-36	专业化设计服务人员、印刷人员、轻工工程技术人员
9225	冶金/喷涂/金属材料/建材	2-02-05	冶金工程技术人员	2-02-05	冶金工程技术人员

参考文献

《48个行动主题助推"互联网+人社"多元化、规模化发展》，《中国信息化》2016年第11期。

Alwyn Young, Goldinto Base Metals: Productivity Growthinthe People's Republic of Chinaduringthe Reform Period, *Journal of Political Economy*, Vol. 111, No. 6, 2003, pp. 1220 – 1261.

ILO, C160 Labour Statistics Convention, 1985, Geneva, http://www-ilo-mirror.cornell.edu/public/english/employment/skills/recomm/instr/c_160.htm. ILO, R170 Labour Statistics Recommendatio 1985, Geneva, http://www.ilo.org/ilolex/english/recdisp1.Html.

Louis J. Ducoff and Margaret Jarman Hagood, Objectives, Uses and Types of Labor Force Data Relation to Economic Policy. *Journal of the American Statistical Association*, Vol. 41, No. 235 (Sep. 1946), pp. 293 – 302.

Robert J. Pember and Honoré Djerma, Development of Labour Statistics Systems, Bulletin of Labour Statistics 2005 – 1. ILO, Geneva, 2005, http://www.ilo.org/public/english/bureau/stat/download/articles/2005 – 1. pdf.

Sheldon H. Danziger, Robert H. Haveman. Understanding Poverty. Harvard University Press, 2002.

艾瑞咨询：《2015年中国网络招聘行业发展报告》，2015年7月23日，艾瑞网（http://report.iresearch.cn/report/201507/2415.shtml）。

[美]彼得·德鲁克：《管理的实践》，齐若兰译，机械工业出版社2009年版。

陈广胜：《走向善治》，浙江大学出版社2007年版。

陈磊：《大力培育新型职业农民》，2018年7月24日，搜狐网（http：//www.sohu.com/a/243025463_626643）。

陈天祥：《治理现代化进程中政府角色定位的变迁》，《国家治理》2020年第1期。

"当代中国社会结构变迁研究"课题组：《2000—2005年：我国职业结构和社会阶层结构变迁》，《统计研究》2008年第2期。

鼎权：《统计学原理》，中国统计出版社1995年版。

董鑫、李岩、邹春霞：《京津冀发展要保持合理职业结构》，《北京青年报》2017年12月21日。

杜小勇：《哪些信息技术将对国家治理产生重大影响》，《国家治理（周刊）》2020年1月21日。

傅德荣主编：《计算机导论》，中央广播电视大学出版社2007年版。

高传胜、高春亮：《劳动经济学：理论与政策》，武汉大学出版社2011年版。

顾新华、顾朝林、陈岩：《简述"新三论"与"老三论"的关系》，《经济理论与经济管理》1987年第2期。

郭继严、王永锡：《2001—2020年我国就业战略研究》，《经济学家》2001年第4期。

郭晓鸣：《乡村振兴战略的路径选择与突破重点》，《中国乡村发现》2018年第1期。

郭宇强：《中国职业结构变迁研究》，首都经济贸易大学出版社2009年版。

海皮：《十九大"乡村振兴战略"解读及建言》，2017年12月6日，澎湃网（https：//www.thepaper.cn/newsDetail_forward_1890821）。

韩长赋：《大力培育新型职业农民为建设现代农业提供人才支撑》，2013年11月18日，农博网（http：//news.aweb.com.cn/20131118/542580952.shtml）。

韩俊：《乡村振兴战略不是要否定城镇化》，2018年2月26日，中国网财经（http：//finance.china.com.cn/news/20180226/4551060.shtml）。

韩志明：《城市治理的清晰化及其限制——以网格化管理为中心的分析》，《探索与争鸣》2017年第9期。

韩志明：《在模糊与清晰之间——国家治理的信息逻辑》，《中国行政管理》2017 年第 3 期。

何哲：《国家数字治理的宏观架构》，《电子政务》2019 年第 1 期。

衡金金：《服务质量五维度的重要性——保险业和银行业的对比研究》，《中国管理信息化》2020 年第 1 期。

胡鞍钢：《中国国家治理现代化的特征与方向》，《国家行政学院学报》2014 年第 3 期。

黄璜：《互联网＋、国家治理与公共政策》，《电子政务》2015 年第 7 期。

黄梅：《"互联网＋人社"背景下人力资源市场信息监测模式创新研究》，《中国人事科学》2017 年第 11 期。

黄梅：《乡村振兴战略中人才资源配置机制与策略研究——基于职业结构变迁的视角》，《中国人事科学》2020 年第 2 期。

姜明安：《政府治理体系治理能力在国家治理体系治理能力中的地位和作用》，2020 年 1 月 8 日，澎湃网（https：//www.thepaper.cn/newsDetail_forward_5461665）。

黎伯毅：《我国人力资源配置机制的现状与完善》，《吉林省教育学院学报》2015 年第 6 期。

李韶辉：《建设高标准市场体系需完善五大制度——访国家发改委体改司司长徐善长》，《中国改革报》2019 年 12 月 26 日。

刘杰：《新型职业农民，怎么培育怎样成长》，《光明日报》2019 年 2 月 12 日第 15 版。

刘树成：《现代经济辞典》，凤凰出版社 2005 年版。

刘秀伦、庞伟：《超越西方治理与走向中国特色的国家治理现代化》，《重庆邮电大学学报》2015 年第 2 期。

明旭：《"互联网＋人社"："更新"工作效能"升级"服务水平》，《中国就业》2017 年第 3 期。

农业部：《关于印发〈"十三五"全国新型职业农民培育发展规划〉的通知》，2018 年 1 月 5 日，农业部网站（http：//jiuban.moa.gov.cn/zwllm/ghjh/201701/t20170122_5461506.htm）。

钱坤：《从"治理信息"到"信息治理"：国家治理的信息逻辑》，《情报理论与实践》2020 年第 1 期。

乔立娜：《美国劳动力市场信息监测的实践与特点》，《电子政务》2010年第5期。

《人力资源社会保障部关于印发"互联网+人社"2020行动计划的通知》，2016年11月1日，中华人民共和国人力资源社会保障部（http://www.mohrss.gov.cn/gkml/zcfg/gfxwj/201611/t20161108_258976.html）。

《人力资源社会保障部关于印发"互联网+人社"2020行动计划的通知》，2016年11月1日，中华人民共和国人力资源社会保障部（http://www.mohrss.gov.cn/gkml/zcfg/gfxwj/201611/t20161108_258976.html）。

人社部人力资源市场司：《人力资源市场建设辉煌四十年》，《中国劳动保障报》2018年12月28日。

沈慧：《100个短缺职业排行榜出炉：找工作，这些职业最缺人》，《经济日报》2011年11月22日。

沈荣华：《"放管服"改革：推进国家治理现代化的重要之举》，《国家治理（周刊）》2019年12月3日。

宋丰景：《劳动力市场景气指数研究与应用》，华龄出版社2006年版。

宋世明：《推进国家治理体系和治理能力现代化的理论框架》，《中央党校（国家行政学院）学报》2019年第6期。

孙建立：《更好发挥市场在人力资源配置中的决定性作用》，《中国人力资源社会保障》2017年第4期。

孙拥军、张子麟：《西方就业结构理论及对中国解决当前就业问题的启示》，《河北学刊》2010年第4期。

腾讯研究院：《"互联网+人社"发展白皮书》，2016年11月1日，中文互联网数据资讯网（http://www.199it.com/archives/542315.html）。

田国强：《和谐社会构建与现代市场体系完善》，《经济研究》2007年第3期。

王国乡、朱忠明、王铁华、古新：《西方经济学简明教程》，西南交通大学出版社2000年版。

王静：《中国劳动力市场监测指标体系的构建》，《首都经济贸易大学学报》2010年第1期。

王浦劬：《国家治理、政府治理和社会治理的基本含义及其相互关系辨析》，《社会学评论》2014年第3期。

王浦劬：《科学把握"国家治理"的含义》，《光明日报》2013年12月29日。

王占仁：《教育治理能力现代化与教育决策者的观念更新》，《国家教育行政学院学报》2020年第1期。

王臻荣：《治理结构的演变：政府、市场与民间组织的主体间关系分析》，《中国行政管理》2014年第11期。

魏艳春：《日本如何监管人力资源市场》，《中国人才》2010年第3期。

习近平：《九字定义新型职业农民》，2017年4月13日，央视网（http://news.cctv.com/2017/04/13/ARTIvR6V1TPBozMlqIKZqGY8170413.shtml）。

鲜祖德：《5年来我国经济发展新特点》，《经济日报》2019年12月12日。

萧浩辉：《决策科学辞典》，人民出版社1995年版。

谢磊：《宁波市职业结构变迁特征及趋势分析》，《三江论坛》2016年第3期。

谢玉梅：《我国乡村振兴战略的实施路径》，《光明日报》2018年3月21日。

徐湘林：《中国的转型危机与国家治理：历史比较的视角》，《复旦政治学评论（第九辑）》2011年第1期。

许耀桐：《国家治理现代化理论的独特价值》，《福建日报》2020年1月21日。

薛芳、侯志强：《国内外关于劳动力调查研究现状分析》，《兰州学刊》2007年第3期。

严燕飞：《结构性失业的概念界定及类型研究》，《山东教育学院学报》2003年第5期。

严怡民：《情报学概论》，武汉大学出版社1994年版。

杨光斌：《关于国家治理能力的一般理论——探索世界政治（比较政治）研究的新范式》，《教学与研究》2017年第1期。

杨光斌：《国家治理论超越西方治理论》，《北京日报》2020年1月6日。

杨河清、陈红、边文霞：《首都区域人才竞争力评价指标体系的构建》，

《首都经济贸易大学学报》2006 年第 5 期。

杨伟国、孙嫒嫒：《中国劳动力市场测量：基于指标与方法的双重评估》，《中国社会科学》2007 年第 5 期。

于江、魏崇辉：《国家治理的他国镜鉴与引申》，《重庆社会科学》2015 年第 6 期。

俞可平：《治理与善治》，社会科学文献出版社 2000 年版。

曾湘泉等：《中国就业战略报告 2005—2006：面向市场的中国就业与失业测量研究》，中国人民大学出版社 2006 年版。

张爱军：《人工智能：国家治理的契机、挑战与应用》，《哈尔滨工业大学学报（社会科学版）》2020 年第 1 期。

张广照、吴其同：《新兴学科词典》，吉林人民出版社 2003 年版。

张杰：《把握好政府和市场关系是建设现代化经济体系的核心》，2018 年 4 月 3 日，人民网（http://theory.people.com.cn/n1/2018/0403/c40531-29904247.html）。

张洁：《国际劳动力市场主要指标简介及启示》，《中国统计》2004 年第 12 期。

张康之：《论高度复杂性条件下的社会治理变革》，《国家行政学院学报》2014 年第 4 期。

张馨：《基于农村产业结构调整变迁的农村职业教育发展探究》，《农村经济与科技》2016 年第 11 期。

张雅光：《新时代推进乡村人才振兴的困境与对策》，《中国人才》2018 年第 11 期。

郑永年：《疫情与中国治理制度》，《联合早报》2020 年 2 月 18 日。

中国互联网络信息中心：《第 44 次〈中国互联网络发展状况统计报告〉》，2019 年 8 月 30 日，中华人民共和国国家互联网信息办公室（http://www.cac.gov.cn/2019-08/30/c_1124938750.htm）。

中华人民共和国人力资源和社会保障部：《2018 年度人力资源和社会保障事业发展统计公报》，2019 年 6 月 11 日，中华人民共和国人力资源和社会保障部，（http://www.mohrss.gov.cn/SYrlzyhshbzb/zwgk/szrs/tjgb/201906/W020190611539807339450.pdf）。

朱雪龙：《应用信息论基础》，清华大学出版社 2001 年版。

后 记

本书的论题及其基本内容源于我2009年进入中国人事科学研究院博士后工作站工作期间的研究成果，后又基于系统论、控制论、信息论以及国家治理理论和市场机制理论等，对我国人力资源市场信息监测进行了深入研究。2020年，一场突如其来的新冠肺炎疫情，对我国人力资源市场的短期配置造成巨大影响，这让我更加深刻地体会到人力资源市场信息在引导人力资源有序流动中的重要作用，进而敦促我加快本书的写作进度。当前，正逢《中共中央 国务院关于构建更加完善的要素市场化配置体制机制的意见》出台，完善我国人力资源要素市场化配置已经进入关键的历史时期，急需相关理论支持和实践参考。即将出版的这本专著，记录了我在人力资源市场信息监测研究领域的探索历程和阶段成果。全书按照何因（Why）、何事（What）、何地（Where）、何时（When）、何人（Who）、何法（How）的5W1H分析逻辑，系统阐述人力资源市场信息监测的基础、逻辑、技术、策略和实践，以期能为我国人力资源市场信息监测制度建设提供决策参考。

在本书撰写过程中，我得到了人力资源和社会保障部人力资源流动管理司、上海市静安区人社局、深圳人才集团有限公司、青岛英网资讯股份有限公司等单位相关领导的重视、关心和指导。中国人事科学研究院余兴安院长、蔡学军副院长等院领导对本书的撰写和出版给予了鼎力帮助。中国人事科学研究院的专家、同事们为本书的写作提供了重要帮助。中国社会科学出版社的孔继萍老师，为本书的出版提出了很多建设性意见。在此，对以上领导、专家、同事表示衷心的感谢！

本书关于人力资源市场信息监测的研究仅仅是一个初步探索，错谬之处在所难免,敬请各位读者与同仁提出宝贵意见,并欢迎通过电子邮箱 huangmeibj@126.com 直接与我联系,我将不胜感激!同时,值此国家建设完备的人力资源市场体系之际,真诚地希望有更多的学者能加入人力资源市场化配置研究中来,携手推动我国人力资源要素市场化配置体制机制的不断创新。

黄 梅

2020 年 4 月于北京

中国人事科学研究院学术文库
已出版书目

《人才工作支撑创新驱动发展——评价、激励、能力建设与国际化》
《劳动力市场发展及测量》
《当代中国的行政改革》
《外国公职人员行为及道德准则》
《国家人才安全问题研究》
《可持续治理能力建设探索——国际行政科学学会暨国际行政院校联合会 2016 年联合大会论文集》
《澜湄国家人力资源开发合作研究》
《职称制度的历史与发展》
《强化公益属性的事业单位工资制度改革研究》
《人事制度改革与人才队伍建设（1978—2018）》
《人才创新创业生态系统案例研究》
《科研事业单位人事制度改革研究》
《哲学与公共行政》
《人力资源市场信息监测——逻辑、技术与策略》